辛亥革命资料选编

第四卷

刘　萍　李学通／主编

南京临时政府与民初政局　（下册）

孙彩霞　李学通　卞修跃／编

国家出版基金项目
NATIONAL PUBLICATION FOUNDATION

社会科学文献出版社
SOCIAL SCIENCES ACADEMIC PRESS (CHINA)

目　　录

·上　册·

鄂州血史（之三）　……………………………… 蔡寄鸥／1

辛亥革命先著记（之四）　……………………… 杨玉如／124

惜阴堂辛亥革命记………………………………… 赵尊岳／190

国事共济会资料　………………………………… 闻少华　辑／202

新中国武装解决和平记　………………………… 廖少游／211

运动北军反正记　………………………………… 夏清贻／271

辛亥记事　………………………………………… 王锡彤／275

孙中山抵沪情形　………………………………… 曹家俊　辑／282

孙中山采访记　…………〔法〕莫耐斯梯埃　著　王国诤　译／284

孙大总统的近卫军始末记　……………………… 李葆璋／289

孙中山与袁世凯的斗争　………………………… 张国淦／299

天南电光集………………………周钟岳　辑　谢本书　整理／324

云南光复纪要
　　——建设篇　………………………………… 周钟岳　辑／468

大理狱中供词……………………………………… 祝宗莹／484

黔人乞救书………………………………………… 徐龙骧／487

贵州起义首功黄泽霖被害略述 …………………… 黄烈诚 / 491
贵州血泪通告书 ………………………………… 周培艺等 辑 / 493
为刘显世等惨杀黔人上参议院书 ………… 张友栋等 整理 / 506
布告同胞启 ………………………………………… 鲁　瀛 / 512

·下　册·

南京临时政府公报 ………………………………………… / 517

南京临时政府公报

编者按：1912 年元旦，中华民国临时政府成立，同月 29 日开始出版《临时政府公报》。4 月 1 日孙中山辞去临时大总统职务，南京临时政府结束，公报随即停刊。公报今所见者共 58 号，最后一号系 4 月 5 日出版。公报刊载的许多资料，如南京临时政府发布的各种法令，反映了资产阶级革命派的政治和经济要求；南北来往的函电，记载着相互斗争和妥协的种种情况；有些函电还记述着列强干涉的种种行径，以及辛亥革命后改良派的活动和革命党的分裂等；其有关南京临时政府的编制、人员配备和财政等等的文件，则反映了临时政府内部的一些实际情况，都是研究辛亥革命史的重要资料。

此次重印，凡署孙中山名义的文件，一概保留。凡重复的文件，内容无关重要的文件，记述太简而不能说明问题的文件，以及内容重要但在一般书中常见的文件，如《临时约法》之类，则酌量删去。删去的文件均在目录中保留，广告删除最多，标题亦未保留。

公报错讹很多，其能找到原件的，和有刊误表或更正广告的，均据以校正；其前后重见的，则取以互校。公报中多数文件未曾在其他地方发表过，只就编者所知加以校正，不能确定其是否错误之处，则保存原样，以待读者指正。（ ）

号内文字未标明原注者均为整理者所注。

第一号

中华民国元年①元月二十九日

目　次

令　示

临时大总统誓词　宣言书　告海陆军士文　劝告北军将士宣言书　祝参议院开院文

电　报

南京去电九则　武昌来电　河东来电一则

法　制

修正中华民国临时政府组织大纲

纪　事

卫戍总督呈报委任分区司令官

南京卫戍分区司令官条例（略）

杂　报

补祝元旦词　祝本报出版联　祝本报出版词（以上略）

公报暂定门类（无则姑阙）

一令示　教令　部令　各部指示训令　各官署告示　南京府令　警察厅令

二电报

三法则　国家法制及草案　各官司署编制法及办事规则　各局所章程　其他各项订定章程

四纪事　职员任免迁转　中央杂纪　各地杂纪

---

①　以下各号所注日期均删略"中华民国元年"六字。

五抄译外报

六杂报 总统府谒见人名单 海陆军行动统计报告 气象报告 各官署广告 祝词 颂词

令 示

临时大总统誓词①

颠覆满清专制政府，巩固中华民国，图谋民生幸福，此国民之公意，文实遵之，以忠于国，为众服务。至专制政府既倒，国内无变乱，民国卓立于世界，为列邦公认，斯时文当解临时大总统之职。谨以此誓于国民。

临时大总统宣言书②

中华民国缔造之始，而文以不德，膺临时大总统之任，夙夜戒惧，虑无以副国民之望。夫中国专制政治之毒，至二百余年来而滋甚，一旦以国民之力踣而去之，起事不过数旬，光复已十余行省，自有历史以来，成功未有如是之速也。国民以为于内无统一之机关，于外无对待之主体，建设之事，更不容缓，于是以组织政府之责相属。自推功让能之观念以言，文所不敢任也。自服务尽责之观念以言，则文所不敢辞也。是用黾勉从国民之后，能尽扫专制之流毒，确定共和，以达革命宗旨，完国民之志愿，端在今日。敢披沥肝胆，为国民告：

国家之本，在于人民。合汉、满、蒙、回、藏诸地为一国，即合汉、满、蒙、回、藏诸族为一人。是曰民族之统一。

---

① 誓词原件照片存中国革命博物馆。

② 胡汉民、黄季陆以及南京国民党中宣部所编的各种孙中山全集，均作《临时大总统就职宣言》，字句与此稍异。

武汉首义，十数行省先后独立。所谓独立，对于清廷为脱离，对于各省为联合，蒙古、西藏意亦同此。行动既一，决无歧趋，枢机成于中央，斯经纬周于四至。是曰领土之统一。

血钟一鸣，义旗四起，拥甲带戈之士遍于十余行省。虽编制或不一，号令或不齐，而目的所在则无不同。由共同之目的，以为共同之行动，整齐画一，夫岂其难。是曰军政之统一。

国家幅员辽阔，各省自有其风气所宜。前此清廷强以中央集权之法行之，以遂其伪立宪之术。今者各省联合互谋自治，此后行政期于中央政府与各省之关系，调剂得宜，大纲既挈，条目自举。是曰内治之统一。

满清时代借立宪之名，行敛财之实，杂捐苛细，民不聊生。此后国家经费，取给于民，必期合于理财学理，而尤在改良社会经济组织，使人民知有生之乐。是曰财政之统一。

以上数者为政务之方针，持此进行，庶无大过。若夫革命主义为吾侪所昌言，万国所同喻。前此虽屡起屡踬，外人无不鉴其用心。八月以来，义旗飙发，诸友邦对之抱和平之望，持中立之态，而报纸及舆论尤每表其同情，邻谊之笃，良足深谢。临时政府成立以后，当尽文明国应尽之义务，以期享文明国应享之权利。满清时代辱国之举措，与排外之心理，务一洗而去之。持平和主义与我友邦益增睦谊，将使中国见重于国际社会，且将使世界渐趋于大同。循序以进，不为幸获。对外方针，实在于是。

夫民国新建，外交内政，百绪繁生。文自顾何人而克胜此。然而临时之政府，革命时代之政府也。十余年来，从事于革命者，皆以诚挚纯洁之精神，战胜其所遇之艰难；即使后此之艰难，远逾于前日，而吾人惟保此革命之精神，一往而莫之能阻。必使中华民国之基础确立于大地，然后临时政府之职务始尽，而吾人始可告无罪于国民也。今以与我国民初相见之日，披布腹心，惟我四万万同胞共鉴之。

告海陆军士文①

中华民国临时大总统孙文敬告我全国海陆军将士：盖闻捍族卫民者，军人之天职，朝乾夕惕者，君子之用心。自逆胡猾夏，盗据神州，奴使吾民，驱天下俊杰勇健之士而入卒伍，以固其专制自恣之谋，我军人之俯首戢耳，以听其鞭策者，亦既二百六十有余年。岂诚甘心为异族效命哉，势劫于积威，则本心之良能无由发见也。乃者义师起于武汉，旬月之间，天下响应。虽北寇崛强，困兽有犹斗之念，遗孽负固，瘏犬存反啮之心，赖诸将士之灵，力征经营，卒复旧都，保据天堑，民国新基，于是始奠。此不独历风霜，冒弹雨，致命疆场之士，其毅魄为可矜；即凡以一成一旅脱离满清之羁绁，以趋光复之旗下者，其有造于汉族，皆吾国四万万人所不能忘也。

旷观世界历史，其能成改革大业者，皆必有甲胄之士反戈内向，若土、若葡，其前例矣。吾国军人伏处异族专制之下最久，慷慨激烈之气，蓄之也深，则其发之也速。同一军也，为汉战则奋，为满战则溃。同一舰也，为汉用则勇，为满用则怯。凡此攻城克敌之丰功，皆吾将士有勇知方之表证。内外觇国者，徒致叹于吾国成功之迅速为从来所未有，文独有以知吾海陆军将士皆深明乎民族民种之大义，故能一致进行，知死不避，以成此烈也。

文奔走海外垂二十年，心怀万端，百未偿一，赖国人之力得返故土，重睹汉仪。诸君子以北虏未灭，志切同仇，不以文为无似，责以临时大总统之任。文内顾菲材，惧无以当。顾观于吾陆海军将士之同心戮力功成不居，而有以知共和民国之必将有成也。用敢勉策驽钝，以从吾人之后。愿吾海陆将士上下军人共励初心，守之勿失。弗婴心小忿而酿阋墙之议，弗借口共和而昧服从之义，弗怠弛以遗远寇，弗骄矜以误事机，拥树民国，立于泰

---

① 据中国革命博物馆《通告海陆军将士文》原件校改。

山磐石之安，则不独克尽军人之天职，而吾黄汉民族之精神，且发扬流衍于无极。文之望也。敢布腹心，惟共鉴之。

劝告北军将士宣言书

民国光复，十有七省，义旗虽举，政体未立，凡对内对外诸问题，举非有统一之机关，无以达革新之目的，此临时政府所以不得不亟为组织者也。文以薄德，谬承公选，效忠服务，义不容辞。用是不揣绵薄，暂就临时之任，借以维秩序而图进行。一俟国民会议举行之后，政体解决，大局略定，敬当逊位，以待贤明。区区此心，天日共鉴。凡我同胞，备闻此言。惟是和平虽有可望，战局尚未终结。凡我籍隶北军诸同胞，同为汉族，同是军人，举足重轻，动关大局，窃以为有不可不注意者数事，敢就鄙衷，为我诸同胞正告之：

此次战事迁延，亦既数月，涂炭之惨，延亘各地。以满人窃位之私心，开汉族仇杀之惨祸，操戈同室，贻笑外人。我诸同胞不可不注意者。此其一。

古语云："民之所欲，天必从之。"是知民心之所趋，即国体之所由定也。今禹域三分，光复逾二，虽有孙吴之智，贲育之勇，亦讵能为满廷挽此既倒之狂澜乎？我诸同胞不可不注意者。此其二。

民国新成，时方多事，执干戈以卫社稷，正有志者建功树业之时。我诸同胞如不明烛几先，即时反正，他日者大功即定，效用无门，岂不可惜。我诸同胞不可不注意者。此其三。

要之，义师之起，应天顺人，扫专制之余威，登国民于衽席，此功此责，乃文与诸同胞共之者也。如其洞观大势，消释嫌疑，同举义旗，言归于好，行见南北无冲突之忧，国民蒙共和之福。国基一定，选贤任能，一秉至公，南北军人，同为民国干城，决无歧视。我诸同胞当审斯义，早定方针，无再观望，以贻后日之悔。敢布腹心，唯图利之。

祝参议院开院文

中华民国既建，越二十八日，参议机关乃得正式成立，文诚忻喜庆慰，谨掬中怀之希望，告诸参议诸君子之前，而为之辞曰：

人有恒言，革命之事，破坏难，建设尤难。夫破坏云者，仁人志士任侠勇夫，苦心焦虑于隐奥之中，而丧元断脰于危难之际，此其艰难困苦之状，诚有人所不及知者。及一旦事机成熟，倏然而发，若洪波之决危堤，一泻千里，虽欲御之而不可得，然后知其事似难而实易也！若夫建设之事则不然。建一议，赞助者居其前，则反对者居其后矣。立一法，今日见为利，则明日见为弊矣。又况所议者，国家无穷之基，所创者亘古未有之制，其得也五族之人受其福，其失也五族之人受其祸。呜乎！破坏之难，各省志士先之矣。建设之难，则自今日以往，诸君子与文所黾勉仔肩而弗敢推谢者也。矧为北虏未灭，战云方急。立法事业，在在与戎机相待为用。破坏、建设之二难，毕萃于兹。诸君子勉哉！各尽乃智，竭乃力，以固民国之始基，以扬我族之大烈，则不徒文一人之颂祷，其四万万人实嘉赖之。

电　　报

南京去电[①]

广东陈都督（陈炯明）及各省都督鉴：近闻各省时有仇杀保皇党人事。彼党以康梁为魁首，弃明趋暗，众所周知。然皆系受康梁三数人之蛊惑，故附和入会者，尚不能解保皇名义。犹之赤子陷阱，自有推堕之人。受人欺者，自在可矜之列。今兹南纪肃清，天下旷荡，旧染污俗，咸与维新，法令所加，只问其现在有无违犯，不得执既往之名称以为罪罚。至于挟私复怨，借是为

---

① 原脱此标题，据本号目次校增。

名，擅行仇杀者，本法之所不恕。亟宜申明禁令，庶几海隅苍生，咸得安堵。特此电告。总统孙文。勘。

广东陈竞存（陈炯明字竞存）都督及中国同盟会公鉴：近闻在岭东之同盟会、光复会不能调和，日生轧轹。按同盟、光复二会，在昔同为革命党之团体。光复会初设实在上海，无过四五十人。其后同盟会兴于东京，光复会亦渐涣散。二党宗旨，初无大异，特民生主义之说稍殊耳。最后同盟会行及岭外，外暨南洋，光复会亦继续前迹，以南部为根基，推东京为主干。当其初兴，入会者本无争竞。不意推行岭表，渐有差池，盖不图其实际，惟以名号为争端，则二会之公咎也。同盟会实行革命之历史，粤人知之较详，不待论述。光复会则有徐锡麟之杀恩铭，熊成基之袭安庆，近者攻上海，复浙江，下金陵，则光复会新旧部人皆与有力，其功表见于天下。两会欣戴宗国，同仇建虏，非只良友，有如弟昆。纵前兹一二首领政见稍殊，初无关于全体。今兹民国新立，建虏未平，正宜协力同心，以达共同之目的，岂有猜贰而生阋墙。为此驰电传知，应随时由贵都督解释调处。同盟、光复二会会员，尤宜共知此义。虽或有少数人之冲突，亦不可不慎其微渐，以免党见横生，而负一般社会之期许。切切！总统孙文。勘。

四川都督府转资州分府：报载刘光汉在贵处被拘。刘君虽随端方入蜀，非其本意，大总统已电贵府释放。请由贵府护送刘君来部，以崇硕学。教育部。宥。

四川资州军政署鉴：刘光汉被拘，希派人委送来宁，勿苛待。总统府。宥。

上海陈都督其美鉴：赵珊林为吾党旧同志，去岁新军反正之役，颇为出力。今闻因事系狱，请念前功，即予省释。孙文。宥。

烟台代理都督杜（杜潜）并转各界鉴：电悉。即令胡都督（胡瑛）先行来烟。总统文。宥。

烟台电局即送关外都督蓝天蔚鉴：迭接山东来电，促胡都督瑛赴烟，已命其即行。尊处所属海陆军，希届时饬令协同响应一切，是要。总统文。宥。

江苏庄都督（庄蕴宽）鉴：顷接江北总参谋孙岳电称：选派参议员，系事前曾派商贵都督如何分额，迄未接复。维时已迫，故就该处选派三员前来。今经参议院均予取销，将来江北痛苦，无可代达，恳予拨额等因。查江北地方广要，酌予参议员额一名，以便其关切陈议，亦是实情。合行电商贵都督取销一名，即由江北选充，俾得均平而裨政要为荷。总统孙文。敬。

津浦路站电局速送广东北伐军司令姚雨平、协统林震鉴：闻我军昨夜得胜，追敌数十里，足见士卒用命，深堪嘉许。总统孙文。勘。

武昌来电

南京孙大总统、上海伍外交总长（伍廷芳）鉴：停战期限将满，和议尚未告成。闻满清已简放张勋为南京总督。揆此情形，显系满清不愿意共和，徒废时期，以疲我军士。此停战期满，彼方若不决定退位，共同组织共和民国，再议展期，决不承认。曲实在彼，即前次所提待遇从优之条件，一律取销。鄂中全体军士均已预备作战，誓不愿与满清共和。再不可听其狡展，致遏我军义勇之气。请大总统、外交总长将种种情形，通告各国是幸。元洪。二十六号。

河东来电

孙大总统、黄内阁陆军部长（黄兴）、黎副总统暨各省都督、各军政分府均鉴：敝省自九月八日起义后，即联合吴禄贞攻取北京，奈兵单械少，吴又被害。袁贼远交近攻之策，阳与晋议和，暗调第三镇全部及第六镇混成协，于十月十八日晚猛攻娘子关。连攻四日夜，终以兵单弹完，败归太原。清军乘势进迫省城，大事杀伤。阎都督（阎锡山）因顾全民命，分路退出。阎率兵四千余，北占大同，与巡防义军协攻归化城，以作根据。彭蝠龄带兵二千余，南攻河东地，已克复潞〔运〕城，与秦军连合，不日进攻河南。此太原失守后之情形也。清军有意违约，袁贼居心奸险，望早日联师北伐，除彼妖孽。再，晋省枪少弹完，即乞顾全大局，伏赐接济，寄由陕西转递河东为盼。晋军军务部长温士泉叩。真。

法　　制

修正中华民国临时政府组织大纲①

第一章　临时大总统、副总统

第一条　临时大总统、副总统由各省代表选举之，以得票满投票总数三分之二以上者为当选，代表投票权每省以一票为限。

第二条　临时大总统有统治全国之权。

第三条　临时大总统有统率海陆军之权。

第四条　临时大总统得参议院之同意，有宣战、媾和及缔结条约之权。

第五条　临时大总统得制定官制、官规兼任免文武职员，但制定官制暨任免国务各员及外交专使，须参议院之同意。

第六条　临时大总统得参议院之同意，有设立临时中央审判所之权。

第七条　临时副总统于大总统因故去职时，得升任之；但于大总统有故障不能视事时，得受大总统之委任，代行其职权。

第二章　参议院

第八条　参议院以各省都督府所派之参议员组织之。

第九条　参议员每省以三人为限，其派遣方法，由各省都督

---

① 本文与中国近代史资料丛刊《辛亥革命》第八册第 5 页所载者不同。

府自定之。

第十条　参议开会议时，各参议员有一表决权。

第十一条　参议院之职权如左：

一、议第四条及第六条事件。

二、承诺第五条事件。

三、议决临时政府之预算。

四、检查临时政府之出纳。

五、议决全国统一之税法、币制及发行公债事件。

六、议决暂行法律。

七、议决临时大总统交议事件。

八、答复临时大总统咨询事件。

第十二条　参议院会议时，以到会参议员过半数之所决为准；但关于第四条事件，非有到会参议员三分之二之同意，不得决议。（未完）

纪　　事

卫戍总督呈报委任分区司令官

南京卫戍总督为呈报事：窃照南京卫戍，地面旷阔，应分区设立卫戍司令官，以保卫治安，维持秩序，昨经面陈大总统钧听在案。兹查有胡令宣堪以派充西南区卫戍司令官，陈煦亮堪以派充东区卫戍司令官，何元山堪以派充北区卫戍司令官，业由总督分别委任。惟查城厢内外地段亘绵，现闻抢劫频仍，亟应先就原有军队分区布置，以资弹压。胡令宣原带练军两营，何元山原带选锋队一营，陈煦亮原有城守协练兵约三百余名，暂令各带原队，分段巡逻。一面另行编制颁发遵守，并先由总督拟定条例，饬令互相联络，认真担任。嗣后遇有地方抢劫之案，即责成各该司令官捕拿惩办，不得推诿。至该员等曾任专阃，此次委任分区卫戍司令官，拟请以原有官阶，比照新官制等级酌给薪俸，以示优异。理合将拟定条例先行具文呈报，仰乞垂鉴。须至呈者。附呈条例质疑答复。

本报暂定则例

一、本报为临时政府刊行，故定名为临时政府公报。

二、本报以宣布法令、发表中央及各地政事为主旨。

三、本报暂定门类六：曰令示，曰电报，曰法制，曰纪事，曰抄译外报，曰杂报，其子目见前。[①]

四、本报日出一册，如遇国家纪念日政府停止办公时，本报亦休刊一日。

五、政府对于各地所发令示，或宣布法律，凡载登本报者，公文未到，以本报到后为有效。

六、凡各官署皆有购阅本报之义务，唯具印文请领者，皆照定价五折征纳，余另详前价目表。

（此则例每期都载，以下从略）

第二号

元月三十日

目　次

令　示

大总统咨参议院作战方略并令部急筹财政　卫戍总督及各军

---

① 这一条自第六号起改为："本报暂定门类六：曰法制，曰令示，曰纪事，曰电报，曰抄译外报，曰杂报，其子目见前。"

警告示

　　电　报

　　上海来电七则　金口营来电一则　大通来电一则　闽省来电
一则　南昌来电一则　安庆来电三则　旧金山来电一则

　　法　制

　　修正中华民国临时政府组织大纲（续第一期）

　　中华民国临时政府中央行政各部及其权限

　　内务部咨行各部及通令所属公文程式（略）

令　　示

大总统咨参议院作战方略并令部急筹财政

　　本日准贵院咨开：议战议和，关系军国重要，固不宜黩武以
致涂炭生民，亦岂宜老师甘堕敌人奸计。除原文有案不录外，复
开：兹本院于本日开会议决办法三条，除推事〔举〕参议员三
员面陈外，抄祈查照办理，并希先行见复施行，并开办法三条等
因。准此，查此时和局未终，停战期满。敌之一方，电求停战，
不欲遽与决裂，故未及提出。且讲和一事，早经公认。此次展
期，乃由此一事发生，并非另生一事，似与临时政府组织大纲尚
无违反。至议和成否，于数日内解决。现在用兵方略，当以鄂湘
为第一军，由汉京铁道前进；宁皖为第二军，向河南前进，与第
一军会合于开封、郑州之间；淮扬为第三军，烟台为第四军，向
山东前进，会于济南、秦皇岛；合关外之军为第五军，山陕为第
六军，向北京前进。一、二、三、四军既达第一之目的，复与第
五、六军会合，共破虏巢。和议一破，本总统当亲督江皖之师。
此时毋庸另委他员。

　　再，中央财政匮乏已极，各项租税急难整理。饷源一事，业
令由财政、陆军两部会同筹画。合并声明。特此咨复。

卫戍总督及各军警告示

照得近日南京地方，抢劫之案，层见迭出，自是不肖匪徒，假冒军人之所为；而军队人数众多，亦难免无一二害群之马，致坏名誉。本总督用是会集各军团队长，议决维持治安办法。兹将部颁军律若干款，胪列于后，仰我军人等一体切实遵奉，毋蹈法网，是为至要。此告。

计开：

一、遇有抢劫物件，或强奸妇女等事，准该事主鸣报卫戍司令部、宪兵司令部、警察总监派兵警捕拿。

一、人证现获时，即将该犯拿送卫戍总督执法处讯明正法。如有当场拒捕者，即行格杀。

一、各军人不准身带枪械在街游行，违者以匪论。（但有官长带领及有特别任务者，不在此限。——原注）

一、兵士外出时间，以早六时后至晚九时前为限。非此时间而在街巷游行者，以违法论，准巡街兵诘问，报告本管长惩罚。（但身带特别外出证有任务时不在此限。——原注）

附陆军部颁发军律十二条

一、任意抢掳者枪毙。

一、焚杀良民者枪毙。

一、硬搬良民箱笼及银钱者枪毙。

一、私入良民家宅者罚。

一、赌博者罚。

一、强奸妇女者枪毙。

一、无长官命令，窃取名义，擅封民屋财产者枪毙。

一、勒索强买者，论情抵罪。

一、行窃者罚。

一、纵酒行凶者罚。

一、有类于以上滋扰情形者，酌量罚办。

卫戍总督徐（徐绍桢）	苏军第一旅团长朱
浙军第一师团长朱（朱瑞）	沪军进行队司令官赵
第三师团长陈	要塞总司令长官
铁血军总司令长范	海军陆战队指挥官尹
沪军先锋队司令官洪（洪承点）	宁省第四旅团长刘
沪军第二旅团长田	卫戍北区司令官何（何元山）
光复军司令长李（李燮和）	卫戍西南区司令官胡（胡令宣）
宁省第三旅团长李	卫戍东区司令官陈（陈煦亮）
江宁警察总监吴（吴忠信）	粤军司令长姚（姚雨平）
南京宪兵司令长（茅遒封）	赣省北伐军司令官刘

电　　报

上海来电

孙大总统、陆军部总长黄、黎副总统、各省都督及北伐联军总司令公鉴：顷接唐代表转段芝桂（据以下电文，为段祺瑞之误）来电如下：阳电悉。瑞与各路统兵大员于今晨联衔电奏，请定共和政体。都中已有布置，切告各路民军，万勿稍有冲突，以免贻误大局。瑞。齐。特转电奉闻。廷芳。宥。

南京大总统钧鉴：接黄县电，内开：沪军政府转南京大总统鉴：清管带裕震违约，围我黄县，力战始解。初六七两日，又邀同沪军与裕军血战挽北，马敌大败，杀其统领，获其队官，夺其枪械，死伤其兵士百余人。惟敌军扰害我地面，残杀我良民，惨无人理；现虽略退守，然犹未艾。我军为保护地方治安，自不得不以战为守。惟彼满人奚负约，请转知外交部长，可向清廷严加责问。山东军政府连、徐、刘公电等因。合亟照转。其美叩。感。

至急。① 南京孙大总统、黄陆军总长、武昌黎副总统、各省都督、北伐联军总司令公鉴：顷唐君绍仪送来段君祺瑞电文如下：三电均悉。某国欲渔利，又岂止一某国，尚有怂恿外蒙独立，为吞并计者。祸机之发，不知胡底。兄弟阋墙，分梗御侮。谋国利民福者，似宜远瞻近瞩，审慎出之。瑞夙抱宗旨，不忍地方再有糜烂，涂炭生灵。且公使俱在都门，秩序一乱，是将授以干涉之柄也。联奏昨夜半已到京，今日未知如何。况两军相持太近，时有冲突，已拟稍退，民军不可再进，致生恶感。孙、黄两公，统祈代为致意。瑞。青。云云。观此电，段君洵明大义，廷已屡电黎副总统，请速派员与之接洽。黄陂等处，两军尤为接近，更须妥为处置。并望大总统、陆军总长致电段君，与之联络，以期一致进行，完全达到共和目的，是所切盼。廷芳。俭。

孙大总统鉴：袁世凯托名议和，薄我秦晋。今停战期满，万难再忍，祈速宣战，以解北危。如和不顾大局，续行停战，四省人民，死不承认。豫晋秦陇协会泣叩。

孙大总统鉴②：沁电敬悉。停战之期，至明日上午八时为满，不再展期，已经决定。惟段祺瑞现与北京四十二将校联名电奏清廷，速行宣布共和。段现统第一、第二两军，处武汉前敌。如黎副总统与之接洽，则明日武汉方面可联为一，不致复有战争之事。至张勋一军，唐君绍仪屡电劝其赞同共和，张回电反对。唐君又电袁内阁，嘱其严饬张军，勿得暴动。倘明日停战期满，张果然跳梁，则兵衅非自我开，更可令天下万国，知曲直所在。此处得袁内阁来电，据唐言皆系表面文字，其实袁运动清帝退位，未常〔尝〕少辍。廷昨致袁电，谓若停战期满，尚未得清帝退位之意，以致兵衅再开，再行发表，如是则清廷以争一君位

---

① 此电据《中国革命纪事本末》第三编第252页校正。
② 此电据《中国革命纪事本末》第三编第256页校正。

之故，不惜流全国之血，必为人道所不容，而我民国政府希望和平之意，更昭著于天下，对外可得友邦之同情，对内可激同胞之义愤，似尤为妥协。特奉复。廷芳。俭二。

孙总统鉴：竞存出发在即，精卫归期无定，执信避地香港，主持无人，粤局岌岌。各同志公推徐桂、冯自由、卢信三公，均堪胜此重寄，乞择委任，以维大局，幸甚。旅沪粤省同志梁慕光、夏重民、谭民三、张元抱、容尚、容卓生、叶竞生、易次乾等叩。

至急。南京孙大总统、黄陆军总长、武昌黎副总统、各省都督、北伐联军总司令公鉴：寝电想已达览。段祺瑞现统北洋第一、第二黎〔军〕驻扎孝感，为武汉前敌。今既联合各路统兵将帅赞同共和，似宜就近由黎副总统派员与之接洽。再，寝电"祺瑞"二字，误作"芝桂"，合并更正。廷芳。感。

金口营来电

孙大总统、陆军部总长、上海伍代表、武昌黎副总统、各省都督、各总司令钧鉴：敌人不守信约，停战期内，利用交通梗塞，进攻西北各省，意在固守西北，控制东南，狡谋诡计，尽人能知。今太原既已失陷，陕西又在垂危，呼救电文，声嘶力竭。民国政府既已成立，倘不统筹全局，派兵救援，不独黄河以北将非汉有，贻害不堪设想，且何以表示南北联为一气，促人民反正之心。鄙意无论和议如何，停战与否，当即出师应援，以慰西北人心之望。事机迫切，专望统筹见示。沈秉堃。勘。

大通来电

大总统、陆军部总长黄、黎副总统、各省都督、各军总司令、上海各报馆公鉴：接议和代表伍廷芳君寝电：北军统兵大员联衔奠定共和政体，各路民军勿稍冲突等语。和议展期，已非一日。共和者为铁血之共和，非哀求之共和。应请伍代表切实质问袁世凯：如力求共和，即与民军一致进行，推倒奄奄待毙之满政府，当易如反掌；如反对共和，即定期宣战，不必再以支吾相延宕。各军义愤填胸，总祈早为解决，以全大局而定人心。敝军枕戈以待，毋任焦灼。大通军政分府黎宗岳叩。沁。印。

闽省来电

大总统钧鉴：陆军部长黄鉴：全国光复近三月矣，幸赖福威远播，而各界亦极赞成，将士用命，诸事现已颇有头绪，道仁实无建树也。昨将编成军队陆续开进，由沪赴宁，听候调遣，俾得稍尽义务。惟查停战期内，袁世凯又纵兵在山西进攻。似此不遵公法，涂炭生民，不胜焦愤。窃愿再选将士，亲率赴宁，请命赴敌。大局一日不定，誓牺牲此身，达我共和目的。如蒙俯允，伏乞颁发电令，仁当即日起程，恭听指挥。临电不胜盼祷。闽都督孙道仁叩。沁。印。

南昌来电

孙大总统、陆军部长黄、武昌黎副总统鉴：顷接伍代表寝、感两电知悉。清军段祺瑞联合各路统兵大员，于二十六号电京，请定共和政体，未识日内有无发布。惟段祺瑞等既赞成共和政体，则于我军宗旨相合，各路清军应退百里以外。又清廷诸亲贵未必赞成共和，似应彼此联合，阖众兵力，进驻北京，始有实行改革之望。若段军不允是约，诚恐又是诈变。钧意以为何如？请即赐复。赣毓宝（江西都督马毓宝）。剑〔俭〕。

安庆来电

大总统、陆军部总长、参谋本部总长、参议院、副总统、各都督、各军总司令及本省各军政分府、各军政长钧鉴：皖省军政府司令部长胡君万太〔泰〕，顷即率师北伐，此后司令总长，由都督兼任，而添设副司令一人。查有寿州孙君棨，晓畅戎事，声望素孚，业由同人推举为全皖副司令，呈请都督委任，以重军政。特闻。皖军界全体公叩。

大总统钧鉴：仪征刘光汉累世传经，髫年龀龇，热血喷溢，鼓吹文明。早从事于爱国学校、《警钟报》、《民报》等处，青年学子读其所著书报，多为感动。今之共和事业得以不日观成者，光汉未始无尺寸功。特惜神经过敏，毅力不坚，被诱金壬，隳节末路。今闻留系资州，行将议罚。论其终始，实乖大法；衡其功罪，或可相偿。可否恳请赐予矜全，曲为宽宥。当玄黄再造之日，延读书种子之传，俾光汉得以余生，著书赎罪，某等不啻身受大法矣。谨此布闻，伏待后命。皖都督府秘书科邓艺孙、洪海阁、汪津本、李德膏、陈仲、卢光诰、冯汝简、吕嘉德、李中一、龙炳等谨叩。

南京大总统、各部总长、参议院长、武昌黎副总统、各省都督、各总司令、皖省各军政分府均鉴：皖参议员范君光启，现任铁血军司令，不能兼顾他事，来电辞职。所遗参议员一席，已委王君善达接充，不日即赴宁任事。特闻。皖都督孙毓筠叩。宥。

旧金山来电

南京大总统转汪精卫君鉴：君任总理，庆得人。窝州同盟总会伍平一等叩。

法　制

修正中华民国临时政府组织大纲（续第一期）

第十三条　参议院议决事件，由议长具报，经临时大总统盖印，发交行政各部执行之。

第十四条　临时大总统对于参议院议决事件，如不以为然，得于呈报后十日内声明理由，交令复议。

参议院对于复议事件，如有到会参议员三分之二以上之同意仍执前议时，应仍照前条办理。

第十五条　参议院议长，由参议员用记名投票法互选之，以得票满投票总数之半者为当选。

第十六条　参议院办事规则，由参议院议定之。

第十七条　参议院未成立以前，暂由各省都督府代表会代行其职权，但表决权每省以一票为限。

第三章　行政各部

第十八条　各部设部长一人，总理本部事务。

第十九条　各部所属职员之编制及其权限，由部长规定，经临时大总统批准施行。

第四章　附则

第二十条　临时政府成立后，六个月以内，由临时大总统召集国民议会。其召集方法，由参议院议决之。

第二十一条　临时政府组织大纲施行期限，以中华民国宪法成立之日为止。

中华民国临时政府中央行政各部及其权限

第一条　中央行政各部如左：

陆军部　海军部　外交部　司法部　财政部　内务部　教育部　实业部　交通部

第二条　各部设总长一人，次长一人。

次长由大总统简任，次长以下各员，由各部部长按事之繁简，酌定人数。

第三条　各部局长以下各员，均由各部总长分别荐任、委任。

第四条　各部部长管理事务如下：

陆军部长　管理陆军经理、军事教育、卫生、警察、司法并编制军队事务，监督所辖军人军佐。

海军部长　管理海军一切军政事务，监督所辖军人军佐。

外交部长　管理外国交涉及关于外人事务，并在外侨民事，保护在外商业，监督外交官及领事。

司法部长　关于民事、刑事、诉讼事件，户籍、监狱、保护出狱人事务，并其他一切司法行政事务，监督法官。

财政部长　管理会计、库帑、赋税、公债、钱币、银行、官产事务，监督所辖各官署及府县与公共之会之财产。

内务部长　管理警察、卫生、宗教、礼俗、户口、田土、水利工程、善举公益及行政事务，监督所辖各官署及地方官。

教育部长　管理教育、学艺及历象事务，监督所辖各官署学校，统辖学士教员。

实业部长　管理农工、商矿、渔林、牧猎及度量衡事务，监督所辖各官署。

交通部长　管理道路、铁路、航路、邮信、电报、航舶并运输造船事务，统辖船员。

第五条　次长辅佐部长，整理部务，监督各局职员。

第三号

元月三十一日

目　次

令　示

江宁巡警总局示凡新建翻造房屋须让原基三尺　（略）

江宁巡警总局定期缴人力车捐示

江宁巡警总局规定牌照捐示

宣布夏祖庆罪状.

电　报

桂省来电一则　申来电一则　长沙来电一则　武昌来电一则
襄阳来电一则　上海来电二则　烟台来电一则　滇省来电一则

法　制

大总统咨参议院法制局职制

大总统咨参议院南京府官制草案请议决咨复并《中华民国临
时组织法草案》

卫戍总督府人员职掌

纪　事

简任各员　教育部呈报启用印信日期由

令　示

江宁巡警总局定期缴人力车捐示

为出示晓谕事：案奉大总统令：现据金陵人力车业人等公
禀，邀恩求免正月车捐等情。时当严寒，念及劳力苦工，深为悯
恻。所有元年正月车捐，着即行蠲免。该局现行冬月车票，并着
一律取消，以惠劳人等因。奉此，当经本局以旧历冬月分即新历
元月分应收各项车捐，业于元月十二号即旧历冬月二十四日开收
完竣。拟请变通办理，将新历二月分应收车捐，一律豁免，虽时
期不无差异，而恩惠仍得实沾。呈奉大总统批准在案。兹查二月
分开捐之期不远，本局应即宣布大总统加惠劳人之意，所有二月
分自初一日即旧历腊月十三日起，一个月内应收各项车捐，应即
免予缴纳。仰各该车夫人等，于二月以内，仍以上月旧票行驶，
号坎并须一律穿着，以便稽查。俟届新历三月初一日，即旧历壬

子年正月十三日缴捐换票时，务各仰体德意，踊跃捐输，以备修路之用，不得仍前观望，借词延宕。合特出示晓谕。为此示仰各车行车夫人等，一体遵照毋违！特示。

江宁巡警总局规定牌照捐示

中华民国江宁巡警总监吴为出示晓谕事：照得本总局遵奉都督程指令，将禁烟事宜并归局办。当经拟章，呈奉代理都督庄教令，内开：据呈及章程均悉。应准暂行照办，务宜认真经理，毋得有名无实，滋生流弊等因到局。奉此，查现定章程，凡售卖土膏各店，均由本总局现设之禁烟处，一律发给执照，以便稽查而杜私卖。兹经呈报，于本年二月一号起，实行开办。除饬各区先将现有土膏店分晰查明开报以凭换给执照外，合并出示晓谕。为此示仰土膏各店及诸色人等一体知悉，限三日内务将旧有营业执照呈送该管巡警区局，赶速转报本总局，由禁烟处换给执照，遵章营业。如有经此次乱事将前照遗失者，须出具土市公行或同行三家以上之保结，领有执照，始准营业。惟此后售卖土膏各店，仍须遵照旧章，每土壹两缴牌照捐钱四十文，每膏壹两缴牌照捐钱六十文。土捐则缴归土市公行代收，膏捐则径由各店按十日一次汇缴本总局禁烟处核收。各店每日售销之数，至少以八两为度。如无执照，即以私论，按章处罚。至吸烟之人，亦即赴区报明姓名、年岁、住址及日吸烟数，指购土膏店号，由区发给牌照，以便稽考而杜私吸。其各凛遵毋违。切切！特示。

宣布夏祖庆罪状

武昌起义之前，有宪兵长夏祖庆，探悉我军之行为，将宪兵彭庆云，兵士刘尧臣、杨洪烈三烈士，密报于清督瑞澂，致被清督瑞澂骈戮。至十九夜民军攻打督署，夏又抵抗义军，枪毙老勇二十余名。后又保清督瑞澂逃出武昌。继民军得势，夏即远飏。

昨忽潜来京师，寓居下关大观楼，希图不法。经密探查悉，报告大总统，饬派巡警拿获，审讯明确。奉大总统命令，宣布罪状，立予枪毙矣。

电　报

桂省来电

大总统、各部总长、副总统、张都督均鉴：年都督号电敬悉。清兵于停战期内，侵虐秦晋，轻蔑成约，玩视民国。张都督请联军北上，覆其巢穴，早定大计，自是切要之图。请大总统预为施恤，使西北同胞，早登衽席，不胜企望之至。桂都督陆荣廷叩。

申来电

大总统钧鉴：接即墨官立小学堂班（民军首领班麟书）电，知该处业已光复，合亟转闻。其美叩。俭。

长沙来电

宁大总统、陆军部长，申伍外交长，武昌副总统，各省都督，金口、长沙各路总司令公鉴：昨接陈都督效电及南昌马都督巧电、福州孙都督号电，以停战议和，务在此期限内议决，一切勿再迟延，敝省全体极表同情。万乞于阴历十二月十二以前，取决宣示。若再延时日，敝省无论如何，决不承认。特此预闻。延闿叩。祃。

武昌来电

急。宁孙大总统鉴：接伍总长感电、宥电，即于二十七日派员至孝感，与北军接洽联络，一致进行。段祺瑞派员接待。据称段对于共和政体，允有同意，此次军队退却，实不愿与民军冲突，损伤元气。至进行方法，现已规定，请民军不必前进，致生误会云云。敝处已通饬各军，驻扎原地，暂不前进，所有一切准备，亦不得稍懈，致受老师费财之害，庶共和政体得早日告成。下游各军请黄总长通知，相机动作是盼。元洪。艳。印。

襄阳来电

南京大总统、总理黄、武昌副总统黎钧鉴：清廷议和，展限再三，袁贼狡诈，别有企图。初次议和，乘隙败约，破我山西，攻我陕西。今又加精兵三千、开花炮十二尊，猛攻陕军，潼关垂危。升、长（升允、长庚）二贼，扰害凤、陇。陕西三面受攻，兵寡力疲，万急三电，请援兵，求枪弹，迭有警报。窥敌阴谋，远交近攻，意以南京方锐，缓兵以老其师；北省消息隔绝，民军薄弱，若集全力攻取静阳（？）得手，南方共和之局，日久变多，内部或生意见，彼得伺隙而图。时日濡滞，冬尽冰合，我军艰于北伐，彼可壹意略定北部。陕西不守，则四川可危，鄂省襄樊，亦生警变。外交难恃，误我正多。敌于和期内，分道四出，牵制我军，扰乱各处，我独困守不出，谁操胜算之权。纵然即一心求和，亦当分途北伐，海陆并进，使敌军不敢妄动，然后和局可成。若坚守小信，坐误时机，前途不堪设想。明公统筹全局，必有深谋，尚乞速定大计，勿堕狡谋，民国幸甚。安襄郧荆招讨使季雨霖叩。

上海来电

孙大总统、陆军黄总长鉴：维密。顷接段芝帅来电文如下：二蒸电悉。武昌代表易来孝，已令幕僚接洽。瑞昨晚移驻广水，为保平和，不意下车遇放火药二次，车虽无大损，因之稽迟，致与后车相触，死伤二十余人，士气大愤。此等举动，能否严禁，勿使瑞过于为难也。已派混成一标又步五营赴京，又商拟令第二镇斛保（？）相机进止。虽然如是，未能一蹴而就。瑞。真。等语。请迅电黎副总统查照饬禁。怡。艳二电。

孙总统、黄陆军部长鉴：接陕电及西教士，金谓清六军攻陷潼关，升允久寇乾、邠，竭力秦军功力，（以上几句有误）危急万分。望顾念西北同胞，速派得力，分道赴援，并即日北伐，以解秦危而维大局。豫晋秦陇协会及旅沪全体陕人乞命。

烟台来电

海军部转大总统钧鉴：和密。宥电悉。沪军全部均开往登黄，海军轮番游弋登州、龙口各处，该地战况甚佳，详情由该军直接报告。蓝天蔚叩。

滇省来电

大总统、武昌黎副总统、黄元帅、各省都督鉴：本省爰派参谋李佃庚、雷风二员，赍文赴宁，日内起程，先电陈。滇都督锷（蔡锷）叩。

法　　制

大总统咨参议院法制局职制

窃维临时政府成立，所有一切法律命令，在在须行编订，法制局之设，刻不容缓。应将法制局职制提出贵院议决，以便施行。除派本府秘书员李肇甫于本月十二日亲赴贵院提议外，合即先将法制局职制草案咨送贵院查核办理。此咨。

大总统咨参议院南京府官制草案请议决咨复并中华民国临时组织法草案

案查前据内务部总长程德全呈称：南京为临时首都，维持治安，自是要图。兹拟将旧有江宁巡警路工总局改为中央巡警厅，专管巡警事务。至原有之都督府及江宁民政厅，均为地方官。今江苏都督已移驻苏州，而机关尚在江宁民政厅，办理亦不合法。拟将原有二机关消灭，另设一南京府知事，专管江宁、上元两县地方行政事务，均着直隶本部，以便监督而期整理。至各省起义之后，地方官制，均系自由规定，罔相师袭，故难免歧异。目下中央政府业已成立，似宜统筹全局，从新厘订，以昭划一。恳即饬法制院，迅速编纂中央巡警厅及南京府知事与各地方官制通则，呈核交下，以便遵行。

旋复据该部呈称：民国建立，所有全国民政，亟应改革办法，以期整齐，不至蹈满清稗政旧辙。惟官制尚未议定，而各属纷纷申请改用关防，既不能缘其旧称，又未便巧立名目，究应用民政长或知事名称之处，非本部所敢擅断。为此备文呈请大总统，伏乞饬令法制院从速筹议，见复施行等由。据此，当经令行法制局，将本京巡警及京外地方官制妥速编订去后。兹据法制局局长宋教仁呈拟《南京府官制草案》二十二条前来，合照临时政府组织大纲第五条，咨请贵院议决咨复，以便转饬施行。又查临时政府现已成立，而民国组织之法尚未制定，应请贵院迅为编定颁布，以固国民之基。兹据法制局局长宋教仁呈拟《中华民国临时组织法草案》五十五条前来，合并咨送贵院，以资参叙。此咨。

卫戍总督府人员职掌

一、卫戍总督府分设左列各机关：

一参谋处；二副官处；三监察处；四执法处；五经理处。

以上各处外，另设顾问官、参事官、秘书官、监印官属官若干员。

一、参谋长参划卫戍上之机宜，整理全府事务，为全府人员之领袖。（下略）

纪　事

简任员名

陆军部总长兼参谋部总长	黄　兴
海军部总长	黄钟瑛
司法部总长兼议和全权大使	伍廷芳
外交部总长	王宠惠
财政部总长	陈锦涛
内务部总长	程德全
教育部总长	蔡元培
实业部总长	张　謇
交通部总长	汤寿潜
陆军部次长	蒋作宾
海军部次长兼北伐海军总司令	汤芗铭
司法部次长	吕志伊
外交部次长	魏宸组
财政部次长	王鸿猷
内务部次长	居　正
教育部次长	景耀月
实业部次长	马君武
交通部次长	于右任
南京卫戍总督	徐绍桢
关外都督兼北伐第二军总司令	蓝天蔚
参谋部次长兼议和参赞	钮永建
上海通商交涉使兼议和参赞	温宗尧
议和参赞	汪兆铭
议和参赞	王正廷
议和参赞	胡瑛

法制顾问	寺尾亭
法制顾问	副岛义一
法制顾问	章宗祥
政治顾问	犬养毅

教育部呈报启用印信日期由

中华民国教育部总长蔡为呈报事：正月十九日奉大总统令颁给印信一颗，遵即敬谨祗领，即日启用。为此呈报钧案，仰祈察核施行。须至呈者。再，本部办事处暂设碑亭巷江苏外务司，合并声明。右呈大总统孙。

第四号
二月一日

目　次

令　示

大总统令各部及卫戍总督暨各都督订阅本报

教育部呈正副总统咨各省都督普通教育暂行办法及课程标准

附普通教育暂行办法十四条（略）

附普通教育暂行课程标准（略）

财政部告示

电　报

南京去电五则　天津来电二则　广东来电二则　苏州来电二则　武昌来电一则　星加坡来电一则　清江来电一则　下关来电一则　福州来电一则

纪　事

卫戍总督徐绍桢呈报启用印信

陆军部申报启用关防

财政部呈报收到印信启用日期由

交通部呈报启用印信日期由

令　　示

大总统令各部及卫戌总督暨各都督订阅本报

中华民国临时大总统令：临时政府成立，政事上一种公布性质，宜有独立机关经营，以收其效，则发行公报是也。东西洋各国莫不有之。兹经委令创设经始出版，应令各行政机关咸有购阅该报之义务。除将暂定则例登载该报一律照办外，为此令该部都督卫戌总督知照，并通饬所属一体遵照。此令。

教育部呈正副总统咨各省都督普通教育暂行办法及课程标准

中华民国教育部总长为呈、咨送事。案照本部前拟《普通教育暂行办法》十四条电陈钧案、通电贵府并声明印文课程表随发在案。兹经规定《普通教育暂行课程之标准》十一条，将小学、中学、师范学校各种课程表分别插入。至各地方风土财力以及种种关系之不同，或有不能不酌量变通者，业将可以变通之处，一一明载条文，仍俟将来规定完全学制颁布遵定。为此连同前此电开办法十四条，印刷齐全，备文呈、咨送，即乞饬发所属转发各学校一体遵行，实为公便。须至咨者。

财政部告示①

中华民国财政部为出示晓谕事。案奉大总统命令：南京为民国首都，亟应整顿金融，以图都市之发达。业经筹拨巨款，开办

---

① 原无标题。

中国银行，发行划一货币。惟目前军需孔亟，应先发行南京军用钞票，以维持市面，而协助饷糈。着财政部速筹办理等因。奉此，当由本部督饬制就此项军用钞票，自本日为始，颁发行用。合即出示晓谕，仰军民人等遵照后开条款，一律通用毋违。特示。

计开：

一、本钞票名南京军用钞票。

一、本钞票由本部担保发行。

一、本钞票分一元、五元两种。

一、本钞票发行总额以一百万元为限。

一、本钞票钤有本部印信，文曰中华民国财政部之印。

一、本钞票自发行之日为始，经三个月后，准持票到南京中国银行兑换通用银圆。

一、本钞票凡纳捐上税一律照收。

一、本钞票凡银行、钱庄、商店，均须一律行使。如有阻难折扣情弊，一经查出，严罚不贷。

一、本钞票严防伪造，业由本部派出稽查员多名，慎密查访。如有查出制造或使用伪票者，无论何人，准即解送各该管官厅，从重究办。

电　　报

帮办直东防务大臣张（张怀芝）鉴：文电悉。初闻执事固执，今乃知其不然。南北一致赞同共和，则内忧外患无难消弭。执事所论，亦即文之所怀。然非立使清帝退位，宣布共和，更无解决之方法。袁内阁陷于危困，乃复犹豫，于理于势，俱万不可。切实进行，惟在公等之援助耳。至彼此协商办法，日前已电袁公，文但求达我共和之目的，无所私执。公既洞明大局，于间

国家。各省民志已趋于同，惟蒙藏地阻情歧，尚未联合。近闻外人对于两地，狡焉思逞。际此危急，正先生所以报国家，而生等所以报先生之时。现新政府联合蒙藏，一视同仁，取消旧时理藩不意之名，而组织一蒙藏经理局于内务部，为对蒙藏中央行政机关。一面以保全领土，为国际宣言，杜外人之野心。务望本爱国初意，劝导蒙藏同人，戮力齐心，共谋幸福。窃思清廷自且不保，遑可恃以为安。西北安危，生等固当与先生共之。闻政府将派有联络使来蒙，蒙亦应速派代表南来，双方结合，始为完善。中国前途幸甚。殖边学生团受业唐彦保、萧瀓、燕丕基、萧飏曾等叩。勘。（南京去电）

孙大总统钧鉴：京保团体阑举程家桎、刘幸到宁面禀。江绍贻、刘祝波。灰。（天津来电）

南京孙大总统鉴：共和民国，全赖先生伟力组织而成。莅任改元，同人等谨免冠而祝曰：伟哉孙君，姓氏允扬，首介革命，声指穹苍。经猷特具，奠我土疆，生彼伟人，汉族之光。凡后电令，镙（？）兴中会同人先后回粤，流离无亮（？），得苏卓南维持其间，我辈得暂所托。望示办法，以得供复。兴中会同人宗少东、温至山、杨香甫、苏卓南同叩。（广东来电）

孙总统鉴：来电敬悉。岭南同盟会并无于光复会轧轹事情。谨复，以慰厪念。同盟会广东支部谓叩。艳。（广东来电）

孙大总统鉴：从前缴尊处所发南方委任状，乃运动革命权内〔宜〕之计。今各省已反正，自应统受各该省都督号令，方成政体，不应援昔日委任状为词。即祈电粤，将从前委任状称某某部都督者取销，以免有恃无恐。即盼。粤都督陈炯明、民军总务黄

世仲。感。（广东来电）

　　大总统、陆军部长鉴：辱电褒勉，并派李君来苏慰问，感愧交萦。之洁何人，敢谓热忱爱国，惟平日心迹坦白无他，名誉固不愿牺牲，责任尤不敢放弃。知我罪我，并无居心。既受一次之虚惊，或可增一分之胆力。此后益当坚忍自励，冀消疑忌，仰副厚望。谨此鸣谢。苏军统制刘之洁叩。俭。（苏州来电）

　　大总统钧鉴：敬电诵悉。每省派参谋〔议〕员三人，俄根据临时政府组织大纲，现派陈、凌、杨三君，本系代表江苏全省，江北地方情形自可代达。请转电江北蒋都督（蒋雁行），该处如有关系地方困苦之事，可随时转告陈、凌、杨三君。江苏代都督庄蕴宽。印。（苏州来电）

　　孙大总统鉴：哿电悉。宜昌盐厘抵借英德商款，原每年系一百万两。嗣因收不敷解，满清部议改为七十五万两，余数大约系由中央指拨凑足。然此项抵款，名虽就近解交税务司，其实清政府仍于别项收款拨补盐厘以济鄂用。至淮盐总局应交之款，系由督销局将应解鄂厘拨交税务局，而鄂省又将应解宁省一半川盐加课扣除互抵。现在民国对于满政府债约，在义师未起以前者，自应承认。但鄂省川淮盐厘，名义上为抵押品，实际上仍不失为鄂省进项。将来筹议归还，仍请中央政府统筹全局办理，所有欠解数目，皆系各该局就近拨解。关于宜昌川盐欠解数目，已电饬委员查复。其淮盐督销，本系宁省管辖，即请饬令调查。承询特复。元洪。敬。印。（武昌来电）

　　孙大总统鉴：新政府成立，总统得人，本会全体公认张君永福为代表，来宁祝贺。星同盟会长陈楚南全体。（星加坡来电）

大总统、苏州庄都督钧鉴：前奉大总统寒电，江北民政总长一席，应由尊处地方公举。当即通电淮、扬、徐、海、通、海各县，各派代表来浦，准于元月二十八日公举。兹奉总统宥电，择〔据〕江苏参议员凌文渊等来函，江北民政总长遗缺，如何选举或委任，请与庄都督交涉。而最近之海门、睢宁、宿迁及阜宁、山阳、海州、清河、安东等县，业已遵示，各派正式代表投文到浦。计二十七日，到者更多，拟展期二日，候示举行。乞庄都督电后，再行投票公举，以符各县渴望共和之盛心。江北蒋雁行。宥。（清江来电）

孙大总统钧鉴：昨已陈述赣省困难情形，无同志者佐理其间。蒙面允介绍军政各种人材，以资臂助，感佩无极。铁城等即赴沪编制细则，希即示下，并请通知胡汉民君，以便随时指示方针为祷。吴铁城、蔡公时、黄席珍叩。感。（下关来电）

火急。大总统钧鉴：闻参议员陈承泽辞职，经道仁等公同推举，直电张继君充任此职。查参议员资格，不必配定本省之人。张继为闽中人士所推服，举以代表闽省，实符众望。谨此奉闻，应赐查照。闽都督孙道仁、政务总长彭寿松叩。沁。（福州来电）

纪　事

卫戌总督徐绍桢呈报启用印信

卫戌总督为呈报事。窃绍桢蒙大总统委任南京卫戌总督，旋于正月十四日奉令派员赍送印信一颗，遵即敬谨祗领，即日启用。除移行外，理合将启用南京卫戌总督印信日期，呈报钧府鉴核。为此具呈，伏乞照验施行。须至呈者。

陆军部申报启用关防

陆军部为申报事。窃照临时政府成立，组织各部。本部于正月初九日，奉钧处颁发木质关防一颗，敬谨受领，业于即日启用。合将任事及启用关防日期，具文申报，即祈照验施行。须至申者。

财政部呈报收到印信启用日期由

本部奉到颁给印信一颗，文曰"中华民国财政部之印"。谨于本日启用，布告成立。办公处暂行附设尊府内。理合呈明。

交通部呈报启用印信日期由

中华民国交通部为呈报事。案本月二十三日，奉到大总统令，并颁发印信一颗，文曰"中华民国交通部之印"。遵于二十六日敬谨启用。为此呈报钧案，仰祈察核施行。右呈大总统。

第五号

二月二日

目　次

令　示

大总统令驻沪川路公司管款员汪缦卿等移交川路股票筹办蜀军

教育部通电临时宣讲办法文

教育部普通教育暂行办法及课程标准（续第四期）（略）

电　报

清江来电二则　上海来电二则　广西来电一则　江西来电一则　安庆来电一则

法　制

闽都督呈报组织都督府大纲（并册暨各部局员姓名册）（未完）

令　　示

大总统令驻沪川路公司管款员汪缦卿等移交川路股票筹办蜀军

本月初四日据鄂军都督黎元洪转到蜀军都督张培爵、夏之时来电称：蜀自赵尔丰荼毒后，糜烂不堪。重庆、成都虽各宣告独立，蒲殿俊、朱庆澜释赵不讨，反委以西藏，与以军饷五百万，以致防军溃变，任意焚掠，朱被炮伤，蒲亦窃逃，赵贼仍踞成都，土匪蜂起，民不聊生。重庆军械缺乏，不能进剿，恳赐援助等语。察成都一隅，倡义最先，受祸最烈。光复未几，复陷水火。谁非赤子，实堪恫念。中央政府统筹全局，自应速事戡定。惟近值和议未决，北伐在即，需款浩繁，势难兼顾。

前据苏军都督程德全、沪军都督陈其美呈称：据蜀商童子钧、陈少谷等禀称：自武汉起义，川路停修，各省及留沪各川人，皆欲提用沪上所存股款，筹办蜀军。驻沪川路公司管款员汪缦卿，穷于应付，惧祸远飏，以川路存款股票折据，交与商等管理。唯自汪去后，川人提款者，皆与商等为难。窃思以川路股款筹办蜀军，亦属以公济公，商等何敢固持不与。唯名目既多，良莠不齐，若使付托非人，窃恐虚糜无补。若得中央政府作主担保，即行交出，以供军用等语。该商等深明大义，热心时局，殊堪嘉尚。唯念该款本系商股，若由私人借用，事前既易起纷争，事后恐难于归还。不如改由中央政府照数给与公债证券，似此办法，既有裨于大局，复无损于商本。除即委派黄复生、熊克武二员到沪接收路款外，为此令该商等妥速将所存川路股款一律清算，点交黄、熊二员接收，俟交收清楚，即由财政部发给公债证券，以昭信用而重商股。事关军务，幸勿迟延。此令驻沪川路公司管款员汪缦卿，管理折据员童子钧、陈少谷知照。

教育部通电临时宣讲办法文

湖北黎副总统，湖南、安徽、江苏、浙江、福建、广东、广西、江西、陕西、四川、云南、贵州、关外各都督公鉴：前拟普通教育暂行办法，业经通电贵府在案。惟社会教育亦为今日急务，入手之方宜先注重宣讲。即请贵府就本省情形暂定临时宣讲标准，选辑资料，通令各州县实行宣讲；或兼备有益之活动画影画，以为辅佐。并由各地热心宣讲员集会研究宣讲方法，以期易收成效。所需宣讲经费，宜令各地方于行政费或公款中酌量开支补助。至宣讲标准，大致应专注此次革新之事实、共和国民之权利、义务及尚武、实业诸端，而尤注重于公民之道德。当此改革之初，人心奋发，感受较易。即希贵府迅予查照施行。教育部。陷。

电　　报

十万火急。孙大总统、黄总长、上海伍外交总长鉴：顷接宿迁确实电报，敌军已占领窑湾，派人监视电局，民军电报不通，正在南下。除饬前敌敝军竭力抵抗外，用特飞报。江北雁行。勘。（清江来电）

孙总统、上海伍外交总长鉴：昨奉转到段祺瑞电称：北军各路统兵大员联衔电奏，主张共和，已抱定宗旨，不忍生灵涂炭，致招外人干涉。拟稍退却，民军不可再进，致生恶感。又接我军宿迁确报，敌军已占领窑湾，正在南下各等话。前敌各队，游移

观望，著著落后，请将最近交涉情状，速行宣布，以便正式作战。江北雁行。艳。叩。（同上）

孙大总统、陆军黄总长鉴：勘两电悉，已分袁转段矣。张勋处已再电，劝勿坚执，尚未得复。怡。真。（上海来电）

孙大总统、黎副总统鉴：顷得袁内阁蒸二电如下：据汉口商务总会全体商人电称：汉口为华洋荟萃之区，汉阳乃各厂林立之所，商务繁盛，甲于中国。自经此次兵燹，汉口房屋几被烧尽，汉阳财产亦多损失，糜烂情形，惨难言状。嗣因停战议和，北兵撤退，各商陆续回汉，深望和议早成，各谋善后，以图振兴。乃停战期迫，和议尚未发表。未来者率多裹足，已来者咸有戒心，商业凋残，华洋交困。且值此年关伊迩，正商人清理账务之时，若再展延，则房屋既失于前，账款又耗于后，摧残殆尽，祸有不堪设想。为此商等一再集议，拟请仿照欧西市政办法，转恳两方政府，汉口、汉阳，东至长江，西至蔡甸，南至沌口，北至滠口，划作中立地点，不再开战。至保护治安，则由市自募巡警，妥为办理。俾在汉各商，得以安业，市面亦得流通，庶阳夏商民，或尚有一线生机。伏思大总理素以恤商爱民为怀，再不忍阳夏生灵，再受涂炭之苦，用特冒渎钧听。倘蒙俯念商艰，准如商等所请，将汉口、汉阳分划界限，作为中立地点，不再在此开战。并求速赐电达驻沪唐代表，即日宣布，以苏商困而惠民生等语。应即转达，希查照见复为盼云云。廷意段君祺瑞联合各路统兵大员，主张共和。廷已屡电请副总统派员与之接洽，尚未得复，至为廑系。如彼此接洽妥协，则武汉方面，当不至再有战事。至允许该处中立，由市自办巡警，于军事之计划有无妨碍，请速酌复，以便转电袁氏为盼。廷芳。艳。（上海来电）

孙大总统钧鉴：军务①广东为交通繁盛之区，内治外交，均难稍忽。非得一行高望重之人治理，诚恐内讧卒起，外患乘之。一发全身，关系非鲜。今日汪公（汪精卫）已不回，非陈公（陈炯明）不能肩此都督重任。总统主持大局，眷爱故乡，想早洞见此情。务恳电陈，切勿恝然舍去。一人之去留，大局之安危系之也。古香为大局计，为两广计，故恳切陈词，伏祈鉴察。广西右江军政分府总长陈古香。（二十八号。广西来电）

南京大总统钧鉴：江西议会组织情形，已电陈大概。兹复公举代表廖国人、卢士模两人来宁，面陈一切，恳请设法维持。江西临时议会公叩。（江西来电）

南京大总统、陆军总长、参谋本部总长、参议院、武昌副总统、各省各都督、各军总司令，及皖省芜湖、大通、太平、屯溪、宁国、池州、殷家洲、太湖、桐城、庐州、镇阳关、凤阳、寿州、六安、亳州、颍州各军政分府均鉴：皖军政府成立之始，本分司令、参谋、军务之部，各设部长。现司令部长胡万泰，已任北伐总司令，即日出发。所有军政组织，又复更改。司令一部，不另设立司令总长，即由都督自任，添设副司令一人，委孙棨充任。其原属司令部之考功、执法、训练三科，均改隶军务部。特此布闻。皖都督孙毓筠叩。宥。印。（安庆来电）

法　　制

闽都督呈报组织都督府大纲（并册暨各部局员姓名册）

闽都督孙道仁为呈报事。窃闽军光复以后，当经编订都督府

---

①　"军务"似为衍文。

大纲，并组织都督府、政务院暨各部各局。谨将都督府大纲暨各部各局职员姓名，备缮清册各一份呈送，伏乞大总统察阅。须至呈者。

计呈送：都督府大纲一份，政务院暨各部局职员姓名册一份。谨将编订闽都督府大纲缮册，呈送察阅。须至册者。

谨开：

都督府大纲

第一章　总纲

第一条　都督府置政务院、参谋部、司令部及都督署官属，由都督按照法律统领一切政务。

第二章　政务院

第一款　政务院总则

第二条　政务院以政务院临时总长及各部部长组织之。

第三条　政务院临时总长一员、副长二员，

政务院临时总长为各部之领袖，总理机务，保持各部之统一。副长襄助临时总长处理政务，临时总长有事故时，得由副长代理。（政务院临时总长先以前参事会长充之）

第四条　凡发布法令，政务院临时总长、副长，应协同各主管部长署名负责。

第五条　政务院副长、各部部长，均由政务院临时总长推举，呈请都督特任。

第六条　行政各部之设置如左：

甲，民政部；乙，外交部；丙，财政部；丁，军务部；戊，司令部；己，教育部；庚，交通部；辛，警务部。

第七条　政务院及各部得设顾问，由政务院临时总长、副长、各部部长，以具左列资格之一者，聘充之：

一有勋劳者；二有学识者；三有德望者。

第八条　政务院临时总长，对于行政各部之命令及处分，认为必要时，得暂令停止，开院议决定之。

第九条 凡关于左列各件，须经政务会议决定，由政务院临时总长呈请都督批准施行。

一、法律案及预算、决算案。

二、外国条约及重要之外交事件。

三、关于官制或规则及施行法律之命令。

四、各部主管权限之争议。

五、由都督交付之人民请愿。

六、预算以外之支出。

七、札任官及地方长官之任命及其进退。

八、按照法令应经政务院会议事件。

九、政务总长及各部长认为应经政务院会议事件。

十、其他各部主管任务与高等行政有关系之重要事件。

第十条 军事上一切事件，除由都督札知政务院外，应由军务部长通报于政务院临时总长。

第十一条 各部置次官一人，由政务院临时总长遴选，呈请都督札任；各部科长、副科长由政务院临时总长协同该主管部长遴选，呈请都督札任（二十一日经院议改正）。

第十二条 各部部长有事故时，以次官摄任；科长以下之代理，由部长定之。

第二款 政务院

第十三条 政务院置各局如左：

一、叙官局，恩给赏勋附；二、法制局，礼式附；三、印铸局，公报附；四、统计局。

第十四条 政务院所属各局职掌事务及职员之配置别定之，各部亦同。

第三款 行政各部

第十五条 各部官职及其职务权限，以各部官制通则定之。

第一款　民政部

第十六条　民政部置部长一人，次官一人，设各科如左：

一、地方科；二、土木科；三、卫生科；四、实业科。

第二款　外交部

第十七条　外交部置部长一人，次官一人，设正副科长一人，暂不分科（二十一日经院议改正）。

第三款　财政部

第十八条　财政部置部长一人，次官一人，设各科如左：

一、会计科；二、税椎科；三、田赋科：四、理财科；五、公债科；六、盐政处。

第四款　军务部

第十九条　军务部置部长一人，次官一人，设各科如左：

一、军事科；二、人事科；三、军需科；四、经理科；五、执法科：六、医务科。

（未完）

第六号

二月三日

目　次

法　制

闽都督呈报组织都督府大纲（并册暨各部局员姓名册）（续第五号）

令　示

内务部委任南京府知事令（略）

内务部通饬保护人民财产令

纪　事

大总统复参议会论国旗函

简任员名

内务部荐任员名　海军部荐任员名　财政部荐任员名　陆军部荐任员名

总统府谒见人名单（正月二十九号、三十号、三十一号、二月一号）

电　报

来电七则

法　制

闽都督呈报组织都督府大纲（并册暨各部局员姓名册）（续第五号）

第五款　司法部

第二十条　司法部置部长一人，设次官一人，各科如左：

一、总务科；二、民刑科；三、典狱科。

第六款　教育部

第二十一条　教育部置部长一人，次官一人，设各科如左：

一、专门科，实业附；二、普通科。

第七款　交通部

第二十二条　交通部置部长一人，次官一人，设各科如左：

一、邮政科；二、电政科；三、航业科；四、路政科。

第八款　警务部

第二十三条　警务部置部长一人，次官一人，设各科如左：

一、司法科；二、行政科；三、消防科；四、侦探科。

第三章　参谋部

第二十四条　参谋部置各科如左：

一、外事科；二、运筹科；三、调查科；四、测绘科。

第四章　司令部

第二十五条　司令部之编制别定之。

第五章　都督署官属

第二十六条　都督署官属如左：

一、军事参议官；二、秘书官；三、参事官；四、其他军佐官。

第六章　附则

第二十七条　本大纲自改定颁布之日，有实施之效力。

第二十八条　本项大纲如有应行改订之处，随时经政务院会议决定，呈请都督施行。

闽都督府政务院暨各部局职员姓名缮册呈送察阅。须至册者。

谨开：

闽都督府政务院　　院长彭寿松　　副长林斯琛　　副长郑祖荫

政务院叙官局　　局长刘　通　　副长黄光弼

政务院法制局　　局长林万里　　副长李　倬

政务院印铸局　　局长林　晓　　副长陈景松

政务院统计局　　局长邱任元　　副长刘以芾

民政部　　部长高登鲤　　次官林　森

外交部　　部长陈能光　　次官林树菜

财政部　　部长陈之麟　　次官蔡法平

军务部　　部长林之夏　　次官萧奇斌

司法部　　部长郑　烈　　次官梁继栋

教育部　　部长黄展云　　次官刘以钟

交通部　　部长黄乃裳　　次官潘训初

警务部　　部长翁　浩　　次官熊丙生

参谋部　　部长王　麒　　副长林肇民

司令部　　总长许崇智
船政局　　局长林永荣　　副长沈希南
公债局　　总理李　恢

令　　示

内务部通饬保护人民财产令

内务部总长程德全咨行事。顷奉大总统令开：江宁克复之际，各军封存房屋，作为办公驻军之用，原为取便于一时，并非攘以为利。临时政府成立以来，即以保护人民财产为急务。贵部职司民政，尤属责无旁贷。仰即通饬所属，共体此意，凡人民财产房屋，除经正式裁判宣告充公者外，勿得擅行查封，以安闾阎，并将此意出示通告等因。奉此，查各处审判厅多未完全成立，正式裁判宣告，一时尚难举行；而于保护人民财产一事，苟非设有专条，恐显系民国之公敌、违犯民国之禁令者，借为口实，得以拥护〔获〕其逆产；而并无过犯之人民，及终未反抗民国之官吏，反被侵害其私业，殊非民国吊民伐罪之宗旨。本部对于人民财产，负完全保护之责，何敢瞻徇玩忽，至使吾国民于干戈之后，再有削剥之虞。因特规定保护人民财产令五条，除饬京内各地方官切实遵行外，应即咨请贵都督通饬所属，一律照办，以安民心而维大局。须至咨者。附保护人民财产令五条：

（一）凡在民国势力范围之人民，所有一切私产，均应归人民享有。

（二）前为清政府官产，现入民国势力范围者，应归民国政府享有。

（三）前为清政府官吏所得之私产，现无确实反对民国证据，已在民国保护之下者，应归该私人享有。

（四）现虽为清政府官吏，其本人确无反对民国之实据，而其财产在民国势力范围下者，应归民国政府保护，俟该本人投归民国时，将其财产交该本人享有。

（五）现为清政府官吏，而又为清政府出力反对民国政府，虐杀民国人民，其财产在民国势力范围内者，应一律查抄，归民国政府享有。

纪　事

大总统复参议会论国旗函

贵会咨来议决用五色旗为国旗等因。本总统对于此问题，以为未可遽付颁行。盖现时民国各省已用之旗，大别有三：武汉首义则用内外十八省之徽志，苏浙则用五色之徽志，今用其一，必废其二。所用者必比较为最良，非有绝大充分之理由，不能为折衷定论。故本总统不欲遽定之于此时，而欲俟满虏既亡，民选国会成立之后，付之国民公决。若决定于此时，则五色旗遂足为比较最良之徽志否，殆未易言。

一、清国旧例，海军以五色旗为一二品大官之旗。今黜满清之国旗，而用其官旗，未免失体；

二、其用意为五大民旗〔族〕，然其分配代色，取义不确，如以黄代满之类；

三、既言五族平等，而上下排列，仍有阶级。

夫国旗之颁用，所重有三：一旗之历史，二旗之取义，三旗之美观也。武汉之旗，以之为全国之首义尚矣；苏浙之旗，以之克复南京；而天日之旗，则为汉族共和党人用之南方起义者十余年。自乙未年陆皓东身殉此旗后，如黄冈、防城、镇南关、河口，最近如民国纪元前二年广东新军之反正，倪映典等流血；前一年广东城之起义，七十二人之流血，皆以此旗。南洋、美洲各埠华侨同情于共和者，亦已多年升用，外人总认为民国之旗。至于取义，则武汉多有极正大之主张；而青天白日取象宏美，中国为远东大国，日出东方，为恒星之最者。且青天白日，示光明正照自由平等之义，著于赤帜，亦为三色。其主张之理由尚多，但本总统以为非于此时决定，则可勿详论。因而知武汉所主张，亦有完满之解说。究之革命用兵之际，国旗统一，尚非所急。有如美国，亦几经更改而后定现所行用之旗章。故本总统以为暂勿颁定施行，而俟诸民选国会成立之后。谨复。并请公安。

附粘天日旗样式两纸

今日适得武昌来电，则主张用首义之旗，亦有理由，非经将来大讨论，总难决定也。（十二日）

简任员名

中华民国军政府鲁军都督　　胡　瑛

内务部荐任员名

内务部参事	林长民	内务部参事	田　桐
内务部秘书长	张大义	内务部民治局长	萧翼鲲
内务部警务局长	孙润宇		

海军部荐任员名

海军部参事	饶怀文	海军部参事	吴振南
海军部军机处正长	黄裳治	海军部军机处副长	谢刚哲
海军部军政局长	刘华式	海军部船政局长	朱声岗
海军部教务局局长	曾兆麟	海军部经理局局长	吕德元
海军部上海要港司令处正长	毛仲方	海军部司法局长	陈　复

财政部荐任员名

驻沪理财特派员	沈懋昭	驻澳筹饷特派员	孙寿屏
筹饷特派员	何永亨	筹饷特派员	严汝麟
筹饷购械特派员	张镇衡		

陆军部荐任员名

第二师师长	杜淮川	第三师师长	陈懋修
第四师师长	孙 棨	第五师师长	刘之洁
第六师师长	朱 瑞	第七师师长	洪承点
第三旅旅长	李玉崑	第四旅旅长	瞿 钧
第五旅旅长	米占元	第六旅旅长	方更生
第七旅旅长	杨瑞文	第八旅旅长	张仁奎
第九旅旅长	朱 熙	第十旅旅长	卢世仪
第五团团长	谢 时	第六团团长	柳天则
第七团团长	谢 超	第八团团长	章 武
步队第九团团长	李 蕭	步队第十一团团长	赵振东
步队第十二团团长	姚彬奎	步队第十四团团长	陈伯盟
步队第十五团团长	马玉仁	步队第十六团团长	陈兆丰
马队第三团团长	高士奎	马队第四团团长	王元德
炮队第三团团长	吴振元	炮队第四团团长	沈 朗
江北第二军司令长	徐宝山	江南宁镇松澄四路要塞总司令长	官成鲲

正月二十九日总统府谒见人名单

粤省北伐桂军前敌第一标统带张定国　粤省北伐桂军前敌第一标副统带邓颂眉　驻浔军政分府参谋官吴铁城　驻浔军政分府交通局长蔡公时　前海牙平和会公使林凤钧　镇江招商局董事朱秉钧　粤省惠军中军刘耀廷　中华同盟会会员李家瀚　中华同盟

会会员陈豪　陈觉民　杨超前　傅宗毅　杨殿藩　赵珊林　魏勋
刘元楳　容当　许述堂

正月三十日总统府谒见人名单

女士徐岳　女士徐宗汉　香军司令部参事员余麈　西人施
维森

正月三十一号总统府谒见人名单

美国嘉利福大学工学士濮登清　由上海来　林煜南　由湖北
来　以上均见　横滨华侨学堂教员缪安光　由上海来　郑志登
李荃　由上海来　以上代见

二月一号总统府谒见人名单

神州女界共和协济社女界协赞总会代表员张昭汉　神州女界
共和协济社女界协赞总会代表员程颖　神州女界共和协济社女界
协赞总会代表员唐群英　神州女界共和协济社女界协赞总会代表
员陈鸿璧　均由上海来　北洋招抚军队曲同丰　谢远涵　魏勋
以上均见　贵州援川统领董福开　秘书代见　上海决死团团长胡
华亭　孙克传　第二师团团长杜淮川　第三师团团长陈懋修

电　　报

大总统、外交部长鉴：美国驻广州总领事面告粤外交部员李
君，谓美国南支那舰队曾受政府命令，倘遇中华民国军舰下驰施
礼时，应一体回礼。请约定期日，以一军舰对美军舰施礼，俾得
回礼，以为承认我国之先声等语。据美领意，美海军认吾国旗
后，法、德、日、葡等国必随之。此事关系甚大，未悉钧处有无
此项通告，应由中央抑由粤省先施？恳速复。炯明。三十一号。

印。（广东来电）

孙大总统鉴：顷接段制军（段祺瑞）电文如下：昨电计达。京、保须有重兵，弟现派员与黎商定后，拟即北上。惟顷又接倪藩（倪嗣冲）来电，南军攻颍州甚急，请兄速为阻止，以免破坏平和。切盼。瑞。元。等语。特闻。怡。三十一号。（上海来电）

孙大总统、国务各总长、参议院、武昌黎副总统、各省都督、北伐联军总司令公鉴：自阴历十月二十八日，廷芳与清内阁袁世凯所派全权代表开议和事，所议定者：一为湖北、山西、陕西、山东、安庆、江苏、奉天各省，一律停战，彼此不得进攻。一为开国民会议，解决国体。迨既经订定国民会议选举法，而袁氏忽撤销代表，自与廷芳直接电商，并欲取消其全权代表所已经签定之条款。廷以议和非可电商，已定之条款，尤不能更动，始终坚持不允。迨停战期满，解决无期，袁复提请继续停战。廷芳适接驻沪等处洋商团希望和平解决之忠告，复得临时政府之同意，再允展期十四日，并声明此后决不再展战期，以误时日。适此期内，清帝有退位之议。彼此切实筹商，先由廷以清帝退位后，优待清皇室条件及优待满蒙回藏人条件，正式通告清内阁，以示民国政府优容之度。继由孙大总统以参议院之同意通告袁氏，谓袁氏若能于清帝退位之后，发表赞同共和之政见，由驻北京外交团通告临时政府，则孙大总统当即解职，由参议院公举袁氏为大总统。凡此皆足表明民国政府希望和平之诚意，只求共和目的完全达到，别无私意于其间。乃清廷少数亲军，把持反抗。屡接北京内阁来电，谓禁卫军极力反抗，虑北京秩序扰乱，牵动外交，已密为布置，未可与于停战期满前相逼云云。是则未能在停战期内和平解决者，咎在清廷，非民国政府始料所及也。

目今段君祺瑞，联合各路统兵大员四十二人，奏请清廷早日宣布共和，以定大局。段君现统第一、第二军队（？）武汉前敌，廷已屡电黎副总统与之接洽。如能联为一致，则武汉方面，当不复再有战事。至于陕西、皖北、徐州等处，清军屡攻违约，而反以违约责我，迭经诘驳，袁已允饬张勋、倪嗣冲勿得暴动。陕西方面，袁亦允派员绕道持函赴升允军前，禁其前进，并饬进逼潼关之军，不可再进，未知能否实行。总之，现在停战期限已满，若彼先行决裂，则非衅自我开。民国政府，外对于友邦，内对于国民，均可昭示此意。谨将始末大略情形电陈，尚祈鉴察。廷芳。陷。印。（上海来电）

急。南京孙大总统、外交部、陆军部、武昌黎副总统鉴：顷据驻沪意大利国领事面称：奉驻北京公使电开：据驻在湖北老河口主教电告朝〔郧？〕阳地方教会被匪劫抢，会中教士亦甚危急，速请设法保护等语。务乞迅饬查明保护，以重外交为要。温宗尧。三十一号。（申来电）

孙大总统、黄元帅、黎副总统钧鉴：军队服章，关系国体，边防密迩贻（？）越，尤为外人注意。应如何酌定，祈迅示遵。桂都督陆荣廷肃。十六号。印。（桂林来电）

大总统、上海伍外交长、各省都督鉴：迭接陕西十万火急警电，称袁贼借口议和，阴谋进取，实行远交近攻策。迭次清兵猛攻秦晋，太原业已失守，危在旦夕。清兵携有大炮数十尊，枪精子足，凶猛异常。秦晋二省，势且不支。急电一日六至，西北大局，危如累卵。若西北各省为虏所得，则南北对峙之局势危，成子平功败垂成之覆辙可鉴。袁贼狡和缓兵，以备彼党准备破坏之诡计，逆迹昭彰，万人共睹。和议决无可信之理，我军万不可听。该贼诡词稽延迟滞，贻误事机，破坏已成之局，致为外人所笑。愚昧之见，亟应取销和议，联合各省军队，陆续分进，直捣虏廷，擒斩袁贼，早定大局。至于派充国民代表赴会一层，应请罢论。蜀军都督张培爵、夏之时叩。养。（重庆来电）

南京大总统孙暨黄大元帅钧鉴：肇庆北伐军举定启军统领颜启汉为正司令长、前肇庆民政长梁祖训为副司令长、罗莲舫为正参谋长、陈泽民为副参谋长、许梅山为誓死队长。高要县长、高要县议会、肇城自治会、肇庆商会、实业分所、高要教育团公叩。勘。印。（肇庆来电）

大总统、副总统、外交总长、黄元帅、霍都督、各军总司令、各省都督鉴：谭都督盐电楼〔?〕均注意成军，乘此朝愦，何敌不破。乃甘受袁氏之愚，一再停战，旷日持久，糜饷老师。不问其于停战期内，西侵秦晋，南攻颍亳，朱家宝又进兵寿州。我再株守议和，大局必为所触动也。将使我赫然震怒，长驱北伐，直捣虏廷。滇军北伐师团业已募发，现正运兵莓麱，预备五营。滇都督锷叩。（滇省来电）

第七号

二月四日

目　　次

令　示

陆军部颁行维持地方治安临时军律文　附军律及示谕

外交部委任设立捕获裁判所文　附请设捕获裁判所文及海军部派员会办文

陆军部禁止私自招兵募饷文

教育部批示横滨华侨学堂值理缪菊辰等禀请立案并赏给匾额

陆军部总长布告宜正名称文

纪　事

大总统复中华国货维持会函

外交部电各省都督保护外人文　附九江司令官复电

简任各员名单

参谋荐任各员名单

陆军部申报查明石凤明受伤疗治给恤文（略）

电　报

来电十一则

杂　报

总统府谒见人名单

令　　示

陆军部颁行维持地方治安临时军律文（附军律及示谕）

照得民军之起，原以光复汉室、拥护人权为第一要义。宁省自光复以来，军队云集，其能恪守军律风纪者固系多数，而在外滋扰者亦复不少。近日本部所收商民诉状，如假托长官名义，擅自查封房屋，搜抄家产等，已有数起。一处如此，他处可知；都会如此，外省外州县更可知。似此不法行为，殊属妨害治安，有悖吊民伐罪之本旨。若不严行振整，祸将胡底。兹特由本部暂定维持治安临时军律十二条，颁行各军队明白宣示，使知所警惕。倘仍不自爱，贻害地方，在统御各军队长官既负维持军纪风纪之责，即应将该军士详慎审讯，取具切实供证，按照本部所订军律惩办可也。

计开维持治安临时军律十二条：

一、任意掳掠者枪毙。

一、强奸妇女者枪毙。

一、焚杀良民者枪毙。

一、无长官命令，窃取名义，擅封民屋财产者枪毙。

一、硬搬良民箱笼及银钱者枪毙。

一、勒索强买者，论情抵罪。

一、私斗杀伤人者，论情抵罪。

一、私入良民家宅者罚。

一、行窃者罚。

一、赌博者罚。

一、纵酒行凶者罚。

一、有类以上滋扰情形者，酌量罚办。

陆军部示谕

照得民军起义　原以保卫民生

各省同时响应　恢复府州县城

秩序井然不乱　中外久著声称

现在虏廷未灭　正宜军民一心

彼此互相爱敬　毋为异族所乘

庶几早平北部　同享共和太平

近闻各路军队　不无滋扰情形

其中固有假冒　告讦亦实纷纷

愿我军人自爱　勿忘起义初心

愿我商民安业　不必猜疑互生

部定简明军律　现已颁布实行

倘敢在外滋事　即属不法军人

定即按律惩办　以保地方安宁

如有匪徒假冒　一律严拿重惩

自此剀切晓谕　其各安分凛遵

外交部委任设立捕获裁判所文（附请设捕获裁判所文及海军部派员会办文）

上海卡德路九十号驻沪通商交涉使温（温宗尧）鉴：勘电悉。现在战祸重开，亟应设立捕获裁判所，拟请兄为所长，以丁君榕及蔡君序东副之。所有应行颁布章程，请即拟定寄下，以便由中央政府核准施行。伍君现任司法总长，责任甚重，恐难兼顾。关君拟请来部襄助，一并附闻。惠（王宠惠）。艳。

附：请设捕获裁判所文

孙大总统、外交部、海陆军部鉴：稽查军火，自是要着。惟各国兵舰运件往口，因驻沪谍报科查获扣留，领事啧有烦言，辗转解说，一有不洽，易生枝节。而战时查捕，实难松劲。惟有颁立条件，速设捕获战品裁判所，分别讯办，以济其穷。尧为慎重外交战事起见，此举万不容缓。胜任愉快，莫若伍廷芳、丁榕、关应麟深明法律诸君，拟请中央速定委任，催其迅行组织办理，是为切要。温宗尧。勘。印。

附：海军部议决派员会办文

上海卡德路九十号温钦甫鉴：阁议决捕获裁判所由海军部派专员一人会同办理。外交部。东。

陆军部禁止私自招兵募饷文

各省都督、江北都督、第一军司令长柏（柏文蔚）、第二军司令长徐（徐绍桢）及各处司令长鉴：本部自成立以来，调查民国义师，其编成正式军队者现时为数已多，实足敷北伐之用。曾经电知各处，非有本部命令，不得擅行招募。乃查近来以个人名义，呈请招募，或径自招募者，仍不乏人。查其究竟，甚至自称军官名号，联络痞棍，借词筹饷，扰害地方，殊悖本部整饬军队之本旨。兹特重行申禁，务请各饬所属原有军队，严加训练。如有呈请招募者，一概不准。其敢托名招募，扰害地方者，即迅速严拿，由各该处军法会议讯取供证，电部核办，决不宽纵，以肃军纪。陆军部。冬。印。

教育部批示横滨华侨学堂值理缪菊辰等禀请立案并赏给匾额

禀及章程具悉。该商等侨居海外，爱戴宗邦，创建小学以教育华商子弟，四载以来，颇著成效，热心毅力，深足嘉褒。章程大致无谬，惟新刊课程表尚沿满清弊制，急宜遵照本部所颁暂行章程分别修正。仰该商等益加黾勉，以求日新。又闻该校学生特备御寒品数百件馈送军人，义勇之风，闻者兴起。足见该商等暨该校教员训迪有方，臻此效果。应准如禀立案。至请赏给匾额一事，仰候禀明大总统核办遵行。此批。二月二日。

陆军部总长布告宜正名称文

为布告事：自各省代表谋组织临时政府，举兴为大元帅，兴以德薄能鲜，固辞不受。乃改举鄂都督黎为大元帅而兴副之，兴复未敢受职。逮临时大总统选举既定，强命兴为陆军部总长，不得已乃行就职。当即通电各省，取销元帅名义。前月十五补贺元旦，复亲对各军将校申明此旨，通告在案。现时各省军队以及各团体或个人似尚未尽悉，文函电禀，或称大元帅，或称副元帅，参差不齐，举皆失实。

夫称谓各有相当，名正则言顺，不可滥假也。初各省代表之举大元帅，原为暂虚大总统之位，而以大元帅摄其事也。今总统既已正式莅职，按诸法理，统率海陆军大权自应属之总统。今仍以业经取销之元帅名义，辱加诸兴，在称者或未详察，然兴甚惧国民心理不知注重于国家兵权之统一，而外人见名称歧出，亦以不能统一而见疑，因小误大，甚非民国之幸也。

近来兴对于此种称谓之文电，处置颇难。绳以严格之法律，名称不正之公文，当然无效，兴既不敢为正式之答复。欲不复，则又以关系紧要，迟延搁置，恐误事机。是复既不便，不复亦觉非宜。以一名称之误，而致使兴两为其难，殊无谓也。用再明白布告，兴现任陆军部总长之职，来往文件应称现职。所有已取销之大元帅、副元帅名目，自不得更相沿用。经此次布告之后，如再有沿用者，无论何事，概不作复，以正名义而保体制。此布。陆军部总长黄兴。

纪　　事

大总统复中华国货维持会函

径复者：来书备悉。贵会对于易服问题，极力研求，思深虑远，具见关怀国计与廑念民艰热忱，无量钦佩。礼服在所必更，常服听民自便，此为一定办法，可无疑虑。但人民屈服于专制淫威之下，疾首痛心，故乘此时机，欲尽去其旧染之污习，去辫之后，亟于易服。又急切不能得一适当之服式以需应之，于是争购呢绒，竞从西制，致使外货畅销，内货阻滞。极其流弊，诚有如来书所云者。惟是政府新立，庶政待兴，益以戎马倥偬，日夕皇皇，力实未能兼顾及此。而礼服又实与国体攸关，未便轻率从事。且即以现时西式装服言之，鄙意以为尚有未尽合者。贵会研求有素，谅有心得，究应如何创作，抑或博采西制，加以改良，即由贵会切实推求，拟定图式，详加说明，以备采择。此等衣式，其要点在适于卫生，便于动作，宜于经济，壮于观瞻。同时又须丝业、农业各界力求改良，庶衣料仍不出国内产品，实有厚望焉。今兹介绍二人借供贵会顾问：一为陈君少白（香港中国报馆），一为黄君龙生（广东省海防）。陈君平日究心服制，黄君则于西式装服制作甚精，并以奉白。借颂公安。

外交部电各省都督保护外人文（附九江司令官复电）

各省都督鉴：停战期满，军事再兴，恐有不法之徒，乘机滋扰，害及外人生命财产。顷奉大总统命，通电各省都督，加意保护。此布。外交部。三十一。

附：九江司令官朱汉涛复电保护外人文

中央外交部鉴：三十一电悉。除遵照来电，通知各军队，转电南昌马都督一体照办，暨由浔外交局示谕城庙，并移知九江府警务部，妥饬兵差认真防范，保护外人生命财产外，特此电复。九江司令官朱汉涛。东。

简任各员名单

南京府知事	方　潜
财政顾问	庞元澂
兼大本营兵站总监陆军部总长兼参谋部总长	黄　兴
兼大本营兵站次监参谋部次长	钮永建
北方招讨使	谭人凤

参谋荐任各员名单

参谋部总务局局长	谭师范
参谋部第一局局长兼大本营作战局局长	史久光
参谋部第二局局长	王孝缜
参谋部第三局局长	胡龙骧
大本营兵站局局长	黄　郛
参谋部第四局局长兼大本营兵站局副局长	黄慕松
参谋部陆地测量局局长	黄笃谥

电　报

孙大总统、冯自由先生鉴：闻大总统委定自由兄督粤，甚感。炯明行期已逼，急求得代，务恳速即赴任，以定人心。炯明经电请龙济光带所部济军返省，以防新军出发后无主力兵队镇压，昨已派广利先往北海迎载，约初五六日可抵省垣。此间尚有新练模范标一标，留不北发，且有毅生、执信诸兄相助为理，粤省可保无虞。敬乞冯公早莅，俾炯明得与军士偕行，大局幸甚。炯明叩。冬。（广东来电）

孙大总统、黄大元帅鉴：徐州光复，宿为最早，凡有治理，悉守民国范围。张贼北溃，占徐宿。以弹丸小邑，恃有民国保护，故对于浦兵到宁防堵，倚若长城。讵张贼于停战期内，猝派军队攻占宿之窑湾镇。浦兵昨忽退去，致北军拟分路大进。宿城危在旦夕，商民万分焦急。窃思宿邑既为光复之地，民国即负有保护之责。他县闻风，亦恐解体。惟有吁恳总统、大帅，即日遴派得力援军，星夜驰至，以保宿城而顾大局。宿迁绅商士民陈光甲、沈薪萍、叶蔚、张鸿鼎、胡光、季学源公叩。三十号。（宿迁来电）

孙大总统、伍代表、各省都督钧鉴：顷据段军统祺瑞派来全权代表，与敝处接洽一切，并要求敝处给与照会以便回复。其照会文如下：为照会事：据贵军统派来全权代表吴光新、徐树铮等，本军政府代表孙武、余大鸿、张大昕等接洽。贵代表称贵军统主张共和，拔师北上，恐敌军前道距离太近，致生冲突，妨碍进行等因。本军政府代表陈述前来。本都督甚表同情，当派本军政府代表等与贵代表公同商酌，旬日之内，必可解决。现约定阴历本年之内，敝军保持现状，其有鄂境以外者，本都督亦设法维持。如阴历年内不能解决，敝军即当前进，以资援助。为此照会贵军统查照可也。须至照会者。云云。特此电闻。再，据该代表面述段军统言，凡北军退出地点，即归鄂军管理，合并声叙。元洪。先。印。（武昌来电）

大总统、陆军部总长暨各部总长均鉴：今日午后招商总局在张园开股东大会，其美扶病赴会，承乏代表，各股东全体承认，无一反对，洵属热心爱国，深明大义。从兹饷糈有出，健儿北伐，犁庭扫穴，指顾间耳。惟该局股东既如此热心顾全大局，应请大总统电致谢惘，以资鼓励。切盼。沪都督陈其美叩。东。（上海来电）

孙大总统、黄陆军总长鉴：顷得袁内阁盐一电，亟接徐州张提督电称，我军遵守信约，决不前进，请电伍代表饬民军迅止进攻等语。希查照切实禁阻，以维和局，并复云云。特为转致，如何复袁，请即示知。廷芳。东一。印。（上海来电）

孙文先生鉴：艳电悉。仆忝领军队近二万人，均系乡里子弟之军，历经战阵，幸无怯懦。所以不愿终以武力竞争者，亦不过爱惜同胞，不欲自相残害之意耳。仆虽武人，尚明情理，毋待再思，因与段制军联请袁宫保具情代奏。幸亲贵意已转移，北方一带当无他虞。但愿彼此尊重人道，笃守信义，终可永享和平幸福。专此奉复，希并转南京各都督将领为荷。姜桂题。元。（北京来电）

孙大总统钧鉴：本日杜君（杜潜）自行决意辞责，公留未允。绅商军学各界因公举虞君克昌，暂行护理山东都督职务。急候胡君经武来烟，以便主持一切。事关山东全局，务请转告胡君，火急启程，万勿再延。山东绅商军学各界同人公叩。（烟台来电）

万火急。上海《民立报》转南京孙大总统、黄总长、武昌黎副总统、上海伍部长、各省各军政分府、各军司令长、各报馆鉴：议和期满，奉命北伐，浦地各军无统一机关，深恐不便，乃于昨日在江北都督府开军事会，公举陆军部札委江北孙总参谋长岳为浦镇扬联军总司令，即日出发。于阳历二十六号，浦军张统领长林，率一混成协驻扎宿迁。二十九号，续开一标，系吴统带带领。三十号，扬军米统领占元又开一协进发。三十一号，镇军臧统带在新，率兵一标，机关枪二队，炸弹两队，会合扬军李统带鼒共成一协，均归孙总司令岳统率指挥。浦地仍余防营及盐务二十营，暨扬镇两标，统归张统领性节制。所有后方接应，公推镇军张统领性、陈参议伯盟驻浦，与蒋都督就近筹商军备事宜。清江浦公叩。陷。（清江来电）

孙大总统、武昌黎副总统鉴：旅沪豫晋秦陇士绅组织红十字会，先由红十字队长王冬编偕同医生等二十人，赴秦豫战地，实行双方救济。请通知各路统领，照章护送，以重人道。并祈迅复，以便定期出发。伍廷芳。三十二号。（上海来电）

孙大总统、陆军部总长黄、武昌黎副总统、安庆孙都督、上海陈都督、民立报馆公鉴：祺自莅芜以来，忝司军令。今值停战期满，北伐在即，率同第二营管带陈步义、第三营管带郑迺成、第四营管带傅家珍，暨参谋官李铎、陈承经，筹备员齐俊卿组织步队一标、炮队一队，克期北伐。先以电闻。皖芜北伐军司令官刘祺叩。供号。（芜湖来电）

火急。宁孙大总统、武昌黎副总统钧鉴：援川滇军第二师团长李鸿祥，于正月十六日率队到泸，敝处欢迎到城。十七日，滇军分队下合江。家彬等以客军远来，难悉该处情形。且合江被围月余，前办事诸人未能解决，家彬等受事仅旬日，曾迭派人和平交涉，深恐客军到彼龃龉。特由司令部长黄方带队同往，于十八日方先到合城，城内开门投降。当即布置一切，下【令】解散围城各军，转请滇军进城驻扎，代办善后事宜。方于二十一日率队回泸，道经蔡坝，滇军伏兵袭击，即迫缴枪械，将黄方及将弁军士百数十人尽行杀害。某等闻之，不胜骇异。盖黄方本属同盟会党人，于伪满光绪三十三年同党人熊克武在成都倡义，事泄，被赵贼尔丰永远监禁，九月成都独立后，始克出狱。现李鸿祥在泸城出示，捏诬泸军抢劫，不受劝谕，先行开枪等语，意在借此掩饰。家彬等以大局尚危，未便轻开内衅，交涉仍守和平。谨此电闻，设法维持，顾全目前大局。前事曲直，姑候大局定后再求公判。川南军分府杨家彬、邓邦植、席成元、卢峻、李鸿彦、王树等同叩。印。（川南来电）

南京孙大总统、武昌黎副总统鉴：昨接川南军政府杨家彬等【电】称：援川滇军第二旅长李鸿祥分队，下援合江，由司令部长黄方队同往。方先到合城，城内开门投降，转请滇军驻城中，代办善后事宜。方率队回泸，道经蔡坝，滇军伏队袭击，迫缴枪械，将黄方及将弁军士百数十人尽行杀害等语。旋又接援蜀滇军李鸿祥电称：黄方、韩傧带兵赴合，既未预先通告，该两员又未能约束部下，以至入境肆行抢掠。敝军前往婉劝阻止，彼即开枪击伤数人。士气难遏，致开战斗，黄、韩二人及军士数人，登时击毙等语。为时据双方报告，情形不同，十分焦灼。现在秦中告警，千万火急，电文日四五至。援陕问题，非常吃紧，吾川及客军方且统一联合之不暇，何可内残同胞，外增房焰，贻祸大局，见笑外人。兹特派联合滇黔蜀北伐团全权大使胡景伊、副使刘声元、中路支队总指挥但懋辛等赴陇，前往调和排解，顾全大局。一面确实调查，务祈和平解决，早日联师北伐。特此电闻。蜀军都督张培爵、夏之时叩。经。（蜀省来电）

杂　报

二月二日总统府谒见人名单

中华民国工党总部代表员徐继曾　英领事伟晋颂　前同知衔候补知县黄培楷　广东陆军毕业生邝国华　浙江同盟分会代表姚勇忱　法学士菊池良一　法学士山田纯三郎　法学士森恪　马国文　株式会社大仓组取缔役门野重九郎　株式会社大仓组取缔役熊谷直道　株式会社大仓组取缔役河野久太郎　株式会社大仓组取缔役宫畸寅藏　何永享　刘德裕　梁少文　韩宾礼

第八号

二月五日

目　次

令　示

实业部通告汉口商民建筑市场文

实业部通电各省都督设立实业司文

大总统批锡金军政分府秦毓鎏解呈饷银及报告光复以后办法呈

江宁巡警总局令查宁属各县警务机关（略）

江宁巡警总局取缔客栈旅馆示

纪　事

实业部呈报启用印信

总统府秘书耿觐文电舒清阿赞同共和文

电　报

来电二十则

杂　报

总统府谒见人名单

教育部征集国歌广告（略）

令　　示

实业部通告汉口商民建筑市场文

为通告事。奉大总统孙命：鄂江起义以来，战事倥偬，凡百生业，咸受影响，商家贸易，尤遭损失；而汉口全市为北兵焚毁，其惨酷情形，本总统蹙焉悯之。幸今者东南底定，民国肇基，商务为实业要政之一，亟应恢复，善后各事，尤宜审慎，须立永远之计，毋为权宜之策。兹据汉镇商民张崇、吴沛霖等呈请筹办汉镇商务，建筑市场等情，本总统察核情形，尚属可行。爰审定办法，先清丈被焚各家基址，即行登录。经地主议定地价，每年由公司纳租于地主。地主须按照所定地价百分之一，纳地税于国家，径由公司缴纳，由租内扣除，以一事权。他日国家因公需地之时，即照现定地价，随时买收，豁除前清给发官价之苛例。凡我国民仰体时艰，咸知大义，和衷共济，庶几商业之日兴，戮力同心，相跻共和之郅治。特发通告，俾众咸知。元年二月二日。

实业部通电各省都督设立实业司文

各省都督鉴：本部司理本国农工、商矿、山林、渔猎及度量衡。窃念实业为民国将来生存命脉，今虽兵战未息，不能不切实经营，已成者当竭力保存，未成者宜先事筹画。今外省官制，虽未画一，而各省之实业司，当速行成立，隶属本部。其已经成立者，乞将办事重要人姓名报告本部，以后并乞饬该司将所办事件，每月择要报部，以备存查。中华民国实业部。

大总统批锡金军政分府秦毓鎏解呈饷银及报告光复以后办法

据呈均悉。现在中央财政极形困难，而整军北伐，在在需款，殊深焦虑。兹锡金军政分府筹集银洋二千五百元，赍呈陆军部以备北伐之用，力顾大局，谊切同袍，洵堪嘉尚。至所呈报该军政分府布置情形，均属妥协，具见苦心。仰即并力进行，共襄宏业，本总统有厚望焉。

江宁巡警总局取缔客栈旅馆示

为出示晓谕事。照得宁垣甫经光复，中央政府方建始基，辐辏冠裳，日臻繁盛，即盗贼奸宄亦不免混迹其间。所以城厢旅馆栈房，实为亟应注意之地，若不设法严加查察，将奸人匿迹，匪类潜踪，为害实甚。兹特厘定管理旅店新章十八条，刊布晓谕，俾各栈主知所遵循。嗣后无论何项人等来店投宿，必须按照此次新章，详询来历，逐一登载循环簿，以便查察。倘遇形迹可疑之人，即应立投该管警局报告。庶奸徒无从潜匿，栈主免受拖累，而地方得保安全。为此示谕，仰各旅馆客栈一体遵照。倘有徇隐容留等情，一经察觉，立予重惩，毋谓本总监言之不预也。切切特示。

管理旅店规则　（略）

纪　　　事

实业部呈报启用印信

实业部总长张謇为呈报事。正月二十三日奉大总统令颁给印信一颗，遵即敬谨祗领，即日启用。为此呈报钧案，仰祈察核施行。须至呈者。

总统府秘书耿觐文电舒清阿赞同共和文

天津舒质夫鉴：民国义军，本为四万万人谋幸福，但图共和成立，即可屏除武力，与汉、满、蒙、回、藏共任天下之事。近与袁内阁切商皇帝退位办法，已有成言，而为少数皇族所阻，迄未发表。赍臣死后，公为满族之俊杰。欲保全五百万人之生命财产，宜力顾大局，破除种见，竭力主张共和，以破顽冥贵族之迷梦。伍、唐代表所议优待皇室皇族及筹八旗生计，可谓仁义并到。如果退位，从兹满汉携手，竟破坏之功，开建设之绪，巩我共和国家之前途，增我五族人民之幸福。公才识过人，仍可出人头地。若再犹疑，战端更启，生灵涂炭，自不待言；而受其祸者，以满族为最烈，公更为众矢所中。以公明哲，或早虑此。文曾受私恩，无以为报，累陈数言，伏望熟虑。耿觐文叩。

电　　报

孙逸仙博士鉴：艳电悉。以博士之才智，名扬中外，数十年之苦衷，一旦发育，推倒旧习，咸与维新，凡我同胞，无不钦佩。余本才庸识陋，何敢以末议尘听，今就局势大略言之。查历代创业，以武力成功者必先以德化之。今创业将成，倘以德服人，孰不望风钦敬。查北省各界，并非均不赞成共和，即满人中亦居多数赞成。不过以时势观之，实因民军訾北人有不两立之势，又到处惨杀满人。骤举总统，意近除去专制而复行专制耳。由此而令人不得不起抵抗之举，即人亦必誓死相抗。若果公能实心共和，救济同胞，视北人及满回人同为一家，不以仇杀为是，公暂不应总统之名。使大功成就，天下共举之，公非又一华盛顿乎。总之，若实行救同胞于水火，即不当有南北之分。用人行政，持平办理，必化敌为友，胜似百万强兵之战争。方救亿万之生灵，以不战而成大功，一旦办理善后，大公无私，皆公之厚德也。不然，内则土匪，外则强邻，民无聊生。刻下云南、库伦及呼伦贝尔、伊犁、西藏必得早为定夺，否则一旦为他人入手，大事去矣，皆公之咎也。愚昧之见，未识以为然否？何宗莲。寒。
（张家口来电）

孙大总统、黎副总统鉴：顷接敝省万县司令转来宜电，谓宜昌代理司令杨介卿称：武昌拟派兵两标进川防堵等语。查川鄂交界，尚皆安静，尊处有无派兵入川之事，如有派兵事故，请即止派。一面电知敝处，以免人心惊惶。敝省成、泸、渝三处已联合统一，成渝各派全权订立，即签字实行。特此并闻。蜀军都督爵、时叩。（蜀省来电）

万急。宁、武昌孙大总统、黎副总统鉴：川滇原为唇齿，滇军援川，大义所在。现已来川者，将近一镇，嘉、宝、叙、泸及永宁、自流井等处均为滇军兵线所集。成都军政府见及滇军所到处，均有轻于杀戮、据地自守举动，大生疑虑，已出重兵到资五（？）一带，将有战事。近日连得警报，潼破汉失，援陕问题，大为吃紧。应请滇川联军北伐，早定大局，救陕之危，较诸援川尤急。虽川乱未平，不过土匪骚扰，而客军重累，反开衅端，实于大局有碍。特恳火速电饬解和，早图会师北伐，毋起内讧，川滇幸甚。川南军政分府杨家彬、邓邦植、卢俊、金鉴等叩。感。印。（泸州来电）

孙大总统、黄陆军总长鉴：顷得北京来电云：徐颍两路，实系民军先进攻，我军抵御。已切电张勋，万勿前进，派员与民军协商。但须商民军，徐颍两路，勿再进攻，方可饬令退扎。请切实商明，以维和局而免生灵涂炭。又电云：据朱统带震电，民军于十一夜陷颍州云云，甚为骇异。查民军违约攻颍，迭经电告，今两方既未宣布战事重开命令，该民军即不应有任意攻陷之举，务望速饬退出，以免决裂等语。如何之处，祈即示复为盼。廷

芳。东。（上海来电）

急。大总统、陆军部黄总长、武昌副总统、湘桂联军总司令沈都督（沈秉堃）、长沙谭都督、探送桂军行营王都督（王芝祥）均鉴：沈都督艳电、王都督南（？）电，均已奉悉。全国军事惟黎副总统、黄总长统筹兼顾。湘桂战事孔急，正宜戮力同心杀敌。至于沈都督威望，素为湘桂军所推服，仍请始终维持，勉任其难。王都督百战身经，愿效前驱，毅力热诚，具足感佩。廷以桂事羁绊，未能躬临其盛。伫盼捷音，无任鼓舞。荣廷叩。三十一号。（桂林来电）

孙大总统鉴：齐电请复。刻由汇丰电汇公债七千二百五十两，收复。书报社。（美国来电）

孙大总统鉴：川事急，前电请程雪老（程德全字雪楼）回川主持，现任内务难归。闻王采臣、胡文烂（？）已抵蜀，请电令一任川事，一规西藏，大局幸甚。锷。东。（云南来电）

孙总统鉴：二十载经营，成功一旦。从兹信仰自由，惟公是赖。梧州基督教同叩。（梧州来电）

南京。公任总统，同人欢忭。同盟团体会共贺。（西班牙）

孙大总统钧鉴：郧阳全郡人民庆贺大总统。知事伍铨萃，军队樊之淦、陈德元、庞求成、沈权同叩。（郧阳来电）

大总统孙、上海黄元帅、武昌黎元帅、九江马都督暨各省都督鉴：马都督电悉。备多力分，伟筹极佩。望黄、黎两公，决定进行。滇军牵于川乱，未能即刻会师。现更挑选精兵，现成第三师团，添配机关枪械，专事北伐，已饬到前途，受两元帅指挥调度矣。滇都督叩。宥。（滇省来电）

大总统及外交总长钧鉴：即墨独立，前已电呈。闻德人派马队二百驻扎该地。胶济铁道现又输运清兵，殊属有意破坏中立。除由蔚直接交涉外，请即向德国严重交涉为祷。蔚云静照转。（上海来电）

南京孙大总统、武昌黎副总统、各省都督、各处司令官、各军政分府钧鉴：川南自阴历十月初五日宣布独立，其时成都尚为赵尔丰盘踞，是以经绅商士民各界会议，公推朝望任军都督，以期共保公安。朝望深恐才力薄弱，屡次宣布辞职，经二十五属代表再三挽留，不得已暂膺重寄。一面抚绥地方，一面即设统一之法。会成都独立后，遭乱兵之变。重庆组织，尚未大定，故迟迟未能画一。而川南财绌兵单，土匪未靖，事事棘手，两月以来，心殚力竭，幸大局尚无扰乱。现在秦晋被兵，时局危岌。川省非亟谋统一，不足以谋进行。窃念重庆张、夏两都督，首举义旗，苦心经营。现在规模完备，具有统一之能力，是以决计归并，电商张、夏两都督，将此间事权规画统一。朝望本系皖人，家有老亲，现复积劳致疾，归心已决。现当众宣布，即日卸职，俾川省统一之大计及早底定，而朝望保民之苦心，亦可告无罪于天下。谨陈梗概，伏维鉴察。卸职川南军都督刘朝望叩。正月念四号。（泸州来电）

千万急。南京大总统钧鉴：陷电敬悉。前举江北民政总长，本系权宜一时，冀保治安。今江北大局残破，维系更不可无人。故遵前示，集合共举总长，以便就近统摄民事，俾免隔阂而固民心。代表等身居危地，焦灼无既，所有江北困难情形，电难尽述。兹公推沈君新萍、张君含章、刘君绶曾赴宁共同面禀一切，乞赐接洽为叩。高邮、宝应、海门、如皋、山阳、阜宁、安东、桃源、清和、邳州、宿迁、睢宁、赣榆、海州各代表商民刘绶曾、沈秉璜、邓铭新、王承洛、梅荫堦、朱荣、叶凤舞、吴涑、庄增藩、沈新萍、张含章、乔文澜、丁乃达公叩。东。（清江来电）

大总统孙鉴：杜君辞职，强留不允，已公举虞君克昌护理都督，并举张君学济为参谋总长，各职员仍旧，专候胡君经武来。现在军事吃紧，乞催令胡君火速赴行，盼切祷切。山东商绅军学界全体叩。（山东来电）

孙大总统、黄陆军总长、武昌黎副总统、各省都督、北伐联军总司令鉴：唐绍仪君电询段军统联名赞成共和诸将姓名，兹得复电，开列于左：署理湖广总督第一军总统段祺瑞，古北口提督毅军总统姜桂题，护理两江总督长江提督张勋，察哈尔都统张（？）军统制官何宗莲、副都统段芝贵，河南布政使帮办军务倪嗣冲，陆军统制官王占元、陈光远、李纯、曹锟、吴鼎元、潘榘楹、孟恩远，总兵马金叙、谢宝胜、王怀庆，参议官靳云鹏、吴光新、曾毓隽、陶云鹤，参谋官徐树铮，炮队协领官蒋廷梓，陆军统领官朱泮藻、王金镜、鲍贵卿、卢永祥、陈文运、李厚基、何丰林、张树元、马继增、周符麟、萧广传、聂汝清、张锡元、施从滨、萧安国，营务处张士钰、袁乃宽，巡防统领王汝贤、洪自成、高文贵、刘金标、赵倜、仇俊、恺德启、刘洪顺、柴得贵。帮办天津防务张怀芝、正定镇徐邦杰亦同意，复电迟，故未列云云。特为转致。廷芳。冬三。（上海来电）

南京大总统钧鉴：奉宥电开，据诏安保安自治会电禀等语。

遵查诏安县前因乏人，由该管汀漳龙道委陈为姚暂代，一面呈省另委，案经叙官局铨叙，政务院议决，呈请批准饬赴，已至口头。该会旋电阻止，语多要挟，不成事体。盖彼等多误会共和意义，以为共和政体成立，人人皆有用人行政之权。光复之始，即纷纷各举州县，或自称堪为某县，至于冒认省派州县，亦数见不鲜，均经批驳始止。即如此案，诏自治保安等会既坚陈令，而该处保安局又有电谓此事各社会均不与闻。党派纷歧，议论毫无标准。道仁等之意，以为监督之权归于人民，用人行政之权归之政府，政权始能活动。且陈接任不及一月，何以有此深感？林甫至半途，何以遽知其非？此中难保无故。至叙官局长等皆廉明公正，不可干以私之人，万无受人运动之理。当此大局草创，时事方艰，道仁忝负一方之责，讵敢成心自用？徒以地方风气未开，言论复杂，不能不审慎从事，以副我大总统之望耳。远承厪念，惭感交并，诸希谅察，无任盼祷。谨复。闽都督孙道仁、政务院总长彭寿松叩。陷。（闽省来电）

南京大总统钧鉴：现在各省都督府官制已否由中央政府订定，应请从速颁发通行，以期划一，即乞示电遵行。赣都督马毓宝。艳。印。（江西来电）

大总统钧鉴：此间议会业由马都督布告，定新历二月一日开会。昨日选举正副议长，按照公定议会章程，各以过半数为当选。刘君景烈被选为议长，朱君育德、陈君鸿钧被选为副议长。谨此奉闻。江西临时议会。艳。（江西来电）

孙大总统、黎副总统、各省都督鉴：前奉代表会代理参议员三人，付与正式委任状，刻日到宁，组织参议院等语。本省特委熊斐然、李肇甫、黄树中三人为蜀军政府参议员，即由上海赴

会，以尽联劲（？）而免迁延。除另电委及续寄委任状外，特此奉闻。蜀军都督张培爵、夏之时叩。敬。印。（蜀省来电）

杂　报

二月初三日总统府谒见人名单

德国领事舒理慈　辻本清藏　革命战乱地方慰问及开教视察使福田阐正　日本东京银坐桥本才吉　海军陆战队杜汉生　中国同盟会员周群　社会党江亢虎　谭赓尧由上海来　曹锡圭　李天麟　以上均见　经办饶平民团光复南澳由粤省都督陈咨送来宁投效林希侠　蔡少汤　张琴　山田纯三郎　秦恪　宫崎寅藏　均见

第九号

二月六日

目　次

法　制

南京卫戍条例　附质疑答复

令　示

大总统咨参议院编定各部官制

大总统令松江太仓所属本年所完粮税暂拨沪军应用

大总统批示驻沪理财特派员沈懋昭请便宜行事另立局所候示祗遵呈

纪　事

巡警总局呈都督将路灯改设电灯

大总统批示神州女界共和协济社禀明兴学办报并请拨女界协济会捐款呈

大总统复女界协赞会代表张昭汉、程颖两女士募助军饷函

大总统复美以美会高翼圣、韦亚杰论中国自立耶教会函

电　报

去电一则　来电八则

杂　报

总统府谒见人名单

法　制

南京卫戍条例附质疑答复

第一条　南京卫戍总督直隶于大总统，统辖南京之卫戍勤务。

第二条　卫戍勤务，当任卫戍上之警备，并监视卫戍地内陆军之秩序、风纪、军纪及保护陆军诸建筑物。

第三条　南京卫戍总督，关于卫戍勤务，得指挥其地之驻屯军队而定卫兵之员额及其部署方法。

第四条　驻屯南京卫戍地之宪兵直接归南京卫戍总督管辖。

第五条　在南京卫戍地内之各要塞均归南京卫戍总督管辖。

第六条　南京卫戍总督认为警备上之必要时，虽不属其卫戍上所辖之军队，亦得请求援助。如遇紧急之际，得径行命令之。

第七条　驻在南京卫戍地内之军队对于南京卫戍总督所定之卫戍规则，皆有遵守之义务。

第八条　南京卫戍总督当有事之日，关于住民公安保安之处置，随时与各部长官协议。

第九条　南京卫戍总督，当卫戍线内若有骚乱，不及通告陆军部、参谋部时，得以兵力便宜从事。

第十条　关于国防计划，应由参谋总长决定，但南京卫戍总督有时得以意见要求之。

第十一条　本条例以中华民国元年元月十五日为实行之期。

附质疑

一、南京卫戍总督所辖之区域如何？

一、关于维持公安上，有时需用兵舰炮船，应否由卫戍总督直接调遣？

一、战时南京总督之任务如何？

答质疑第一条

查卫戍条例：陆军军队永久屯驻配备于一地者，谓之卫戍。在都城以第一师团长，在要塞以要塞司令官，其余各处以该处屯在之高级团队长为司令官。各卫戍地之司令官，虽关于卫戍勤务，亦受其所属上官之处置。我国向无师团管地，又现在无一定之卫戍兵力。欲定南京卫戍总督所辖之区域，则北以南京下关江岸，东以朝阳门，南以南门，西以汉西门外，各三十里为其暂行管辖之区域。

答质疑第二条

查卫戍条例：卫戍司令官无直接调遣兵舰炮船之权，如必需用船舰时，应与参谋部及海军部协商妥洽，然后调遣。

答质疑第三条

战时南京卫戍总督之任务，在担任人民之保护及所管区域内一般之秩序。

令　　示

大总统咨参议院编定各部官制

现今各部业已先后成立，所有各部官制通则及各部院局官制，亟应编定，以利推行。兹据法制局拟就各部官制通则二十一条、陆军部官制三十条、外交部官制七条、内务部官制九条、交通部官制七条、教育部官制七条，并改订法制院官制十二条、公报局官制九条、铨叙局官制七条、印铸局官制八条，呈请交议前来。除海军、司法、财政、实业等部官制，俟拟定后另案咨送外，合将现经编定各制，咨请贵院议决咨复，以便转饬遵行。此咨。

计咨送

各部官制通则一件	陆军部官制一件
外交部官制一件	内务部官制一件
交通部官制一件	教育部官制一件
改订法制院官制一件	公报局官制一件
铨叙局官制一件	印铸局官制一件

大总统令松江太仓所属本年所完粮税暂拨沪军应用

据沪军都督陈其美呈称：迭据财政长米佩珍以金融垂绝，补救无方，来府求退。制造局长李钟珏亦以各厂赶造械弹军火，星夜加工，匠资料资，积欠甚巨，亦一再求拨款接济。日昨邀集各参谋及上海财政、民政各长，再四筹商。金谓饷源盈绌，大局所关，既无别款可挹注，现在冬漕已届开征，拟将松江、太仓所属各县本年民间应完钱粮及地方各项税捐，暂行拨归沪军应用。出入数目，由上海财政长按月造报，俟事定仍归苏省都督主政等语。查上海为江海机关，各省北伐之师，大半取道沪上。该都督应付饷糈子弹，源源不绝，自属力任其难。当此民国共和，本无分于畛域。所请将松江、太仓各属本年民间应完钱粮及地方各项税捐暂行拨归沪军应用，亦一时权宜之计，事属可行，应准变通办理。至收入支出数目，应由上海财政长按月造册造报贵部及江苏都督，俾有稽核。除令复该都督，务宜节用崇实，涓滴归公，力戒虚糜外，合将原呈发交贵部查照存案，并即转饬江苏都督，悉心商酌照拨为要。此令。

大总统批示驻沪理财特派员沈懋昭请便宜行事另立局所候示祗遵呈

呈及简章均悉。仍仰遵照前令，遇事与财政部妥商办理。所请便宜行事及另立局所之处，应无庸议。此批。

纪　　事

巡警总局呈都督将路灯改设电灯

为呈请示遵事。窃维省垣地方辽阔，匪徒最易潜踪。值此光复之初，查缉尤应严密，路灯一项，亟须切实整顿。查向来各区路灯，率因前次张兵在城，被其捣毁。现拟乘此将各区岗位原设油灯之所，一律改设电灯，其有背街狭巷不通电杆之处，则仍旧燃点油灯，以补电灯之不足。盖必如此，乃可易黑暗为光明，便巡警之守望，一举数善，尽人知之。但向来各路灯油之资，每月仅领银四百两，如其悉令改置电灯，按照各商民装设之价，则为数不敷太巨。然电灯实为交通巡缉必要之件，未便任其阙乏。查广东、天津凡遇地方安设公益电灯，无论装置费及灯费，电灯官厂均一律照收半价。是他省既办有例，宁省似不妨援而效之。况值此经济异常困难，治安亟应保持之时，故不得不请饬该灯厂变通办理，顾全公益，将巡警各区装置电灯，统收半价。在该厂则减收无几，在地方则获益良多。是否可行，理合具文呈请都督鉴核。为此备文具呈，伏乞批示祗遵。须至呈者。

大总统批示神州女界共和协济社禀明兴学办报并请拨女界协济会捐款呈[①]

据禀已悉。天赋人权，男女本非悬殊，平等大公，心同此

---

① 本篇与下一篇，据第十一号正误："二件系未经核定之稿，合亟取消。"

理。自共和民国成立，将合全国以一致进行，女界多才，其入同盟会、奔走国事、百折不回者，已与各省志士媲美。至若勇往从戎，同仇北伐，或投身赤十字会，不辞艰险，或慷慨助饷，鼓吹舆论，振起国民精神，更彰彰在人耳目。女子将来之有参政权，盖事所必至。该社员等才学优美，并不遽求参政，而谋联合全国女界，普及教育，研究法政，提倡实业，以协助国家进步，愿力宏大，志高虑远，深堪嘉尚，应如所请，准其存案。并于所缴协赞会捐款万元内，拨付五千元为开办法政学校及共和日报经费。该社员等宜力行无倦，扩充女界政治思想，同尽责任，以光吾国而促进共和。天演竞争，归于优胜。不患无位，患所以立；不患莫己知，求为可知。女子应否有参政权，定于何年实行，国会能否准女界设旁听席，皆当决诸公论，候咨送参议院决可也。

大总统复女界协赞会代表张昭汉程颖两女士募助军饷函

女界协赞会公鉴：展诵来函，并接见贵会代表张君昭汉、程君颖两女士，欣悉贵会员热心毅力，分途劝募，以助军需。前曾以五千余元缴存沪军都督府，指定为北伐购置枪炮之用。兹又集成万元于沪上钱庄存储，请饬交财政部验收。集腋成裘，有此巨款，皆由贵会员不辞艰苦，沿门劝募所得，深用嘉尚。以此补助军饷，益可作三军之气。扫平索虏，女界亦与有功焉。闻贵会与神州女界共和协济社联合为一，扩充团体，自能相得益彰矣。复问公益不儸。孙文顿。

大总统复美以美会高翼圣、韦亚杰论中国自立耶教会函

来示具悉。政教分立，几为近世文明国之公例。盖分立则信教传教，皆得自由，不特政治上少纷扰之原因，且使教会得发挥其真美之宗旨。外国教士传教中国者，或有时溢出范围，涉及内政。此自满清法令不修，人民程度不高，有以致之。即有一二野

心之国，借宗教为前驱之谋者，然不能举以拟政教分立之例也。今但听人民自由奉教，一切平等，即倾轧之见，无自而生，而热心向道者，亦能登峰造极，放大光明于尘世。若借国力以传教，恐信者未集，反对已起，于国于教，两均无益。至君等欲自立中国耶教会，此自为振兴真教起见，事属可行，好自为之，有厚望焉。

电　　报

大同府何都统（何宗莲）鉴：寒电悉。卓识伟论，不胜钦佩。文始终主义在救同胞于水火，毫无私意于其间。共和民国，系结合汉、满、蒙、回、藏五大种族，同谋幸福，安有自分南北之理，更安有苛遇满族之理。来电指摘各节，实无其事，想系反对共和民国者，造谣诬蔑之语，万不可信。若赖公等之力，令共和国家早日成立，文当即避贤路，国家之事，由全国五族人共组织之，文何私焉。请释疑念，并希即图进行为祷。孙文。江。（南京去电）

大总统、陆军部总长、各部总长、卫戍总督、武昌黎副总统、各司令官、各省都督、各军政分府暨列衔诸君公鉴：顷接北京南北军界统一联合会来电，文如下：陈其美、冯耿光、华振基、舒厚德、陈炯明、黄郛、杨曾蔚、管雯臣、张绍曾、高尔登、蓝天蔚、蒋方震，并请代转黎宋卿、黄克强、徐固卿、章亮元、何澄、吴绍璘、曲同丰、陈其采、石星川、许葆英、刘元洁、庄思缄、马毓宝、黎宗岳、蒋尊簋、吴荣生、孙少侯、柏文蔚、胡万泰、蒋雁行、耿觐文、孙道仁、朱庆澜、蔡锷、陆荣廷、王芝祥、谭延闿、周道南、程潜、胡汉民、汪兆铭诸君公鉴：此次人民要求共和，处处依赖军队之力，以南军种其因，以北军结其果。所谓武装解决，由专制时代一变而成共和时代，诚数千年未有之伟举，亿万同胞之幸福。且共和不日颁布，南北公举临时大总统，组织临时新政府，内政外交，万汇待举。吾军洎同人，自应振刷精神，首先提倡化除私见，辅助统一之大总统，组织一坚强完全之新政府，巩立于环球之上，为最有权利、最有势利之中华民国。所虑者，南北军界，万一意气用事，各树党羽，互相残杀，不仅足贻君主党人之口实，其糜烂大局，牵动外交，势必因之而起瓜分，较君主尤力，岂我军队希望之本心哉？寂焉思惧，夙夜难安。以为借此推翻与建设过渡时代，吾南北军人，必须协力同心，组织团体，先以三大纲领为范围，胪列如左：一、俟朝廷宣布共和后，中央统一新政府成立时，务须服从统一政府之命令。二、恢复各地方之安宁秩序。三、保护外人之生命财产。以上三纲，为吾南北军人应尽之义务，完全之天职，均应一律遵守。所有一切手续，拟俟军队统一联合会成立后，再行由两方将校讨论详细条件及军法草案，呈由统一政府核定。有不遵行者，当认为文明军队之公敌。实于中国共和前途，大有裨益。倘表同情，希即通告各军队同胞，并将赞成诸君衔名示知。除通电北方各军队外，盼速复。南北军界统一联合会发起人傅良佐、唐在礼、王赓、刘洵、靳云鹏、廖宇春、陆锦、张士钰、王丕焕、李士锐、段启勋、方咸五、纥汝勤、毛继成、蔡成勋、陈文运同启。等因。理合转达，希即查核，无任盼荷。沪军都督陈其美。印。（上海来电）

　　孙大总统钧鉴：准外交部咨开：接中华民国盐业协会电称，闻各国银行家，拟监督我全国盐政，是于国权【国】课，丧失殊多，将来又障害我盐业改革议案，盐界起事反抗，必惹出种种危害问题。望竭力磋商筹付之法等情。相应备文咨请贵部查核办理等因。又据淮南全体运商呈称：两淮盐务，为岁入大宗。值大局未定，转输停滞。迭奉钧谕催运，并谕令仍照旧章，曷胜钦佩。惟现在金融恐慌，大局未定，非设法维持，竭力保护，难免商人怀疑观望。请将情形电咨四岸都督，无论军饷若何紧急，不可于盐价商本内有丝毫挪移。即以前商本损失，概由公家推认。并请将商人转运资本，沿途派兵保护，以重商本而免损失。似此商情毫无疑虑，在无可设法之中，或可希使源源接运等语。查淮盐停运已久，转经劝谕，各商颇多观望。经赉晓以大义，力任保护，各商承认即日掣运。今奉前因，理合电呈大总统，请电令各都督查照，转饬各军政分府各司令加意保护，以重外交而恤商艰。实业部长张謇叩。东。（上海来电）

南京大总统暨参议院法部总长钧鉴：三年以上法政毕业是否均有司法资格，恳速电复。广东法政团全体叩。冬。（广东来电）

南京总统府、实业部、内务部、各省各都督、上海时报馆鉴：接九江电，以萍乡煤矿系筹大利所在，故敝省因图利而干预，原电载一月十六日《时报》，想已鉴及。查敝省反正，萍处赣边，守军反对独立，创议攻湘。煤矿工人近万，联合汉厂，为东南实业完全公司，义当扶助。萍绅及湘界股东亦环请维持，因派兵扼扎，始终坚持保护主义，并未丝毫干涉内政，并接济巨款，以便继续开工。嗣以煤米为军用要品，迭接鄂电，须防敌人采办，是以派员报告统一办法。至各处分销，原系该矿旧有。浔电疑为敝省现已派设，尤属误会。敝处派委报告员札稿具载湘鄂合报，班班可考，何尝有宣布归湘及设立分销字样？诚恐贵处未悉底蕴，难免疑惑，除将颠末详情抄单咨达外，合先电闻。湘延闿。陷。（长沙来电）

万急。南京大总统钧鉴：江北兵饷奇绌，直无丝毫的款。前举海分司陶思澄为财政部长，因其总持盐务，始能担任江北筹款事宜。不意两淮盐政总理张謇任事后，立将思澄撤销。匪独淮北盐商众情纷扰，即江北军界因筹饷无人，亦复异常惊惑。前经电知张总理留思澄为淮北盐务总长，嗣后电请改思澄为西坝栈长，于盐务无损，而于江北筹款大有裨益。先后两电，均未奉复。当此军务紧急，非平日用人可比。思澄之去留，关系江北财政甚大，务恳商诸张君，即予照准西坝栈长之请，以慰淮北全体磋〔〕商之望，而安江北全体将士之心，不胜迫切待命之至。江北都督蒋雁行暨参事会全体公叩。冬。（清江浦来电）

孙大总统转外交、交通二部鉴：鄂中邮票将罄，邮政实行困难，湘陕相续请票。值此情形，邮政行将停收。若不设法挽救，匪独交通不便，将来外人要求代办，何以拒绝。权利攸关，不容缓视。请速定票式任筹办法，颁布施行，庶足保利权而免交涉。元洪。东。（武昌来电）

万急。南京孙大总统、黄陆军总长、王外交总长、武昌黎副总统公鉴：顷由唐代表绍仪送来北京电如下："伍代表鉴：优礼条件，事关皇室，本大臣前以职在行政，谈不及此，是以两接来电，未便答复。现本大臣有权以商酌此事，请自十七日早八钟起至廿三早八钟止，续停战一星期，以便协商。如承允许，即可由两方电饬各军队遵照。余另电达。内阁袁世凯。"应如何答复，乞即酌夺示知，以便电复。廷芳。觉。（上海来电）

孙大总统钧鉴：迭据青岛探报，德人连日于胶济铁路为满清运兵运械，并派兵二百至即墨。在青岛又助满清捕拿民党，实系有心破坏中立。乞令外交总长向德政府交涉，切盼。护理山东都督虞叩。江。（山东来电）

杂　报

二月初四日总统府谒见人名单

北伐联军总司令柏文蔚　驻浔军政分府参谋官吴铁城　仪征民政长陈鹤年　由仪征来　程家柽　刘辛　由北京来　魏勖　刘德裕　何永亨

第十号

二月八日

目　次

令　示

大总统批内务部请取销公报所登闽都督府组织大纲呈（附原呈）

大总统令内务部筹画兴复汉口市场

大总统令南洋印刷厂总理茅乃登交出该厂归印铸局办理

纪　事

陆军部委任人员名单

总统府秘书陈晋电冯国璋赞同共和文

北京冯军统复电赞成共和文

电　报

来电二十一则

本报广告

查公报、官报等体裁，多于正报而外有号外附录，以为登载法律命令以外之件，如草案、电报、议会、速记录等类。本报开办伊始，法制院所订草案尚未经参议院议决，故门类从权暂定。

兹特于第十一号以后，附出号外杂录各件，以备观览。前者编辑员误登闽都督府件，如有号外附录，则似无此种羼杂之患也。特白。

令　示

大总统批内务部请取销公报所登闽都督府组织大纲呈（附原呈）

据呈已悉。所称公报五号登载闽都督府组织之大纲取销一节，持论甚正，已交秘书处转饬公报局即行取销。公报为临时政府发表政令之机关，以后凡关于发表法令之件，必须公布者，始能登录。并饬知该编辑员于登载各件，务当悉心斟酌，不得稍有疏忽矣。此批。

附原呈

内务总长程德全呈：为顷阅临时政府公报五号载有闽都督府大纲一节，其组织名称显然于国内独立成一政府。今公报为中央政府发表政令机关，而登载其事，是我中央政府已默为认可。有此闽都督府组织之大纲，已引起政治权不一之失策。若谓公报随便登载，则公报何为而设，而国人又将何所遵守？将来一切公布之法令，均不生效力，则内外观听，遂自此淆乱，而失其依据，其为害尚堪设想耶！本部以事关至巨，未便缄默，用特备文呈请，速令取销闽都督府组织大纲一事，并声明其登载失误之理由。以后公报凡关于法令之件，须公布者，始能登录，以一国人之观听。区区苦衷，实有不得已于言者，尚希谅之，并赐核行。此呈。

大总统令内务部筹画兴复汉口市场

据汉口绅商宋炜臣等呈：请改良商场，寓赈于工，并请设立建筑公司各由，绘图具说前来。所陈各节，不为无见。此次武汉首义，汉口受祸最酷。伪清政府迫于人道，尚拟事定赔偿。民国政府对于汉口市场兴复问题，提倡补助，自是应有之义，本大总统尤深同情。惟汉口为水陆要冲，铁路航路俱以为集合点。该绅商等所拟规模，未免限于市廛一方面，于各路停车场与轮船系留所衔接方法，以及电车、市厅等项，尚缺完全计画。内务部于市政土木各事，有统筹全局之责，希即迅速筹画，与该绅商等妥为接洽，务使首义之区，变为模范之市，有厚望焉。原呈二件、图一幅，并发。此令。

大总统令南洋印刷厂总理茅乃登交出该厂归印铸局办理

查该厂向系官办，非民间营业可比，今本府印铸局已告成，应将该厂事务归印铸局管理，以昭划一。仰该总理刻日清理帐目，备具册簿，将全厂事务交与印铸局局长黄复生管理，勿得稽延。切切！此令。

纪　　事

陆军部委任人员名单

军衡局一等科员	文钧祉	军衡局科长	官其彬
军务局二等科员	唐毓文	军务局三等科员	沙涌潮
军务局副官	陈若桢	军械局二等科员	汪道生
军械局副官	汪　韬	军需局局长	翁之麟
军务局一等科员	凌元洲	军务局步兵科长	陈　乾
军械局材具科科长	张炳标	军需局一等科员	李树吾
军械局二等科员	胡宗轮	军械局三等科员	俞　振
军务局二等科员	张诒文	军需局格外科员	郑瑞卿
军需局二等科员	徐国亨	军械局副官	马宗燧

军需局科长	林凤游	军械局二等科员	王竹怀
军需局二等科员	柳克厚	军械局三等科员	林　礼
军需局三等科员	易兆鸿	军医局二等科员	吕文雄
军衡局三等科员	杨葆毅	军需局局长	曾昭文
军需局三等科员	张铭彝	军衡局科长	杨廷溥
军衡局一等科员	陈长虹	军衡局一等科员	黄家濂
军衡局二等科员	张元骞	军衡局副官	唐　璋
军务局局长	沈郁文	军务局一等科长	何浩然
军务局二等科员	支士端	军务局三等科员	张国维
军械局二等科员	冷秉炎	军械局枪炮科科长	刘燮元
军械局二等科员	何鸿臬	军械局三等科员	傅维四
军械局三等科员	沈鸿钧	军需局科长	杨鸿昌
军需局二等科员	贺耀华	军需局一等科员	胡光智
军需局一等科员	吴士先	军法局一等法官	陈登山
军法局法长	陈嘉会	军医局三等科员	王观海
军法局三等法官	杨纪宇	军法局副官	傅长民
军法局二等法官	邱祖藩	军医局二等科员	吴观光
军需局科员	龚家仕	军医局三等科员	徐　寅
军医局三等科员	赵士晋	军医局一等科员	张蕴忠
军械局二等科员	吴光杰	军需局三等科员	江　汉
军务局一等科员	余晋和	军务局军事科长	张华辅
本部三等副官	梅志和	本部一等副官	徐少秋
军衡局二等科员	刘潜亮	军衡局二等科员	胡炳焘
本部二等副官	孙伯文	本部一等副官	高秉彝
军学局副官	汤　憎	军医局副官	姚梦虞
军学局炮兵科长	李实茂	军医局医务科长	张修爵
军医局卫生科长	张承学	军衡局局长	仇　亮
本部一等副官	胡国梁	本部参事官	林调元

本部一等副官	唐 豸	本部一等副官	梅蔚南
本部副官长	何成濬	本部二等副官	傅 钧
本部三等副官	方少律	本部二等副官	徐乃嵩
军医局局长	方 擎	军学局局长	张承礼
军学局步兵科长	沈尚朴	军学局三等科员	李 濬
军学局工兵科长	徐家瑢	军学局辎重兵科科长	高兆奎
军学局一等科员	高震龙	军学局骑兵科科长	张鹗翎
军学局一等科员	黄 中	军学局二等科员	李著强
军学局一等科员	唐义彬	军学局三等科员	华维扬
本部秘书处秘书官	黄中垲	本部秘书处秘书官	金华祝
本部秘书处秘书官	徐 田	本部秘书处长	汤化龙
本部秘书处秘书官	巴泽惠	本部秘书处秘书官	万声揭
陆军步兵第十四旅旅长	夏尊武	本部顾问官	周 诗
本部顾问官	耿觐文	本部顾问官	李书城
步兵第十四旅团长	邓文辉	第二十七团长	张 智
第二十八团长	聂金魁	第十四旅参谋官	罗心源
步兵第十八团团长	邱 震	步兵第十七团团长	朱树声
军务处骑兵科科长	张鹗翎	军学局骑兵科科长	唐 豸
军械局枪炮科科长	刘庆恩	扬州留守司令官	申正邦
淮扬各军总参谋兼江北兵站分局长	何绪基	淮扬各军兵站分局军需科长	朱 豫
江北第二军参谋长	华彦云	淮扬各军司令长	孙 岳
淮北援军司令官	顾忠深	本部参事官	万廷献
淮扬各军兵站分局军需监理员	吴经明	淮扬各军兵站分局副长	朱 炯

总统府秘书陈晋电冯国璋赞同共和文

北京冯国璋军统鉴：读报载北方将帅多数赞成宣布共和，惟吾师与张勋受满清运动，倡议反对。张不足责，以吾师之贤，而亦为之，殊堪诧异。此间众论谓项城能推倒满清赞成共和，则民国第一任大总统即举项城。北方将帅之赞成共和者，必特别优待。南北一家，决无猜忌。总之，事至今日，为大局计，为满人计，为个人计，均不能不赞成共和。祸福之机，决在俄顷，惟吾师实重图利之。受业陈晋叩。江。

北京冯军统复电赞成共和文

陈晋兄鉴：江电悉。报纸登载不足信。改革政治，素所赞成。但我所持正大，以保秩序为宗旨，政体解决后，当从公论，绝无反对之理。国璋。先。印。

电　　报

孙大总统、伍外交总长、各总司令、季招讨使、各省都督鉴：据汉口商会转段军代表徐树铮藤〔筱〕电称：京电政体已决，现袁内阁、伍代表正在会商条件，不日想发明谕。段军帅今夜已北行，诸事可望圆满。北方军队筹画回京，已有开赴马厂者。既已推诚相信，决不再作战备。贵处命令如能行及各处，固无他虑。即有一二未能体会吾辈意向，至起冲突者，弟等从心束手待毙，决无怨言，请以此意代白诸同人为感。昨晚广水镇有土匪勾结不肖兵士，放火图掠，驯酿鼓噪。洪以此间兵力无多，又军帅启行，故未能力禁，仅于天明时追获数匪，询系熊联七党羽。日前由刘鸿皋君约定布置者，当以体〔布〕置在情意未密以前，不为无礼，尽数纵去。自以据刘君言，先来解散，故未力防，以致地方受累。军队之祸贻及无辜，吾辈军人，宁不愧死。

刻下吴君北行，弟留此间会同绅耆商会议商，以重民产，断不令有无告之苦物事。兵士退后，即严查重办，不稍姑息。又，黄关道处已电饬照札办事。但全局之外交未定，以前一切仍宜照旧章办理，以免外人借口等语。特此转达。元洪。歌。（武昌来电）

孙大总统鉴：维密。顷接驻日汪使复电称：电悉。初三电奏，有举国趋向共和，请幸热河，以全皇室而保国境等语。旋因日师团将动，复电奏催，均已由内阁代递，悉同尊旨，当再陈催等语。又接驻英刘使电称：电思已转各使，并商会衔。麟等语。又接吉电称：已电张、倪派员与民军和商，仍希转达前途，飞电该处民军派员迅与张、倪接洽，免再冲突外，前敌统兵大员并无朱姓，究系何人，请转示知等语。查照办理。怡。江。（上海来电）

急。孙大总统、陆军部长、上海伍外交长、泸州转送张司令、各省都督、各军政分府、各军总司令官、襄阳季招讨使鉴：顷据广水吴光新等电称：商会转武昌孙、余、张三君鉴：冬电敬悉。张、倪两军前已通告明白，一律保持现状。冲突一节，得其复电，确系南军猛攻，不得不且退且御，以期维持安全云云。观其由颍况〔上〕而退至颍州，由颍州而更退，可知冲突之起，决非张、倪两军与敝军办法有二致也。兹以一面切电张、倪，极力维持，各派员与南军接洽；一面电唐大臣转伍代表，阻止南军勿再进攻；并各派员与张、倪两军接洽商办，以一通疏意见，两无猜疑。执事如以为然，请亦设法维持。又得京电：事机颇顺，并闻昨承段帅属，深谢黎都督。归途汤君误伤小指，弟等极抱不安，乞代致意。刘鹤皋君已资遣北去矣。吴光新、徐树铮。铣。等。特此转达。元洪。印。（武昌来电）

南京孙大总统鉴：维密。顷接段电称：本军北上，前经电达，今日已派员到武昌与黎军商决；惟颖州、固镇已开战，前请阻止，迄未得复。今日南阳镇又来电，言襄河南军声言两路来攻，请速阻止等语。诸将领均系同志，务恳速为阻止，以免弟失信诸将。切祷盼复。瑞。删。等语。查颖州、固镇已由两方面分电张、倪，又该处民军协商，想可妥洽。襄河一路，希即电阻，至感。怡。江。第三电。（上海来电）

大总统、陆军总长鉴：我军胜，刻追至离宿十余里地。姚雨平叩。江。（蚌埠来电）

大总统、陆军总长鉴：敝军原在固镇车（？），日前部队本早遇敌于西寺埠，独力激战数时，胜负未分，原驻怀、盱队本早由固往援，刻午已到，当无可虞。请急电粤，运粤造六米厘八子弹、机关枪弹及枪到来接济，电。平即赴西寺埠。姚雨平叩。江。（蚌埠来电）

孙大总统、黄内阁总理、武昌黎副总统、各省都督、各军政分府均鉴：清军万分凶悍，敝省前奉议和电文，即飞函令前军遵约停战。讵前军派专使刘莘轩六人往硖石面议，均被贼潜害。敝军在张茅、硖石间与贼苦战数日，死伤不支，陕州、灵、阌俱为贼有。顷闻潼关失守，残兵退散，升贼西方之兵，正在猖獗。东西交困，奔命不暇。陕西危亡，近在目前。望速筹大计，合力破贼，万勿膜视，使敝省为晋人之续，致坏大局。盼祷之至，候复。凤翔叩。管。印。（西安来电）

大总统鉴：登州军政府要潜赴登，仍代理都督。潜在总统府既有要差，沪上复有重要交涉，已辞代督，即日南旋，特闻。杜潜叩。支。（烟台来电）

孙大总统鉴：政府成立，公为总统，薄海欣欢，同胞幸福，民国万岁。广东北海商会绅商各界叩贺。（北海来电）

孙大总统钧鉴：政府成立，公为总统，薄海欣欢，同胞幸福，民国万岁。广东北海洋务委员庞子剑等巧叩贺。印。（北海来电）

孙大总统、黎副总统、各都督鉴：护（？）都督咸电，鄙意极为赞同。现民国中央政府已成立，大总统已举定，民主君主问题无复有研究之价值，此其一。国民会议，袁世凯欲于北京开议，又欲各省州县皆举代表，无非为狡展播弄之地步，以充彼战备，懈我军心，此其二。主张共和，殆全国一致；所反对者，惟少数之满清奴隶耳。设开会议而堕袁之狡诈，守定君主国体，则各省必不肯承认，战祸终无已时。仍拥戴满清为君主，固理所必无；即别以汉人为君主，亦事势所不容。故君主国体，为中国今势所万不能行，必强留存此物，将来仍难免第二三次之革命，此其三。唐使签定之约，而袁不承认，方在停战期内，而北军袭取颍州，进攻陕州。在清廷亦并未决议，和洽其中，故此时直无和议可言，惟有诉诸兵力耳。至作战计划，孙、陈各都督所见甚是。滇处僻远，未敢遥度。惟有亲率精兵结合黔鄂，长驱河洛，期共戮力中原。进止机宜，敬候中央指示。滇都督锷。宥。（滇省来电）

南京孙大总统、陆军部黄总长、武昌黎副总统、长沙谭都督、桂林陆都督、湘桂联军沈总司令均鉴：沈总司令艳敬悉。和议中梗，联军北伐，断不容缓。全国军事惟黎副总统、黄总长统筹兼顾。湘桂各军将领多系沈公旧部，作战计划、后方勤务，均赖沈公统筹，务乞沈公勉任其难。桂军须祥临阵指挥，到鄂后，只能勉效前驱，即请大总统、副总统、军部总长、谭都督、陆都

督、沈总司令，始终共维大局，幸甚。桂副都督王芝祥叩。三十
螃（？）。（广东来电）

孙大总统鉴：鄂境汉镇为中外通商大埠，现时北军已退，汉
上交涉甚为繁剧，稍有不善，遗害全国。是应遴选外交人材，以
资办理。查鄂省外交长王正廷，办理鄂省外交甚为得力。前此因
议和事，须派往上海助理一切。兹上海事将次就绪，鄂省需才甚
急，且王正廷又系熟手，乞大总统就近电催王正廷从速回鄂，担
任外交事项。如已往他省，即乞转电该员，念汉上关系甚大，勿
得推诿是幸。元洪。江。（武昌来电）

南京孙大总统鉴：得书，适归浙理教育会，六日当赴宁相
见。炳麟。（上海来电）

大总统、陆军部、财政部、南京府鉴：金陵自张勋负固，致
烦联军进攻，苏省悉索敝赋，公私耗竭。幸新政府建设南京，各
部成立，苏民延颈企踵，渴望援手。政府为全国之政府，非一省
之政府，所有政府与江苏都督权限亟宜划清，以垂永久。有如陆
军，关于国防之事，如北伐各军水路要塞，应由陆军部担任；其
关于省防、治匪、保民之事，仍由苏督担任。有如财政，凡共和
政府，应属于国家收支各项，由财政部宜〔直〕辖；其应属地
方收支各项，仍由苏督管辖。南京府只以上、江两县为范围，应
仅管两县收支，各不侵轶。庶几机关明晰，民间稍轻负担，事理
不至纷歧。应请交参议院分条核议，明定规约。乞电复。江苏省
议会张謇等同叩。江。印。（苏州来电）

大总统钧鉴：民国成立，政权统一，敬贺。惟中西风俗，历
史迥异。改从阳历，关系国粹农时。若取便统计，不如定立春日

为元旦，匀分二十四节为十二月，仍闰日不闰月。现元月一号至立春前日，为特别开幕月，折衷阴阳，庶免序愆民惑。事关秩序，请速召中外天算专家议决。余函详邮呈。广西来宾县长何永福、士绅翟富文同叩。（来宾来电）

十万急。南京大总统、陆军部黄总长，外交部王总长、魏次长，武昌副总统鉴，云南蔡都督、广东陈都督、各省都督均鉴：据龙州林统领俊廷电转，据爱店赂管带华东电称：探闻法越官兵与铰南黄提参开战，谅山官兵尽发，峒禄、峙马三二画亦带兵往剿，现已加意防堵，并据探报情形相同各等情。查桂、粤、滇三省接壤，越南法頼（？）构兵，关系国防，敝省已飞饬况滥（？）各军队严密防范。请蔡、陈两都督迅速分饬各边军一体严防，并随时探示为祷。桂都督陆荣廷叩。三号。（桂林来电）

急。大总统、联军参谋团鉴：本日十二点四十分，据宿迁吴支队长电告：三号皂河之战，由午后一点至六点与敌激战，我目兵亡五人、伤八人，毙马五匹，暂退至支河口防御。昨夜扬军前往，替换支队退宿休息。同时又接孙总司令电称，刻正筹画分头进攻，俟决定即行飞报各处等语。用特电陈。江北蒋雁行。微。（清江浦来电）

大总统、陆军部正副长鉴：陆军建制及编成、官佐名称等级及军服颜色，应请从速颁发各共和省，以归画一。鄂军务部军事局长刘家佺叩。（武昌来电）

大总统、陆军总长鉴：顷得林协统江电，本日午前八时，我军及宪兵联队与敌战于宿州东，计敌兵千余、张贼二千余外，尚有第五镇新军步队四营、炮队一营、马队两队、山东巡防千余接战。至午后二时，敌军屡战屡败，我军追击十余里，杀敌千余，生擒数十，投降百余，夺获军械马匹无数，我军杀伤尚少。现敌已向徐州退却。镇军于下午到宿，我军现驻宿州附近。先此告捷，余容详报等语。似此激战，销械必多，枪枝弹药，望速接济，以便乘胜夺徐，收鲁定燕。姚雨平叩。支。（蚌埠来电）

大总统、陆军部、参谋部鉴：敝省续派学生军两营赴宁，听尊处命令，会师北伐。由蒋督带群率倾于五号出发，所有该军驻扎地点，前已咨商陆军部斟酌。现在指定何处，乞即电示。赣都督毓宝叩。支。（南昌来电）

第十一号

二月九日

目　次

令　示

大总统令法制局拟定任官状纸程式及任官规制

大总统令内务部分电各省都督所属行政各部改称为司

大总统令江苏都督庄蕴宽据左横等呈诉周阮冤案请改交沪军都督办理

教育部批示民国法政大学代表徐世勋等取消临时校长杨年并请将该校归部直辖呈

教育部批示扬州翟世儒等请设立共和宣讲社呈

纪　事

法制院呈报启用印信日期

号外附录

令　示

大总统令法制局拟定任官状纸程式及任官规制

案据临时政府中央行政各部及其权限第二条、第三条所载，任用职员分简任、荐任、委任三等。今各部成立，用人甚多，关于任用各项职员事宜，如状纸之程式、任委之手续，亟应明定规则，以期统一。为此令仰该局长速将以上三等任官状纸程式及任官规制妥为拟定，呈请核定，以便颁布施行。此令。

大总统令内务部分电各省都督所属行政各部改称为司

查各省光复以来，地方官职，均系各自为制，所定名称，难免歧异。兹值中央政府成立，关于设官分职事项，允宜统筹全局，从新厘定，以昭划一。当经法制局将中央行政各部官制编纂草案具呈前来，先后咨交院议在案。所有中央行政各部，既称为部，则各省都督府所属之行政各部，应拟改称为司，庶使中央各部与地方各部示有区别。且各省亦有先行之者，即彼此更不宜有互相歧异之处。合就令行贵部，仰即分电各省都督，将都督府所属之行政各部先改为司，一俟地方官制草案议决后，即作为确定可也。此命。

大总统令江苏都督庄蕴宽据左横等呈诉周阮冤案请改交沪军都督办理

兹据左横等呈控姚荣泽擅杀周实丹、阮式一案，既然指证有人，即是非无难立白。复据近日各报揭载姚荣泽罪状，舆论所在，亦非无因。该案系在沪军都督处告发，且顾振黄等亦已到沪候质，应将全案改归沪军都督彻查讯办，以便迅速了结。合就将原呈发交贵都督查照，仰即将全案卷宗一并移交沪军都督办理可也。此令。

教育部批示民国法政大学代表徐世勋等取消临时校长杨年并请将该校归部直辖呈

据禀已悉。查两江法政学堂，原属于地方政府，杨年未经本部认可，率尔改称民国法政大学；徐世勋等非学堂主体，何得公举杨年为临时校长，均属不合。既非正式公举，自不取消而取消。现在中央政府与地方政府权限尚未划定，两江法政学堂自应暂归地方政府管辖，所请归部直辖之处，应毋庸议。此批。

教育部批示扬州翟世儒等请设立共和宣讲社呈

据禀已悉。设立共和宣讲社，原为今日切要之图。惟拨用旧有简易识字学塾经费一节，本部无从遥断，应禀承高邮民政长办理。此批。

纪　　事

法制院呈报启用印信日期

法制院宋教仁为呈报事。二月初五日奉大总统颁发印信一颗，即于初六日敬谨启用。理合备文呈请大总统察核。须至呈者。二月六日。

临时政府公报附录中华民国元年二月八日随报附出　不另征费①

电　　报

南京孙大总统、国务各总长、参议院议长公鉴：顷接北京总

---

①　以下各号，日期均与正文相同。仅留"附录"二字，余字均略。

统官冯国璋、段祺瑞、姜桂题、张勋，翼长段芝贵，防务大臣张怀芝，会办河南军务倪嗣冲，统制官何宗莲、王占元、曹锐、陈光远、吴鼎元、李纯、潘矩楹、孟恩远，统领官李奎元、李洣藻、王金镜、鲍贵卿、卢永祥、陈文运、李厚基、何丰林、马良、张树元、马继增、周符麟、张赵元、王佩兰、伍祥桢、范国璋、高凤城、裴其勋、聂汝清，提督马金叙，总兵官王怀庆、徐邦杰、黄懋澄、李俊才、范书田、叶长盛、田保玉、张善义、谢宝胜、李永劳、谢有功、杨荣泰、张文生，武卫右军各路统领官陈希义、殷贵、赵倜、方田、高云鹏、韩大武，河南统领官刘洪顺、柴得贵，奉天统领官吴峻〔俊〕升、张作霖、冯德麟、吴庆桐洽电称：北方军界不忍生灵涂炭，现多主张共和国体，朝廷亦无成见，无非尊重人道，以国利民福为宗旨。朝廷若以政权公诸国民，为数千年来未有之盛德，凡我臣民，应欢迎感戴，以尽报答之微忱。我军界同人，协同北方各界，商议优待各条件，务请贵代表照此承认，庶可望从此戢祸息兵，得以和平解决，免至兵连祸结，横生分裂之惨。想贵代表应亦同此心理云云。查阅所开优待条件与袁内阁所提出者无一字之异，廷当即复电云：尊处所开优待条件与本代表前所提交袁内阁者，大旨不相出入，已由袁内阁于二月初五日答复，其所开条件与尊处相同。本代表因事关重要，特赴南京与临时政府参议院协商，对于袁内阁提出之优待条件有所修正，已得参议院全体议决，由本代表照电袁内阁矣。查此次修正案与袁内阁所提出者大旨相同，较本代表前所提出者更为优渥。惟所坚持者，在清帝实行逊位。盖必如是然后共和国体乃完全成立，否则有类于虚君位之嫌，故独于此始终坚持。要之，全国人民为共和而流之血，前后积聚可成江河，万不能含糊了事，以贻后祸。诸公既赞成共和，热心闳识，为薄海所同仰；而对于故君拳拳之厚意，亦为薄海所同谅。此次修正案一面优礼清皇室，俾逊位之后不失尊荣；一面巩固共和国体，俾民

国基础不致摇动，实已斟酌妥善，想必为诸公所愿纳也云云。特此奉闻。廷芳。鱼一。印。（上海来电）

孙大总统、国务各总长、参议院议长公鉴：顷接北京蒙古联合会阿王、那王等筱电云：全国人心现已多数趋于共和，朝廷以国家为重，俯顺民情，并无成见。惟皇室既以国利民福为念，不私政权，公之国民。国民如愿以偿，可省无数头颅生命，是皇室让德之隆，诚为古今中外所罕有。按之报施之道，自应格外尊崇尽礼，以厌四方之观听，而副改革之初心。若优待条件稍有贬损，不但别滋疑议，亦非统合五大民族共成大共和国之本旨。贵代表深明中外大势，切望极力主持，以定众志而服群情，庶免功亏一篑。不胜盼切，希见复云云。查阅所开条件，与袁内阁所提出者无一字之异。廷当即复电云：诸王公赞成共和，热心伟抱，薄海同钦；而对于故君不忘，拳拳之意，务期优礼始终，此情亦薄海所同谅。本代表查阅所开优待条件，与本代表前所提交袁内阁者大旨不相出入。袁内阁已于二月初五日答复，其所开条件与尊处相同。本代表因事重要，特赴南京与临时政府参议院协商，对于袁内阁所开条件有所修正，已得参议院全体议决，由本代表电照袁内阁矣。查此次修正案与袁内阁所提出者大旨相同，较之本代表前所提出者更为优渥。惟所坚持者，在清帝实行退位。盖必如是，然后共和国体乃完全成立，否则有类于虚君位之嫌，故独于此始终坚持。要之，全国人民为共和而流之血，前后积聚可成江河，共和万不可含糊了结，以贻后祸。故此次修正案，一面优礼清皇室，俾逊位之后不失尊荣；一面巩固共和国体，俾民国基础不致摇动，实已斟酌妥善，想必为诸王公所愿意。至关于满、蒙、回、藏各民族之待遇条件，如满、蒙、回、藏各民族赞成共和，则五大民族同建民国，当然有此办法，不必因清帝逊位，然后立此条件也。专此奉复云云。谨闻。廷芳。鱼二。（上

海来电）

大总统孙、陆军部总长黄鉴：闽军第一二次队伍到沪，业由蒋参谋长电达。第三次机关枪一队、工程一队、马队一排，计四百七十人，于三号上午到沪。司令部属及野战病院，并步一营缺二队，计四百人，是晚由崇智率带来沪。现孙都督拟续挑久练目兵，再分三次出发。崇智料理一切后，不日即亲到宁。闽军司令官许崇智叩。微。（闽省来电）

急。大总统、陆军部总长、卫戍总督、武昌黎副总统、上海陈都督转北京傅良佐诸君公鉴：沪督江电悉。南北军界统一联合会，鄙意极为赞成，三大纲皆属必要。义军初起，皆抱纯洁之宗旨。乃各处自由招兵，自由募饷，当事者能〔号〕令不行，事权不一，名为保民，实以厉民，品类混杂，不可□□。鄙意须就各省固有军队抽调精锐，日加训练，以备剿办土匪、保护良民之实力，庶各地方安宁，秩序渐可恢复，外人生命财产亦永无危险。其不服从统一政府命者，天下共击之。诸公明达，谅表同情，并乞列名入会。代都督庄蕴宽。歌。（苏州来电）

孙大总统、黎副总统、伍外交总长鉴：重庆税司称夹总税司札开，拟将所收海关税项解上海汇丰存储，以偿债款一事，已详删电。盼复至切，迄今未奉回示。究竟宜昌等关，是否如该税司所称办理。全国财政不容授人以柄，诸公深谋远虑，必有周妥办法，迫请速复，以便交涉。蜀军政府张培爵、夏之时叩。艳。（重庆来电）

孙大总统鉴：来电敬悉。冯君督粤，洵为得人。兆铭于粤事苟能为力，无不尽力，似不须有高等顾问之名也。敬复。兆铭。

鱼。（申来电）

　　孙大总统、武昌黎副总统、各省都督、各报馆、各军政分府均鉴：敝省前此因争路发难，川西南各处同胞遭罹赵贼尔丰斩割荼毒之祸，惨状非万千语言所能详尽。及武汉事起，天下响应，吾蜀以发难最早之省，收光复之效乃在各省之后者，正以赵贼尔丰一人为之横梗，蜀人士为其钳制，不克展布。重庆同人，远观各省之恢复，近念同胞之涂炭，乃决计剪除赵贼，与各省共庆独立，联为一气，极力经营，挥军发难，爰于旧历十月初二日宣布独立。自是川南、成都先后光复。川南地非冲要，兵力单薄。成都续遭防军之变，元气大伤。各处土匪乘间蜂起，幸尹、罗两都督涕泣誓师，力持危局，未致倾覆。及成都诛赵贼以谢天下，擒获傅华峰，重庆又获田征葵，枭首示众，以快人心，则川乱粉平，民心大定。惟四川版图辽阔，道路崎岖，加以鄙陋无识之辈，心怀权利，不顾大局，或误会独立，不就范围，致使政令纷歧，头绪烦多，难昭民信。又未便加以威力，蹈同胞相杀之讥。爰派支队遣使，分道晓谕安抚。川南、川北各都督，皆已辞职，隶属重庆，各属州县皆就范围。成都又派致祥，重庆亦派之洪，同为成渝联合大使，商议成渝合并统一办法，业已签订草约，决议以成都为全川统一机关，正名曰中华民国蜀军政府都督，驻节成都。就成渝两处正都督投票选举，以定正副，而免彼此谦让。两副都督退让公举，任以镇抚使、枢密院长之职。重庆设镇抚使一人，借资控制。业将草约分送成都，一俟成都都督调印后，即为实行之日，再用蜀军政府名义，正式公布。成渝即经合并，事权自归统一，惟有协力御外，并联合滇黔援陕北伐，早定大局，不特四川之幸。谨电奉闻。四川军政府特派全权联合成渝大使张致祥、蜀军政府特派联合成渝全权大使朱之洪同叩。（重庆来电）

孙大总统鉴：袁世凯阳示议和，阴袭陕甘，是远交近攻之故智，恐议和未定，兵已渡河。望勿堕袁之狡计，勿蹈南宋覆辙。嘉兴同盟会员陈以义、金燮、方于笥等叩。鱼。（嘉兴来电）

《民立报》转孙大总统、黄陆军部长鉴：各军司令鉴：顷据侦探报告，张贼盘踞徐州之兵约十营，乃于停战期竟敢违约进兵百数十里，窃据皂河一带，窥我宿迁，实属人神共愤，罪不容诛。凡我民军，其速举义旗前赴助攻，则宿迁距徐州朝发而夕可至也，不难一鼓成功，剪灭狡贼，谢我国民。敝标虽新募之兵，然训练已一月有余，行当挑选淮上健儿前驱以进，待诸同胞之至。镇军第六联队长张大刚、教练官陈云程叩。鱼。

第十二号

二月十日星期六

目　　次

令　示

大总统令安徽都督查明彻究贵池小学损失各物（附原呈）

教育部批池州府贵池县高等小学堂报驻池军队毁损书籍仪器呈〔略〕

大总统电令沪都督秉公讯办周阮被杀一案文

大总统电令南通州总司令将姚荣泽及全案卷宗解送沪都督讯办文

纪　事

盐政总理咨复外交部会同财政部通电各省盐税已经指抵洋债者不得挪用

伍外交总长电闻即墨民军与德领事交涉并往来电文

大总统外交总长电烟台都督饬即墨民军照约暂行退出文

外交部电各省都督查复指抵洋债之盐税并勿挪用文

外交部电伍总长转袁内阁照复德使彼此遵约退兵文

外交部电伍总长严诘袁内阁责令速饬清军退出即墨文

外交部电伍总长严诘袁内阁责令速止高密清兵勿悖人道文

大通军政分府电外交部外人游历请示办法文

外交部电复大通军政府俟大局平定始发给外人游历护照文

号外附录

令　　示

大总统令安徽都督查明彻究贵池小学损失各物（附原呈）

临时大总统令：兹据贵池县小学堂呈报损失请饬查办等因。查军兴以来，戎马云集，其间难免无少数不肖军人，蹂躏文府，祸及图籍。然其咎虽在士卒之不守纪律，其责则不能不归诸将领之疏于约束。若不彻查究办，将何以维持秩序而保护教育？合就将原呈发交贵都督，仰即按照各节切实查明究办，以肃军纪，是为至要。此令。

计发贵池小学堂呈报损失请予查办原呈一件

池州府贵池县高等小学堂为呈报事。窃敝邑自光复后，经伪民军李景侯、刘维世等占住中学堂，扰乱万状，合邑惊惶。时敝校考试，乙班毕业甫竣，乃将学生等遣归，仅管理教习数人留堂照料。缘敝校书籍、仪器、标本及一切用品等项，前蒙地方巨绅捐助购置，实不下二千余金，未便舍去不顾。旧历十一月初七日，大通黎参谋宗岳派驻池司令部董经奎、黎不、路琪光等来池，时有前分府委员程庆祥指引到敝校驻扎，然其时两方约定除藏书楼以外，听其自由居住，并彼此将书楼互加封锁，不得侵入。不料董改委府知事，路亦他去，仅黎不一人盘踞在内，招集无赖，充为北伐军队，声势汹汹，硬将敝校司事驱逐，至敝校人员不敢入堂一步。讵前月二十八号，大通又改委郭伦伯接黎之事，于是早旋通。比晚，敝校因派人往探，实探得藏书楼门壁皆开封，锁尽折，入内住者已有多人。及上楼审视书籍、仪器、标本及一切用品等项重要者，均归乌有，仅无价值之书籍纸片零落楼梯上下而已。并失去要卷五束，无从查考。敝校因即请同董公及敝邑议会诸君前往会勘，佥以学堂遭此祸劫，实非意料所及。窃思黎参谋分兵驻池，本为保护地方起见，今保护之力未见分毫，而其所居之地，造就后生书籍等物已先糜烂不堪，返之初心，当亦不安之甚。且黎不、郭伦伯等皆参谋要人，尤应仰体苦衷，共维大局。今学堂损失若此，虽未能定何时何人所为，然若不蒙根究，则此推彼诿，咎将安归，赔偿将谁认乎？为此开具失单，备文呈请大总统鉴核，迅予电谕皖都督转知黎参谋切实查究，以整军纪而重教育，实为公便。须至呈者。二月三日。

大总统电令沪都督秉公讯办周阮被杀一案文

　　沪军陈都督其美鉴：山阳周实丹、阮式惨被杀害一案，前据姚荣泽来呈，以地属江苏管辖，当经批令江苏都督讯办。顷阅来电，此案既经周、阮二人家属及各团体送向贵都督告发，自应径由贵都督讯明律办，免致枝节横生，沉冤莫白。已饬南通州张司令察，火速将姚荣泽及此案紧要证据卷宗，遴委妥员解交贵都督秉公讯办，以彰国法而平公愤。并令行江苏都督知照矣。总统孙文。

大总统电令南通州总司令将姚荣泽及全案卷宗解送沪都督讯办文

　　南通州张总司令察鉴：山阳周实丹、阮式被杀一案，迭经各处来电伸诉，非彻底查究，不足以彰国法而平公愤。仰该司令迅将姚荣泽及此案证据卷宗，克日遴派妥员，解送沪军都督讯办，毋庸再行解交江苏都督。切切。总统孙文。

纪　　事

盐政总理咨复外交部会同财政部通电各省盐税已经指抵洋债者不得挪用

外交部鉴：大咨敬悉。各国干涉盐政，关系甚大。各省盐课、盐厘、盐捐、加价、复价等岁入约五千余万两，中间抵偿赔款者已居多数。现因军用浩繁，各省往往一概挪用，以致惹起外交问题。除由敝处电咨湘、鄂、赣、皖四省都督，请其注意，勿擅动指抵洋债之款项外，似应再由大部会同财政部通电已光复各省，查明各该省所收盐税已经指抵洋债者共有若干，并饬千万不可擅行挪用，以免起外交困难问题。是否有当，祈钧核施行。盐政总理张（张謇）。东。

外交伍总长电闻即墨民军与德领事交涉并往来电文

孙大总统鉴：连接山东即墨民军班麟书发来三电如下：

（一）山东即墨光复后，秩序井然，各界欢迎，外人教堂一律保护。现青岛德提督疑为土匪，派兵查看，势将乘机干涉。乞鼎力维持，速向德总领事交涉，并急电住青德提督令严守中立，承认本处为完全独立之民军，切勿借端派兵，酿成意外交涉，牵动全局。

（二）德马队本日午后到即，吾军招待如礼，彼军强行查验吾军械，且坚称彼前与满清订约，距租界百五十里内之军队，快枪不得过五十枝，民军亦当守此条约。似此用军（？），决不承认。乞速即日向德人交涉，免致贻误。班麟书叩。

（三）今日去电，租界外百里内之军队，快枪不得过五十枝，百里字误作百五十里，谨此更正。

廷复电如下：山东即墨民军班麟书君鉴：三电均悉。已与德领事交涉，声明民军之目的为建立共和政体，所有与外人交涉，皆慎照公法，宜守中立，不可干涉。德总领事已允即电达胶州总督。顷遣副领事来言，已得胶督回电，谓昔日租借胶州湾之时，曾与清廷立约，附胶州湾百里以内，作为瓯脱之地，不得通过军队；如必须通过，要先商明胶督。今即墨民军在胶州湾百里之内，不守此约，故来责言云云。按清廷与外国立约，此等损失主权之事，已数见不鲜。条约既须履行，则民军宜与胶督商明，以便通过，始符原约。特此电复，祈查照办理。东。惟此为外交总长权限内事，因接班君电时，情形紧急，故即为办理。以后凡遇此项交涉，应概行移交外交总长核办，以符权限。特此奉闻。廷芳。东。

大总统外交总长电烟台都督饬即墨民军照约暂行退出文

烟台都督鉴：顷据驻宁德领事面称：接驻北京德使电开，即墨县由民军占据，宣布独立。查即墨县离胶澳海面潮平附近一百里内，据光绪二十四年二月中德条约第一款内载：大清国允许离胶澳海面潮平周遍一百里内，系中国里，准德国官兵随时过调；惟自主之权，仍归中国；如有中国饬令设法等事，应向德国商定；该地内应驻兵营，中国允与德国会商办理等语。是此款所订者，该处民军未尝遵照办理，请向贵部电饬该处民军，迅即照约退出等语。即希贵都督迅饬该处民军照约暂行退出，候本部与德国商定再行办理。总统孙文、外交总长王宠惠。江。

外交部电各省都督查复指抵洋债之盐税并勿挪用文

各省都督鉴：贵省所收盐税，已经指抵洋债者共有若干，请查明电复。此款万勿遽行挪用，致起外交困难问题。切盼。外交部、财政部。江。

外交部电伍总长转袁内阁照复德使彼此遵约退兵文

上海伍总长鉴：冬电悉。已分电烟台、即墨军政府照约退兵，希转复袁内阁照复德使，请其电知胶督，彼此遵约同时退兵。外交部。江。

外交部电伍总长严诘袁内阁责令速饬清军退出即墨文

上海伍总长鉴：顷接青岛电称：即墨民军已照约退出，讵清军忽又运兵五百名至城阳，进逼即墨、高密，均遭失陷等语。前袁盐二电，请转饬民军照约退出。今即墨民军已照办，袁竟违约进兵，实属有意挑衅。希即电袁严诘，责令速饬该处清军退出，以免开战端而启交涉。外交部。支。

外交部电伍总长严诘袁内阁责令速止高密清兵勿悖人道文

急。上海伍总长鉴：清兵违约进逼即墨，支日曾请电袁诘责。顷据山东民军代表刘冠三到部面称：旧历十二月十三日即墨民军已全数退往莱阳、高密，十四日午后三时有清兵二百余人进城，杀戮商民张慎斋、魏显章等十一人，并按保安会名册查究，多所株连等语。似此纵兵惨杀，大悖人道。应请速电袁内阁严诘，并责令迅即电止清兵杀戮，勿再株捕。外交部。虞。

大通军政分府电外交部外人游历请示办法文

外交部钧鉴：顷有日本人小批三三平莺松来通游历，将往皖南北各属，并无大部及领事护照。请转询日本领事，并乞迅示办法，至为盼祷。大通军政分府黎宗岳叩。

外交部电复大通军政府俟大局平定始发给外人游历护照文

大通军政府黎宗岳君鉴：电悉。请将该日人等护送就近通商口岸日本领事，并转告以现各处均有军务，未便外人游历，俟大局平定，再行发给护照。以后凡无照外人到通游历，均照此办理。外交部。微。

附录：电　　报

孙大总统鉴：顷接唐君绍仪送来梁君士诒电文如下：周黑抚（黑龙江巡抚周树模）致阁部电，谨抄阅，希告伍。文如下：顷据胪滨府张守寿增电称：十七日早八钟，俄马步炮队约八百余，蒙马步队约四百余，合围府营。当即悬旗停战，请蒙员车总管到署面商。九钟车同俄官二员到署，限十二钟交枪马，否则开炮轰击。磋商四小时之久，非交枪马不可。增等因兵力不敷，若再开战，增等一身不足惜，必至牵动外交，'不得已将枪马交蒙，下午四钟带兵出署，明晚回省等语。查呼伦骚之变，初由俄人暗助，既则显然干涉，终则帮兵合围，该府孤悬绝徼，援断兵单，势难固守。惟该府一失，沿边二十余卡伦及吉拉林议治局均不可守，呼伦道所辖全境，已成土崩之势，间接而入俄人之手。除饬李守鸿谟将俄运蒙兵攻胪等情调查明确，以为交涉地步外，应请大部设法挽回，并盼示机宜。树谟。十八日。等语云云。特为转致。廷芳。虞四。印。（上海来电）

大总统钧鉴：顷接九江朱司令汉涛暨各界电称：现在颁行新历，所有旧时节令，拟请援例实行。兹将提议条件列下：一、旧历十二月十八日立春，拟照旧著启方行政届【时】迎赛，以重诹政而昭瞑祈；一、旧历十二月三十日年节，人民习惯，拟请仍照旧行，凡民间市城燃炮悬灯一切事宜，暂不禁止；一、旧历年节，准各营队并局所停止办公三日。惟商务结算账目非一起就绪，拟请定开市日期，以昭一律等语，乞示遵行前来。查旧历立春之期已过，自无庸议，惟其余两条可否剀行，理合电请核示饬遵。赣都督马毓宝。歌。印。（赣省来电）

大总统鉴：闻精卫兄有奉委回粤为高等顾问消息，确否？筹事如麻，倘得精卫相助为理，诚大局之幸。敬乞速复并示行期。炯明。麻。（粤省来电）

南京孙大总统鉴：冯君督粤，深幸得人，乞即发委任状，促冯君兼程返粤，大局幸甚。旅沪广东同志会梁燕云、徐礼焯等叩。（上海来电）

大总统、各部总长、参议院、卫戍总督、武昌副总统、各省各都督、各总司令、各师团长、各军政分府钧鉴：吴烈士绶卿（吴禄贞），生平志行，昭昭在人耳目，此次在石家庄举事未成，遽遭不测，凡在同志，罔不痛心。烈士之老母妻子于旧历十月间，颠沛回南，旅居申浦，生计艰难，饔飧莫继，路人闻之，咸为怆怀。烈士以身殉国，而身后萧条若是，此后死者之责也。诸公于烈士为同志，睹兹茕茕老弱，流离失所，谅亦恻然难安。倘能慨沛廉泉，集微成巨，则烈士老母赡养之资，子弟就学之费，皆有所取给，不至匮乏，在天之灵已告无憾。毓筠谨竭绵力捐三百元，聊伸忱悃。如蒙捐助，即请惠交上海黄浦滩二十三号通义银行张静江先生手收，以吴世兄名义存储汇丰银行，按月生息济用，庶为周妥，不胜感祷待命之至。皖都督孙毓筠叩。虞。

社团通告

工业建设会发起趣旨

政治革命，丕焕新猷，自必首重民生，为更始之要义，尤必首重工业，为经国之宏图。夫社会经济坠落久矣，金融也交滞，机关事业也悉成荆棘。孰为为之，迁流至于此极。彼农非不生之也，而粗粝之生货，不投俗尚。商非不通之也，而舶来之精品又深欧化。是则农为前驱，而工不为之后盾。商为白战，而工不与以寸铁。工以成之之谓何，何昧昧焉而不提倡之也。不提倡工业，而适当工业的民族帝国之潮流，宜其社会经济，悉漏卮于千寻之海壑而无极矣。往者忧世之士，亦尝鼓吹工业主义，以挽救时艰，而无效也，则以专制之政毒未除，障害我工业之发达，为绝对的关系，明达者当自知之。今兹共和政体成立，喁喁望治之民，可共此运会。设我新社会以竞胜争存，而所谓产业革命者，今也其时矣。虽然，欲事建设，须萃人材，抑不有团体，亦无以厚其势力。窃观此次之自海外归效于祖国者，不乏专门之学术家，而相与讲学于国内者，自十年来遍各行省，亦颇有游艺长材。若合群策群力，企图物质的进步，于工业之前途，孰谓我国民力永靡而不振也耶？为是发起本会，嗟我同志，盍归乎来！钟衡臧宣言。

中华民国工业建设会草章

定名　本会定名曰中华民国工业建设会。

宗旨　本会以群策群力，建设工业社会，企图工业之发达为宗旨。

手续　本会进行之手续如左：

（甲）征集工业学专家，以有工业的经验及知识者相与讨论之。

（乙）启迪旧社会之工业上以种种改良之法。

（丙）合筹资金，建设适要之工业，为营业模范。

（丁）联合新旧工业为统一机关。

（戊）开宣讲会，报告东西洋曾经调查之工业状况及制法办法等，又讲述本会所讨论之学理。

（己）创本会月刊为本会之交通机关。

（庚）介绍专门人才于各工场，以随时发展本会之势力。

（辛）规画国货维持法，以保护工业于不败。

资格　本会征友之资格如左：

（甲）有普通工业学识，素为人所景仰者。

（乙）有专技术之经验者。

（丙）卒业于东西洋学校之专科者。

（丁）有理化学识可应用于工业者。

（戊）有资本家能热心提倡工业者。

（己）于工业社会有能联络之势力者。

（庚）于工业社会有调查之能力者。

（辛）能义务宣力于本会者。

集会　本会除开始之成立会，及他日之纪念会外，不常开会。凡属会友或常莅机关部，或通讯于本会月刊部，以资联络，以便讨论。如有特别建设事宜，则开临时大会提议。

职员　本会设正副会长各一人，书记、会计各一人，其他除临时推举为月刊记者外，不皆住会所，散处各地，皆有通信讨论及联络调查等责任。

证费　本会友纳入会证费一圆。

经费　本会事务所开支，除由发起人分任外，如有特别捐助者，本会推为赞成员。

事务所　上海英租界二马路抛球场第七号门牌，德律风一千七百十二号。

附则　本会章程除宗旨外，可于每次大会时改正，期臻完善。

第十三号
二月十一日星期日

目　次

令　示
大总统令江苏都督转饬南洋印刷厂职员迅办交代
陆军部通饬各军队严禁军人冶游聚赌文
陆军部电致各省都督各军政分府严禁私募军饷文
陆军部军币兑换所告示
陆军部据商会呈设立临时兑换处告示
陆军部传知各处通用浙省钞票告示

纪　事
大总统敦聘章太炎为枢密顾问书
法制局荐任职员名单
交通部荐任职员名单

号外附录

令　示

大总统令江苏都督转饬南洋印刷厂职员迅办交代

据该都督呈称：南洋印刷厂确属江苏财产，含省有之性质。今政府既需借用，自无不可，请令行该都督存案转饬遵办。并据该厂总理茅乃登及厂员公禀，以该厂自茅乃登接管后，并未领有官款，请将茅乃登接办后筹垫及积欠职员工役薪资等分别给还前来。查该厂既系江苏产业，自应由政府借用。合行令仰该都督遵照，迅即转饬该厂职员克日清算款项，整理簿籍，将全厂事务妥交本府印铸局长黄复生管理。至该厂经理茅乃登所垫之款及积欠职员工役薪资，应俟交代时，由接收职员体察情形酌量办理，固不可累及私人，亦不能滥支公帑，并将此意转饬知之。此令。

陆军部通饬各军队严禁军人冶游聚赌文

为饬禁事。照得民军起义，原欲涤除满清积弊，增进社会文明。凡属军士，宜如何淬厉精神，激发志气，共图厥成。讵在京各军队，竟有恃强闹娼聚赌酗酒，及无故荷枪结队嬉游街市，致与恶少痞徒无从辨别者，放纵卑劣，莫此为甚。前奉总统府令开：据外国《泰晤士报》详载民军此种行为，劝讽交加，极堪愧悚，饬即严行整顿等因。业由本部召集各军官开军事会议，约定改良办法，谅已特饬一体遵照矣。乃近闻闹娼聚赌之风，仍未稍从未减。推其流弊，必至人民视若虎狼，纪律任其破坏。此种行动，在满清野蛮时代，尚不如此之甚，不谓我民国义军，竟亦有甘蹈此恶习者，言之痛心，见者侧目。自此以后，惟有严密查拿，按律惩办，以肃军纪。各军官有督率之责，尤应时加训诫，严行约束。本部言出法随，决不稍纵。为此通行令知，令到，该军官即便转饬一体遵照毋违。切切！此令。二月九日。

陆军部电致各省都督各军政分府严禁私募军饷文

各省都督、各军政分府鉴：私自劝募军饷，本部前已三令五申，严禁在案。兹查仍有借筹饷为名，到处招摇撞骗者，殊属目无法纪。用特电达各省都督、各军政分府，凡各地若有此项募捐人员，应请就地一律严禁，以保民国名誉而固民心。如有违抗不遵者，务请严惩不贷，以儆效尤。是为至祷。陆军部印。

陆军部军币兑换所告示

照得兑换所之设，因军票发行流通市面，特恐资本最小之商，往往以一二元细数，难资周转。本部为体恤小商，维持市面起见，特设此所。凡尔军民人等，如持军票来所兑现洋者，以二元为限，每日自早八点钟起至下午四点钟止，在本所兑换。倘敢不遵此限制，定即严惩不贷。为此示仰阖城军民人等一体周知。其各懔遵毋违。特示。

陆军部据商会呈设立临时兑换处告示

照得本部发给各营队军用钞票，业经设立兑换所，以资换兑，并出示晓谕在案。兹据商务总会呈称：中央银行刻未开市，已暂由该会设立临时兑换处，以维持市面等因前来。查该会所设兑换处，专为维持市面而设。为此出示晓谕各军队人等，既有本部兑换所可以兑现，毋得持多票往该处换兑，致资纷扰。其各懔遵毋违。切切！此示。

陆军部传知各处通用浙省钞票告示

照得军用钞票，原为活动金融机关，若论界限留难阻滞，甚于民国共和政体相背。兹有北伐浙军带来浙省钞票通行市面，惟恐商民人等，谬持昔日锢见，交相推阻。为此出示晓谕，仰商民人等一体周知，凡遇有浙省钞票，当一律通行，勿得留难阻滞，致碍大局。切切毋违！特示。

纪　　事

大总统敦聘章太炎先生为枢密顾问书

太炎先生执事：自金轮失驭，诸夏沉沦，炎黄子姓，归于僮隶。天右厥衷，人神奋发，禹域所封，指顾奠安，实赖二三先达启牖之功。文亦得密勿以从于诸君子之后，惟日孜孜，犹多陨越，光复闳业，惧有蹉失。唯冀耆硕之士，为之匡襄，砥砺民德，纲维庶政，岂惟文一人有所椅桌，冠裳所及，实共赖之。执事目空五蕴，心殚九流，撷百家之精微，为并世之仪表，敢奉国民景仰之诚，屈为枢密顾问。庶几顽懦闻风，英彦景附，昭大业于无穷，垂型范于九有。伫盼高风，无任向往，亟惠轩车，以慰饥渴。

法制局荐任职员名单

法制局编制员	瞿方书	法制局编制员	曹昌麟
法制局编制员	刘伯昌	法制局编制员	姜廷荣
法制局秘书长	刘　健	法制局参事	毛昌杰
法制局参事	仇　鳌	法制局秘书	吴兆桓
法制局编制员	杨勉之	法制局调查员	张　周
法制局调查员	易鲲图	法制局参事	秦嵩年
法制局编制员	刘　馥	法制局调查员	李怀亮
法制局调查员	黄序鹓		

交通部荐任职员名单

兼任招商总局督办	沪军都督陈其美		
招商总局总办	陈辉廷	招商总局总办	关子明

附录：电　　报

　　广东陈都督转港澳招商局股东甘作培、邓荣基等及报界公鉴：民国政府以军需孔急，非得巨款无以解当前之困难，故有以招商局产抵借之议，仍由政府担任偿还，于招商局权利无损。乃沪局开会通过，而港澳股东反对。须知将士为民国不惜身命，商民亦同休戚。苏路、浙路俱属商业，今皆承认借押，并非强招商局独为其难。为此电告各股东勿生误解，贻粤人羞。切切！总统孙文。（南京去电）

上海伍廷芳先生鉴：转北京电悉。张勋为民军击退，所报杀使等事，殊为子虚。现查张勋、倪嗣冲均增兵增械，势欲南下。倪军尤为狡诈，屡诱攻颖上民团，惨杀无状，应请彼方严行约束，勿使徒托函电空言。至退位之事，更宜催促早定，不堪久待也。总统孙文叩。庚。（南京去电）

桂林陆荣廷都督鉴：阳电悉。尊处委曲情形，已得陈司令详述。执事有维持公安之责，秉公执法，无所容其迁避。果真有抢掠劫杀之举动，自要严惩，即系民军亦以守法与否为断，惟执事审察情形办理可也。总统孙文。佳。（南京去电）

武昌黎副总统鉴：虞电悉。禁烟事件，须俟得某国承认后始能协商。至专卖一节，非禁烟之良法。现时南洋各埠办此，实于禁烟进步有阻。盖视为一种收入，必难收净绝之效，理势然也。故即将来官卖之法，亦恐无以取信内外，而必其办到。此复。总统孙文。佳。（南京去电）

孙大总统、黄陆军长、参议院议员诸公鉴：查优待清帝条件第一款，逊位之后尊号仍存云云，貌袭文明，实伏乱源，窃不敢取。夫君主、民主国体绝不相容，总统、皇帝名称自不能两立。今总统之外，再拥皇帝，非驴非马，不独无以尊崇国体，实恐见侮外人。其危险一。清廷退位，非出于禅让之本心，而屈于民军之势力。若阳许逊位，阴行帝制，将来暗植私党，巧借外援，路易十六之祸，行将立见。其危险二。既许以外国君主之礼相待，本无干涉内政之特权。惟国交仪式，系尊重其国体，非尊重其个人。玉帛往来，仅一时之礼遇。今清廷退位，国体变更，五种民族，视为一体。君权已全体取消，帝号竟无所依据。若视为外国君主，而称帝于民国之内，则将怀抱野心，煽惑蒙藏，徐图恢复，启藩部分离之渐，坏中华统一之基。其危险三。逊位之后，领土、主权，一律转移于民国，此应然之势。若仍拥帝号，难保无尔巽、升允之徒，地据偏隅，遥奉名义，以相号召。将来内部征讨，劳民伤财，殆无宁日。其危险四。且就事实行〔言〕之，清廷一面讲和，一面备战。山陕民军，迭遭蹂躏，那桐、载泽私借外兵，将来利用保皇名义，阴行割据手段，破坏大局，贻害子孙。其危险五。顷阅总统及陆军长通电，亦知停战展期不可再允。鄙意空文辩驳，实堕虏计而懈士心。现南北军队既经联络，彼寡我众，彼曲我直，以此进战，何攻不克？惟有激励各军同时北上，人凤立当悉索敝赋，以相周旋。倘再迟延，玩寇长奸，谁尸其咎？时危事迫，敢效狂言。知我罪我，听诸公论。北面招讨使谭人凤叩。齐。印。

　　孙大总统、黄陆军总长鉴：顷接北京袁内阁洽一电云，接东督赵（赵尔巽）铣电称，民军以多兵由金州中立隙地登岸云。又奉军马统领龙潭删电称，庄河境尖山口初十午后，民军舰五艘，运下大炮十余尊、子弹炸弹多箱；民党三百余名，内有洋人三十余名，本地土匪亦皆附入。其炮位安置米家商墩、台后、玉皇庙、尖山口四处，逼向我军云。此等举动，实是败坏大局，咎有攸归。况现方续议停战，和平有望。希严切电饬该民军迅即退回，免致另生枝节，是为至要。迅复。等语。查金州等处，密迩日界，民军进行亟应审慎。倘举动稍越范围，辄生外交重要问题，决非吾人所忍出。况目下续定停战期限，和议将有端倪，似不宜过以武力相逼。乞酌核情形，立刻电饬金州等处民军，听候

尊处命令，免生枝节。至盼。廷芳语。（上海来电）

孙大总统、武昌黎副总统、南京陆军部黄总长、陆都督钧鉴：祥于五号抵长沙。当此仓卒出师，所部将士，均曾经战阵，强干耐劳。惟编制训练，多未完备，拟即进驻孝感，改编成协，补授战法，以期连合各界协力进攻，早定中原。一切作战方略，总乞随时命令为祷。桂林都督王芝祥叩。七号。（长沙来电）

孙总统鉴：敝省虽称独立，而一切用人行政，纯与本党共和宗旨反对。现已电陆都督暨议院，提议本党要求各件：一、不准沿用亡清巡防队名目及编制；二、现存五百余万公款，应开列预算表册开销，不准分文滥用；三、军政府用人，应由公民选举，以备委任；四、不准袒护官犯及汉奸；五、悉数招抚绿林，分别安置；六、除劫掠外，不得诬民军为匪；七、征集北伐军，照原案办理，赶速出发。请其明确速复，否则本党用相当手段，以促进行。事关政治革命行动，合先电告，以免误会。共和党广西支部刘崛等叩。（广西来电）

大总统、黎副总统、伍外交总长钧鉴：顷接西安张都督祸日十万火急电云：敝军败退，潼关失守，所有兵队，尽在西轵（？）与升、长二贼相持。省城空虚，四无援救，残败之局，势难支持，危亡即在目前。万望速出劲旅，由汉中星驰来援，庶能保此一线生机等语。据此，清军种种违约，请即取销和议，迅整联师，大队进发，殄灭满虏，以定大局而救危亡。敝处联合川、滇、黔之军，克日出发。特闻。蜀军都督张培爵、夏之时叩。东。（重庆来电）

中华民国大总统孙钧鉴：得闻节麾已莅江宁。此次推翻满虏，扫除腥膻，惟我大总统百折不挠之心，用能鼓舞群季，恢复汉业，树无前之伟烈，革专制为共和，薄海苍生，重睹天日。闻各省都督全体公举我大总统为中华大总统，较德论功，实与华盛顿后先媲美，钦服无已。谨肃电贺。滇西同志张文光叩。（云南来电）

中华民国孙大总统万岁。云南临时省议会。阳历正月望日。（云南来电）

大总统钧鉴：各部总次长、参议诸公、副总统、各省都督、各部总司令钧鉴：谨率全国民恭贺新禧。蔡锷。嚷（？）（云南来电）

南京大总统孙钧鉴：元赞同共和，前已联名电奏，并联名电致吴〔伍〕代表，兹复电请从速发表，以谋同胞幸福。奉复电，一俟优待条件议定，即可解决等因。昨由熊（？）派员至宿州，并备文请贵司令部派代表相与接洽，即乞电致宿州，彼此既表同情，务须和衷协商，各守信约。不胜盼祷。山东陆军司令部兼会办山东防务吴鼎元。箇。

大总统、各部总长、武昌副总统、西安张都督钧鉴：张都督号电敬悉。清兵于停战期内，侵略秦晋，轻蔑成约。张都督请联军北上，覆其巢穴，早定大计，自是切要之图。请大总统定夺施行，使西北同胞早登衽席，不胜企望之至。桂都督陆荣廷叩。廿五号。（桂林来电）

孙大总统鉴：鸦片之害，中华受害最深。鄂中现行禁种禁吸，惟禁运尚难独任。洋药不断其来源，种吸必难于禁绝。查阴历上年夏季与英国订约，除加税外，各省进口，必视人民戒除净尽为衡，是禁运必难著效。敝处拟请中央政府先与英国交涉，将洋药归我官卖。倘能办到，土药自易就理，而种吸禁令尤易见功。惟现在能否照办，亟须商酌，请电复。元洪。虞。（武昌来电）

第十四号

二月十三日星期二

目　次

法　制

卫戍总督呈报规定稽查所章程（附章程表告示及呈送执照）

令　示

陆军部总长布告禀函文件须署名以明责任文

纪　事

外交部致北京德公使止勿借款与清西文电译稿

外交部总长致驻宁日本领事任保护之责函

外交部接烟台都督准烟日领声明无反对民军之意电

号外附录

法　制

卫戍总督呈报规定稽查所章程（附章程表告示及呈送执照）

为呈报事。窃奉大总统钧令，以南京为临时中央政府所在之地，设有奸匪混迹其间，酿成危险之事，惹起军民惊恐，大局妨害决非浅鲜。前日六合北伐队司令官张承槚入城领枪械，去陆军部不远地，有人突以手枪击之，幸误中马车玻璃，人未受伤。又

闻花牌楼之军士，以食汤元中毒，死者二十余人。似此情形，是
已有奸匪源源挟炸枪毒物而来，其为祸有不可思议者。昨经参议
院咨请前来，应由卫戍总督妥订检查章程，于入城或其他紧要之
处设检查所，严加检查，以防奸匪而遏祸源。再，兵士丛集，良
莠不齐，前由贵总督严订条规，稽查约束，南京秩序较前略为恢
复。惟城内外及下关一带旅馆，原所以安寓客商，间有无知军兵
成群乱闯，使客商咸有戒心，殊非所以安民之道。亦希卫戍部多
派宪兵或设他法严禁种种不法行为，使兵民相安，秩序不乱，希
即遵照办理等因。奉此，查南京为首都重地，断不容奸宄潜滋，
扰害大局。都城内外四通八达，行旅骈喧。日前曾在中正街车站
检得炸弹一箱，既非民军所运，情实可疑。今为正本清源之计，
惟有于交通地点，着手稽查，严密布置，庶足以杜匪踪而防意
外。现拟于仪凤门、南门及宁省各车站分设稽查所，凡旅客行李
之经过者，均须检查一过，始许放行。其余各城门、水关，旅客
较稀，则责成各区卫戍司令官，督饬守城守关官兵注意稽查。所
有特设之稽查所，应设官兵，业经派定。谨拟稽查所章程并表一
通，发交该所，切实施行。除分别移行出示外，理合将所拟章程
及官兵配置表缮呈大总统察核备案。

再，下关商埠，旅馆繁多，近来驻宁军队多数出发，均必由
该处通过，难保无口角滋扰之事，容另饬宪兵暨北区卫戍兵，特
别巡查弹压，以维治安而伸军纪。为此呈复大总统鉴夺施行。须
至呈者。

　　附录章程（略）

　　附录表（略）

　　附录告示

　　南京卫戍总督徐为出示晓谕事。现奉大总统令，南京为临时
中央政府所在之地，设有奸匪混迹其间，酿成危险之事，惹起军
民惊恐，大局妨害决非浅鲜。昨经参议院咨请由卫戍总督妥定检

查章程，于入城时，或其他紧要之处设检查所，严加检查，以妨奸匪而遏祸源等因。奉此，查都城重地，门禁宜严。前此联军入城之后，仅于轮船马头及下关车站派员检查，仍不足以杜流弊。目前曾经卫戍兵于中正街车站检获炸弹一箱，足见私携军火危险物品往来实所不免，自不能不严加取缔。兹经本总督订定稽查章程，特于冲要地点设立稽查所，派定所长、所员督率兵役，认真检察，以维治安。除呈报大总统并分别移行指令外，合将稽查所章程并表通行宣布，仰军民人等一体懔遵知照毋违。切切！特示。

　　附录卫戍总督呈送出入城门执照

　　为呈送事。窃照都城重地，门禁宜严。各城门启闭时刻，早经总督规定，通饬各守城官弁切实遵行。惟各官厅局署及各军队每有要公，于夜间进出城门者，从前发给对牌，尽人可以持用，殊非慎重门禁之道。兹经总督特定一种执照，专为出入城门之凭证，临时取用，务须填载明白，交与守城官弁，核验相符，始得放行。其从前所发对牌，即收回作废，以杜弊混。兹谨检呈新执照二百张，伏祈察收，发交钧府庶务处留存备用。每用一张，并饬填明人马军械物品数目，并按十日，将存根发交总督处存查。如钧府有从前所发对牌，应恳即日掷回销毁，实为公便。为此备文呈送大总统察核施行。须至呈者。（下有通行执照样式，略）

令　示

陆军部总长布告禀函文件须署名以明责任文

　　为布告事。照得禀函文件，例须署名，以明责任。本总长莅宁以后，各处函禀，纷至沓来，内多不署姓名，假称别号，或用不著名之团体名义，披阅之下，不胜诧异。夫言论所出，即责任所归，既发而为言，又匿名以卸责，暧昧技〔伎〕俩，岂共和国民所宜出此。兹特明白布告，凡有禀函文件，务须著明姓名，其不著姓名者，概不收受批答。此布。

纪　　事

外交部致北京德公使止勿借款与清西文电译稿

近悉瑞记已允借款于清政府，此项借款实足破坏中立，民国政府不能承认。兹特申明此种态度之危险。前以此故，曾启社会对德之恶感，为民国政府所解免。若此类事端时常发见，其结果如何，吾辈亦未能担其责也。请贵公使细加斟酌。

外交部总长致驻宁日本领事任保护之责函

敬启者：烟台光复伊始，一切部署尚未就绪，恐有不法之徒，乘机扰及外人生命财产，本部已屡电该管地方官，力任保护。惟恐贵国人之在烟台者未及周知，拟请由贵领事转达驻烟领事，将鄙意宣告，务须严守中立。所有外国人生命财产，由我民国军政府担任完全保护。为此函恳，并派部员陈治安君踵谒，面商一切。耑此。敬请政安。外交总长王宠惠顿首。

外交部接烟台都督准烟日领声明无反对民军之意电

外交总长王鉴：顷日本领事向敝处外交部云，现接驻宁日领电嘱严守中立等情。窃烟台独立后，敝领事实无反对民军之处，乞为声明云云。特此据情转电，请为查照。护理都督虞叩。麻。印。

附录：电　　报

湖北黎副总统、湖南谭都督、江西马都督、安徽孙都督鉴：据盐政总理张謇电称：日来派员向淮南各盐商剀切晓谕，力任保护，令其暂照旧章先缴课厘，源源觕运，以济湘、鄂、西、皖四省民食。再四譬解，各商已承认即日开运，并先筹缴课厘银三十万两。此项收入内，除付各洋行运脚二十一万余两外，可以供陆军之支给。正在督促进行，忽西岸运商呈称：接江西电奉都督谕，每票派借三千两。同时又据鄂岸运商呈称：有鄂军政府所派梅委员在扬州设立榷运淮盐公所，照会鄂岸盐商，凡启运之先，应在该公所报明花名及盐斤数目，并由该公所缮发护照等情。又据财政部派员，以安徽某军队派员自运圩盐自卖，与沪军府所许太和公司争讧，事甫平解，商询如何贴补太和公司办法。两日以来，积案三端，关涉三省，以致商情惶惑，又生观望。元月三十日、二月一日，曾通电四省都督，将敝局规画办法，详细声明，请其力任保护，迄今未得电复，商人更滋疑虑。可否吁恳总统电属湘、鄂、西、皖四省都督，凡关于淮盐运赴各省：一、须切实保护；二、运盐暂仍旧章，免令各商认缴借款及报效银两；三、各省督销仍由敝局派委，将来所收课厘、加价、复价、杂捐等款，仍按旧章支配，其指抵洋债及赔款者，分别照向章拨交就近税务司。并将上开办法，切实电复敝局，敝局即据以宣布等语。按张总理上开办法：一以解释盐商疑虑，一以消除外人干涉。且办法既归统一，各省所得盐税源源有着，抵借亦可措词，而民食不致缺乏。若复政令歧出，使盐商裹足，各省将以求多反致见少，就大局计，固觉困难，为各省计，亦殊失算。民国成立，首在有统一能力；欲求统一，必各都督合顾大局，不分畛域，方有实效。所望各省共扶大局，不独盐政一端之幸也。即恳电复。总统孙文叩。（南京去电）

广东陈都督鉴：省会阳电挽留执事为正任都督，取消有期代理之约，海内外各界亦均挽留等语。粤为东南要地，现时秩序未复，人心未安。执事苦心经营，深洽人望，当为地方勉留。即以大局计，无论和战如何，粤亦为最有力之后援，岂可无人以资镇慑。前已屡电申明，今省会来电，亦同此意。可知谋百粤之治安，实难于求北伐之大将，现所部精锐成行，即亦无亏初志。顾桑梓以安全局，责任有在，贵能审其重轻，非独文一人之厚望也。专布即复。总统孙文。佳。（南京去电）

急。南京孙逸仙先生、黄克强先生、上海伍秩庸先生鉴：瑞昨日率兵到保，二次电奏，想有所闻。政体解决，已有端绪，善后手续，自应预筹。鄙见宣布共和之日，两方政府同时取消，临时大总统并须预行推定。至临时政府必要人员，及临时政府暂设地点，应由全体公同商定。即以退位之时，为共和临时政府成立之日，庶统治机关不致旷时，两方不致陷于无政府之危险。诸君如以为然，即请将应推之大总统及临时政府必要之人员与地点迅速电示，俾与北方军界公议，免相猜疑。现在南北军民均盼解决，望将善后纲领迅示，以便催促宣布。瑞才疏身弱，毫无希图，俟国利民福之目的达到后，当即解甲归农，借藏鸠拙。区区微忱，统希鉴原。段祺瑞。祃。（保定来电）

南京孙大总统钧鉴：陈竞存君督粤，秩序渐复，人心以安。前以其决意北伐，曾电奉介绍堪胜粤督任者四人，拟鱼日开正式选举。支日本会接冯君自由及都督府接大总统各电，知清廷退位，将有成议，北伐粤军，可遣偏师，毋庸大将亲行，力嘱本会挽留陈督，切勿改选，以乱人心。经于歌日开特别会议，全体表决，仍举陈竞存君为正任都督，取消有期代理之约，经备正式公文知会在案。海内外各界亦均挽留，请钧处再电竞存君勿萌去志，以定危乱而维大局。和议如何，并祈赐示。粤省会。阳。印。（广东来电）

急。南京大总统、武昌副总统、上海议和总代表、各省军政府、大都督军政分府、前敌各军总司令、各路招讨使、上海各报馆鉴：闻此次和议内有清帝仍居北京不去帝号、王公仍旧要爵之条。此耗传来，全粤愤激。溯我汉族，主张共和政治，以烈士殉身，壮夫舍命，逮夫武汉倡义，各省响应，糜几许之膏血，费几许之金钱，不外为购求共和，铲除帝制。今者北方各军，既允联合，共和主义，亦称赞同，自应一致进行，迫令清帝皇族退位离京，与众生平等，然后民国可得成立。若使帝号世袭，贵族仍存，姑勿论世界之大，无此共和。试问业经独立、业经流血之数十行省士民，其所以忍此颠沛流离，是岂为此虚伪之结果。近据皖省前敌军报，倪嗣冲所部尚节节进攻。一面言和，一面作战，袁氏虽狡，安能愚尽天下。倘依前举条件言和，难保彼方军队随机布置，万一不备，必遭反噬。如大局何，如汉族何。想诸公远瞩高瞻，未必能为所惑。清帝不去，猛攻莫懈。粤与幽燕虽间南北，然盈盈一水，指日可渡。行当尽遣精锐，以我岭东数万军人血肉，为真共和之代价。宁陆沈中国，决不忍见此非驴非马之国体，为天下笑也。炯明。庚。（粤省来电）

第十五号

二月十四日星期三

目　　次

令　示

大总统令陆军内务两部派员会同教育部调查员保护各处学堂及前查封充公之家屋文

大总统令财政部呈请盐政办法

陆军部陆军暂行给与令（未完）

实业部批江西矿务学生曹藩等请开办煤矿禀

实业部批王霈泽等请开办苏浙洋面商船船户保险有限公司禀

实业部批扬州邵伯镇自治团代表张鹤第等请开垦邵伯湖西岸呈

实业部批胡哲显请开垦盱眙县赵公滩禀

实业部批实业协会开办并呈钤记式样呈

纪　事

内务部呈报开办警务学校并委孙润宇为校长文

杂　报

总统府秘书处广告

号外附录

令　示

大总统令陆军内务两部派员会同教育部调查员保护各处学堂及前查封充公之家屋文

　　据教育部呈：窃南京自光复以后，凡学堂局所及充公房屋等处，恒为兵队驻扎，所有房屋、器物、书籍、仪器等，多遭焚毁搬取，损失甚巨。公家财产措办匪易，亟应加以保护。敝部前经派员分路调查各学堂所有书籍、仪器，随加封条，以免再遭损失。惟到处仍有军队驻扎，恒与调查员龃龉。至充公之房屋，内中所有精本书籍亦复不少，调查员前往亦恒为看守人所拒。敝部权力实有不及。为此呈请大总统令下陆军部、内务部各派人员，会同敝部调查员前往办理，庶几公家保存一分财产，即社会多培一分元气。为此呈请大总统即日令行，毋任盼切等情前来。合就令行该部速派妥员，会同教育部调查员及内务、陆军部所派人员，前往各处学堂及前查封充公之家屋内，妥慎照料保护，毋任毁坏散失，以重文教而保公产。此令。

大总统令财政部呈请盐政办法文

据该部呈称：淮南盐课甲于各省，去岁两淮歉收，借运芦盐存于沪栈及十二圩者计十五万引。自引岸梗阻，运商观望，悬欠水脚为数甚巨，以至盐为洋商扣抵，各岸缺盐，民困淡食，盐课久亏，饷源日绌。沪军派员沈翔云设立公司名目，皖军派员陈策亦欲本省自办，数月以来，相持未决。按此争议，起于筹饷，不止关乎盐政，是调停之法，只有归于中央办理，由本部暂为筹运，将该项盐歉悉充军实，所缴课税总收分解，存储中国银行等由前来。查现在盐政办法尚未得宜，而旷日持久，又碍饷源，应准暂由财政部从权办理，以裕军资而免纷歧。此令。

陆军部陆军暂行给与令

第一章　总则

第一条　凡陆军军人及军属人员一律按章发给俸饷等项。

第二条　凡本章所定名称区分于左：

一军队　指宪、步、骑、炮、工、辎重各队而言。

二部局　指陆军部、参谋部及他项陆军各种机关、陆军学校并各局而言。

三军人　指各官佐士兵及各陆军学生而言。

四军属　指陆军官衙学校、各种机关内所属文官夫役而言。

五寄宿者　指在军队、部局、学校内寄宿者。

第二章　俸饷

第三条　凡俸饷分为三种：

一俸银　发给司务长以上各官佐。　　　．

二饷银　发给上士以下各士兵夫役。

三津贴　发给陆军各学生。

第四条　凡平时司务长以上各官佐俸银均按第一表分别发给。

第五条　凡平时上士以下各士兵、夫役饷银，均按第二表分别发给；各陆军学生津贴，均按第三表发给。

第六条　凡官佐、士兵、学生及军属人员，如有因公旅行者，除公给车费、船费外，每员按第四五表发给旅费（但已发给半票或免票者，其车费、船费宜临时核实扣除）。

第七条　凡官佐、士兵及军属人员有兼差者，不准兼俸，惟择其俸饷之优者发给。

第八条　凡官佐、士兵、学生及军属人员之俸饷津贴，均按日数计算，每月分三期，十日、二十日、末日发给；若届日适逢星期日，则提前一日发给；如有免官、免役与死亡及他事故，即于其事故发生之日停止。

第九条　凡官佐、士兵、学生及军属人员，如因违犯刑罚已治罪者，或休职者，当即停止俸饷津贴。

第十条　凡官佐、士兵、学生及军属人员，如因特别勤务有应加俸饷者，另行规定，但不得过原俸饷三分之一。

第十一条　凡新兵未满六个月教育者，均发给二等兵饷银。

第十二条　凡出征官佐、士兵之俸饷，均按第一、第二两表增给。

第十三条　凡将行休职、停职与将退为预备役、后备役之人员，而事务在交代中者，仍按原有俸饷发给。

第十四条　凡预备役、后备役之军人及补充兵当召集中，仍按现役俸饷发给。

第十五条　凡新任与增俸减俸者之俸饷，悉由发令之翌日起计算，而预备役、后备役、退役、免官、免役者之俸饷，则至发令之当日止计算。

第十六条　凡召集者之俸饷，由编入部队之日至解散之日计算。

第十七条　凡死亡者之俸饷，以其当日止计算。

第十八条　凡官佐、士兵、学生或请假逾期不归，或因病旷职，或擅离职守，或擅赴他方，或生死不明，均当酌量分别减其俸饷，或全行停止。

第十九条　凡在拘禁留置中官佐俸银，则减半额，士兵饷银则减三分之一。

附则

一、凡各工匠长饷银，均按军士等级发给。

二、凡各工匠饷银，均按兵饷发给。

三、凡各护兵、马弁、夫役饷银，均按第二表备考二、三条发给。

第三章　粮食

第二十条　凡粮食官佐均归自备，士兵概由公给（照第六表定额）。

第二十一条　凡军队及医院之粮食，在营内居住之军士以下，当按现有人员给以定额。

第二十二条　凡在拘禁留置惩罚中人员，仍给与粮食，其定额则按第六表减五分之一。

第二十三条　凡在监狱者之粮食，当按现有人数给与，一切经理悉委任该监狱长办理，其定额按第六表减五分之一。

第二十四条　凡属委任经理之米粮、炊爨经费，以概算之数给与，各部队每月末日，按照实效决算，呈由直接长官报部核销。

第二十五条　凡左列之未食数，仍以实食数算入之。

一、休假中归省外宿及受许可外出者。

二、随从兵寄宿于官佐家宅者。

三、炊爨业已准备而未食者。

第四章　被服

第二十六条　凡在外居住之司务长以上之被服，均由自备

（但由司务长或学习官初升右军校者，由公发给服装费八十元）。

第二十七条　凡营内居住之上士以下及召集中之预备役、后备役上士以下士兵等，均按第八表所列之被服发给，或暂时借用。

第二十八条　凡军队与病院应预备第九表所列之被服。

第二十九条　凡上士以下之普通被服，宜按现在人数多寡发交该部队分配，预备被服则按定额多寡发交该部队保存。

第三十条　凡军人、军属可按地方气候，发给（或借用）特别被服。

第三十一条　凡第八表所列被服，或制成发给，或将原料发给，应由临时酌量办理。

第五章　马匹

第三十二条　凡初等官佐以上之应乘马者，其乘马均由公备，但由初等官升中等官时，由公发给马具费五十元，其余一切补充经费，概归各官佐自备。

第三十三条　凡军队、学校所有马匹，皆按定数发给，购买、饲养、装蹄、剔毛、保存等项经费，其定额参照第七表与第十表。

第三十四条　凡军队、学校马匹，其装蹄、剔毛等器械，初次发给现品，以后器械之保存款项，应由装蹄、剔毛款项内开支。

第三十五条　凡装蹄每月一次，剔毛每年二次，皆按期发给现金（参照第一表）。

第六章　杂则

第三十六条　凡各部各队之官佐及军士兵死亡时，当给埋葬费，其定额按第十一表发给。若有该亲族情愿将尸体领去者，则此费即交该亲族具凭支领。

第三十七条　凡医药费在上士以下，因公伤病者，悉由陆军医院疗养，概不发给。在官佐军属因公伤病，有不入陆军医院者，可按第十二表发给。

第三十八条　凡属委任经理部队，各给与上之余款，与废物卖出款、赔偿款，以及各款之利息，皆积为储蓄金，悉遵照储蓄金保管法报销时，实报实销。

第三十九条　凡转职、休职、停职人员，其俸饷及一切应发款项由甲处发给时，应将其职官姓名及发给月日及数目等通报于乙处。

第四十条　凡一切银钱给与当于原任地发给本人；如本人派往他处时，可依本人之请愿于其旅行前发给本人，或交于本人所指定之受领人亦可。

第四十一条　凡俸饷与一切给与款项，均以银元计算；若发给数目上生出厘以下之零数，皆扣除归入储蓄款项内。

第四十二条　凡计算日数，每月均以三十日计算。

第四十三条　凡簿表计算上若生出零分、零厘未满一位之数，则依五舍六入法计算。

第四十四条　凡军师旅司令部暨团营本部所有一切器具、图书、纸笔、墨砚、茶、油、煤炭等项，均按第十三表分别发给公费。（未完）

实业部批江西矿务学生曹藩等请开办煤矿禀

据禀江西余干县乌港地方煤矿甚旺，停闭可惜，该生等拟重行开办。若所陈各情属实，自应由该学生等续办。仰候咨请江西都督查明转饬遵照办理。该生等即回省自向都督府具禀候示可也。

实业部批王霈泽等请开办苏浙洋面商船船户保险有限公司禀

奉总统令，发浙江杭州光复分社执事员王霈泽等禀及章程各一件。查阅该员等所呈各节，热心缉捕，保护商渔，洵堪嘉许。但保卫地方，自系地方官应有之责，该员等有无侵越权限之处，仰即呈请苏浙军政府查实核办。所请注册给发钤记事，尚未具有公司成立资格，碍难允准。除呈报总统外，合行批示，著即遵照。

实业部批扬州邵伯镇自治团代表张鹤第等请开垦邵伯湖西岸呈

据禀邵伯湖西岸，地土久荒，该代表等不忍弃利于地，筹办垦殖，诚不可缓。惟该岸共有地积若干，应计亩绘图，先行呈部，以便饬交扬州民政长确查。仰该代表等迅即遵照，并妥立招股章程办法一同呈部。此批。

实业部批胡哲显请开垦盱眙县赵公滩禀

禀悉。该生志兴实业，洵属可嘉。惟所陈赵公滩地方，究有地积若干，应计亩绘图，先行呈部；且所有芦苇是否确系无主经管，须经地方民政长查明回复。仰该生即将地积绘图贴说禀呈，以便本部备文行知该处民政长，详行查明禀复，酌核存案允许可也。此批。

实业部批实业协会开办并呈钤记式样呈

呈悉。振兴实业，洵为富国裕民之计，本部成立伊始，正亟筹进行方法。苟得国民协助，共筹进步，实业前途，实利赖之。该发起人所创实业协会，愿宏意美，望此后不分畛域，合集通才，切实研究，妥定条目，节节进行。所呈钤记式样亦合，刻就后，迅速呈阅，本部即予立案可也。

纪　　事

内务部呈报开办警务学校并委孙润宇为校长文

内务总长程德全为呈报事。窃维保民卫国，警务实为行政之枢机，选贤任能，学校尤为储才之渊薮。查南京现为首善之区，一应警察事宜，必先切实改良，方足为各省所表率。惟本部成立伊始，经费困难，凡属布施，似宜力求撙节。爰将原有之江南高等巡警学堂改为内务部警务学校，先招教练所学警二百四十人，分科教授，为急则治标之计。至正班学生，一俟筹有的款，再行招考教养，以副大总统谋进人民幸福之本意。并即委任本部警务局长孙润宇兼任警务学校校长，以期迅速举办，庶于公私两有裨益。所有开办警务学校缘由，理应具文呈请鉴核施行。须至呈者。

杂　　报

总统府秘书处广告

现于本府东西栅门外设立揭示处，凡来本府投递呈件者，分别事项，量予批答，揭示该处，以三日为限，过期揭去。嗣后凡来本府投递呈件人等，希一体知照。总统府秘书处白。

附录：电　　报

万急。南京孙大总统、参议院、各部总长、武昌黎副总统同鉴：共和为最良国体，世界之公认，今由弊政一跃而跻及之，实诸公累年之心血，亦民国无穷之幸福。大清皇帝既明诏辞位，业经世凯署名，则宣布之日，为帝政之终局，即民国之始基，从此努力进行，务令达到圆满地位，永不使君主政体再行于中国。现在统一组织至重且繁，世凯极愿南行，畅聆大教，共谋进行之法；只因北方秩序不易维持，军旅如林，须加部署，而东北人心未尽一致，稍有动摇，牵涉各国。诸君洞察时局，必能谅此苦衷。至共和建设重要问题，诸君研有素，成算在胸，应如何协商，组织统一治法，尚希迅即见教。世凯。真。

上海唐少川、伍秩庸、南京孙大总统、黎副总统、各部总长、参议院鉴：本日上谕：朕钦奉隆裕皇太后懿旨：前因民军起事，各省响应，九夏沸腾，生民涂炭，特命袁世凯遣员与民军代表讨论大局，议开国会，公决政体，两月以来，尚无确当办法。南北暌隔，彼此相持，商辍于途，士露于野。徒以国体一日不决，致民生一日不安。今全国人民心理多倾向共和，南中各省既倡议于前，北方诸将亦主张于后，人心所向，天命可知。予亦何忍因一姓之尊荣，拂兆人之好恶。是用外观大势，内审舆情，特率皇帝将统一治权公诸全国，定为共和立宪国体，近慰海内厌乱望治之心，远协古圣天下为公之义。袁世凯前经资政院选举为总理大臣，当兹新旧代谢之时际，定有南北统一之方，即由袁世凯以全权组织临时共和政府，与民军协商统一办法。总期人民安堵，海宇乂安，仍合汉、满、蒙、回、藏五族完全领土，为一大中华民国。予与皇帝得以退处宽闲，优游岁月，长受国民之优礼，亲见郅治之告成，岂不懿欤！钦此。宣统三年十二月二十五日，盖用御宝，内阁总理大臣署名。谨达。袁世凯。真。

万急。北京袁慰亭先生鉴：电悉。文以菲才，辱膺国民推戴，受任以来，拮据张皇，力不副愿，尝恐复觫贻羞，负国民委托之重。自惭受任无状，日夜希冀推贤让能，苟得如公者，举而自代，其缔造国民幸福，当非意料所能预揣。文即引躬，退在草野，为一共和国民，于愿已非常满足。无如时势未来，形格势禁，致公未得即遂共和进行之愿，文实尸位至今。幸清帝逊位，民国确立，维持北方各部统一，此实惟公一人是赖。语云英雄造时势，盖谓是也。文徒何功，过蒙奖誉，曷胜愧汗。新旧交替，万机待举，遗大投艰，非公莫办。谨虚左位，以俟明哲，曷胜伫

立翘望之至。孙文。元。（南京去电）

万急。北京姜军门桂题、段军帅芝泉、冯统制国璋均鉴：读报载公等致北军各路统兵官删电，不胜骇异。同是中国人，有何南北之分。即以南北军论，目今南军中北人极多，南人悉推诚相待，毫无疑忌。矧南北军人，现正联合一致，赞同共和，函电交驰，欢言无间，同袍握手，遐迩咸钦。何谓南北军界，由分而合，感情未必尽洽耶。至于强权武力云云，此乃各国政治家对外之辞，绝未含有对内性质，公等明达，胡竟误会，殊不可解。至谓武力之最健全在北方军队一节，目下南北携手，不忍以同种相残，诚不知谁健谁弱。然兴等愚见，以为能驱除异族，战胜敌国，乃可谓武力之健。若为虎作伥，自残同种，如昔日湘淮诸军之所为，则虽战必胜，攻必取，仍不可称为武力之健。欧美伟人评论具在，非兴等一二人之私言也。要之，今日之事，总以巩固中华共和为前提，而一切强生界限，植党营私，亡国之为，皆当一扫刮绝，以成我五大种族建设大共和国之盛业，方足以餍世界列国之望，而奠汉、满、蒙、回、藏群生之安。若如尊电所云，则不惟于南北军人联合进行横生障碍，且于中华共和大局，显启纷歧破坏之渐，窃为公等不取也。事关大局，不容缄默，区区此心，统希亮察。南北军人联合会黄兴、蒋作宾、钮永建、柏文蔚、杜淮川、姚雨平、刘毅、陈晋、李书城、耿觐文、仇亮、沈郁文、覃师范、史久光、黄承恩、黄恺元同叩。尤。（南京去电）

孙大总统、伍代表、各光复省都督、各省会北伐各军司令均鉴：接上海同乡张之杰缓电称：议和代表所订条件，内有清廷仍居北京，不去帝号，王公袭爵，禁卫军饷项如旧等语，不审确否？如确实，为不伦不类之共和国，必至贻笑万国，贻害将来。

本省会集议全体表决，绝端反对，无一可从，公恳总统府及代表从速改订，否则仍以兵力解决。并请各都督议会联电力争，以维大局而杜后患。粤省会叩。庚。印。（广东来电）

　　大总统鉴：近间两奉黎副总统电，内开：倪、张两军均已赞成共和，极力维持，各派员与南军接洽等因。南北军界，趋向渐臻一致，民国前途，曷胜庆幸。昨日张勋由徐州派人来宿州军次，函称，业已派员与我军妥商办法，祈即指定会议地点。当由驻宿粤军、浙军、镇军各司令长共同酌定，拟以距宿州北三十里之符离集为两军代表会议之地，联络南北军之感情，协商赞成共和实行之动作，订定共同进行条件，俾于大局早日解决，业经以此意函告，并先电知。惟张勋怀抱宗旨，不知是否实心，决定会议办法，有无结果，皆不可知。各界现惟协同显认，尊崇人道，不能不推诚相待，俟得复后，再当电闻。再，倪军方面，应由开往颍城各军自行协议接洽，合并声明。粤军司令官姚雨平、浙江司令官朱瑞、镇军旅团长郑为成叩。二十二。（南宿州来电）

　　孙逸仙先生、上海伍秩庸先生、黄克强先生鉴：北军主张共和，举兵北上，原以谋国民之幸福，免各方之糜烂。瑞派代表与黎君宋卿提议，得有黎君照会，双方均保恒状，以待解决。乃顷得信阳来电云：本月十九夜三点钟，南军困罗山县城，焚掠县衙，释放县狱。而徐州张君少轩（张勋）来电云：南军连日攻击，进逼徐州。似此破坏平和，涂炭生灵，恐非执事为国利民福之初心。即希实行禁止，以维大局。祺瑞。祃。（保定来电）

　　大总统鉴：受之由星回粤，拟编华侨义勇队一标，赴南京供

驱策。请电粤督给地编练，俾得异日北上。华侨杜受之叩。（广东来电）

都督黎鉴：大统领举定孙中山先生，敝省极表同情，敬发电致贺。并祈以此情代达孙先生。尹昌衡、罗纶叩。晞。（成都来电）

大总统孙钧鉴：奉云南军都督漾电，改用阳历，遵即出示札行，并于咸日率领所属弁兵，悬张国旗，鸣炮，同声恭祝大中华民国万岁，大总统万岁。补祝新年，敬叩年禧。云南普洱镇马溯仲阳历□号叩。漉。（普洱来电）

孙大总统钧鉴：阅报欣闻举先生为大总统，谨先电贺。余函详。同盟会员冯一鳍民叩。（南洋来电）

大总统、参议院鉴：和议条件，沪各团体多反对，组成本会，公举代表江亢虎、夏重民、李怀霜访问伍代表，未得要领。订文日大会取决，意赴宁要求修改，期不悖共和本旨。谨预闻。沪和议纠正会全体叩。（上海来电）

第十六号

二月十五日星期四

目　次

令　示

大总统令财政部准派交通部汤总长充南洋劝募公债总理并刊发关防

陆军部陆军暂行给与令表（续）

教育部批民立女中学堂创办人苏本农等请拨款补助禀（略）

教育部批前两江师范学堂附属小学教职员卓璋等请开学并委任校长呈（略）

教育部批前两江师范学堂毕业生臧祜等请维持两江师范学堂并委任校长呈（略）

实业部批张福保等请造海清铁路便于运盐呈

实业部批刘金阶胡大华请开办工作四厂禀

实业部批王潜性请设保卫实业协会呈

实业部批高捷胡傿清请清理屯田缴价禀

纪　事

陆军部致湘桂都督取销湘桂联军总司令并将原有军队编为一师电

杂　报

总统府收发处通告（略）

号外附录

令　　示

大总统令财政部准派交通部汤总长充南洋劝募公债总理并刊发关防

据财政部总长陈锦涛呈称：现据交通部汤总长来言，自愿前赴南洋经理募集公债。汤总长鸿才硕望，久为中外钦仰，诚堪胜此重任，并拟恳钧府即令汤总长充南洋劝募公债总理之职，并刊发关防一颗，以资信守。汤总长拟赶旧历年内出发，关防务乞刊就，样式并宜稍小，俾便携带等情前来。查该部所称各节，自属为劝募得人起见，相应准如所请。除饬印铸局从速赶铸关防一方，俾便带同前往启用视事外，合行令仰该部知照可也。此令。

关防文　南洋劝募公债总理之关防

实业部批张福保等请造海清铁路便于运盐呈

呈悉。造路与运盐关系密切，诚如所陈。惟路政归交通部管辖，业经禀呈，仰候交通部批示可也。此批。

实业部批刘金阶胡大华请开办工作四厂禀

所陈开办缝工、皮工、铁工、鞋工四厂，皆当务之急。惟须自筹资本，择地开办，所请发给公款之处，可勿庸议。

实业部批王潜性请设保卫实业协会呈

呈悉。以独力创保卫实业协会，愿力诚宏。惟细核所陈各条，似与实业协会性质办法未尽相合。至招零星股本，欲创实业公司，必先有股实商家认定巨股，方能再招外股。照所陈办法，条理未清，着须从长计划可也。此批。

实业部批高捷胡儁清请清理屯田缴价禀

据禀屯田缴价，借充军用，足见留心政务，各具热忱。惟此项官田，前清于漕运改折时，曾经奏请并卫于县，议定章程，令屯卫各丁照章缴价，通行各省遵办。各该州县奉行后，有已收者，有收及半者，有全未收者。其未收之处，究因何故，此等要政，非通饬各州县查明从前办法，及嵌坐（？）州县境内之户口册档并收解簿据，未便轻易举办。凡连年荒歉，钱粮尚多延缓，此等大宗田价收缴有何把握，事关清理屯田，系财政部专责，既经径禀，仰候批示祗遵可也。此批。

陆军部陆军暂行给与令表 （续）

第一表　官佐俸

区分 ＼ 官名	上等官佐			中等官佐			初等官佐			额外官佐
	大将军	左将军	右将军	大都尉	左都尉	右都尉	大军校	左军校	右军校	司务长
月俸	七百元	五百五十元	四百元	三百元	二百二十元	一百六十元	八十元	五十元	四十元	三十元

备考
一、出征各官佐均按本表发给。 一、留守各官佐均按本表发给七成现金，三成公债票。 一、在部局与学校各官佐，现时因款支绌，暂行减少，按附表发给。 一、军队中暂用之一、二、三等书记，按照左右校及司务长分别发给。 一、本表定额，可以陆军部临时命令增减。

附表　各部局学校官佐俸

区分 ＼ 官名		上等官佐			中等官佐			初等官佐		
		大将军	左将军	右将军	大都尉	左都尉	右都尉	大军校	左军校	右军校
		总长	次长	局长	科长	一等科员	二等科员	三等科员	一等额外	二等额外
月俸	现金	一百六十元	一百四十元	一百二十元	一百元	八十元	六十元	四十元	三十元	二十元
	公债	七十元	六十元	五十元	四十元	三十元	二十元	十元		

备考
一、各省部局学校官均参照此表发给。 一、凡任学堂武学教官者，每月酌量加给。 一、凡各部局学校内司书人员按两等发给，一等十八元，二等十四元。 一、凡各部局学校有参议顾问等官，均按等级照附表发给。

第二表　士兵饷

区分＼职名	军士			兵		
	上士	中士	下士	上等兵	一等兵	二等兵及输送兵
月饷	七元	六元	五元	四元五角	四元	三元五角
备考	一、出征各士兵每人每月加饷银三元。 一、夫役每月给饷银三元。 一、护兵马弁可按兵之饷额分别发给。 一、上士以下火食均按第六表发给，不在月饷中扣除。 一、本表定额可以陆军部临时命令增减。					

第三表　各学生津贴

区分＼职名	陆军学生官	陆军入伍生
月额	以上士为准	以上等兵为准
备考	一、陆军军官、军需、军医、各海军专门学堂津贴，均以上等兵饷额为准。 一、陆军中小各学堂学生津贴，均以二等兵饷额为准。	

第四表　官佐旅费

区分＼官名	上等官佐	中等官佐	初等官佐	额外官佐
日给	四元	三元	二元	一元
备考	按此表所定专为各官佐日用饮食经费，至火车、轮船经费，上等各官佐按头等坐位发给，中初等各官佐按二等坐位发给。如在交通不便利地方，难以道里远近与坐位等级计者，即以概算数发给，或实报实销。			

第五表　士兵学生旅费

职名　　区分	军士（学习官同）	兵（入伍生同）
日　给	五　角	四　角
备　考		按此表所定专为士兵日用饮食经费，至火车、轮船经费，军士、兵均按三等坐位发给，如在交通不便利地方，难以道里远近与坐位等级计者，同第四表。

第六表　人　粮

	区　分	基　本　定　量	
		品　种	一人一日量
平时人粮	饭类	大　米	二十一两
	菜类	肉鱼类　　内一种	三　两
		生干菜　　内一种	一　斤六　两
	加味品	食盐酱油等类	三　钱
携带人粮	熟　饭饼　干饭	内一种	十六两十八两十二两
	罐头肉类或他项荤菜咸　　　菜		四　两一　两
加　料	烟酒与各点心		
注　意	一、每人一日米菜代价，暂以银元一角为标准。一、本表之外，凡薪炭代价以实价计算。		
备　考	一、代用品种与输送中之减量临时酌定。一、鱼肉类若不每日食用，可积为星期三与星期六食用。		

第七表　马　粮

平时马粮	区　分	基　本　定　量		
		品　　　种		一马一日量
	谷类	大　麦		四　斤
		麸　子		三　斤
	草类	谷草（粟草）稻草	内一种	十二斤
携带马粮	谷类	大　麦		四　斤
		麸　子		三　斤
备　考	一、大麦代用品用豆类时，不得过定量三分之二，用粟与高粱时可与大麦同量。 二、每马每日饲料代价暂以二角为限。 三、凡特别状况须预备饮水时，每匹一日之量，以一斗为标准。 四、马匹输送中（铁道船舶）可减少本表定量六分之一。 五、对于食欲不强之马匹可加给食盐。			

第八表　各兵服装概数

呢军帽　帽章在内		一	半长靴	炮兵　一
呢军衣裤	领肩章在内	一	毛　毯	二
呢外套　风帽在内		一	背　包　步工兵全部炮兵半数	一
卫生衣		一	水　筒	一
衬　衣		二	饭　盒	一
袜　子		三	被服修理具	一
呢裹腿	工步兵	一	军用手簿	一
手　套		一	杂　囊	一
长　靴　马刺在内	马辎兵	一	携带天幕	一
短　靴		一		
备　考	一、绒衣保存期间，以地方气候寒暖为标准，或四年或三年或二年半，容后查明规定。 一、每兵初次服装费暂以步兵为标准，约共计一人需费四十五元，其余各兵种之初次服装费，宜按此表酌量增减。 一、本表所列军衣暂以冬服为标准，夏服容后酌定。			

第九表　军队医院预备被服

品　　名	数　　目	品　　名	数　　目
棉　衣	一	棉　褥	一
衬　衣	一	夹　衣	一
白褥单	一	枕　头	一
枕头布	一	棉被（或毛毡）	一
备　考	一、此表分上下两栏，列入军队医院，均宜按照所列全数准备。		

第十表　马匹诸费定额

购马费	匹	六十元
马具费	每人	五十元
保存费	每年	十五元
装蹄费	每月	五　角
剔毛费	每年	一　元
备　考	一、剔毛时期，当因各处气候而殊，容后酌定。	

第十一表　埋葬费

区　　分	金　额	区　　分	金　额
上等官佐	八十元	中等官佐	六十元
初等官佐	四十元	额外官佐	三十五元
军士、学生	三十元	兵	二十元
备　考			

第十二表　医药费

区　分	日　额	区　分	日　额
上等官佐	三元	中等官佐	二元
初等官佐	一元	额外官佐	八角
军　属	五角		
备　考	按军人军属因公伤病者，原宜一体入陆军医院，但因事实上有不能尽数由陆军医院疗养者，则按本表发给。		

第十三表　公费

区　分　＼　队　号	军司令部	师司令部	旅司令部	团本部	营本部
月　额	四百元	三百元	一百元	一百元	一百元
备　考	一、各连公费皆归营本部支出，马队则由团本部支出，每月归营本部或团本部报销。 一、以上各公费系办公购买消耗品及一切杂项使用，其款由各部军需官经理。 一、各处公费每月一日发给，末日决算呈送军或师司令部，转报陆军部，据实核销。 一、各部局学校之公费，由各处预算内规定数目，按月报部，据实核销。 一、各公费每月若有赢余时，即存储该司令部及该本部，一俟年终即报部缴销。				

纪　　事

陆军部致湘桂都督取销湘桂联军总司令并将原有军队编为一师电

长沙谭、桂林陆都督鉴：湘桂联军总司令，刻由沈幼岚（沈秉堃）先生提议取消。兹拟就袁华选、赵恒惕、程子楷、陈裕时四君原有之军队编为一师，隶属于中央政府。诸君志同道合，必能联为一气，练成劲旅。除电知湘桂都督外，用特奉闻。如荷赞同，祈速电复为盼。黄兴叩。蒸。

附录：电　　报

南北各省都督、各军司令、天津民意报李石贞、天津及全国各报馆均鉴：现在清帝业已退位，民国统一，兹定于本月十五日举行民国统一大庆典。孙文。元。（南京去电）

南京大总统、陆军部长、武昌副总统钧鉴：顷接西安俭电，文曰：襄阳军政分府转鄂黎、黄二元帅：憨虞军冒雪血战二日夜，幸告克复。豫西侠士王天纵、柴云昇、赵长荣等各以千人来归。军威方张，而停战期满，我是以有灵宝之役，房卒败衄，奔窜至百余里。陕州克复，我军进攻渑池。而复订停战限期之电至，乃通牒敌人，期如约休养兵士。不意房军多诈，阳允停战而乘退军之际，昏夜来袭，遂致蹉跌。房廷以为可乘，且闻我西事方急也，乃调第六镇一协、毅军六营，全力来犯。阳历二十日，兵逼潼关，我军力战竟日，死伤枕藉，卒以兵单械少，潼关遂再失陷。我军火器锐锋难遏（此句疑有脱误），乃以省垣援师防堵华军，南屯商雒，与为【犄】角。南和北战，蘷人狡谋，已陷我三招，今又及秦川矣。时不可失，寇不可长。祈决计北伐，无再犹豫。再，钫军拟出荆紫关，与襄军夹易据终，以通秦木〔东〕之路，一以扑动清军之驻步胜及潼关者。惟枪械不给，望速设法接济。秦陇豫东征都督张凤翙叩。又文曰：军政分府转鄂军都督黎钧鉴：别久思深，闻任内阁总理，贺贺。陕省潼关失守，省城危在旦夕，望速拨队救援，并望火速接济枪械，是所哀祷。乞速复。秦北路统带任廷琇叩。祃。印。各等因。查潼关失守后，警电纷来，陕省危在旦夕，系属实情。现季招讨（季雨霖）与张司令已准备分道

出师，进攻宛邓，以资燃急。仁菼（黄仁菼）应召东下，日内启行。余容面陈。仁菼叩。冬。（襄阳来电）

孙总统鉴：鱼电敬悉。共和底定，万象欢忭。复蒙电留陈督镇粤，尤为感佩。敝会暨各社团等，均经一志坚留陈理粤，亦承俯允，人心赖安。特闻。粤商维持公安会、总商会、七十二行九善堂等同叩。齐。（广东来电）

南京孙大总统、外交部鉴：上海华洋诉讼，与审判厅商定，华人居住租界者，凭审判厅出票，送领事签名，会捕房协提。居华界者，凭会审公堂出票，送本使签字，会审吏协提，照准。法领事认为向章照办，而公共租界领袖领事谓照向章，凡华人在租界，必向会审公堂控告。事出两歧，商会中人颇不谓然。租界公廨委员，未经民国委任，听其专办，主权所关甚重。应否不允签字，以为抵制，事关交涉，合应请示维持。详情备在前昨函电，务祈迅即酌示。除分别照会沪商会、民政长、审判厅议复外（此处似有脱漏）。温宗尧。蒸。（上海来电）

南京大总统钧鉴：江北民政总长一席，事务繁剧，非有专员不足以资整理。现宿迁方面军事吃紧，雁行势难兼顾，应请迅速派员接充，或仍由地方公举，不胜迫切待命之至。江北雁行。蒸。印。（清江浦来电）

孙大总统钧鉴：虞电敬悉。本月二号奉苏都督财政司来文饬提姚荣泽，随即派员乘水师炮艇将姚解苏，并请咨明沪都督矣。请饬苏都督转行解沪。案在宿阳，证据卷宗通部无从检送。谨复。南通总司令张察叩。虞。（南通来电）

大总统、各部总次长、各省参议员鉴：本会于二月开成立会，推举汪精卫为正会长，吴世荣为副会长。华侨联合会叩。阳。（华侨来电）

大总统孙、陆军部黄均鉴：敝处现派邓继恩为驻宁代表，如有重要事件，希即就近谕饬该员，以期迅速而免贻误。谨此禀闻。江北都督蒋雁行叩。齐。（清江浦来电）

南京孙大总统鉴：江日因催请参议院议员王正廷仍返鄂担任外交部长一节，午经电达。现鄂省外交需人甚急，仍请就近促该员刻即来鄂为盼。至所遗议员一缺，已电请浙都督补选接充矣。元洪。庚。（武昌来电）

第十七号
二月二十日星期二

目　　次

令　示

临时大总统咨参议院辞职文

临时大总统咨参议院推荐袁世凯文

内务部奉大总统令凡谒陵时被践损伤田苗准照数赔给示文

交通部令南京邮务司通饬所属将匾额邮袋纸张改换民国字样

内务部批绅士梁尚忠等为保护人民财产令有疑问之处恳请指示呈

纪　事

大总统谒陵文

内务部请速颁文官试验令呈

法制局副长汤化龙辞职呈

杂　报

财政部通告（略）

号外附录

令　　示

临时大总统咨参议院辞职文

前后和议情形，并昨日伍代表得北京一电，本处又接北京一电，又接唐绍仪电，均经咨明贵院在案。本总统以为，我国民之志，在建设共和，倾覆专制。义师大起，全国景从。清帝鉴于大势，知保全君位必然无效，遂有退位之议。今既宣布退位，赞成共和，承认中华民国，从此帝制永不留存于中国之内，民国目的亦已达到。当缔造民国之始，本总统被选为公仆，宣言、誓书，实以倾覆专制，巩固民国，图谋民生幸福为任。誓至专制政府既倒，国内无变乱，民国卓立于世界，为列邦公认，本总统即行解职。现在清帝退位，专制已除，南北一心，更无变乱，民国为各国承认且夕可期。本总统当践誓言，辞职引退。为此咨告贵院，应代表国民之公意，速举贤能，来南京接事，以便解职。附办法条件如左：

一、临时政府地点设于南京，为各省代表所议定，不能更改。

一、辞职后，俟参议院举定新总统亲到南京受任之时，大总统及国务各员乃行辞职。

一、临时政府约法为参议院所制定，新总统必须遵守颁布之一切法制章程。此咨。

临时大总统咨参议院推荐袁世凯文

今日本总统提出辞职，要求改选贤能。选举之事，原国民公权，本总统实无容喙之地。惟前使伍代表电，北京有约以清帝实行退位，袁世凯君宣布政见赞成共和，即当推让，提议于贵院，亦表同情。此次清帝逊位，南北统一，袁君之力实多；发表政见，更为绝对赞同；举为公仆，必能尽忠民国。且袁君富于经验，民国统一，赖有建设之才，故敢以私见贡荐于贵院。请为民国前途熟计，无失当选之人。大局幸甚！此咨。

内务部奉大总统令凡谒陵时被践损伤田苗准照数赔给示文

内务部示：昨奉大总统令，凡为谒孝陵时，被车马及军队一路践损之田苗，准由地主到本部呈报，核明实情，照数赔给。仰见大总统嘉惠国民，无微不至。合行出示晓谕，吾国民一体知照。

交通部令南京邮务司通饬所属将匾额邮袋纸张改换民国字样文

案准本月十号接贵邮务司呈，内开芜湖邮政支局禀称：向来凡由芜湖寄至庐州府邮袋，均由该埠小轮往来寄送。兹因该处军政府需用小轮运载兵士，不允搭寄邮袋等情，禀请核示前来。查该局邮袋，向由各小轮寄递，今该轮忽不允带邮件，非特于邮政前途大有窒碍，抑且于交通各要政诸多不便等情前来。查江苏、安徽两省邮政，已收回自办，目前已通电各省军政府。今该轮忽不允带邮件，想系芜湖支局未将邮袋面上写明"中华民国邮袋"字样。仰该邮务司即饬芜湖邮政支局，凡属邮政上所用之纸张及邮袋等，即改写"中华民国邮政"字样，该轮定必妥为寄递。本部已电芜湖军政府转饬该轮照常搭寄矣。并希贵邮务司通饬所属地方，将邮局匾额及所用邮袋、纸张等，一体改换"中华民国"字样，以免阻滞为要。此令。

内务部批绅士梁尚忠等为保护人民财产令有疑问之处恳请指示呈

禀悉。所陈疑问之处，应即逐条批释，以免误会。

第一条，称自民军起义以后，凡被民军抢劫占据之私产，民国政府可否担任赔偿等词。查法令效力，不能追溯既往，都内以法令发布时为始，都外以法令达到后，经地方官发布时为始。本令于民国元年元月二十八日始行发布，其在未发布以前，自无效力。况人民财产损失之时，临时政府尚未成立，无从负保护之责。临时政府既已成立，人民财产始在保护范围以内。且保护云者，保护以后之财产，非赔偿已往之财产也。此后无论何人违犯本令，自有法律以裁之。担任赔偿，乃国家对于犯罪者之责令，譬如杀人之犯，国家应有办理之责，然只能加刑于罪人，此理之至易明者；代任赔偿，宁有是法？又战争之际，乱民乘机窃发，该绅等称有被民军抢劫者，当时保无借名掳掠，事后无从追查，即被抢劫者恐亦难确指其人。要之，法令不追溯既往，自发布之日始，此后即当实行。该绅等幸勿误会可也。

第二条，称学田一项，有为民间所捐置者，有为地方公款而置者等词。查学田一项，不问其是否学田，但问其是否官产。既属官产，则应归政府享有。苟非官产，即应归地方团体所有。至于私人捐附之产，捐之官则归官，捐之公则归公，此中经界，显然易明。该绅等所称界于官产公产之间者，殊未明其性质。其官产学田此后是否继续拨充地方公用，属于国家补助地方自治之事，别一问题，按时为之可也。

第三条，称有清政府官吏，虽属反对民国，而现已归顺，或已知悔，而有实在证据者，其财产是否仍归该私人享有。又如并无反对证据，被民军查封占据损失者，民国政府能否发还赔偿等词。查本令未布以前所查抄清政府官吏之产，实因其有反对民国之实据，今虽悔过，而本令无追溯既往效力，不能发还。至本令颁布以后，其人既无反对确证，而其居室为民军居住者，不过以为一时办公之用，办公完了之时，自应发还该所有者。

第四条，称现有清政府官吏，前虽为清政府出力，而现已知悔，虽未明归民国，而其心已顺，且有归顺之实据，所有在民国势力范围以内之财产，可否仍由该私人享有。又如现为清国官吏，尚未归民国，其财产已为民国政府管理，自管理后如有损失，民国政府能否担任赔偿等词。查本令第四条云，现虽为清政府官吏，其本人确无反对民国之实据，而其财产在民国范围内者，应归民国政府管理，俟该私人归民国时，将其财产交该私人享有云云。是专指现在不反对者而言，语意至明。该绅等谓为前清政府出力云者，实出于本条范围外。且现为满清官吏尚未投归民国，则其心之果顺与否，其人之果悔与否，皆属惝恍无凭，自应以归顺实据发现之时期为果顺果悔之标准。在实据未发现前已被查抄者，不应归还。实据发现以后始被查抄，而能确指其被何军所查，何时所抄者，本部理得追究赔偿。至确无反对民国实据之清国官吏，其财产既归民国政府管理，除天灾地变及不可抗力外，如管理者有损失时，民国政府自照私法法定管理人之责任担任赔偿。

第五条，称现有清政府之官吏，既为清政府出力反对民国政府而有虐杀人民，其财产在民国势力范围以内，不知能否准其投顺，免予查抄。又反对民国之本人财产一律查抄，其该官吏之伯叔兄弟之私产，是照罪人不孥仍归该伯叔兄弟享有，抑亦一体查抄等词。查前为满清官吏，对于民国虽有种种罪状，今果革面洗心，归顺民国，自应宥其前愆，予以自新之路。至未归顺时，其财产之已被查抄者，不应归还；未查抄者，可免查抄。至应被查抄官吏之伯叔兄弟，若与同谋，或确系该官吏之财产而冒托为该伯叔兄弟所有，借以为掩护计者，仍应查抄。其果系该伯叔兄弟之财产，而该伯叔兄弟又未尝助该官吏反对民国者，其所有财产，自应一律保护。

总之，戎马仓皇之际，累及地方，殃及人民，无论如何文明之国，势所难免。及承平以后，极力挽救，在执政者责无容辞。本部成立伊始，即恐吾国民于干戈之后再有削剥之虞，因定保护财产令五条。而条文单简，该士绅等疑而质问，订论情殷，本部实所深幸。用特批示，以释群疑。此批。

纪　　事

大总统谒陵文①

维有明失祀之二百六十有七年，中华民国始建，越四十有二日，清帝退位，共和巩立，民国统一，永无僭乱。越三日，国民公仆临时大总统孙文，谨率国务卿士文武将吏祗谒大明太祖高皇帝之陵而祝以文曰：

昔宋政不纲，辽元乘运扰乱中夏，神人共愤。惟我太祖奋起草野，攘除奸凶，光复旧物，十有二年，遂定大业，禹域清明，污涤膻绝。盖中夏见制于边境小夷者数矣，其驱除光复之勋，未有能及太祖之伟邵者也。后世子孙不肖，不能继厥武，委政小人，为犹不远，卵翼东胡，坐滋强大，因缘盗乱，入据神京，凭肆淫威，宰制赤县，山川被其瑕秽，人民供其刀砧。虽义士逸民跋涉岭海，冀拯冠裳之沉沦，续祚胤于一线，前仆后起，相继不绝。而天未悔祸，人谋无权，徒使历史编末添一伤心旧事而已。自时厥后，法令益严，罪罟益密。嗟我汉人，有重足倾耳嵌口结舌以葆性命不给。而又假借名教，盗窃仁义，锢蔽天下，使无异志。帝制之计既周且备，将借奸术，长保不义。然而张曾画策于

---

① 胡汉民、黄季陆等所编孙中山全集有《祭明太祖文》，日期与此相同，内容全异。

私室，林清焱起于京畿，张李倡教于川陇，洪杨发迹于金田，虽义旗不免终蹶，亦足以见人心之所向矣。降及近世，真理昌明，民族民权，益然人心。加以虏氛不竞，强敌四陵，不宝我土，富以其邻。国人虽不肖，犹是神明之胄，岂能忍此终古，以忝先人之灵乎？于是俊桀之士飚发云起，东南厥始发难，吴樾震以一击，徐锡麟注弹丸于满酋之腹，熊成基举烽燧于大江之涘，以及萍乡之役、镇南关之役，最近北京暗杀之役、羊城起义之役，屡起屡踬，再接再厉，天下为之昭苏，虏廷为之色悖，蕴酿蝉蜕，以成兹盛。武汉首义，天人合同，四方向风，海隅景从，遂定长江，淹有河淮。北方既协，携手归来，虏廷震惧，莫知所为，奉兹大柄，还我国人，五大民族一体无猜。呜乎休哉！非我太祖在天之灵，何以及此。昔尝闻之，夷狄之运不过百年。满清历年乃倍而三，非天无常，事会则然。共和之制，亚东首出，事兼创造，时异迟速。求仁得仁，焉用怨詈。又闻在昔救时之士，尝跻斯丘，勖励军志，俯仰山川，欷歔流涕。昔之所悲，今也则乐。郁郁金陵，龙蟠虎踞，宅是旧都，海宇无吪。有斾肃肃，有旅振振，我民来斯，言告厥成。乔木高城，后先有辉，长仰先型，以式来昆。伏维尚飨。

内务部请速颁文官试验令呈

内务部总长呈：为立国之道，在乎立本，立本之道，在乎任贤。民国初立，人才缺乏，庸俗思进，势不能免。推原其故，良由无法律以甄别之。况各省独立以来，惟军政一节，全归我有，而地方官吏如府县各缺，皆仍满清之旧人。彼等势利之徒，于民生疾苦无所独虑，政治学问毫未问津。国家者，由地方集合而成者也，未有地方腐败而国家可以健全者。革于上而不革于下，与不革者相去无几。国家危象，莫大于此。总长思从根本上解决此弊，莫如速行文官试验，将其所得之人才，分发各省，俾得改革之真际，而地方赖以巩固，即国本赖以不摇。为此伏乞速颁文官试验之令，以便遵守而借施行。此呈。

法制局副长汤化龙辞职呈

大总统钧鉴：元月中旬，奉命委充法制局副长。其时军事旁午，百执密勿，惧以引退煽扬嬔风，虽极悚偲，勿敢辞也。乃者和议告成，清帝引退，南北一致，赞同共和，大局十九定矣。兹后建设，经纬万端，以顽卤之粗材，引输般之绳墨，伤手是惧，焉有远谟。今才士奋于功名，巨儒应乎运会，怀抱洪略，范铸新例，若斯之侪，方辕接轸。惟升履而加诸冠，乃怀瑜而匿其彩，用是惧猥首之戾，懔胡颜之诮，乞赐休沐，以避贤路，法制局副长一职，请另拣明达，借释负荷。不胜延企屏营之至。法制局副长汤化龙谨呈。

附录：电　　报

黎副总统鉴：今日文偕各部总长向参议院辞职，已得承诺，俟新总统接任，即行解职。同时文并推荐袁公慰亭，明日开选举会。日间拟委代表偕唐君少川前赴北京，与袁公慰亭协商统一办法，本拟到武昌面谒执事，再由汉口乘车赴京，因汉口以北火车不便，改由海道，祈执事迅即委派代表到沪，会同前往，以速为妙。盼切即复。总统孙文。（南京去电）

北面招讨使谭人凤先生、民立报馆鉴：电悉。文等所求者倾覆满清专制政府，创立中华民国也。清帝退位，民国统一，继此建设之事，自宜让熟有政治经验之人。项城以和平手段达到目的，功绩如是，何不可推诚？且总统不过国民公仆，当守宪法、从舆论。文前兹所誓忠于国民者，项城亦不能改。若在吾党，不

必身揽政权，亦自有其天职，更不以名位而为本党进退之微。先生在野，吃苦辞甘，宁不喻此，祈更广之。孙文。（南京去电）

万急。袁慰亭先生鉴：闻奉天行宫所藏器物，由私人订卖与外国，价值甚巨。按此种器物，实为民国公产，并非皇族私有，应行禁止私卖。特此奉告，请严饬禁阻。孙文。删。（南京去电）

孙大总统鉴：删电悉。已电奉查禁矣。袁世凯。铣。（北京来电）

万急。南京孙大总统、黄陆军总长、武昌黎副总统、各省都督、前部各军司令公鉴：连接陆军来电，知各处清军与我军相近者，仍时有冲突。惟今者清帝辞位，清国统治权业已消灭，自此以后，国内所有军队，皆中华民国之军队，岂宜自相冲突。廷与唐君已电告袁君慰亭，通饬各处军队一律改悬中华民国五色旗，以示画一。此后见同一国旗之军队，不可挑衅。如见从前清国军队尚未改悬国旗者，应即通知嘱其遵照袁君电命，改悬民国旗。如果始终甘为民国之敌，则必为两方所共弃。谨此电闻。廷芳。元。印。（上海来电）

谭招讨人凤鉴：齐电悉。卓识伟论，鄙意极表赞同。优待条件，曾由参议院公决。目下筹集军费最为第一要着。而所提出之财政案，参议院颇难通过，殊深焦灼。尚望诸君竭力维持，协同赞助，以匡大局，不胜祷切。总统孙文。真。

孙大总统、同盟会汪总理鉴：一声光复，满幕都翻。凡我同盟，宜如何开诚布公，咸与维新，冀大造国利民福。蒋君从前历史，逸非所深悉。今观其为人尚爽直，左右或有未惬，请改良可耳。以小屹而牵动全局，毋乃忍，还祈三思为幸。绍分府王逸。删。印。（绍兴来电）

南京孙大总统钧鉴：国务各总长、参议院、武昌黎副总统、都督暨前敌各司令均鉴：顷接伍代表元电敬悉。清帝退位，和议已成，民国前途，实堪庆幸。惟电中有云，北方秩序，暂由袁君维持等语。是南北统一，尚须略俟时日。立恐人心误会，议论纷歧，转误大局。道仁现时抱定宗旨，事事仍秉承我南京中央政府裁决，以定遵循而维秩序。闽都督孙道仁叩。寒。印。（福州来电）

孙大总统钧鉴：读虏廷退位之宣言，吾人之夙愿已偿。虽东三省顽梗，闻袁已派段芝贵在奉经营，不难奏功。蔚才德两无，械饷双缺，都督关外，实愧厥职。恳我总统立即取消，且免段某见□。□同志数百人，死士数千人，经营数月，用款三十余万，应如何善后事宜，请公速与袁公妥商办法，不然恐演出无限之变态。立盼释命。蓝天蔚谨叩。删。（烟台来电）

孙大总统、各省都督、各司令钧鉴：上海《民立报》转各报馆：阅《民立报》载清帝退位，实行共和，人民幸福。惟暂居宫禁，日后退居颐和园，诚非所宜，其中保无别有用意。恳主持退出关外，以杜后患而保共和，是所至叩。驻浔司令官朱汉涛、参谋唐祚桢、潘志远，粮饷局舒法甲。寒。印。（九江来电）

孙大总统、黄陆军部长鉴：现山东已举连君承基为鲁军讨虏总司令。特闻。山东都督府。删。（烟台来电）

孙大总统、黄全阁总理鉴：接秦陇张督漾电，知秦晋危迫，愤激无地。升已组织北伐队，即将开赴效命。祈速宣告命战，卫南援北。处州军政分府吕东升叩。删。（青云来电）

南京大总统鉴：敬川罗锌编合一标，勤调北伐。如何，请复。敬锌叩。宥。（广东来电）

大总统孙、陆军部总长钧鉴：日来派员向淮南各盐商剀切晓谕，力任保护，令其暂照旧章先缴课厘，源源挈运，以济湘、鄂、西、皖四省民食。再四譬解，各商已承认即日开运，并先筹缴课厘银三十万两。此项收入内，除付各洋行运脚二十一万余两外，可以供陆军之支给。正在督促进行，忽西岸运商呈称，接江西电，奉都督谕，每票派借三千两。同时又据岸运商呈称，有鄂军政府所派梅委员在扬州设立榷运淮盐公所，照会鄂岸盐商，凡启运之先，应在该公所报明花名及盐斤数目，并由该公所缮发护照等情。又据财政部派员，以安徽某军队派员自运圩盐自卖，与沪军府所许太和公司争讧，事甫平解，商询如何贴补太和公司办法。两日以来，积已三端，关涉三省，以致商情惶惑，又生观望，先后来询，谓前此军事初起，各商存在食岸之盐，本利全抛，已无可说；今时局渐定，立盐政总局，商等意事权从此统一，政令不致纷歧。又承总理再四劝告，力任保护，商人迫于大义，勉力承认筹缴课厘，原为信任总理有权，可以统一各省。今又政令歧出，使商等无所适从，所认课厘如何敢缴。请明示办法等语。謇承乏盐务，始则江北蒋都督有售卖淮北商盐之事，继则徐宝山、林述庆皆思干涉扬栈之盐。降气平心，委至解说，似渐渐就范。而沪军都督对于存沪之盐，所谓太和公司者，忽准，忽取消，忽又中变，交涉至今未决。乃西、鄂两岸，复生枝节，皖亦有相似之影响，致各商认缴之款，又生变动。似此纷扰，何由取信商人。恐掣运既托空言，课厘终归无著，即各省应得之加价、复价等，亦将虚悬矣。元月三十日、二月一日，曾通电四省都督，将敝局规画办法，详细声明，请其力任保护，迄今未得电复，商人更滋疑虑。可否吁恳总统电属湘、鄂、西、皖四省都督，凡关于淮盐运赴各省：一、须切实保护，宣告各商；二、运盐暂仍旧章，免令各商认缴借款及报效银两；三、各省督销仍由敝局派委，将来所收课厘加价、复价、杂捐等款，仍按旧章支配。其指抵洋债及赔款者，分别向章拨交就近税务司。并将上开办法，切实电复。敝局即据以宣布，一以解释盐商疑虑，一以消除外人干涉。且办法既归统一，各省所得盐税，源源有著，抵借亦可措词，而民食不致缺乏。若复政令歧出，使盐商裹足，各省将以求多，反致见少，就大局计，固觉困难，为各省计，亦殊失算。民国成立，首在有统一能力。欲求统一，必各都督合顾大局，不分畛域，方有实效。窃愿总统、总长将此意向各都督婉转申说，共扶大局，不独盐政一端之幸也。是否有当，仍恳电复。盐政总理张謇叩。鱼。印。（上海来电）

第十八号

二月二十一日星期三

目　次

令　示

内务部批中华民国国民回族马德甫金峙生等组织回民联合会禀请立案呈

内务部批元宁自治公所等请另委南京府知事呈

教育部批上海书业商会请将旧存教科书修正应用呈

内务部批僧人谢楞伽等发起佛教大同会禀请立案呈（略）

内务部批僧人敬安禀请中华佛教总会立案呈（略）

教育部批江浙两省僧界代表敬安等禀请创立中华佛教总会呈（略）

教育部批管理江南图书馆江苏通志局林朝圻禀请委任调查满清时员司经管案卷簿据呈（略）

教育部批民国法政大学校长杨年请立案呈（略）

纪　事

交通部令周璠点收津浦南段购地局银钱卷宗文

内务部令辛汉充南京图书局局长文（略）

司法部呈报启用印信文

内务部电常州民政长保护天宁寺并饬僧人不准以武力自卫文（略）

内务部电镇江民政长查僧人太虚有无强占金山寺文（略）

号外附录

令　示

内务部批中华民国国民回族马德甫金峙生等组织回民联合会禀请立案呈

呈及简章均悉。此次推翻帝制，改造民国，原合汉、满、蒙、回、藏之土地人民为立国之第一要素，则五大民族所享之权利，所负之责任，自应一视同仁，无偏无党，庶能巩固民国之邦基，遵行共和之主旨。该回民组织联合会，以维持宗教、联络声气为目的，以组织团体、不背驰共和为宗旨，并拟于本会成立以后，设学堂、兴实业、保护禁治产各事，本部均极赞成。惟查回族之入中国，始于唐时，为数有限。乃因宗教流传之故，而中土之民，有其宗祖崇拜斯教，而其子孙亦自安于回族者矣，有其父兄崇拜斯教，而其子弟亦自认为回族者矣。相沿至今，回教以日播而日宽，回族遂日聚而日盛。约而言之，回族之蕃滋，因于回族，回教之范围，不止回民，故回族始有今日之发达也。往者，吾国留学日本之回教中人，曾组织新报，推阐斯旨，该回民当共喻之。今该呈于联合会仍标以回民名称，未免失实；且取义流于拘偏，足以阻害回族之发达。不如用宗教名义，改称回教联合会，尚属稳惬而正大也。盖信教自由，为中外宪法所共许，而又不背驰共和本旨，岂仅免以上数失也哉。仰该回民等即行遵复，一俟准予立案后，速即组织成立。并仰体斯意，努力进行，广扬教旨，于共和国家实有裨益，本部有厚望焉。此批。

内务部批元宁自治公所等请另委南京府知事呈

顷奉大总统令开：兹有江宁自治公所等呈请另行遴选南京府知事公文一件，应归该部核办等因。奉此，查处士纯盗虚声，久为世所诟病，故用人之道，核实远胜循名。古来奇士英贤，往往伏处草茅，研求治理，既不为世用，自不为世知。一旦得时，则驾驭以政权，鲜不为世所惊疑訾议交集者。及观其从容敷布，井井有条，始知其操之有素，俨然黄霸龚遂一流人物，征诸中外历史，数见不鲜。况值满清政府时代，在消极者愤专制之淫威，逍遥山泽，在积极者谋恢复之义举，困顿风尘，不惟避世潜踪，而且埋名隐姓，此中国多经世才也。信如诸君子所论，是循名而不核实，则有实无名之才，反为世所屏弃，而沽名钓誉之辈，反为世所欢迎。由是类推，恐改革之事业，仍有虚名而无实数也。至情形未熟一层，尤为过虑。凡地方人情风俗，及关于行政上种种事项，一经切实调查，何难陆续熟悉。现该知事已与地方公正绅士随时接洽，则于宁垣情形，尤易了然。且知事一职，虽系执行机关，既受本部之直辖，本部又准组织临时政府议会，以为议决机关，苟措施不当，于舆论有乖，可立即匡其不逮。总之，南京为首善之区，又值兵燹之后，百废待举，头绪纷繁，本部荐任斯职时，业已再三审慎。诸君子宜观其后，勿庸多疑。所请另委之处，应勿庸议。此批。

教育部批上海书业商会请将旧存教科书修正应用呈

据呈已悉。所陈自系实情。现距开学日期已迫，所有教科书除清学部所编一体禁用外，其民间通行之本，准由各学堂依据二月十九日本部通令第七项之主旨，自行修改，以应急需。至各书局已经修改之本，如因重印不及，亦准先行多刊校勘记，除随书附送外，并备各处索取，俾可照改，以免旷误开学日期。此系维持学务，体恤商艰，一时通融之办法，该书业等仍应将各教科书赶速修正，或另行编辑，期合共和民国之宗旨。此批。

纪　　事

交通部令周璠点收津浦南段购地局银钱卷宗文

照得本部成立以后，凡从前满清官办铁路，均应切实清查，以资整顿。兹查有津浦南段前清所委购地局委员汪树堂，当民军起义之时，携带局款，避匿上海，迨本部成立，至今亦无一纸报告，迹近图吞，殊堪痛恨。今特遴派该员周璠亲往上海，责令汪树堂迅将经手津浦南段购地局之银钱账目、卷宗等件，一并点交该员，赍解本部，以凭核办。汪树堂如有借居租界，故意违抗等情，应准该员呈请沪军都督咨提究办，以重路政。除咨沪军都督外，合即令知该员即日前往，妥善办理，毋稍徇纵。此令。

司法部呈报启用印信文

为呈报事。本部于元月十二日奉到钧处颁给印信一颗，遵于即日敬谨启用。为此呈报钧案，仰祈察核施行。须至呈者。

附录：电　报

万急。北京蒙古联合会蒙古王公鉴：电悉。帝制已除，合五大民族为中华民国，幸福无涯，中外同庆。来电荐举袁慰庭君，微执事等言，文岂忘其夙约？因今日始得接清帝逊位之详电，当即报告参议院提出辞表，并推荐袁君之功能。众俱信服文之推让，非只尚贤，亦以为国。区区此意，凡我国民，当共鉴之。专复。孙文叩。（南京去电）

万急。西安陕西都督张凤翙鉴：清帝已经退位，南北一致。今日袁慰庭君来电云，请电知陕西移军西向，专防升允。北军退出潼关，决不西进，谨留队伍，防堵土匪，余均开回北方防堵。奉闻。特此通知，宜相机防战为盼。总统孙文。（南京去电）

奉天张总营务处、广水陈统制、张家口何统制、北京冯军统、天津张军门、徐州张军门、颍州倪先生、北京姜军门转各路将士鉴：清帝辞位，由专制变为共和，实项城维持之力，更诸将士赞助之功，四万万受福无穷，深堪嘉佩。从此南北一家，同心协力，竟破坏之功，开建设之绪，巩我共和民国之前途，增我五族人民之乐利，所仰望于诸将士者尤非浅鲜。专此电贺，并盼教言。孙文叩。删。（南京去电）

万急。北京袁慰庭先生鉴：真电及唐转来真电具悉。清帝辞位，执事宣言赞成共和，民国从此大定，不胜忻庆。盖全国人民之幸福也。现即报告参议院提出辞表，推荐执事。至共和政府不能由清帝委任组织，若果行之，恐生莫大枝节。执事明于理势，当必知此。请即速来宁，以副群望。如虑一时北方无人维持秩

序，当可由执事举人，电知临时政府，畀以镇守北方全权。谨布候复，并表欢迎之至意。孙文。（南京去电）

万急。北京袁慰庭先生鉴：今日文偕各部总次长到参议院辞职，已得承诺以新总统接事为解职期。同时文推荐执事为临时大总统，明日二时参议院开选举会。先此电闻。秩庸、少川已到宁。孙文叩。盐。（南京去电）

万急。武昌黎副总统、各省都督鉴：清帝退位，民国统一，文以革命之目的已达。当受职之始，曾有誓言，幸可以践。此后建设之事，当让熟有政治经验之人。袁公慰庭委曲求全，终达吾人和平之目的，其功莫大。清帝既退，袁公宣布政见绝对赞成共和，文是以推荐于参议院。参议院既承认文之辞职，今日二时行正式选举，举袁公为临时大总统。临时政府地点，仍定南京。以袁公到南京接事日，为文解职之期。现已派专使迎袁南来，以为我国民服务。特此电闻。孙文。（南京去电）

万急。上海汉口路财政部办事所陈锦涛君鉴：盐电悉。清帝退位，民国大定。新选总统系承受现在南京临时政府之事，凡民国现行财政事宜，如公债、外债、中国银行之创办，及一切财政之已经施行者，当然继续有效，绝无疑问，可由财政部宣布。总统孙文。（南京去电）

万急。上海陈都督其美鉴：粤督删电，用意专在反对临时政府设于北京。今参议院既决定仍在南京之议，则粤督疑虑可释矣。此复。总统府。铣。（南京去电）

万急。广西陆都督荣廷鉴：电悉。十五日参议院于本总统及内阁总理解职后，即选定袁世凯为临时大总统，仍以南京为临时政府地点，须袁亲来接任，而旧政府始能解职。若将来之大总统及国都，则须俟民选议院成立，及举行全国大选举，乃可决定。今仍号以临时名义，于临时大纲未尝不合也。总统孙文。篠。（南京去电）

北京袁大总统鉴：据烟台蓝天蔚都督来电：奉天冯麟阁率步骑千三百余、炮十门围攻庄河等因。请速命赵督撤兵，以息战端，至要。孙文。篠。（南京去电）

万急。上海陈都督其美鉴：现在清帝退位，民国统一，上海为江南要区，非有大将镇守，不能维持一切。据各地纷纷来电，咸以公为民国长城，关系全局，力请挽留。人心如此，公不可告退。尚望勉为其难，勿怀退志。总统孙文。篠。（南京去电）

大总统、议和总代表、各省都督鉴：此间接汪精卫文电，以退位之清帝比拟居留内域之外国君主，谓与虚君位风马牛不相及。恶是何言！废帝不出，北京禁卫军实际仍存，而将来之共和政府，以何如人组织，尚在未知之数。此中危象，妇孺皆知，中央以何凭恃冒此险，实所不解。现察南省民心向共和。然北人尊君之念一时尚难消灭，加以禁卫旧军暂不遣散，阴谋潜伏，防不胜防。万一有不满足于民国之徒，串通禁卫军队，寻隙窃发，则今日民国，明日君主，直一反掌事。尔时仍须兴师，再申天讨。计不若现时善其条件，免贻民国后患。夫清帝退位，岂不值优待，第优待则可，假以酿乱之阶则不可。炯明所争，专在乎是。若中央仍主张前订条件，则请先以中央政府究竟所在地、组织中央政府之人物及禁卫军之安置方法三者，明白宣布，始能释人疑虑。鄙意以为若中央政府决在南京，则废帝而居北京亦可。只宜设一统兵大员，以兵队保护其生命财产，从前之禁卫军，编作他用。倘中央政府移往北京，与废帝同地，则组织中央政府人物，非向奉共和主义、全国人民所共信者不可。倘中央政府在北京，而所组织政府之人所未敢深信之辈，则废帝宜退居热河，而北京一带宜用有力革命军守卫。计非如此，必不足巩固民国。今中央政府主见及办法均未宣布，遽欲凭此条件议和，粤省决不承认。诸公以为何如？深望示复。炯明。盐。印。（广州来电）

急急。孙大总统、袁大总统、陆军部长黄、各都督、各司令、各省督抚、各谘议局、各报馆钧鉴：顷得苏州庄都督来电，建都应在北京。并江北蒋都督引伸其说，建都宜在边境，故俄由莫斯科迁于圣彼得堡，日由西京迁于东京等论。岳等窃以为不然。盖建都北京，其害有三：一、人心之趋向，一如旧日。二、中原幅员广大，偏处一隅，则尾大不掉。三、对于满族之胶葛，永无断绝。据以上三害观之，恐难以日俄迁都之取积极政略者可比，尚望诸公审察焉。联军总司令孙岳、参谋长李鼐扬、军旅长米占元、镇军团长臧在新、宁军团长谢时叩。

万急。南京大总统、参议院、武昌黎副总统、各省都督、各路司令官钧鉴：总统通电敬悉。清帝既已退位，南北自应统一，孙总统因爱平和，功成身退，拿破仑、华盛顿之勋业，无以逾此。袁公世凯既系实意赞成共和，举任总统，自能胜任。参议院本无选举总统之权，为大局平和起见，委曲求全，亦不再加责备。但国都地点，现在必定南京。袁公未到之前，孙公万万不可退位。仍望示复。桂都督陆荣廷叩。十七号。（桂林来电）

大总统孙、财政部陈、外交部王公鉴：接上海筹办皖省工振处电称，近由华洋义振会借款百万，兴办堤工，请电恳玉成等语。皖省江堤溃决，无力兴修，转瞬春水发生，沉溺更不堪设

想。此次借款，关系数百万生命、数百万田庐，务恳速赐成全，务使大工克举。无任盼祷。乞复。孙毓筠。侵。（皖省来电）

中央政府内务部钧鉴：接奉齐电内开，山阳各团体为姚荣泽办理周桂生、阮式一案，公电总统，未曾签名，遽加妄报，令速将山阳各团体名义详细查复，以凭核夺等因。奉此，当即派员往查。兹据复称，前次公电系山阳团练局、商会、教育会、议事会、自治所各团体丁靖、丁迺嘉、沈昌骏、何福震、秦保愚、潘际炎、顾震、何福恒、沈有壬、郝嗣隆、单淮、乔西琴、郑道诚、陈佑民、丁荫棣、陈宝森、张撷城、王道隆、顾沿亭、陈国文、丁万鉴、汤鼎勋、陈澶彦、何壬楦、丁步程、何福均、范丙尧及士商等共九十人，今又据各团体列名具禀前来，实无被人煽惑唆使情事。理合据实电复，以备查考。江北蒋雁行叩。盐。（清江浦来电）

孙大总统、黎副总统鉴：债票署名式样，前经分别电呈，请速颁发。刻下票已印就，务请速颁署名式样，以便刊用而速募集。盼甚。锦涛。铣。印。（上海来电）

孙大总统钧鉴：鄂省沙市、宜昌、江汉三关，年收税款三四百万两。虽由汉黄德、荆宜两道监督，而征收皆假手外人。自鄂省起义，所有关税银两均归外人掌握，毫未缴出。查三关税款内，向认有外人赔款若干万两。此由民清战争，尚未结局，外人留此款以为洋款地步，亦属情有可原。惟税关主权我国所固有，外人只有经手征收权利，并无管理款项权。况此项税款抵还洋债外，为数尚巨，竟听外人掌管，既失权利，复损国体。前经电请办理，未奉复示。兹又接蜀军政府来电，商问重庆关税办法，情形与鄂一辙，鄂亦无从答复。此事已否交涉，究应如何办理，统

希电知。祷切盼切！元洪叩。阳。（武昌来电）

大总统钧鉴：南北联合，协建共和，宇宙升平，端在指顾，皆我公数十年惨淡经营缔造而后有此善果也。惟组织建设，万绪千端，一政之成，非财不办，欲立根本之图，宜先注重实业。但农工路矿，一蹴可登实难。就已有之规模，汰相沿之弊薮，收效速，成功巨者，厥为振兴盐政。至应如何改良煎晒，支配引地，应如何就场征税，而后商难可恤，应如何由官专卖，而后民食无虞，宜先于南京设立改良盐政总研究所，延揽通才，征集如有盐法志以及私家著述，调查习惯，悉心考求，妥定办法。先从两江试办，果然美备，再将两广、川、直、闽、浙继续推行。盖盐利统一，乃根本要图。况值民国肇兴，百废待举，尤当务之急。翊武等才识短浅，献曝情殷，冒昧贡忱，尚乞原宥。公推代表驰请训示，如蒙俯允，祈赐复湖北总监察处传知。翊武等即趋左右，恭候咨询。再，汤君蛰庵、张君季直，素娴盐政，著有成书，夙所钦仰，谅表同情。若两君能出而提倡之，一切欢迎。盐务发起人蒋翊武、王小芹、李华汉、杨森藻、曹志祖、蔡翌唐、陈炳焕、龙璋、粟戡时、谢锡朋、黄振声、李世清、杨大鹏、薛祈龄、葛子涛、熊焱华、葛庆莲、孙镇西、葛屏藩、熊谦吉、刘孔限由鄂军务部同叩。（武昌来电）

第十九号

二月二十二日星期四

目　　次

法　制

大本营兵站规定运输简章通告各处电文

令　示

大总统批法制局呈教育部官职令修改全案并新闻杂志演说会应归教育部管理与否请示遵由

大总统令财政部为江苏都督呈请将江南造币厂仍暂归宁省办理由

大总统令沪都督核办上海财政长朱佩珍呈请辞职遴员接任由

大总统令法制局迅速编纂文官试验草案由

大总统令交通部规定宁省铁路时刻表以利行旅由

大总统令教育部会商内务部核办林宗雪呈请募赀开办女子蚕桑学校并恳拨绿筼花圃为校地由

大总统令江苏都督庄蕴宽咨商安徽都督会咨实业部明定范围取缔渔业公会由　附江苏都督呈

内务部令南京府知事准添聘公正士绅以资顾问由

内务部令江南巡警总监出示严禁招摇撞骗由　（略）

内务部批潘晋设立江苏拓殖有限公司请立案呈

内务部令南京府查办余善堂由

纪　事

内务部委任职员呈（附各员简明履历）

海军部委任职员名单

大本营总兵站启用关防通告各处电文

内务部政事讨论会规则（略）

号外附录

法　制

大本营总兵站规定运输简章通告各处电文

黎副总统、各省都督鉴：总兵站业经成立，所有运输筹备事宜，统归本总站计划，转饬各支站妥为办理。兹将重要条件详细开列：

一、各省续有军队军械等开赴战地，行经设有支站处所者，须先电示大本营总兵站，注明人员军械若干，舟行运船何名，陆行经由何地，约何日可到某支站地方，以便准备招待。

二、各省军队开赴总兵站地点，应豫备营舍，暂驻者请由该省豫先派员前来协商招待事宜。

三、各省驻在总兵站地点军队，如开赴前敌，应用船只车辆，可就近商由总兵站筹备。

四、战地不通邮政者，各该省寄与前敌军队之信函包裹，可寄由各支站送往，应由各都督行文各属张贴示谕，以便兵士家族周知。

五、各省军队将行出发之先，仍请该省都督豫日通知。

六、总兵站驻在大总统府，兵站总监黄兴、次监钮永建、局长黄郛、副局长黄慕松，支站分设上海、镇江、下关、蚌埠四处，以后如续增设处所，应再行电告。

以上各条，统请查照施行，并希转饬各省各军知照。大本营总兵站启。霰。（分电战地各省军队各司令官鉴：如有负伤兵士须送回调治者，可送至总兵站病院。）

令　　示

大总统批法制局呈教育部官职令修改全案并新闻杂志演说会应归教育部管理与否请示遵由

呈悉。教育部官职令修改全案已咨交参议院并案议决。至来呈所称教育部原案中社会教育司编辑所掌新闻杂志、演说会等事，据中央各部官制及其权限法案所定，应归内务部掌管。此等事项，既非宗教，又非礼俗，初六日阁议并未提及，究竟该项事务应归教育部管理与否，请示遵办等语。查新闻杂志、演说会等事自应归内务部管理，即行查照订定可也。此批。

大总统令财政部为江苏都督呈请江南造币厂仍归宁省办理由

据代理江苏都督庄蕴宽呈称：案查江南造币厂经前清两江总督奏准开办鼓铸银铜各币，流通市面，接济饷项。以宁省库款为其基金，所获余利，亦向归宁省支配抵补各项不敷之款。是宁省所恃为利源者，该厂实为大宗。虽经前清度支部筹拟统一办法，议归国家办理，旋以该厂关系宁省利源，遽予改隶中央，本省饷源立绌，无法另筹抵补。因仍准留归宁省办理，由部颁发钢模，照式鼓铸，仍以余利备支本省应支各款，俾于本省利源及度支部统一办法，两不相妨。可见宁省不得已之办法，在前清政府所以特准者，亦事势然也。

光复以后，亟应赓续办理，为维持本省财政之计。节经都督委任王宰善充该厂总办，俾得照常鼓铸，保全固有之利，俾支各项要需。兹据该总办复称：奉委以后，节经调查该厂现在情形，并晤商财政部长陈锦涛，查悉该厂现经改归中央政府接管等情前来，不胜惊异。

伏查该厂向归宁省管辖，前清度支部不遽予归并者，原以该厂余利所入，支给本省要政所需甚巨，因准留办。现值光复伊始，本省财源之滞，不可胜言，而善后之策，待支之款，正待筹画。加以军饷浩繁，迫不容缓，罗掘无所，筹补为难。设并此固有之利，向所资为挹注者，听其骤失，目前大局何以支持？况国家财政所恃乎计臣之酌剂者，原期益寡衰多，得其平准，而非以损彼益此为政策。是该厂应归宁省接办，而中央政府只立于监督地位，毫无疑义。

抑都督更有进者，现正南北协议统一，关于财政事项，应如何通筹并顾，尚待踌躇，断非目前所能解决。国有省有，必先察其性质，考其事实，预筹抵补之方，俾无碍于行政要需，复得议会之公决，始能定议。而目前宁省待支之款，万分紧要，无米何以为炊，断不能束手坐待。言念至此，焦灼万状。再四思维，惟有恳请大总统鉴核，准将江南造币厂仍暂留宁省，照旧办理。并请指令财政部，迅将该厂点交王总办接办，俾资鼓铸而济饷源等情前来。

查造币权理应操自中央，分隶各省是前清粃政，未可相仍。惟宁省行政之费，既赖造币厂为挹注，一旦失此利源，该省财力因而支绌，尚属实情。除批答外，合行令仰该部妥筹抵补之方，俾资行政之费。切切！此令。

大总统令沪都督核办上海财政长朱佩珍呈请辞职请遴员接任由

据上海财政长朱佩珍呈称：财政困难，措施无术，请遴员接任等由前来。为此令行该都督，应如何办理之处，希酌核呈复为要。此令。

大总统令法制局迅速编纂文官试验章程草案由

查国家建官位事，惟任贤选能，乃懋厥职，古今中外，罔越斯旨。第考选之法，各有不同，尚公去私，庶无情弊。今当民国建立伊始，计非参酌中外，询事考言，不足以网罗天下英才而裨治理。合就令行该局，仰即迅将文官试验章程草案妥为编纂，呈候咨交参议院议决颁布，从速施行。此令。

大总统令交通部规定宁省铁路时刻表以利行旅由

查宁省铁路，衔接沪宁车站以达本城，往来行旅，日甚频繁，关系交通，其事綦重。乃自光复以来，该路开车时刻尚无定准，不特使行旅有阻滞之虞，且于公事亦多贻误，亟应整顿以利交通。合就令行贵部，仰即迅将该路开车时刻，妥为规定，饬令遵行，是为至要。此令。

大总统令教育部会商内务部核办林宗雪呈请募资开办女子蚕桑学校并恳拨绿筠花圃为校地由

兹据女子军代表林宗雪呈：拟募赀开办女子蚕桑学校，恳请拨借绿筠花圃为校地等情。查民国新造，凡有教育，应予提倡，乃足以启文明而速进化。该女代表既能募赀设校，热诚可嘉，自当照准。惟该校一切章程，应如何订定，所指绿筠花圃是否公产，能否适用之处，应由该部会同内务部查照办理。合就开由发交。此令。

大总统令江苏都督庄蕴宽咨商安徽都督会咨实业部明定范围取缔渔业公会由 （附江苏都督呈）

案查江阴大通渔民杨烺等，前以组织渔业公会，恳请准予立案，并颁给关防等情具呈前来。当经发交贵都督核办在案。本总统并未批准，该渔民等，何得凭空影射，希图垄断，殊属不合，著即申斥。至来呈所称土地与流域同为国家领土，即水课与地税并重，应拟令渔户按帮缴纳水课，以裕国家正课，并明定范围，严加取缔，俾免该渔民等得借公会之名义，而遂其垄断之私图，自是正办。合就将原书发交贵都督查照，仰即咨商安徽都督，会咨实业部，妥为核办可也。此令。

附：江苏都督请明定范围取缔渔业公会呈

中华民国代理江苏都督庄蕴宽为呈请事。窃于元月二十四号，案据江阴大通一带十八帮渔民杨烺等书称，该民等向在长江自大通至江阴一带捕鱼为业，公同协议，组织渔业公会，恳请准予立案。并称目前军务需饷，自当竭忱倡导，若能筹有盈余，先以协济民军为急务等情。旋于同日复据该民等书称：该公会已蒙大总统准照该民自拟简章施行，并准该公会自刊木戳，得以处置渔民，编号给旗，及收纳已裁之江宁江防厅所辖渔贩之水课，恳请令知各地民政长，切实保护各等情。

蕴宽伏查土地与流域，同为国家领土，故水课与地税并重。

长江流域，水利甚富。从前各段渔户，均经由渔行按期交纳正供在案，旧设江防厅所收之课，即其成例。而各处汊港纷歧，未经公家收辖者，指不胜屈。天然美利，坐弃可惜。正宜设法收回，以裕国课。兹据前因，一再复按该民等所陈各节，情既支离，词尤闪烁，显系别有情弊。查纳税一层，为公民三大义务之一。该民等既系大帮渔户，自应按帮缴纳水课。乃阅该公会简章，只有会费一项，并未提及纳税，仅言俟有盈余，先以协济军饷，空言搪塞，俨若国家正课尽可置之度外。推其用意，无非垂涎大利，欲阳假会费之名，阴避水课之实。况沿江一带，渔户甚夥，未必尽愿入会。该公会措词既巧，设计亦工，难保非欲借公会名义，遂其垄断肥己之私者。设不明定范围，严加取缔，深恐别生枝节，激起风潮，流弊所极，必致损国病民。惟兹案关系苏皖两省行政，前既由钧府核准，应即请钧府令知苏皖两都督，会咨实业部严定章程，责成该公会切实奉行。总期税有经常，业非垄断。否则恐巧言乱政，实为厉阶。设或因此而别起风潮，是不特该公会不能担此重咎，即地方行政长官亦无从负此仔肩也。用敢冒昧上呈，谨恳大总统察核施行。原书呈览。须至呈者。

内务部令南京府知事准添聘公正士绅以资顾问由

为令知事：兹据呈称，当此光复之后，百端待理，非周咨博访，不足以措置咸宜。拟于原各项官职外，添聘公正士绅，以资顾问，则民生疾苦、地方利病，借可就近咨询等因。准此，查集思广益，古训昭然。所请添聘士绅以资顾问之处，本属可行，应即照准。惟士绅之中，每多名不副实，贵知事添聘人员，务须再三审查，免误庶政而收实益。此令。

内务部批潘晋设立江苏拓殖有限公司请立案呈

具呈并公司章程已悉。拟设江苏拓殖有限公司，收买官地倡办实业，于国计民生，两有裨益，足为我国目前救急要着。除与要塞形势有关系，及向作公共事业之场，或将来拟作公共事业之场，均应有留外，其余各官地，原应准设公司，集赀收买。惟查外国会社法，凡组织公司，发起人有一定之数，并须由发起人先行投赀，作为基本金额，然后立案招股。现在民国政府成立伊始，会社法虽未编定颁行，然于中外应有之要则，自不能不借资信守，以维持社会秩序。现该发起人在该公司认定股资数目若干、发起人数若干，仰即分别报明，以凭核夺。此批。

内务部令南京府查办余善堂由

内务总长令：兹余善堂嫠妇谢戴等公禀，为善堂专款给养贫嫠，沪军充饷，螳命难活，泣赐拯援一案。本部以军兴时代，筹饷自属急务，而仰给公产贫嫠，亦应怜恤。查该嫠妇等禀称，该堂房产租息，除办殡葬善举外，分给嫠妇养赡，每月每人不过银元四角，惠而不费，当照向例办理。惟沪军充办军饷，有无他项情节，并该堂公产租息月收入者若干，仰即查明。如果该堂租息无多，于该军无甚关系，应即全数发还。如其款巨，亦应抽提，照旧给赡，以示民国哀恤无告之深意。即于查明后，酌请核办可也。此令。

纪　　事

内务部委任职员呈（附各员简明履历）

为呈请事：本部所设各局已陆续成立，所有局长、参事、工监各员，应即开呈简明履历，备文荐任，恳请发给委任状，以昭职守而专责成，实为公便。此呈。

附呈各员履历如左

参　　　　事　吴永珊　四川人，年三十二岁，日本冈山高等学校毕业。

参　　　事　于德坤　贵州人，年三十六岁，日本法政大学
　　　　　　　毕业生。

土木局局长　史　青　湖北德安人，年二十六岁，比利时工
　　　　　　　科毕业。

土木局工监　王庆莘　福建人，年二十八岁，法国工程科
　　　　　　　毕业。

疆理局局长　高　鲁　福建人，年二十八岁，比利时工科
　　　　　　　毕业。

卫生局局长　林文庆　福建人。

海军部委任职员名单

海军部舰政局局长　蒋　拯　　海军部军机处正长　朱声岗

大本营总兵站启用关防通告各处电文

黎副总统、各省都督、各军司令官，上海、镇江、蚌埠各大
本营支站鉴：大本营兵站局设在南京总统府内，于本月十四日启
用关防，文曰："大本营总兵站之关防"。特此通布。兵站总监
黄兴、次监钮永建、局长黄郛、副局长黄慕松启。谏。

附录：电　　报

万急。袁大总统鉴：咸电敬悉。公之委曲求全，其义昭于日
月。惟国民劳公以全局，德望所存，在北在南，无不可以全副精
神相统摄。此间为难之处，亦非文字可尽达。已委托唐绍仪君等
北赴造陈一切，公自鉴察。至公谓目前北方秩序不能得措置各方
面同宜之人，自不待言。然若分别诸要端，多电知数人，俾各受
所委，得资镇摄，此亦为将来政府遍于南北东西必当筹用之一

法，公应首肯。文实竭厥于服务，日夜翘盼卸代。孙文。篠。
（南京去电）

上海议和全权代表伍廷芳，参赞温宗尧、汪兆铭鉴：铣电
悉。公等为民国议和事，鞠躬尽瘁，不避嫌怨，卒能于樽俎之
间，使清帝退位，南北统一，不流血而贯彻共和之目的，厥功甚
懋。所请辞退议和代表事，应即照准，谨代国民伸谢。总统孙
文。篠。（南京去电）

上海陈都督英士鉴：铣电悉。顾鳌案可即保释。总统孙文。
篠。（南京去电）

万急。闽孙道仁鉴：铣电悉。所陈之事，皆为巩固民国根本
之策，洞中肯要，无任钦佩。至虑总统辞职，人心动摇等语，现
在南北联合，民国统一，战事既息，人心自安，更由参议院编定
宪法，使临时政府得以遵守，自不致有损害秩序之虞。总统孙
文。篠。（南京去电）

江苏庄都督鉴：接读来电，大为骇异。现在民国统一，非复
革命时代，政府与国民举动，不可不各就范围，稍一不慎，即成
无政府之现象。何谓国民范围？思想言论，皆能自由，惟不能违
背法律而已。何谓政府范围？受议会之裁制，为国民之公仆，一
切行政人员，皆须禀承中央命令，取一致之行动。有不适意者，
当谏阻之；谏而不听，当力争之；力争不得，则去位。如是则身
为国民，言论乃可自由。公为都督，行政中人也，即政府一分子
也，对于国家大计，有所陈述，当告之总统或各部长，能行者以
中央之命令行之，否则由中央政府交于议会，决定而后行之。断
无以一人之意见，径电各部、各省、公人、私人及各报馆，致有

类于耸动社会，反对政府，扰乱秩序之理，令中外闻之，将谓吾政府何也！且公所提各问题，固易解决，无俟过为研究者。维持秩序，赖有兵力，固与袁之在南在北无关也。控制西北，亦视兵力与政治若何，决不因京城为转移。英于印度，法于安南，美于菲律宾，未闻因京城之远而失之也。联外人，拥幼主，系公过虑。夫外人果欲保全清帝，于武昌起事之日，以一纸书或可办到，岂尚待今日哉？至各国反对一节，尤为大谬。义师一起，商务全消，各国何尝不反对，吾人固未尝先求外人之同意而后施行革命也。交涉事件，殆视吾国民程度如何，外交办法如何耳。此后全国义务在筹画统一，恢复秩序。凡背统一、危秩序之行为，国民尚宜自制，况政府乎？语云：惟善人能受尽言。区区之意，敢以奉闻。魏宸组。（南京去电）

南京孙大总统、黎副总统、各部总长，请转各省都督、司令官、民政长同鉴：近年来旧政贪残，民生凋敝，官吏失职，庶事荒废，诸君子因而锐意改革，联翩兴起，要以保国救民为宗旨。数月间，人民遭罹兵燹，困苦流离，农商失业，生计日艰，兴念及此，难安寝食。诸君子痌瘝在抱，当亦不胜惨痛。现共和已达目的，中外欢欣。吾国既以民国为名，自以保安人民为前提，转瞬春耕，尤须豫为筹及，而地方未靖，播种恐未能及时。同胞饥馑，我辈之责。世凯谬承奖许，同为国民，敢不为民请命。切望诸君子宏胞与之怀，从速设法，同心协力，规复秩序。务使市廛田野，早安生业，民心大定，国本巩固，用达我辈保国救民之志愿，亦足令环球各国益服我国民团体之坚，文明进步之速，则我中华民国永久之幸福，实基于此。世凯盖有厚望焉。谨陈管见，涕随电陨。袁世凯。巧。印。（北京来电）

孙大总统、北京袁内阁均鉴：屡接廿函，赞成共和者居大多数。政体不定，将谋独立。东南疮痍满目，西陲岂可再有流血之事。优待条件，备极尊荣，请迅速宣布逊位，以定人心，否则请大总统振旅北行，甘军当一律反正，会师幽燕。旅沪甘肃同乡会叩。（上海来电）

南京军政府鉴：灰电悉。即转电张勋君推诚与南军接洽，共维大局。张此次赞成共和甚力，希告各司令官，毋相猜疑。瑞。径。（北京来电）

孙大总统、陆军部长黄、黎副总统、伍代表鉴：在宿各军，因迭接张勋来函，乞我停战协商，敝处根据黎副总统电，即行认可。会同每军派代表一人，与彼军代表陈毓崧、唐宗濂协商于两方持定之符离集，连商二日，不获要领。且并援段军例，退出徐州一条，坚不认可。用知张勋居心叵测。敝处以奸不可纵，机不可失，公决再行。一面仍修书致张，令速即发表赞成共和之实证，以冀悔悟于万一。彼仍负固，则敝处当仍照陆军部第一号命令施行，业已于本日由宿州向徐州前进。特闻。姚雨平、郑为成、朱瑞叩。文。（南徐州来电）

第二十号
二月二十三日星期五

目　次

法　制

大总统暨外交部通告各省都督改定邮政现行办法电文

令　示

大总统布告国民消融意见蠲除畛域文

大总统咨参议院设立稽勋局文

大总统复五洲同志华侨询推举袁世凯为第二临时大总统函

司法部通告各省都督军政分府调查审判厅及监狱电文（略）

陆军部通告各省都督将前清忠义各祠分别改建大汉忠烈祠电文

内务部令江南巡警总监掩埋各处停柩文（略）

教育部批浙江旅宁联合会章亮元等请立案呈（略）

教育部批扬州音韵算数学校校长许达请筹设男女音韵算数学校呈（略）

教育部批安徽休宁县教育分会会员汪章瑞等请饬县维持小学呈（略）

教育部批瓜州市政长请将前清公产聚和公油坊改为小学校呈（略）

纪　事

外交部聘请关应麟为本部顾问照会（略）

闽交通司请外交部与邮务总办交涉邮票不必由其径发电文

号外附录

法　制

大总统暨外交部通告各省都督改定邮政现行办法电文

各省都督鉴：顷据驻宁英、德、日三国领事奉各该国公使命，到部面商改订邮政现行办法，经本部议定如下：（一）邮票由中央政府颁发各省，不得另行印用，以归划一；（二）此次新颁发之邮票，暂准通行于国内；（三）各省现办邮务各洋员，可准其照向章办理，暂勿干预。以上各条，即希分饬各属照办。总统孙文　外交总长王宠惠。元。

令　示

大总统布告国民消融意见蠲除畛域文

今中华民国已完全统一矣。中华民国之建设，专为拥护亿兆国民之自由权利，合汉、满、蒙、回、藏为一家，相与和衷共济，丕振实业，促进教育，推广东球之商务，维持世界之和平，俾五洲列国益敦亲睦，于我视为唇齿兄弟之邦。因此敢告我国民，而今而后，务当消融意见，蠲除畛域，以营私为无利，以公益为当谋，增祖国之荣光，造国民之幸福。文谨惴惴焉。

大总统咨参议院设立稽勋局文

盖闻劝扬之典，莫要于赏功，服务之官，必望其称职。是故官惟其才，赏惟其功，截然为两事，断未有以官为赏，论功授职者也。溯我民国，自造谋光复、称兵统一以来，殉义与积功者，既已不可殚数。夫在个人私愿，尽分子之劳，决非市赏；然准建国通法，造公家之利，必当酬庸。此赏恤之规制，未可不定。观赏恤之制未建，军兴之际，将佐官属，杂以有功与有才者兼任，国人之观听易淆，必有以为既树建国之勋，例应得官。故有立功而已官者，更望因功迁擢；其尽命而不及官者，亦议按事赠荫。如此则帝王以官赏功之流毒不塞，竟可以不止。现在统一之局大定，干戈待偃。国家之设官有限，而论功者众。借官为酬，与有功不录，皆伤国本。是以急咨贵院，务请速行建议，在临时政府时代特设一开国稽勋局，俟所议通过，即委任专官，领受局事。对于开国一役，调查应赏应恤之人，分别应赏应恤之等，详订应赏应恤之条，再咨贵院议决施行。届时稽勋局即应取销，其给赏给恤之曹司，可议另隶于内部。经此郑重措置，庶于南北新旧纷繁错综之事，实能尽得头绪，而各有归束。于是议赏议恤，可以不漏不滥，任官与赏功之界限，亦得厘然分析。即目前本总统与行政各官属，当裁并军队、批答恤款之际，皆有所依循，是又足为临时维持秩序、稳固治安之补助也。此咨。

大总统复五洲同志华侨询推举袁世凯为第二临时大总统函

旅居五洲同志华侨诸君同鉴：因推举袁君为第二临时总统，纷接来电相争，其词颇多误会，恕不能缕缕见复，谨括举其要，以相答曰：诸君尽其心力，与内地同志左右挈提，仆满清而建民国，今目的已达。以此完全民国，归诸全体四百兆人之手，我辈之义务告尽，而权利则享自由人权而已，其他非所问也。至于服务之行政团，若总统类者，皆我自由国民所举用之公仆，当其才者则选焉。袁君之性情不苟于然诺，当其未以废君为可也，则持之，及其既以共和为当也，则坚之。其诺甚濡，其言弥信。彼之布告天下万世有云：不使君主政体再发生于民国。大哉言矣，复何瑕疵。至彼之委曲求全，予亡清以优待，亦隐消同气之战争。功罪弗居，心迹自显。前日之袁君，为世界之一人。今日之袁君，为民国之分子。量才而选，彼独贤劳。正我国民所当慰勉道歉，责之以尽瘁，爱之以热诚者也。总统既非酬庸之具，袁君即为任劳之人。宜观其从容敷施，以行国民之意，使民国之根基，由临时尽力维持而完固焉。我同志其鉴文之微忱。

陆军部通告各省都督将前清忠义各祠分别改建大汉忠烈祠电文

各省都督鉴：民国统一，大功告成，凡在同胞，永享共和幸福。而死难诸烈士，或横被逮捕，血肉早已摧残，或战死沙场，而姓名犹虞湮没，亟应荐以血食，以慰忠魂。恳贵都督迅将前清忠义各祠，分别改建为大汉忠烈祠，汇集各该省尽忠民国死事诸烈士人祀其中，由本部派专员致祭，以后即由各执政春秋致奠，并于每岁旧历八月十九，即武汉起义纪念日，及新历二月十五日，即民国统一纪念日，恭行祀典，永以为例。以慰死者之灵，以作生者之气，以明昭烈诛奸之义，一举而三善备。陆军部。号。印。

纪　事

闽交通司请外交部与邮务总办交涉邮票不必由其径发电文

交通部总长、副长钧鉴：北京帛总办所定加印"临时中央"样邮票，已发闽行用。经本司再三商请闽邮务卜总办，将该票设法收回，暂缓行用，俟中央政府电复到闽，再行遵办，刻尚未准照复。事关民国主权，应请速向帛总办交涉。如何？望速复。

附录：电　报

北京袁大总统鉴：铣电悉。此间派定教育总长蔡元培为欢迎专使，外交次长魏宸组、海军顾问刘冠雄、参谋次长钮永健、法制局局长宋教仁、陆军部军需局长曾昭文、步兵第三十一团长黄恺元、湖北外交司长王正廷、前议和参赞汪兆铭为欢迎员，偕同唐绍仪，前往北京，专迎大驾。并令该员等于起程时，另电左右。孙文。啸。（南京去电）

北京袁大总统鉴：顷得安庆孙都督来电称：有志士柳大年号曼青者，于阴历十月中旬，同吴莲伯组织急进会事泄，为赵尔巽派张作霖于宁远捕去，与张涵初等同禁模范监狱。今清帝退位，民国统一，应电袁君慰亭电赵，各政治犯立释等情。据此，即电使赵督释放，是所切感。孙文。啸。（南京去电）

上海伍廷芳先生鉴：巧一电悉。所陈姚荣泽案审讯方法极

善，即照来电办理可也。孙文。皓。（南京去电）

万急。烟台转山东胡都督经武鉴：铣电悉。所陈派代表与鲁抚张广建接洽，事甚善，即照来电办理可也。总统孙文。皓。（南京去电）

北京袁大总统鉴：巧电谨悉。南军各队早已电令停止进行。据尊电所言，则或有未接布告而生误会者，今已严谕各军切实遵行矣。此复。孙文。皓。（南京去电）

万急。上海沧洲别墅唐少川先生鉴：晋省电言旧政府攻破娘子关后，所派入军队尚有抢掠之事。晋人对于此项军队，感情甚恶，倘不从速悉数撤出，恐酿成事端。请酌转袁公办理。孙文。皓。（南京去电）

江西马都督鉴：外官制尚未发表，尊电欲于各司之外立参谋处、承政厅，自可权宜暂行。此复。孙文。皓。（南京去电）

孙大总统转汪兆铭、胡汉民、马伯援、居正、杨玉如、田桐诸君及各同志公鉴：湖北同盟会支部一节，已经同志多人开会两次，公决联合众〔原〕有之共进、文学及各种机关，成一共和同盟会，融化各党共成一会，以推进共和，而达惟一之目的。所有章程办法，贵处必有条理，请详细函知，以便遵行。湖北同盟会支部同叩。寒。（武昌来电）

孙大总统鉴：昨上两电想达。嗣奉尊电，惭恶万状。现在国体初定，隐患方多，凡在国民，均应共效绵薄。惟自揣才力，实难胜此重大之责任，兹乃竟荷参议院正式选举。窃思公以伟略创始于前，而凯乃以轻材承乏于后，实深愧仄。凯之私愿，始终以国利民福为目的。当兹危急存亡之际，国民既伸公义相责难，凯敢不勉尽公仆义务。惟前陈为难各节，均系实在情形，素承厚爱，谨披沥详陈，务希鉴亮。俟专使到京，再行面商一切。专使何人，何日起程，乞先电示为盼。肃复。袁世凯。铣。仪代转。（北京来电）

大总统、黄陆军总长同鉴：篠电悉。奉境非同内地，稍有扰攘，必生奇险。现赵总督及所部文武已表共和同情，自是手足一家，何可自相残杀。已电赵公饬冯军即停攻击，并请电知蓝天蔚，以保全大局为念，万勿进行。并须化除嫌隙，谨守秩序，方不负我辈利国福民之志愿，想仁人必有同情也。袁世凯。巧。（北京来电）

南京孙大总统鉴：维密。顷接北京电开：清谕有全权组织字样，南方多反对者。实则此层系满洲王公疑惧，以为优待条件，此后无人保障，非有此语，几于旨不能降，并非项城之意。故奉旨后，亦未遵照组织政府。清谕现在已归无效。若欲设法补救，除非清谕重降自行取消不可。又万万无此办法。南方若坚持此意，实为无结果之风潮。乞公以此意劝解之。北方安谧如常，奉天幸略有转机。各使均来道贺。寻常各事亦照常办理。士诒。等语。特转达。仪。巧。（上海来电）

孙大总统鉴：顷接北京电开：到（？）一电悉。查此电，诒全为清帝辞位，电知从前北方所辖局所，暂时维持北方秩序，以免员司没籍吞款起见，固无强用政策抵制之意，亦无干预之心。只因原稿上写通行各局字样，收发处遂一概发电，以致误发与招商局。不然，何以说到临时政府尚未成立。且原电既说明各局，则非专指招商局可知。然此事究属员司疏忽，希转知孙大总统，代为道歉。并声明各部行文，袁公向不知之。又此稿既系通行，保无另电南方各路电局，应一概作为无效。统祈临时政府见谅。除电知招商局取销前电外，谨复。士诒。十八。等语。特转达。仪。巧三电。（上海来电）

大总统、陆军总长、代表伍总长钧鉴：据司令部胡万泰报称：柳大年号曼青者，籍隶湖南，即前在粤起义未成、避往东京柳大成之兄，在东省多年。阴历十月中，同吴莲伯于奉省组织急进会，光复关东，与日交涉妥。事泄，为赵尔巽派张作霖于宁远捕去，与张涵初等同禁模范监狱。今清帝退位，民国统一，凡同志党人柳大年等，并电袁君慰亭电赵立释等情。据此，应请俯准照办，迅速电请释放，以全善类而泯猜嫌，不胜叩祷。皖都督孙毓筠。铣。（安庆来电）

总统府、参议院钧鉴：报载江北各团体及参事会主张江北独立行省支电，敝县各法团实未赞同，请察核。盐城县教育会季龙图、临时商会朱德善、议会陶鸿庆、参事会张延寿等公叩。篠。（泰州来电）

孙大总统鉴：前准沪都督陈豪电请将前山阳县令姚荣泽提解来沪审讯。兹据解到，重〔亟〕应迅速审结，以分曲直。廷以为民国方新，对于一切诉讼，应采文明办法，况此案情节亟大，尤须审慎周详，以示尊重法律之意。拟由廷特派精通中外法律之员承审，别选通达事理、公正和平、名望素著之人为陪审员，并准两造聘请辩护士到堂辩护，审讯时，任人旁听。如此则大公无私，庶无出无入之弊。如以为可行，请即电复照办。廷芳。巧一。印。（上海来电）

孙大总统鉴：华盛顿奋身百战，及其成功而不私其权利，遂为千古第一人。执事为我国家民族，苦心经营，垂二十载，备历艰险，百折不磨，以有今日。大事既定，乃毅然以第一次大总统之位推荐项城。推者之视天下为大公，受者之引天下为己任，皆以国利民福为前提，而无丝毫成见存于胸中。执事坦白之襟怀，尤超华盛顿而上之。国民具瞻，环球同仰。新共和伟人，君为吾粤首占一席，凡吾乡人，与有荣焉。谨抒悃忱，用表钦佩。梁士诒、谭学衡、蔡廷干、叶恭绰旅京同乡三百二十五人同叩。（烟台来电）

南京孙大总统、各部总长、各省都督、各军司令、上海陈都督及各报馆均鉴：叠接苏州庄都督、江北蒋都督来电，言临时政府地点宜设北京，不宜设南京云云。鄙意政府设立地点，临时与永久不同。民国永久政府将来应设地点，就最近情形及交通便利论，似仍宜武汉。原议即或改定北京或南京，亦非仓猝间往复电文所能解决之问题。临时政府设于南京，既经参议院公议，孙大总统认可宣布，似不必再有争执。自庄公所设问题三则，鄙意亦不敢赞同。谨胪管见如下：

一、袁公能维持北方秩序，系由袁公之德望，非以其身在北京也。若谓袁公一出北京，北方秩序即不能维持，浅测袁公矣。

一、中国历史向无共和制度，今昔势殊，古时建都及控制之说，于今日已不适用。

一、外国公使断无干涉迁都之理，若此事尚不免干涉，则此项改革已无布设余地矣。至使馆迁移耗费之说，则外人尤不致以此小费而轻启交涉。太炎、空海两公之建都论，系就永久言之。临时政府设于南京，固无冲突于两公所言也。

要之，此次举义，以改革政治为目的。北京为专制朝都会，绵历千载。专制时代人材政事之积习，非一时少数人之所能捐除，倘目前即继续以北京为都会，则专制时政界之虮虱势将播种，继续蕃殖于共和政治之中心。即此流毒之一端，已无以巩固共和之基础。我公宏谋伟识，务恳鼎力主持，以维大局。民国幸甚。山东都督胡瑛叩。皓。（山东来电）

南京大总统、陆军部总长钧鉴：沪都督上书辞职，军界哗然。共和成立，首赖东南以为基础，而东南光复，沪都之功，中外共晓，江南全局，实倚长城。前因筹备一切，上海机关重要，苏宁方面不得不暂行代理。现大局已定，亟宜统一，公议取消沪军，即推陈公都督江苏方为公允。若任其告辞，军界同人势将解体。为此公叩俯准以陈公移节江苏，以维大局。东南幸甚，中国幸甚。沪军第一师长吴绍璘、正参谋吴晋，旅长华振基、田应贻，团长梁敦骐、龚渭霖、陶澄孝、敖正邦、李铎、史秉直、金焯、徐定清；沪军第二师长黄郛、参谋长何澄，团长蒋志清；吴淞要塞司令兼要塞步兵团长姜国梁；沪军光复军总司令李征五、参谋何万波、陈铁生，一等副官应□审，团长陈雁声、王若周同叩。

孙大总统鉴：啸电悉。已电赵督查明释放。袁世凯。啸。（北京来电）

南京孙大总统鉴：啸电敬悉。承遣欢迎，益增愧汗。迩来叨借仁福，北方幸称安谧。将来取道津〔浦〕口或汉口均可从便。俟得确电，当即派员前迎。袁世凯。效。印。（北京来电）

逸仙先生鉴：组织民国，事属创始，我公以保国救民为心，顾全大局，万望与袁世凯合助经营，缔造共和政府，以慰四百兆人民之望。全国幸甚，侨民幸甚。吕宋中华商会叩。篠。（吕宋

来电）

孙中山先生、黄克强先生、各部长、参议院诸君，并请代转各镇统制、协统、各师团长、各司令长均鉴：本代表兹有致项城袁公正式文件，其文如下：共和国体，业经宣布，南北政府同时取消，临时共和统一政府亟应成立。惟时局之艰，已达至极，临时大总统一席，非得才猷勋望中外翕服之人，断难肩此重任。我公硕望闳才，不特国内同钦，抑且环球共服。此次变起，入秉钧轴，力任艰难，调剂运旋，卒能达国利民福之初旨，凡有血气，感戴同深。阿穆尔灵圭等，前于蒙古联合会提议，经全体议决，咸谓临时大总统一席，非公莫能胜任。当以此意通电各省。兹得直隶、山东、河南、山西、江苏暨伍代表、孙中山、武昌黎都督、苏州庄都督复电均表同情，是则此议已为全国一致之舆论。除由蒙古联合会备文陈请外，阿穆尔灵圭等再代表内蒙，用特请公俯顺群情，勉肩重任，造五大民族之幸福，建中华民国之新猷，不胜翘盼之至。内蒙古全体代表阿穆尔灵圭、贡桑诺尔布同启等因。特此电闻。内蒙古代表阿王、贡王。勘。（北京来电）

南京孙大总统鉴：山东仇砑宣（？）公举胡瑛为都督，未到任前，由齐鲁总司令柳成烈代理，以安民心。山东各界代表汪懋琨、石金声等叩。（山东来电）

大总统、陆军部长黄钧鉴：顷接孙都督电，其文曰：黎分府鉴：前据芜湖来电，据侦探报告，执事自称奉黎副总统命令，率兵到芜等语。东昨准陆军部电，取消芜湖分府，由敝处委任陈策为驻芜司令，并将情形分电南京、武昌暨尊处庐州在案。此种谣传，从何而来？其为子虚，不问可知。惟当此大局初定，商民误信风谣，转相惊扰，或恐别生事端。除电告大总统、副总统、陆军部，并电芜湖代公解释外，务希执事从速宣布，并无此事，以维大局而安人心等语。当即电复如下：铣电敬悉。芜湖事迫，同乡奔走呼号，已非一日。宗岳以我公有维持全皖安宁之责，何不与闻其事。今芜侦探妄造谣传，我公代为解释，殊深感佩。至芜湖善后办法，同乡自有公论，宗岳决不存私见于其间也。特将两电奉闻。大通军政分府黎宗岳叩。（大通来电）

　　南京大总统、武昌黎副总统、各省都督公鉴：自议和以来，廷以疏才，谬承重任。深惟今日共和思想，已普遍于人心。北省同胞，一时未能相喻，致有自相残杀之惨。幸值停战议和，正可借此时机，推诚相与，共泯猜嫌，同谋进取，以南北之合并，成恢复之大功。盖所谓议和，即与北省同胞和衷商榷之谓。迨前清内阁袁君世凯所遣全权代表唐君绍仪至沪，彼此开议，唐君即宣言欲和平解决。惟以北省军民与十四省起义之民军，情谊或有隔膜，意见自不免参差，如欲一致进行，必宜先避冲突之端，以成共济之美。因欲彼此息战，开国民会议，取决多数，以定国体。盖当时彼此明知全国人心已趋于共和，特以是为表示之作用耳。乃事机未熟，枝节横生，补救调和，费尽心力，由是乃有清帝退位之说。盖经一次挫折，即多一次进步矣。迨袁君布置就绪，而北洋统将段君祺瑞等全体一致赞成共和，遂以成民国统一之结果。中华民国，自此完全发达于大地之上，诚我五大民族无疆之幸福也。廷惟共和事业，我大总统、副总统率十四省之同胞，成之于前，而袁君率北省暨满、蒙、回、藏诸同胞，继之于后，曾不半载，遂竟全功。此皆由我全体军民之苦心毅力，磅礴鼓荡，大而且速，故能收此良果。廷受任以来，夙夜儆惕，虑以覆悚，贻羞民国。今幸借我军民之力，全国统一，和议告竣，谨辞议和总代表之任。此后仆当尽国民之天职，竭其愚虑，以仰赞高明。伏祈鉴谅，无任祷切。全权代表伍廷芳，参赞温宗尧、汪兆铭。铣一。

第二十一号
二月二十四日星期六

目　次

法　制

大总统令陆军内务财政三部照参议院议案将各省军政分府酌改为司令长不得干涉民政财政由（附原议案）

令　示

大总统令法制局审定官职试验章程草案由

大总统令财政部委任汤寿潜林文庆往南洋劝募公债并颁发委任状由

大总统令教育部核办甘霖呈请由美赔款项下给予官费游学美国由

大总统令陆军部选派卫兵驻参议院守卫由

陆军部通告各省都督各司令长速将卫生机关暨司药员造册报部电文（略）

外交部照会驻宁英美德日各国领事沪通商交涉使除清帝原有私产外所有清廷手内之动产或不动产均属国有不得私相授受由

内务部咨各省颁告新历由

号外附录

法　制

大总统令陆军内务财政三部照参议院议案将各省军政分府酌改为司令长不得干涉民政财政由（附议案）

案据陆军部呈开：统一军政、民政、财政办法，请咨参议院议定办法等因。据此，当即咨移参议院照议。兹据咨复前来，合就令行该部，仰即会同陆军、财政、内务三部，遵照原议妥为办理可也。此令。

原议案录左

查各省光复后，军政、民政、财政等权，往往归于同一机关，如军政分府，虽在一隅之地，而权限辄逸出军事范围以外，致民政、财政难于统一。今官制既未订定，急宜发布临时命令，将军政分府名目即日撤销。如地势上为应驻兵之处，应由该省都督酌设司令部，专管该处军事。所辟款项，开列预算，呈由都督核拨。其他民政、财政悉由地方官主政，司令部长绝对不得干涉。仍候官制颁行后，另遵通则办理。应祈饬由陆军部、内务部、财政部会电各省都督切实遵办，并令其将遵办情形随时电告各部，以资查考。

令　　示

大总统令法制局审定官职试验章程草案由

现在南北统一，兵事已息，整饬吏治，惟有举行官职试验，以合格人员分发各省，以资任用之一法。兹据内务部呈送官职试验章程草案前来。其所定试验资格及他项规定，有无尚须改订增加之处，合行令仰该局悉心审查，克日呈复，候咨交参议院议决。事关要政，切勿稽延。此令。

大总统令财政部委任汤寿潜林文庆往南洋劝募公债并颁发委任状由

案据该部因劝募南洋各埠公债事宜呈请委任总副理，会同前往等因。准此，兹特委任汤寿潜为南洋劝募公债总理，林文庆为劝募南洋公债副理，各给委任状一纸，附令颁发，仰即遵照转达毋误。切切！此令。

大总统令教育部核办甘霖呈请由美赔款项下给予官费游学美国由

兹据甘霖呈请由美赔款项下给予官费游学美国等因。查民国新建，奖励游学而培养人才，实为当今急务。但资格如何选派，学费如何筹措，应由该部统筹全局，酌核办理。合就将原呈发交该部，仰即查照核办可也。此令。

大总统令陆军部选派卫兵驻参议院守卫由

据参议院咨称，按本院办事规则第三十三条，应置守卫长一人，守卫兵四十二人。目下本院已完全成立，亟需添置守卫。查驻宁沪军，精神秩序皆有可观，请迅赐行知陆军部，就沪军中选派兵士四十二人，并遴选守卫长一人，常驻本院，以备守卫等因。查守卫事宜，关系重要，仰即迅速查照办理为要。此令。

外交部照会驻宁英美德日各国领事沪通商交涉使除清帝原有私产外所有清廷手内之动产或不动产均属国有不得私相授受由

为照会事。照得清帝退位，民国统一，按照优待清帝条件，有保护清帝原有私产之一条。除此项私产外，凡未退位前，在清廷手内之动产或不动产，自退位之日起，均属民国国有，其物主权不得私相授受。如有此项情事，我民国政府当视为无法律效力之买卖，必将该物产追还。除电知各国驻北京公使外，合行照会贵领事、通商交涉使查照，即希通告贵国人民、照会驻沪领事，并请其转告各国人民一体知悉可也。须至照会者。

内务部咨各省颁布新历由

前奉大总统令，现在改定阳历，应即编定历书，颁布全国等因。奉此，本部即派专员综合中外历书，体察人民习惯，采撷精要，迅即编成，呈请大总统核准后，即行付梓。现已印就，合即附印颁行全国。惟书成仓卒，印出无多，每省颁发五千部，其不敷之数，由各都督府翻印，以期普及而利推行。此咨。

附录：电　　报

成都都督尹昌衡、罗伦〔纶〕鉴：川省召集临时省会，权宜办法，自属可行。至议决权限，各省亦未一致，惟在斟酌情势为之。总统孙文。（南京去电十九）

北京袁大总统鉴：山西屡电请转知撤退太原兵，召还晋省都督。查前清兵在晋，确有野蛮举动，大拂舆情。现在中国一家，秦兵既肯退出潼关，何独薄于晋省。若晋督还晋，李盛铎仍为民政长，则一是安谧矣。谨布候复。孙文。（南京去电二十）

西安都督张凤翙鉴：南北统一，而升允反对共和，袁公亦主击之。如尊处兵力不足，可就近商袁部合兵。总统孙文。（南京去电十六）

广东各界团体并送各报馆公鉴：连接各界议举家兄为粤督之电，文未作答，非避嫌也。家兄质直过人，而素不娴于政治，一登舞台，人易欺以其方。粤督任重，才浅肆应，决非所宜。若为事择人，则安置民军、办理实业，家兄当能为之。与其强以所难，将来不免覆𫗧，何如慎之于始。知兄者莫若弟，文爱吾粤，即以爱兄也。谨布。孙文叩。简。（南京去电十七）

福州孙都督、彭政务长公鉴：迭接来电，彭君经营光复之事，文所素知，即光复以后，亦赖襄赞，诚如孙都督所言。现时外官制未画一，各省权宜之办法，自可照行。尤有言者，吾辈对于国事有所谓义务，无所谓利权，故责任未尽者，不能以引退为名高，此意尤望君等体之。总统孙文叩。祃。（南京去电十八）

南京孙大总统、黄陆军总长钧鉴：沪军都督陈其美，光复上海，亲攻制造局，几濒于危；规画苏杭，追复金陵，一切勋劳，均邀洞鉴，无俟赘陈。自建功沪上，保卫商旅，地方赖以安全。今虽南北筹统一，而大局实未敉平。陈都督立功苏杭，足资镇摄，亟当兼辖苏省，以一事权。所属人民同表欢迎之意。作霖等亦只为地方求治人起见，据实电陈，伏乞俯赐采择。地方幸甚，大局幸甚。商务总会陈作霖、沪南商会王震、商务公所朱佩珍、全国商团联合会沈懋昭、国民总会叶增铭、市政所长莫锡纶同叩。（上海来电十）

大总统鉴：民国初建，亡清法律，多不适用，刑法尤为最著。前嘱司法司人员，依据清法律馆编订未行之新刑律，酌加修改，凡不合国体政体各律，一并删去。并起草时，格于顽固党反对未行者，重加采择，都为三百九十条，名曰湖南现行刑法，现虽拟定，尚未颁行。以法制统一而论，应俟钧府编订刑法，颁布照行。然法院开幕在即，亡清现行刑律既不适用，又不能不指示一种法典，使法官有所依据，使人民有所率由。应否即以敝府所拟湖南现行刑法行之，抑仍候钧府颁定刑法行之，敬请迅赐核复，以凭照办。湘都督谭延闿。文。

大总统钧鉴：庚电敬悉。湘省自起义以来，纲运多阻，食盐缺乏，迭催湘商赴扬捆运。嗣因两淮盐政总局饬商去运，预缴厘课，每泻（？）厥价千两有零。商力不逮，致形观望。已屡电张总理，照章免扣。现在各局仓储告罄，若非川粤盐贩协济，民间早已淡食。然久任浸销，淮盐引岸势必被其侵占，淮湘饷需均有妨碍。兹奉钧电，有应行复陈者数端，分别于下：一、湘商在运，每票向只缴钱粮课捐千三四百两，其余厘课等项，均在岸扣缴，名为环（？）厘，以纾商力。今盐政总局于在运例缴之外，责令每引加缴银六两二分，商何能任？查在岸扣缴之款，内有预厘一两，淮厘一两八钱六分八厘，加课经费一两二钱一分三厘，新厘八钱，每引共四两八钱八分，拟从现在订运之盐为始，销竣后，全数由湘解交江南，俾照成案，岁以十四万陆百□十引为定额。其淮厘、预厘、新厘项下照案应拨大债赔款，一协各饷，均由江南统收，循章分拨。所有总局预缴厘课办法，应请转饬取销，已另电盐政总理。二、湖〔湘〕省盐税，并无指抵外债、径解税务司之款。其加价内有湘省拨解新案，赣款□文及土溜二文、海防二当（此处疑讹）存兄〔？〕候拨。三、湘商自阴历九月以后，在途之盐多被沿江军队扣留勒买，课本无着，商情疑畏，迄未请咨环遭（？）。应请分电沿江各省，切实保护。嗣后如系湖〔湘〕省票商在仪栈照旧章捆运之盐，一入湖〔湘〕境，即为湖〔湘〕省饷需民食所关，自应仍旧保护。至前因军饷孔亟，已向湘商借银三千两，原议分纲扣还，业据缴到四分之三，并无他项窒碍。四、湘省食盐，向系川、淮、粤并销，事权必须统一，早经设立盐政处，派员归例办理，如必另由张总长委员督销淮盐，徒滋虚糜。所有湖南盐政处长，应仍由湘委任，移文盐政总局。其应解江南之款，现已定有成数，即由该处随时报解，借免波折。

　　盐务一途，为民食所需，即饷源所出。且邻省既赖兹协济，洋款亦多资抵。自应互相维持，保全大局。区区苦衷，伏乞鉴谅。湘都督谭延闿。元。

　　天津张制台转安徽张抚台、济南张抚台、开封齐抚台、太原李抚台、各省制台抚台：顷接孙大总统阳历十九电称：南军各队业已电令停战〔止〕进行，据尊电所言，则或有未接布告而生误会者，今已严谕各军，切实遵守矣等语。特此布闻。新举大总统袁。效。（北京来电十五）

孙大总统鉴：咸电备悉。现在政体解决，元洪副总统及大元帅之职，已向参议院电辞，俟重新举定后，即行解职。尊处推荐袁公一节，此间同人均颇赞成，赴京代表，顷已委任，不日即附轮往沪，以便偕唐君少川等同行。特复。元洪。删。（武昌来电一）

孙大总统鉴：张勋军队既向山东退走，我军因徐州士民之请，刻已进驻徐州。此复。姚雨平叩。铣。（南宿州电二）

民立报转呈大总统，庄、蒋两都督鉴：宿境皂河、窑湾一带，前被北军占据，本日随曲君同丰、杨君桂堂往商，均已退出，收回地面，秩序照常，谨闻。民政长陈杭叩。铣。（宿迁来电三）

孙大总统鉴：顷接烟台胡君瑛来电云：前接鲁抚张广建电，嘱派代表赴济协商。瑛按鲁省非由兵力完全光复，与东南各省情形不同。况满廷已逊位，南北一律赞成共和，似宜和平解决，不必再启战端。现彼军退出黄山，顾我军复占黄县，似宜不再前进，以免冲突。互派代表接洽，冀解决，免重人民负担。是否有当，祈卓裁示复，并饬沪军讨虏队遵照。胡瑛叩。铣。云云。现议和事竣，廷已辞代表之职，此事应如何办理，请由尊处直接电告胡君。至祷。廷芳。巧二。印。（上海来电四）

孙大总统鉴：登黄举义时，同人公推连君承基为临时都督，辞不获已。胡君经武抵烟后，连君锐意退让，同人钦其毅力，仰其让德，坚留为鲁军总司令，强之再三，始受职。应即电闻，并

恳转知各省都督。山东共和急进会同人叩。（山东来电五）

　　孙大总统、黄陆军总长同鉴：迭接奉省赵督及军官等先后电称：奉省已赞成共和，改称中华民国，换悬五色国旗，改行阳历云。如蓝天蔚不再扰攘东方，大局可望保全。袁世凯。巧。（北京来电六）

　　孙大总统钧鉴：接海军部盐电敬悉。清帝退位，北方赞成共和，于十五日举行民国统一大庆典礼。海军人员无不欢欣鼓舞，已饬各船升旗放炮庆贺矣。据陆军部电传钧命，所有北伐军，悉改为讨房军，以符名实而免误会等因。芝铭念北来海军，势力颇厚，且整齐严肃，为中外所钦佩，旌旗所指，海面肃清。今既南北一家，彼此自无庸歧视。特内地交通不便，惟恐沿海各省尚未周知，因恳由大总统电谕鲁、燕各港口暨在港各军队，自清帝退位之日起，升挂民国五色旗一月。铭当率各舰亲往查视，其有不遵命令、不悬国旗者，当照伍代表之处（？）办理。是否可行，尚祈钧示。北伐海军总司令汤芝铭叩。铣。（烟台来电五）

　　孙逸仙先生鉴：来电悉。建设方始，伟论卓见，深为嘉佩。从此南北一家，联络一气，巩固共和基础，增进人民幸福，为五大洲之强国，实所至愿。姜桂题。（北京来电六）

　　孙大总统鉴：项城真电，谅已入览。此后组织中央，统一南北，及一切建设方法，在在皆重要问题，稍一失著，即足以启内讧而招外侮。阁下学识最精，内政外交，早深研究，当必胸有成算，解决进行。但刻下各省人心，尤必须协同一致，共襄大业，始易弭隐患而促成功。元洪于鄂属各军及各部处，业经本此意通饬，期相勉励。

其他省各机关处，应请由尊处通知，以便拔除意见，各秉大公，群趋于至当不易之办法，毋使民国前途稍有阻滞，实所欣祷。区区微忱，即希亮察施行。元洪。寒。印。（武昌来电八）

参议院及各部长、都督、议会鉴：鄂省临时议会举定刘心源为议长，已于今日开成立会。知念，特闻。删。（武昌来电九）

第二十二号
二月二十五日星期日

目　　次

咨

大总统咨黎副总统转达参议院公举仍为临时副总统并派专员赍送参议院正式公文
　令　示
大总统令财政部准安徽都督呈请拨盐分销由
陆军部通告各省迅将前清湘楚淮军昭忠各祠改建为大汉忠烈祠文
内务部批南京农务总会自治公所教育会商务总会等呈（略）
教育部批示江苏淮安府盐城县区长邵凌霄等呈请拨公产办学由（略）
教育部批示赣省军政府政事司呈送宣导所宣讲白话呈（略）
　纪　事
大总统祭蜀中死义诸烈士文
内务部警务局局长呈报办理警务学校并启用钤记呈
内务部警务局局长招考教练所学警示
内务部警务学校附设教练所章程（略）

杂　报

临时政府公报局告白三则

号外附录

咨

大总统咨黎副总统转达参议院公举仍为临时副总统文

兹据参议院咨开：本院接黎副总统电称：中央政府已准备重新组织，副总统及大元帅之职，应先辞退云云。本院当开会公决，谨从黎君之意，于二十一日开临时副总统选举会，全体一致公举黎元洪君为临时副总统。应具正式公文，恭请受任。兹特具公文一份，敬请大总统转达等因。准此，相应备文转咨，并特派本府参军黄大伟敬赍该项公文前赴尊处，即希贵副总统查照接受为荷。此咨。

令　示

大总统令财政部准安徽都督呈请拨盐分销由

据安徽都督孙毓筠呈请：皖省需盐甚多，请将财政部刻下所承办之芦盐一项速拨二十万包，交皖省分销。所得之款，解财政部支配等因前来。查该督呈称各节，系为维持盐食起见，应准如所请，即由该部照数拨给，其分销所得之款，将来仍由该部验收。为此令行该部遵照办理。此令。

陆军部通告各省迅将前清湘楚淮军昭忠各祠改建为大汉忠烈祠文

为通告事。照得民国统一，共和告成，中外人心同深欢忭，此实吾全国殉难诸烈士及战死将士铁血之功也。迩年以来，俊杰之士，飙发云起，东南厥始倡义，邹容、禹之谟之骈首，史坚如、杨卓林、吴樾之捐躯，徐锡麟注弹丸于满酋之腹，熊成基举烽燧于大江之涘，以及萍乡之役，钦廉之役，镇南关之役，黄花冈之役，最近武昌发难之役，金陵光复之役，北京暗杀之役，吴禄贞被刺于获鹿，温生才飞矢于羊城，彭家珍收功于丸弹，皆不惜牺牲性命，抛弃骨肉，或抗节虏廷，从容就义，或横罹党祸，慷慨捐生，其间赴汤蹈火，免胄冲锋，功未成而身先死，名湮没而不彰，如诸烈士者，何可胜道。虽殉难之先后迟速不同，而其爱民爱国之苦衷，耿耿不灭于天壤则一也。亟应立祠崇祀，荐以血食而恤幽魂。合亟通告各军政学报各界，迅将前清湘楚淮军昭忠各祠改建为大汉忠烈祠，详细访查各省尽忠大汉死事诸君子入祀其中，由本部特委专员前往致奠，以后即由执政春秋致祭，并于每岁民国纪念日恭行祀典，以为定例。一以慰烈士在天之灵，一以褫汉奸死后之魄，于以激励军志，发扬武气，蔚成民国无疆之盛业，达于四裔，岂不懿欤。须至通告者。

纪　　事

大总统祭蜀中死义诸烈士文

维民国纪元之二月二十有二日，蜀都人士以民国新成，大功底定，乃为其乡先烈士开追悼大会于新京，以慰忠魂。文既获与斯盛，谨以芜辞致祭于诸烈士之灵曰：呜呼！昔在虏清，恣淫肆虐，天厌其德，豪俊奋发，其谋倾圮，以清禹域。惟蜀有材，奇瑰磊落，自邹（邹容）迄彭（鼓家珍），一仆百作，宣力民国，厥功允多。岷江泱泱，蜀山峨峨，奔放磅礴，导江干岳，俊哲挺生，厥为世率。虏祚既斩，国徽矻建，四亿兆众，同兹歆羡，魂兮归来，瞑目九原。呜呼哀哉！尚飨。

内务部警务局局长呈报办理警务学校并启用钤记呈

为呈报事。本月五日奉总长令开，本部既已成立，改良警务，刻不容缓。而警务学校为养成警务人材之地，尤应迅速举办。仰贵局长兼任警务学校校长，所有权限职务，概照警务学校章程办理，仰即赴校任事。此令。等因。并颁发委任状一纸，章程一本，木质钤记一颗。润宇敬谨祗领，即日启用。为此呈报钩案，仰祈察核施行。须至呈者。

内务部警务局局长招考教练所学警示

照得保民卫国，警务在所必需；选贤任能，学校当负其责。南京为首善之区，所有各区巡警，理应切实改良。爰奉部长令开，速办警务学校，先招教练所学警二百四十人，以两个月为期，分科教授，为急则治标之计。【为】此示仰人民一体知悉，望照下开入学资格，由本月十三日起至二十三日止，携带照片来校报名，取阅章程，准于二十六日考试。毋得观望自误。切切！特示。

杂　　报

临时政府公报局告白一

各省官厅所有暂行条件、命令及职员之任免、迁转等项，均希随时抄送本局。其地方自治团体办理公共事业，如道路、卫生、医院、学校、救贫等项之经过及其成绩亦可随时抄送本局，登载公报，借觇地方之情况而彰民治之精神。

临时政府公报局告白二

各处有愿为公报贩卖所者，可将领报份数及贩卖区域、本人之氏名、年龄、职业、住所及贩卖章程，呈送本局核定，并须酌交保证金。其保证之金额由局长定之。

临时政府公报局告白三

嗣后各处定阅本报者，须将报费径寄总统府内临时政府公报局，由本局掣取收条，即饬发行所照寄。空函定报，概不答复。

（以上临时政府公报局告白三通，以后每期都刊载。均从略。）

附录：电　　报

黎副总统鉴：简电悉。查民国军兴以来，各战地将士赴义捐躯，伤亡不鲜，均赖红十字会救护、掩埋，善功所及，非特鄂省一役而已，文实德之。兹接电示，以该会前在武汉设立临时病院，救防掩亡，厥功尤伟。复经日本有贺氏修改会章，已得万国红十字会公认，嘱予立案等因。该会热心毅力，诚不可无表彰之处，应即命由内务部准予立案，以昭奖劝。孙文。梗。（南京去电三十三）

广东都督、省会、军团协会、各界团体公鉴：现委任汪精卫督粤，俟袁世凯来宁，精卫即返。其未到任以前，由陈督代理，不可更辞。各界不可再举他人。切切！总统孙文。梗。（南京去电二十二）

南京孙大总统、武昌黎副总统、各省都督、各司令长均鉴：十二日奉南北军赞成共和，持电与清军接洽钧电，敝军即与潼关清军致函，正在接洽会议，尚无冲突。惟甘军升允野蛮行动，毫无人道思想，乘南北军接洽之际，二月八、十二三四五等日，两路进攻乾、凤城池，幸而我军拼命死守，尚未失陷。升虏声称于阴历元日非克乾、凤两城，军官正法，克则重赏。似此强悍野心，无法与之接洽。特此奉闻，并恳速电示遵。凤翔叩。洽。

印。（西安来电二十一）

孙总统、各部总次长、法制院长、参议院诸先生鉴：总统自署名之特令，与关于各部用人、行政须该部长副署之令，应规定界限以专职守，并设机关通告，俾便接洽，以免纷歧。应否速由法制院拟定交院议，总统颁行。锦涛。号。（上海来电二十三）

孙大总统鉴：川省大局粗定，临时省会急应设立，惟国宪既未颁布，选举资格无从定准，且必待选举后始行召集，不免多费时日。但在权宜办法，可否即以旧日谘议局议员及各厅州县会之议长为临时省会议员。又现值军政时代，所应提交省会议决事件，究以何者为限，均恳电复以便遵行。四川都督尹昌衡、罗纶同叩。删（成都来电二十四）

大总统钧鉴，各部总次长、各省都督鉴：本省派张耀曾、顾视高、席聘臣为中央参议员，特此布闻。滇都督锷。（云南来电二十五）

南京孙大总统鉴：电敬悉。民国统一，南北一家，杨度家属等业已饬保护，乞告之胡、汪诸君。延闿叩。篠。印。（长沙来电二十六）

南京孙大总统鉴：川省迭经变乱，地方糜烂较各省尤甚。各厅州县年内应完丁粮等项，无从催收。而军饷一项，又较从前增多数倍，无计可施。乃于冬月二十七日发行军用银票三百万元，以济急需，限一年后筹备现银，分存各省银行或中央银行，陆续收回。现在发行伊始，省内敉觉畅销。原川省商务所及，范围甚广，倘外省不能通行，则四川因此受窘，军饷无出，终必影响各省。拟请先由中央政府电知各省，此后凡遇四川军用银票，仍应一律通用，令以活动市面。可否，祈电示遵。票式及发行简章另文呈查。尹昌衡、罗纶叩。支。印。（四川来电二十七）

孙、袁大总统暨各部总长鉴：退位诏下，全国共和，清鲁抚张广建、吴炳湘等前次取消独立，诛杀共和党人，拘禁无辜良民，东人切齿，誓不承认此等暴吏再留祸于山东。昨经各府代表在省垣公举胡君经武为临时都督，未到济南以前，暂推柳君成烈代理。已公电请胡君即日到济组织一切，祈速电复广建等退职，以顺民情。山东各府杨沅、薛玉清、于复元、张友溪、臧堪墭、于师谦等公叩。巧。（山东来电二十八）

南京大总统、陆军部、·内务部、卫戍总督钧鉴：前浙江统制吕本元在任多年，军民相安。去岁六月交卸职务，并未反抗民军，应请将发封房屋、器具准予启封给还，无任盼感。旅沪宁波同乡会虞和德、朱佩珍、夏启瑜、李厚礽、李征五、张寿镛等同叩。（上海来电二十九）

孙总统暨冯自由君转同盟会本部鉴：同盟会赣省支部即日成立事务所，设怡园内。马都督已加盟，余军政两界重要人物当陆续加入赣支部。会长吴铁城、易次乾。巧。（南昌来电三十）

南京孙大总统、武昌黎副总统、各部长、各都督鉴：阴历元日巳刻，南阳绅民宣布独立，公推吕君霞迺为豫南军政府临时都督，韩君邦孚为民政长，借维秩序。除电请襄阳派兵保护外，仍乞随时指挥进行。南阳绅商学军全体叩。（南阳来电三十一）

大总统孙、陆军部长黄钧鉴：霞电敬悉。起义以来，鄂省兵站次第成立，总监亦设月余。南京既设总兵站，支站亦有四处。鄂省兵站如何办理，祈示遵。鄂兵站总监胡捷之。印。（武昌来电三十二）

告　白

陆军将校联合会传单

径启者：国家多难，武事为先，欲谋辅助进行之方，必借集思广益之力。是以纠合同志，创设陆军将校联合会，结成一大团体，互相研究箴勉，铸成中华伟大之军人，以共济时艰。兹定于一月二十五号午后一时，假座三牌楼第一舞台开成立大会，议决详细章程及选举职员，以期本会日渐发达。凡我将校，届时务祈驾临是幸。

发　起　人

黄　兴	蒋作宾	林调元	陈　蔚	汪　迈	章亮元
茅迺封	黄朝元	刘燮元	张成礼	沈尚东	高兆奎
陆维达	柯　森	马嘉全	徐　同	何成濬	何国桢
李　馨	李实茂	卢润培	潘荫椿	俞钟彦	徐家镕
张鹗翎	黄　中	仇　亮	官成鲲	李　勋	陈懋修
黄煃元	耿觐文	杨廷溥	官其彬	陈汉钦	陈雄修
张承礼	许葆英	舒厚德	陈　晋	李书城	沈郁文
张华辅	何　澄	黄　郛	戴鸿渠	薛　同	陈　乾
翁之麟	何鸣皋	汪　略	刘燮成	余晋和	张绪文
陈　华	汪　韬	冷秉炎	胡宗铨	戴　任	陈凤韶
程　强	胡培新	高宗远	李华英	舒学成	奚　政
汪时璟	黄均恩	何应钦	黄国华	金同寿	蒋　珩
张志豪	张　灯	张全吉	邓镕渠	汪有容	黄岐春
陈裕时	范滋泽	赵　鳌	阮　鸿	高冲天	彭光湘

劳远基	常士彝	凌敏刚	张　俊	胡万泰	陈　晟
徐之鉴	熊宝慈	张　群	尹兆尘	田辅基	邓翊华
熊　烈	孟　晋	孟　宏	杨兆淞	宋长胜	徐　涛
徐　衡	高毓隆	刘　毅	周应时	皮广生	叶文英
黄桂华	周凝修	黄尔宇	邓质仪	彭明俊	尹同金
朱先志	王观镐	夏观天	刘　汉	何苪诚	李焜甫
方　荣	徐绍桢	郑廷钧	杜淮川	郑弘谟	李茂盛
徐振中	路孝愉	王有才	汪　达	王有丙	许衍祥
黄诗选	黄胜奎	张宏斌	孙先岐	陈玉书	陈丙炎
蒋家骥	张　栋	黄尔乾	吴德霖	陈立生	刘　浏
金如鉴	朱　岺	许文瀚	黄湘元	许国馨	李得胜
陈正东	邹　煜	张智恩	方　清	杜　持	徐文澄
骆咏曾	张　毅	马玉衡	高维邦	俞　腾	熊一弼
熊湘杰	杨得清	宋　琪	张福胜	陈庆福	朱俊业
沈汉卿	徐春年	洪　恪	金　让	季　亮	

赞　成　人

陈长虹	张元骞	黄家濂	文锡祉	曹纪泰	李思广
刘长誉	赵　光	杨葆毅	支士端	张诸文	沙涌潮
沈光怡	许春荣	李雅章	成大材	余晋和	何浩然
杨志澄	张　侯	黄世豪	汪瑞钧	王吉元	沈　靖
杨言昌	刘器成	龚维疆	陈　晋	陈其蔚	庄　鳌
程云飞	缪庆禧	王裕光	淳于玉龙	曾枥超	陈虹煃
项泽蟠	陈　槐	江恢阅	魏超中	陈虹奎	严康侯
蒋　瑜	张兆第	林之夏	卢东瀛	夏文龙	留芝芳
左炳焘	王志阮	陈其璋	张锡祖	张人武	陶　熙
宁元庆	滕　璧				

第二十三号

二月二十七日星期二

目　次

法　制

陆军部规定入伍生队条例

咨

大总统咨参议院在稽勋局内设捐输调查科文

司法部咨各都督调查裁判检察厅及监狱文（略）

财政部咨各都督划分收支命令机关现金出纳机关权限文

内务部拟定公文用折及封套式样咨各部暨各都督文（略）

令　示

大总统令陆军内务两部通饬所属嗣后查封房屋及借民房办公分别饬咨南京府知事文

大总统批旅沪甘肃同乡会康新民等公举岑春煊为甘肃都督呈

内务部注重春耕通告各省电文

财政部在上海添设本部军用钞票兑现处示

内务部令南京府知事调查前设旗产调查处由

内务部批江宁商会请核办沈步昭等酌议保护房屋办法呈（略）

陆军部招考入伍生队示

纪　事

外交部为和属华侨被和官强加横暴致海牙中国公使电文

外交部为和属华侨被和官强加横暴致新选大总统袁电文

外交部为和官横暴事复巴达维亚华侨电文

外交部为和官横暴事再致新选大总统袁电文

外交部为和官横暴事三致新选大总统袁电文

杂　报

教育部通告

号外附录

法　制

陆军部规定入伍生队条例

第一章　总则

第一条　本队命名为陆军入伍生队，卒业后升入军官学校。

第二条　本队学生年龄十八岁以上二十五岁以下，体格强壮，曾在普通中学堂毕业（及有中学毕业相当之程度者）试验及第者，方为合格。

第三条　入伍生在队期满，由总队长督同各科队长、营长、连长严加试验，将其成绩品行汇送军官学校，以备查核。

第四条　入伍生在队一年分为三期，第一期充一等兵阶级六月，第二期进充上等兵阶级三月，第三期进充下士阶级三个月期满，进充中士阶级，升送军官学堂。

第五条　入伍生服装以兵士阶级为准，惟于领章左右缀十八星旗章一颗，以为特别徽记。

第六条　入伍生如犯有左列之事项即行开除：

一　紊乱军纪，违犯规则及品行不正者。

一　学力缺乏，不堪为入伍生者。

一　将来无军官之希望者。

一　有疾病伤痍不堪服役者。

第二章　编制

第七条　本队编制除本部外，所有各兵科入伍生编制按照学生人数多寡，由陆军部部长酌定饬遵。

第八条　队本部编制总队长（右将军）一员，步、骑、炮、工、辎重各兵科队长（大左）（都尉）各一员，副官一员，二等军医长一员，二等军医一员，司药一员，二等军需长一员，二等军需一员，书记四员，司书四名。

第三章　教育

第九条　入伍生入队后，分编各兵科。按所充阶级，服习各种勤务，并授以军事学术，尤以鼓铸其坚确之志操，陶冶其高洁之品性，以养成他日干城之选。

第十条　入伍生之教育既分三期，其各期教育应按照其阶级分别教授，以资历练。

第十一条　军事学术课之余暇，应使其补习普通学，由各军官担任教授。

第十二条　为催促入伍生学术之进步计，并施行将校团及下级干部之教育。

第四章　职务

第十三条　总队长统辖及命令全队教育、内务、军纪、风纪，并卫生经理事宜。

第十四条　总队长直隶陆军部，得以开除学生，但事后须报部存案。

第十五条　各兵科队长禀承总队长，掌管各营连之教育、内务以及学生之军纪、风纪。

第十六条　各营长及独立连长均承各科队长之命令，掌理各营连教育、内务。

第十七条　二等军需〔医〕长承总队长命令，指挥各军医掌理全队卫生事宜。

第十八条　二等军需长承总队长命令，指挥各军需掌理全队卫生事宜。

咨

大总统咨参议院在稽勋局内设捐输调查科文

民国建国为十数年来志士之血所沃成，此国人所公认。前已咨请贵院建议设立稽勋局，详细调查，分别等次，量予赏恤，发扬国光，表彰潜德，为目下切要之图，贵院定表同意。惟义旗之举，必有所资，诛锄民贼，非可徒手。或助饷于光复之日，或输资于暗杀之辰，毁家纾难，实无以异于杀身成仁。在当日党人筹措军债，曾许偿还。虽出资者，以义忘利，而民国坐享成功，莫为之报，何以昭大信而劝方来。本总统以为稽勋局内可附设一捐输调查科，专调查光复前后输资人民，其持有证券来局呈报，或由他项方法确实证明者，就其输助金额给以公债票。为此咨请贵院归并前案，早日议决咨复，以便施行。

财政部咨各都督划分收支命令机关与现金出纳机关权限文

为咨请事。照得财政首在杜绝弊混，而杜绝弊混又必先自划分收支命令机关与现金出纳机关始。各国管理现金均委之金库。惟民国成立，为时未久，金库制度尚未厘定，势难一蹴而跻完善。本部参酌现在情形，暂命库务司为现金出纳机关，会计司为收支命令机关，使之互相对待，互相监督，以为急则治标之计。但中央财权现时未能统一，各省尚有直接自行收支之款。相应咨请贵省查照，将收支命令机关与现金出纳机关划分权限，俾清职守而归划一。须至咨者。

令　　示

大总统令陆军内务两部通饬所属嗣后查封房屋及借民房办公分别饬咨南京府知事文

据南京府知事呈称：窃维民胥望治，闾阎首贵保安；官有专司，政令必须统一。当京畿光复之初，各军队封存房屋作为办公、驻军之用者，不过一时权宜之计，原非得已。今秩序日渐恢复，亟宜力图治安，凡假托名义擅自查封房屋、搜抄家产诸弊端，必须切实防杜。知事职司行政，视事伊始，凡对于江宁、上元两县人民之财产，自当首先完全保护，何敢瞻徇玩忽，至使地方于干戈之后再有扰害之虞。兹为公安起见，理合呈请大总统鉴核，俯赐通饬各部驻宁各军队，嗣后如遇有须查封之房屋及借民房办公者，可分别饬咨知事，就近派员查明发封，以安人心而维大局等情前来。查财产之重，等于生命。光复之始，大敌当前，军情危迫，对于人民财产保护或不无疏虑，征取亦多无限制。现在南北统一，革命事业完全告成，劳来安集，诸待经营，一夫不获，公仆有责。该知事所请甚为切要之图，应即照准，合行令仰该部遵照办理可也。

大总统批旅沪甘肃同乡会康新民等公举岑春煊为甘肃都督呈

自民国成立以来，宪法尚未规定，各省都督皆由自举。今甘肃旅沪同乡会决议举岑西林为甘省都督，于事理实属可行。惟必本省赞成之人多数同意允担任筹备进行经费及先商请岑西林允肯就任，本总统乃能发给委任状以委任之。此批。

内务部注重春耕通告各省电文

武昌黎副总统、各省都督均鉴：战端既弭，民事宜先。兹值春耕伊始，诚恐人民因转徙流离，荒弃农业，则春耕既未尽力，秋收必受影响。祈速令各地方官出示通告，俾各安心乐业，注重民事，则生计得免困蹙，而国库赖以增加，民国前途幸甚。内务部。印。

财政部在上海添设本部军用钞票兑现处示

照得本部前在南京发行军用钞票，信用昭著，现已一律通行。除在南京中国银行内附设本部军用钞票兑现处外，兹为谋商民利便起见，定于本月二十三日起，在上海三马路中国银行内再附设本部军用钞票兑现处。倘有持票赴沪欲兑现洋者，可在该处兑换，以广流通而昭信用。此示。

内务部令南京府知事调查前设旗产调查处由

自南京克复以后，对于旗民公私产业，前曾设有旗产调查处，从事办理。惟当日临时政府尚未组织完密，一切行政多涉分歧，未能统一。查此项调查旗产事宜原应归本部管理，现在南北既经统一，务合汉、满、蒙、回、藏为一大民族，所有旗民生计，尤宜急为筹画。合亟令行该府迅即前往密查，该处开办以来，所有调查方法是否完善，主办人员是否得力，诸凡待查事件，目前已否就绪，仰即逐一查明，克日据实呈报，毋稍瞻顾。切切！此令。

陆军部招考入伍生队示

为招考事。照得本部为注重军事起见，特创办入伍生队，专收中学毕业之志愿为军人者，授以完全军士教育，卒业后升入军官学校，以备各军队将官之选。所有此项入伍生队组织办法，除另订专章外，合行出示招考，俾众周知。为此仰全国学生知悉，如具有后开资格而志愿军学者，应即妥觅保人，备具相片，从二月二十五日起至四月初十日止，前往南京江宁府入伍生队报名，听候示期试验，幸勿自误，以副本部教育人材之至意也。切切！特示。

计开投考资格如下

一　年龄　　十八岁以上二十五岁以下。

一　程度　　中学毕业及有中学毕业之相当程度者。

一　体格　　强健无暗疾，视力充足者。

一　考验科目①　国文、代数、几何、三角、物理、化学。

纪　　事

外交部为和属华侨被和官虐待致海牙中国公使电文

中国驻和公使鉴：接和属巴城、泗水、朝埠华侨电称，各该处侨民庆祝民国统一大典，和官干涉，撕烂国旗，伤杀掳禁多人，封报社，禁通电，迫全体罢市，复被威吓开店，危急待救等语。似此横暴，实伤中和两国交谊。除电袁总统与和使力争外，希向和政府严重交涉。外交部。漾。

外交部为和属华侨被和官虐待致新选大总统袁电文

北京新选大总统袁钧鉴：顷接荷属巴达维亚电称，华侨全体删日升旗，补祝大典。荷官派马队强迫下旗，并撕烂国旗无数，刺伤数人，掳人数十。事关国体民命，恳速交涉，并复办法。巴城华侨全体叩等语。请速就近向荷使交涉，以存国体而慰侨望。外交部长王宠惠叩。箇。

外交部为和官横暴事复巴达维亚华侨电文

删电悉。已尽力向荷使交涉。王宠惠。箇。

---

① 第二十八号公报局广告："考验科目条内，添刊历史、地理两科。"

外交部为和官横暴事再致新选大总统袁电文

北京新选大总统袁钧鉴：顷接和属孟嘉锡侨民代表宏远号电称：朝埠霰日升旗，补祝庆典。和官强夺国旗，拘捕侨民，辱国实甚，乞鼎力交涉等语。请查照简电，并案交涉。外交部总长王宠惠叩。祃。

外交部为和官横暴事三致新选大总统袁电文

北京新选大总统袁钧鉴：顷接上海华侨联合会电称：接爪哇泗水埠来电：旧历元月二日，因升旗燃炮事与荷警察争执，闹起风潮，当场被捶毙三命，重伤十余人，掳禁百余人，书报社被封，外埠来电被截，荷兵日日乱掳，全体罢市抵制，复以兵力嗉吓开店。事在危急，迄速解决对付，否则民不聊生云云。乞设法拯救华侨。联合会叩等语。华侨在荷属举行庆典，并无不合。荷官无理干涉，至于毙伤人命，掳禁多人，封闭报社，断截交通，种种横暴，实属有伤中荷两国交谊。乞向荷使严重交涉，并先见复。切盼。外交部总长王宠惠叩。漾。

杂　　报

教育部通告

本部现因学校令尚未颁布，故于办理学校之人到部呈请立案者，一概从缓批准。诚恐外间或有误会，为此登报声明，嗣后学校经本部批准立案者，必以登载公报有准予立案字样者为凭。此布。

附录：电　　报

孙大总统鉴：养电悉。谭都督无遇险事。特复。元洪。漾。

叩。（武昌来电四十一）

宁孙大总统鉴：和议期内清兵违约袭诸城，大肆劫掠，杀民军、平民四百余，曾经何旦密电陆军部。近退位诏下，仍借口搜匪，劫夺乡城商绅，捕去平民若干，立杀剪发学生五人，迫捐抄没，凶横已极。祈速设法禁止。诸城议事会员臧伯壎等公叩。（青岛来电四十二）

孙大总统暨参议院鉴：东抚张广建与警道吴炳湘，朋比肆虐，倒行逆施，封报馆，禁议会，仇杀党人，摧辱士绅，于宣布共和后之二十五至三十等日，诸城一带，捕杀民党数人，纵兵殃民，淫威惨酷，近复运动袁新总统，觊觎都督。东人誓死不承认。我胡都督瑛，鲁东西各郡县一体欢迎。恳速电促胡都督来济，统一政权，以苏民困，不胜迫切待命之至。东全省商会、教育会、绅学界各团体暨居烟各界公叩。（烟台来电四十三）

南京孙大总统鉴：鄂省自起义以来，血战数十日，尸骸枕藉，伤残无算。幸赖中华红十字会在武汉设立临时医院，救治被伤兵士，并施掩埋。兹查该会已由日本赤十字社长松方侯爵特派法学博士有贺长雄来沪，商榷修改会章。复承日本介绍，得邀万国红十字联合会公认该会为中华民国正式红十字会。此次民军起义，东西南北各省均设立分会共五十余处，所费不资，其功甚巨。如此热心慈善事业，似不可不特别表彰。伏恳准予立案，揭诸报章，以资提倡而重诚感。是为至要。元洪。箇。（武昌来电四十四）

南京大总统、各部总次长、参议院、武昌黎副总统、各省都督、各军司令、各军政分府公鉴：顷准北京蒙古联合会电开：本会前次养电已得直、豫、晋、鲁、苏各省暨伍代表、孙中山先生、黎宋卿复电均表同意，兹由本会备文陈请项城袁公，其文如下：天佑吾国，赖公之力，确定共和。际此建设方新，非得声威显著之人，不足当统理南北政府之任。我公于大局事，始终苦心孤诣，不恤疑谤，不避险艰，卒能措天下于泰山之安，跻五族于和平之域。功在寰宇，德在生民，凡属有知，同深推戴。查蒙古各部，因时艰孔棘，外侮方滋，本会同人等，前次钦仰我公威德，知必拯此横流，是以联合同人，力为维护，不令于共和一举别生异议。现大局粗定，自请我公仍任其艰难，免生枝节。现已通电各处，由本会代表全蒙推公为统一政府临时大总统，谨再代表全蒙具函陈请。务恳我公力任天下之重，以系众心，俾同人等亦可借手助筹绥驭蒙疆各务。临颖不胜翘盼。谨祝幸福。蒙古王公联合会。等因。特达。陈其美叩。箇。印。（上海来电三十三）

大总统、副总统、各部总次长及各省都督均鉴：本省派张耀曾、顾视舆、席聘臣为中央参议员。特此布闻。滇都督蔡锷。蒸。印。（三十八）

大总统、参议院、各部总长、各省都督均鉴：敝省前派参议院职员王善达君业经辞职，刻已改派胡绍斌君。特此电达，即希查照。皖都督孙毓筠。祃。（三十九）

孙大总统鉴：电悉。查晋省驻兵系由英、义使特请保护洋人，如因撤兵，稍生扰攘，其责甚重，故不得不慎重。晋省谘议局及国民公会拟令阎军驻忻州，而又有少数人请回驻者，所请不协，无所适从。已派员偕同晋绅赴晋查明情形，妥商办法。否则共和一致，何苦劳师糜饷，常戍瘠区，无非欲保全秩序，为地方谋幸福耳。如谓薄于晋省，未免误会太甚。晋省业已糜烂不堪，深望诸士民协力保全桑梓，使民人早得安乐，又何必妄逞意见，贻害乡里耶？以上云云，祈公代转是幸。袁世凯。养。（北京来电三十四）

大总统、外交部、参议院鉴：顷接爪哇泗水埠来电录呈：汪会长鉴：万急。旧历元月二日因升旗燃炮事与荷警察争执，闹起风潮，当场被捶毙三命，重伤十余人，掳禁百余人，书报社被封，外埠来电被截，荷兵日日乱房，全体罢市抵制，复以兵力嗾吓开店。事在危急，乞速解决对付，否则民不聊生云。乞设法拯救。华侨联合会叩。（上海来电三十五）

孙大总统、黄元帅、两会长先生鉴：民国成立，薄海欢庆。两公艰难险阻暨诸同志喋血捐躯，以有今日。固同胞之幸，吾党亦与有光荣也。此间蜀军独立，缔造仍多系同人。四方党员来归日众，群思北伐，以清房孽。顾维光复之始，百政待兴，虽复天下为公，不矜同异，然未有国民而无政党组合者。以数十年结合坚固之盟，一旦听其消散，揆之事理，窃有未安。且北房一日未灭，同人仔肩一日未卸，设施种种，复须尽力。而义旗既张，无所秘守，可否即以本会改为政党，联结大群，赞扬民政，既泯狭义自私之嫌，复收集思广益之效。唯兹事体大，本部已否筹有正当办法，四川一隅，未便自行歧异。用特专电请示名称、宗旨、选格，恳一一详复，以便祗遵，无任翘企待命之至。同盟会四川支部临时干事杨庶堪、石运光、黄金鳌、龚廷栋叩。印。（四川来电三十七）

南京孙总统钧鉴：盛复电云，废约事正商三井。据称三井与宁政府所定之约易废，至公司合办草约，须即开股东会议决再废。勋叩。

　　陆军部黄总长鉴：陆密。湘省十分安稳，毫无乱事。顷阅袨日陆密，特复。延闿敬叩。（长沙来电）

第二十四号

二月二十八日星期三

目　次

咨

大总统咨参议院议决文官考试与外交官及领事官考试令草案文

令　示

陆军部令各军队速种牛痘由（略）

陆军部拟裁撤军政分府通告各都督电文

交通部令宁省铁路局迅将开车时刻妥为规定由（略）

交通部令沪宁铁路局收用南京上海军用钞票由

南京巡警厅令各区设立巡警传习所文（略）

纪　事

外交部为和属华侨被虐事四致袁新选总统电文

又五致袁新选总统电文

外交部职员名单

杂　报

南京巡警厅据区呈送迷路男孩崔连喜发送贫儿院收养广告（略）

交通部为添开沪宁夜车广告附时刻表（略）

号外附录

咨

大总统咨参议院议决文官考试与外交官及领事官考试令草案文

任官授职，必赖贤能；尚公去私，厥惟考试。兹当缔造之始，必定铨选之程。前经令行法制局拟订文官考试章程，今据该局将所拟文官考试委员官职令与文官考试令暨外交官及领事官考试委员官职令与外交官及领事官考试令各草案缮具前来，合行提出贵院议决。又昨据内务部函称，各处待用之士，荟萃金陵，而各省办事人才，反觉缺乏，则文官考试实难再缓等语。按之现在情形，诚如该部所云。今拟请贵院将文官考试委员官职令与文官考试令草案提前议决，以便颁布施行。此咨。

令　示

陆军部拟裁撤军政分府通告各都督电文

黎副总统、各都督鉴：满清退位，南北统一，大局将底和平，恢复秩序，整饬纪纲，实为目前要举。查军兴以来，各省以军事之要求，多于适要地点设立军政分府，以资镇慑。现战事已将告终，民政应设专员，军政应筹统一，军政分府多属无用。希贵都督酌量情形，将所属军政分府分别裁撤，以一事权。又，战争方殷之际，各省兵卒皆仓猝招募，编配入伍，兵格既属参差，服装饷械亦多缺乏。现南北军队，维持秩序，剿灭匪徒，尽可敷用。凡各省军队宜就各该省情形，酌留若干外，务希设法遣散，俾免滥竽。事关大局，敢祈竭力施行赐复为叩。陆军部黄兴。皓。

交通部令沪宁铁路局收用南京上海军用钞票由

案准大本营黄咨开：现据下关支站长面称，南京军用钞票沪宁铁路车站有不收用之说，询其原因，以南京军用钞票，上海不能通用之故。查上海军用钞票该路局向来收用，南京军用钞票自应一体照收，况南京、上海均设有中国银行，尤当彼此兑换。如果南京钞票不能流通上海，不特于交通诸多妨碍，即财政问题亦大有关系。除咨请财政部分饬南京、上海各中国银行，毋论南京、上海军用钞票一律兑换外，相应咨请贵部谕饬沪宁铁路总办钟文耀，转饬所部各站长知照，所有南京、上海军用钞票一体收用等因到部。准此，查军用钞票原为辅助现币起见，自应一体收用，以资流通。且上海、南京等处均设有中国银行，可随时兑现，与不换之票性质迥殊，即施之商家亦毫无亏损。如此仰该总办即日谕饬各站长，沪、宁军用钞票一体通行，是为至要。此令。

纪　　事

外交部为和属华侨被虐事四致袁新选总统电文

万急。北京新选总统袁钧鉴：顷又接泗水华侨急电称：敬日和官加调马步兵，围掳男女小儿四百余人，死伤未查悉，书报社、国旗被碎，枪声轰轰，如临大敌，呼救无门，闭户待毙，非兵力保护不可，否则玉石俱焚。全体代表同叩等语。本部迭接此等急电，业即转达，原冀由尊处就近向和国代表交涉，以期迅速解决。讵事阅数日，连上数电，均未见复，殊深焦灼。民国初立，岂尚忍如满清政府，放弃责任，膜视侨民。今侨民罹此惨祸，若不速为拯救，恐受人虐待，将日甚一日。此时惟有责令和代表迅电和官，立将被掳诸人释放，并为死伤及损失财产者索偿。和代表如何答复，即希电示。切盼。外交部总长王宠惠叩。径。

外交部为和属华侨被虐事五致袁新选总统电文

北京新选大总统袁钧鉴：敬、径电悉。顷复接泗水电称：连日搜掳已达千数，无法维持，乞速电华、和两使转电爪哇和官，速释以保侨商等语。

查和属治理华人有所谓 Polizio Roll 者，按照此律，凡华人因事被逮，不准向寻常裁判所起诉，必先监禁七日，然后提交甲必丹，任意定罪，不准本人或倩律师辩护，定罪后即为终审，不能上控。此等苛律只施之于中国人。前清政府膜视侨民，不能力争，实堪痛恨。应请向和国要求，所有被掳华人，必须由寻常裁判所正式审判，且许其雇用律师辩护，一切看待不得与他国人之在和属者有所歧异。

至于国旗虽未经正式承认，然此次庆祝，凡华侨之在各国居留者，均有升旗，不闻外人干涉。独和属有此惨剧，此皆和人向来虐待，特借升旗为口实耳。且升旗庆祝，断不致妨碍治安，必系向来鱼肉华人之警察，横加干涉，激成此变。窃以为和官之悖谬有四：举行庆典，无国无之，何至伤杀多人，一也；升旗只一日之事，而株捕至今不止，二也；升旗与妇女小孩何涉，而株连竟及于数百之无辜妇稚，三也；国旗既被撕毁，何以复封报社、禁通电，四也。

现在海内外函电纷驰，人心激昂，已臻极点，若无满意之交涉，恐激成他变，更难收拾。乞据此严诘，并将交涉情形随时电示。至盼。唐、汪两君处存有密码可借用，并闻。外交部总长王宠惠叩。宥。

外交部职员名单

参　　事　　王景春　荐任

秘 书 处

秘书长 关 霁 荐任　　　秘 书 罗文庄 荐任

秘 书 李景忠 荐任　　　秘 书 周诒春 荐任

秘 书 万声扬 荐任

外 政 司

司 长 马 良 荐任　　　主 事 尹起凤 判任

商 务 司

司 长 冯自由 荐任　　　签 事 王治辉 荐任

编 译 司

司 长 徐 田 荐任　　　签 事 陈治安 荐任

庶 务 司

司 长 梁巨屏 荐任　　　主 事 许传音 判任

主 事 王斯林 判任　　　主 事 李裕钟 判任

录 事

汪 铮 判任　　　　　　张士藩 判任

戴翊文 判任

附录：电　报

北京袁总统鉴：起义以来，兴等本意全在扫除专制，拥护人权，以立国本。现时南北统一，共和成立，建设方殷，公素著伟抱，此间军民企盼甚切，前已连电劝驾，谅蒙鉴察。兴素不习兵事，于戎马仓皇之际，猥以菲材，承乏陆军，久荷重任，日夜惶悚。兹值和平盛会，战事告终，才智之士，飚举云集，自惭学谫，无补平时，亟思引退，以避贤路。惟是南京自光复以后，军队屯驻颇多，现正从事整饬，将经手事项，一律检清，使各安堵，以侍公至。一星期内即可完竣，兴便当遄返故林，长享共和国民幸福。务恳速简贤能接充，以重军务，实所深感。比者外间言论，或疑临时政府诸人意欲恋据要津，此中误会未免太甚。在北方未实行宣布赞成共和以前，兴等以为大业未竟，各省同胞，尚有隔阂，民国基础，或致动摇，视此危机，责无旁贷，则诚不能置身事外矣。今南北一家，总统得人，民国从此万年，迥非当日比也。吾辈十余年兢兢业业以求者，真正之和平，圆满之幸福。今目的已达，掉臂林泉，所得多矣。区区此心，惟亮察焉。黄兴敬叩。（南京去电五十二）

徐州电局转镇军柏军长、湘军柴司令、粤军姚司令，清江蒋都督、孙司令，扬州徐司令、上海陈都督转陈汉钦君、安庆孙都督转皖北各军司令均鉴：顷广东香、惠两军来电，大不满意于新大总统，并云决意北伐等语。果如此，于大局实有关碍。项城处两难地位，苦心孤诣，致有今日，其功实不可没。孙总统顾全大局，早有此意。粤东明达者居其多数，此事必系一二无识者所为。务希洞观时局之危急，曲体孙大总统之美意，互为劝阻。祷切盼切。陆军部。哿。（南京去电五十一）

北京袁大总统鉴：奉天、哈尔滨、黑龙江等处官吏反对共和，惨杀民党。当此南北统一，拯救民生，维持秩序，最为要策，岂容东省官吏破坏全局。况北满介于两大，更不宜有阋墙之祸。祈速电阻妄杀，并将段军就近弹压，保护大局，国民幸甚。孙文。梗。（南京去电四十七）

万急。各局：此处兵变，局毁。同禀。（大同府电局来电十六）

孙大总统、外交部总次长鉴：泗水华侨被官虐待一案，敝会举林文庆、庄啸国为代表，本早晋京面陈。华侨联合会。（泗水

来电五十四）

孙大总统鉴：晋省驻兵未撤，忽又发生都督问题，纠葛益多，请速派员向袁交涉退兵，并调和双方意见，俾得统一。至为盼祷。旅沪晋同乡会叩（上海来电五十五）

孙大总统鉴：闻袁派李盛铎督晋。民国都督并无此例，晋省全体人民绝不承认，恳公主持为盼。旅沪晋同乡会叩。（上海来电五十六）

各报馆转孙大总统、黄总长暨都督、各司令鉴：驻皖青年军总军监兼第一大队军监韩衍直道而行，愠于群小，誓牺牲一身，为民求福。其人居心光大，无待赘言。同人等惟德是依，为世界争此是非，万不至阿私所好，为韩公作辩护也。前日有假我全体队员名义，一再发电污蔑，我青年军全体具在，义不能为鬼蜮冒此恶声。合电声明，尚乞公鉴。驻皖青年军大队长廖传仪，中队长夏雷、林松龄、沈万培、范鹏举，司旗长杨汉臣，军需长□建方，稽查长冯元善、王少陵、孙照斗、胡万纪，军械长孙多同，书记长刘道章，司务长潘廷栋、周志元、刘月尧、吴锡麒，书记汪树德、黄象班、安庆普、严鼎新，排长杨敏、林汉青、鲁昭明、吴冠军、刘兰宝、陆大猷、年东昇、王振新、徐孝质、何述鼎、韩开科、戴瀛洲等代表全体三百六十队员叩。（安庆来电五十七）

孙大总统、参议院、各国务大臣、武昌黎副总统、各省都督、南京晋代表，北京、天津、广东各报馆钧鉴：山才力绵薄，勉执革鞭，力无一成，汗颜曷极。幸赖全国上下，戮力一心，民国统一，共和目的，完全达到，于愿已足，夫复何求。况破坏局终，建设方始，自顾驽钝，实非其才。刻已电恳晋民公会及谘议局另选贤能来忻接替，一俟继承得人，山即解除兵柄，长揖归田，与四百兆同胞共享自由幸福。肃此先布，伏希垂谅。晋军大都督阎锡山叩。箇。（忻州来电五十八）

孙大总统、参议院、各部处卫戍总督、各镇协、各省都督、各军政分府暨各报馆同鉴：效电敬悉，甚惬本怀。不意皓、哿两电传示，复承诸父老、昆弟错爱，竟推洪蝉联前职，殊深惭悚。窃念义军发起之初，以迄民国完全成立，皆全国同胞共同之力，洪何人斯，敢忝副职。只以辞职不获，兵事未终，权从众志，随诸公后。今南北和同，兵力永息，项城秉国，人望攸归，洪之才力实难比肩，谨以临时之局，暂悖公民之命，仍望诸大君子，鼎力建设，奠定民国。一俟端绪就理，仍当归耕南亩，为一自由之公民。如蒙时惠教言，不胜翘企之至。元洪。祃。（武昌来电五十九）

政府孙大总统鉴：济州新城县尹吴士剑，破坏共和，拘留绅民。请转电袁总统速撤该尹，以维治安。新城绅民代表王承继、张正源、崔凤信等同叩。（周村来电六十）

孙大总统、黄内阁总理、黎副总统钧鉴：顷接襄阳来电，中央政府成立，公等力任其难，钦佩无既，百拜以祝。而今尔后，政令划一，事权无歧，同胞幸福当无量矣。敝省举义后，屡电报告，想入尊览。目下庶政初就，急待尊命布置一切。谨此奉闻，敬颂公祺。秦陇都督张凤翙叩。谏。（西安来电六十一）

南京孙大总统暨陆军部长黄、蒋诸公鉴：丰二十二日抵韩庄，拟先到济南，以观建设，并察看情况。现在沿途军队、百姓

均相安谧，请释锦怀。曲同丰叩。敬。（韩庄来电六十二）

南京孙大总统鉴：具奉尊电云，安庆孙都督请饬赵督释放柳大年、张涵初等因，当即电赵。兹据复称，柳大年、张涵初于阳历二月二十三日遵送赴秦皇岛航沪等语。特闻。袁世凯。敬。（北京来电六十三）

孙大总统鉴：梗两电悉。东三省官吏，初有异辞，现已冰解。昨据吉、黑两抚合电称，哈埠华俄杂处，前和平解决，江省亦换挂国旗，请抒廑念等语。至张都督凤翔电称主张一节，想系前事。现潼关周统领符麟等已与西军接洽，并于二月十八日两方将领全体在潼关欢会，联成一家矣。并闻。袁世凯。敬。（北京来电六十四）

南京孙大总统、黄陆军部长崇鉴：顷接蒋都督来电云：清淮米价每担骤涨三千余文，杂粮各价亦随之而涨。淮海本灾区，加以粮价飞涨，人心恐慌已极等情。查此事必有原因，非粮食出口，即有他种原因。而粮食为人民之命脉，若不澈查，不但军粮断绝，且恐扰害人民，致乱地方。除通告蒋都督转饬所属一体严禁出口，以维民食而保治安，并详查有无奸商私运或囤积外，仰望大总统、大部通饬各省，一律严禁。兵衅未息，军粮民食，尤宜关心。谨电。第二军军长徐宝山叩。漾。（清江浦来电十八）

孙大总统、外交部总次长、各部总次长鉴：顷接泗水电：万急。汪会长鉴：昨电接否？本日荷兰加调马步兵团掳男女小儿四百余人，死伤未查悉，书报社国旗被碎，枪声轰轰，如临大敌，呼救无门，闭户待毙。非力保护不可，否则玉石俱焚。全体代表同叩云云。乞速拯救。华侨联合会叩。敬。（上海来电四十九）

孙大总统鉴：南北既合，事权归一，立法行政，关系重大，非有以民参政机关，民国前途恐有危险。民选参议院，急不可缓。请速妥定选举法，限期组织成立。常熟联合会支部蒋凤梨叩。漾。（常熟来电五十）

孙大总统、黎副总统、黄总长暨共和各省都督、军政分府鉴：川省重庆于阴历十月初二日宣告独立，建设蜀军军政府；成都亦旋于是月初七日反正，建设大汉四川军政府。两相对峙，三月于兹。然一省之中，事权不归统一，一切行政，殊多不便。每以北虏未灭，该省万分危急，非亟图合一，厚集兵力、财力不能救援邻省，直捣虏府。昌衡、纶有见于此，受任以来，力谋合并，屡与蜀军政府电函相商，专使来往，最后乃派张治祥君为成、渝联合全权大使，赴渝与蜀军军政府所派全权大使朱之洪君提出条件，互相商议，于阳历正月二十七日拟就草合同十一款，双方签字盖印，并缮就正式合同，经蜀军军政府盖印，送请察照盖印前来。当经召集文武职员，特开会议，经众赞成，于二月二日盖印讫，合同成立。按照合同，纶应退职。重以文武职员暨军民人等公推，辞不获命，勉居军事议院院长之职，谨当竭其驽钝，赞襄军事，用副成全蜀父老兄弟殷殷相望于纶之意。除照会蜀军政府促将重镇赶紧组织就绪，并派黎庆云君往迎张都督麾节来省，共图新治，通告各地【外】，合行电告。至前此建设之川南军政府早已合并于渝、蜀，北军政府亦议决于成、渝合并之后，同为合并。自此全川统一，责任愈重，昌衡德薄能鲜，曷克胜此。惟有与张都督暨各执事，戮力同心，共维大局，夙夜只惧，以免陨越而已。昌衡、纶同叩。篠。印。合同附后。

计开成都军政府提议六条，议决者如下：

（一）暂认成都为政治中枢。

（二）承认重庆应设重镇，领兵一镇，直隶全省军政府，其名义、权限、区域及任重镇之人有定时，两都督乃可全行出发。

（三）认定成、渝两都督为全省正副都督，惟须两军政府合并所成之各处部院职员票举定正副，以免彼此谦让。

（四）两处副都督将来拟代以重庆主领重镇之任，或枢密院长或军事参议院长。现在重庆副都督曾经推定为北伐军总司令官。俟各方面认可时及成、渝条约并附件宣布实行后，即完全担任北伐职务。（附件）

（子）如为滇黔川总司令官，则应受中央政府命令，否则受本省军政府命令。

（丑）北伐团应需之械饷人员应由四川担任者，当始终担任之。其细目如下：（甲）兵力成、渝共出新军二镇，内外各兵□令器械完备；（乙）薪饷先筹备四个月，全额后随时接济，饷章附；（丙）弹药始终竭力补充；（丁）人员限于必要之人员，量材调用，此条早经蜀军政府议决通告各省，成都全权大使应为特别报告。

（五）各部长次官及各职员宜合两地人材组织之，特须由两都督斟酌调用。

（六）两军政府所派安抚宣慰使，应从此速将合并之事知会，使互相联合，以接到地为职务终了地。此条重庆业已实行，成都亦应催促实行。现据飞报，成都所派北路宣慰使，尚以兵力胁换蜀军政府，已委任岳池、邻水、漫〔渠〕县等县地方司令官，请从速知会。

计开蜀军政府提议五条议决者如下：

（一）大汉四川军政府应改为中华民国蜀军政府，以符各省通例。

（二）都督印文应定为中华民国军政府蜀军都督之印文，各道府厅州县印文应改为蜀军政府各种关防，以昭划一。

（三）重庆既设重镇，领兵一镇，其不足之兵与械于条约宣布之日应即由成都陆续放充。

（四）蜀军政府与鄂、滇各军所订合同，成、渝合并后，应继续承认有效。

（五）提议西藏为全国之西藏。

以上十一条由蜀军政府全权委员与四川军政府全权大使公同议决，认为有效签字后，即由合并之理由及条件通告中央政府、共和各省及本省各地方，特必经两军政府调印后，即见实行。四川军政府全权大使张治祥，蜀军军政府全权委员朱之洪。

第二十五号

二月二十九日星期四

目　　次

咨

实业部咨各都督饬实业司详细呈报筹办实业情形文

令　示

大总统令内务部准红十字会立案文

大总统批江安渔业公会为前后批词不同请更正公报呈

大总统批王先孚请押追谢仲山骗欠丁价以重债权呈

内务部劝导冠服须用国货示（略）

内务部饬令僧道寺观严密稽查示（略）

教育部批江苏邳县刘举之等请旋里筹办教育指示方法呈（略）

教育部批旅宁共和促进会代表公推刘举之等回江苏邳县筹办教育呈（略）

纪　事

大总统致新选袁总统函

外交部为和官横暴事致海牙中国刘代表电文三件

外交部为和官横暴事六致北京袁新选总统电文

外交部为和官横暴事致上海华侨联合会电文

外交部接袁新选总统复电三件

陆军部通告各省开追悼历年死难及阵亡诸烈士会电文

大总统委任公报局职员名单

号外附录

咨

实业部咨各都督饬实业司详细呈报筹办实业情形文

窃本部成立后，为统一全国实业行政，各省应设立实业专司，业经通电在案。未获呈报，想系各省情形不同，未经设立。惟战乱之后，小民生计维艰，国家元气未复，若不亟图实业振兴，何以立富国裕民之计。望贵都督确体斯意，饬实业司官关于农工商矿诸要政，凡已经创办者，或急须筹办者，或暂从缓办者，分别详细呈报本部，以便确定经济政策，统筹进行方法。国利民福，胥赖乎此。请烦查照施行，无任盼切。此咨。

令　示

大总统令内务部准予中华民国红十字会立案文

兹准黎副总统电开：鄂省自起义以来，血战数十日，尸骸枕藉无算。幸赖中国红十字会在武汉设立临时医院，救治被伤兵士，并施掩埋。兹查该会已由日本赤十字社长松方侯爵特派法学博士有贺长雄来沪，商榷修改会章。复承介绍，得邀万国红十字联合会公认该会为中华民国正式红十字会。此次民军起义，东西南北各省均设立分会，共五十余处，所费不赀，其功甚巨。如此热心慈善事业，似不可不特别表彰。伏恳准予立案，揭诸报章，以资提倡而重诚感等因前来。查该会热诚毅力，殊堪嘉尚，应予立案，以昭奖劝。合就令行该部，仰即查照可也。此令。

大总统批江安渔业公会为前后批词不同请更正公报呈

呈悉。前因临时政府成立伊始，各部尚未组织完全，该会来呈，当由秘书处函复，不过认为暂时有此事实，并非予以特权，与正式批准不同。嗣据江苏都督呈请取缔，当令该都督咨商安徽都督会咨实业部妥为核办。仰即知照。此批。

大总统批王先孚请押追谢仲山骗欠工价以重债权呈

据称旧岁三月间，谢仲山欠该人民工价一千九百元有奇，控由地方审判厅判令谢仲山照给，迄今仍未遵判偿还等情前来。查执行判决，系检察厅之专责，应由该人民自向地方检察厅诉追可也。此批。

纪　　事

大总统致新选袁总统函

慰廷先生鉴：文服务竭蹶，艰大之任，旦夕望公。以文个人之初愿，本欲借交代国务，薄游河朔。嗣以国民同意挽公南来，文遂亦以为公之此行，易新国之视听，副舆人之想望，所关颇巨。于是已申命所司，缮治馆舍，谨陈章绶，静待轩车。现在海内统一，南北皆有重要将帅为国民之心膂，维持秩序之任均有所委付，不必我辈簿书公仆躬亲督率。今所急要者，但以新国民暂时中央机关之所在，系乎中外之具瞻，勿任天下怀庙宫未改之嫌，而使官僚有城社尚存之感。则燕京暂置为闲邑，宁府首建为新都，非特公之与文必表同意于国民，即凡南北主张共和疾首于旧日腐败官僚政治之群公，宁有间焉。至于异日久定之都会，地点之所宜，俟大局既奠，决之正式国论，今且勿预计也。总之，文之志愿，但求作新邦国；公之心迹，更愿戮力人民。故知南北奔驰，公必忘其自暇。嗟乎！我辈之国民，为世界贱视久矣。能就新民国之发达，登我民于世界人道之林，此外岂尚有所恤乎？公之旋转之劳，消磨其盛年，文亦忽忽其将衰。耿耿我辈之心，所足以质无穷之方来者，惟尽瘁于大多数幸福之公道而已。公其毋以道途为苦，以为强勉服务者倡。公莅南苞，文当依末光，左右起居，俾公安愉，俟公受事而文退。翘盼不尽。

外交部为和官横暴事致海牙中国刘代表电文三件

漾电计达。接泗水侨民电，敬日和官加派马步兵团掳男女小儿四百余人，死伤未查，国旗被碎等语。希要求和政府立释被掳诸人，并为死伤及受损害者索偿。盼复。外交部。径。

泗水电，连日搜掳已达千数。乞电华、和两使，转电和官释放等语。希并案严诘。外交部。宥。

北京转来尊电，称和外部谓我不应以国体事告华侨。此事环球共悉，若谓不应通告，是并本国与国人通电之权亦加以干涉。本部以为和外部不应出此言，希以此意转达。此案曲全在彼，不能听其狡赖。尊处须抱定此旨，据理力争，不必多作委曲语。外交部。宥。

外交部为和官横暴事六致袁新选总统电文

北京新选大总统袁钧鉴：有电悉，已照转华侨联合会。又本部致刘代表电如下：北京转来尊电，称和外部谓我不应以国体事告华侨。此事环球共悉，若谓不应通告，是并本国与国人通电之权亦加以干涉。本部以为和外部不应出此言，希以此意转达。此案曲全在彼，不能听其狡赖。尊处须抱定此旨，据理力争，不必多作委曲语。并闻。外交部总长王宠惠。宥。

外交部为和官横暴事致上海华侨联合会电文

上海华侨联合会鉴：顷接北京电云：径电悉。和属华侨事，已连电驻和刘代表，并诘问驻京和使。业经两次电复。顷接刘代表电称，面诘和外部，初竟谓我不应将改建国体通告华侨。经力驳，并述两国交谊及华侨与和地关系，伊始允当求和平办法等语。兹准来电，除再电刘代表向【和】政府严重交涉外，先应电复，并转告上海华侨联合会。世凯。有。等因。特转。外交部。宥。

外交部接袁新选总统复电三件

王外交总长鉴：漾电悉。此事外部前接华侨来电，已电驻和刘使，并向驻京和使交涉矣。袁世凯。敬。

王外交部长、华侨联合会、华商联合会、民国公会：电悉。二十三日即由外部电知驻和刘使，向和政府交涉，并派员往诘驻京和使。据云，和官未接和兰政府承认公文，是以拦阻挂旗，或当时彼此不免冲突，亦未可知，并非反对意思，其详情当即电询等语。二十四日，选接各电，当再派员往诘和使。伊援前未认葡萄牙之时，葡船挂旗，亦不准进口，只允电和询问。总之，华侨遭厄，自必竭力援拯。惟现在政府尚未统一，交涉各事，每令人轻视，棘手极多。俟复电后，当再设法。袁世凯。径。

王外交总长：径电悉。和属华侨事，已连电驻和刘代表，并诘问驻京和使，业已两次电复。顷接刘代表电称，面诘和外部，初竟谓我不应将改建国体通告华侨。经力驳，并述两国交谊及华侨与和地关系，伊始允当求和平办法等语。兹准来电，除再电刘代表向和政府严重交涉外，先应电复并转告上海华侨联合会。世凯。宥。

陆军部通告各省开追悼历年死难及阵亡诸烈士会电文

武昌黎副总统、各省都督均鉴：吾华革命之事，继续几二十年，艰苦卓绝，始有今日。其间仁人志士，任侠勇夫，慷慨赴义者，固不乏人；而将士登陴陷阵，以死报国，粉身碎骨而不辞，糜肝脑蹈白刃而不悔者，尤更仆难数。夫求仁得仁，死者可以无憾；而报功崇德，吾侪未忍忘情。爰订三月一日午前十时，邀集此间政学军警商报各界，开追悼大会于小营演武厅，尚冀贵处同时并举，借抒哀悃，以慰死者之灵，以作生者之气。所有历年死难及此次阵亡诸烈士，并乞详细调查见示，以凭汇案分别入祀忠烈祠。无任盼祷。陆军部黄兴。宥。叩。

大总统委任公报局职员名单

局　长　但　焘　简　任
编纂员　张翼轸　荐　任
编纂员　饶如焚　荐　任

附录：电　报

北京袁大总统鉴：顷得陕都督廿二电，升允闻清帝辞位，仍反对共和，已破醴泉，现攻咸阳，省城危急万分，请电尊处速为救援。查升允实为国民公敌，前已承段军允借饷械助战，惟虑不足应急，更请从速设法为援，幸甚。孙文。宥。（南京去电）

万急。广东陈都督：前廿二日电令胡汉民回任，汪精卫同返。次日，汉民面陈力辞，故廿三日再电委任汪精卫督粤，俟袁世凯来宁，精卫即返，未到以前，由陈督代理。两电想先后到粤，自以廿三日电为实，以精卫督粤，陈督代理。其廿二日汉民回任之令取消。特此电闻，并转各界知之。总统孙文。廿六。

（南京去电）

万急。上海陈都督鉴：前得辞表，亟电挽留。顷闻执事退志仍坚，政府亦当成执事让德之美。惟以军事、财政、外交、交通诸大端言，沪上都督万难遽行取消，幸请顾全大局，再行勉为其难，俟前述诸大端中央布置就绪后再商。至盼。总统孙文。沁。
（南京去电）

政府公报转总统府暨陆军、实业两部钧鉴：现大通所派驻池司令郭纶伯，挟商民不认胡文事之忿，迁怒商会总理，即敝会副长方汝金，派兵沿街大索，并卫兵敝会，各员惊避，敝会势将不支。乞速电通饬，免生事端。贵池议会公叩。宥。（贵池来电十六）

陆军总长黄鉴：敬电拜悉。具见任事之勇，立己之高，讽诵再三，无任钦佩。承示整饬南京军队，以期安堵，计画周详，尤所感佩。至以不习军事自谦，预谋引退，并谓目的已达，无恋据要津之心，谦德高风，令人敬慕。惟此次国民公意，岂仅推倒专制，仍须建立共和。今破坏虽终，建设方始。建设之难，过于破坏。必使秩序恢复，法度整齐，外人有起敬起畏之心，人民有康乐和亲之意，然后目的可云已达。今当风雨飘摇之际，内外多故之秋，正赖贤豪，共肩艰巨。如以避贤而论，凯学识无似，年力就衰，甘思退处林泉，借藏拙劣，惟念国事方艰，不忍漠视，故暂羁縻于此，外间言论，亦未必无恋据要津之疑。吾人惟当共矢此心，以求自信，毁谤之微，只能弗计。执事明达，当不河汉斯言。愿共秉此怀，以匡大局，全国幸甚。袁世凯。宥。（北京来电五十四）

火急。南京孙大总统钧鉴：寿、颍各处，钞票前不通用，嗣经劝导，复益之强迫，尚可勉行。惟寿州各处商品，均购自庐州，近商家携票办货，庐商绝对不用，以致皖北商民群相疑惧，钞票信用，顿生阻力，虽欲强迫，亦不能从。请即命财政部赶设庐州兑换处，以便军商而资流通。是所急盼。文蔚叩。寝。（寿州来电五十五）

火急。南京总统府胡汉民先生转中国同盟会本部鉴：宥电敬悉。虞君洽卿现已由甬返沪，所云假第一舞台为本会会场一节，业承虞君允诺，请即布置一切，并登报通告各支部为感。此复。陈其美叩。寝。（上海来电五十六）

大总统、各部长、参议院、黎副总统、都督公鉴：廷于廿五号出省，赴平、梧、浔各属办匪，所有军政府事件，委军政司长陈炳焜代行代拆。谨闻。桂都督陆荣廷叩。廿五号。（桂林来电五十七）

孙大总统、陆军部黄总长钧鉴：总长删电敬悉。济光编练队，甫由北海回省，正在出发，接奉电示，和议已成，遵即中止。谨复。龙济光叩。（广东来电五十八）

孙大总统、外交部、各部总次长、参议院鉴：泗水来电：万急。转汪会长鉴：连日搜捕已达千数，无法维持，望即恳大总统速电华、和两使，转电爪哇和官速释，以保侨商云云。此案不独海外各华侨受其影响，其关系于民国前途实大。泗水华侨待命迫切，如何解困，乞即电悉。华侨联合会叩。宥。（上海来电五十九）

袁总统、孙总统鉴：屡接泗水华侨电告，和官连日派兵围捕老幼，不免惨无人道。务乞严诘和使，并酌派兵舰前往保护。四

邻观听，侨民离附，悉在斯举，幸勿轻置。国民协会本部温宗尧叩。（上海来电六十）

第二十六号

三月一日星期五

目　次

咨

大总统咨参议院答复汉冶萍借款并无违法文

大总统准财政部电称拟借华俄道胜银行款项咨参议院提前决议文

大总统咨参议院提出华俄道胜银行借款草合同请提前议决文

大总统咨参议院请议决商人张人杰褚民谊等愿输集款项十万两以充军饷文

财政部咨各部都督查照出入款项造册报告并以后按月造报文（附简明清册式）（略）

令　示

大总统令财政部核议商人张人杰褚民谊等输集款项并协商交通内务两部妥拟办法由

大总统令陆军部遵照财政部公债票定章并饬所属一体遵行由

陆军部批宁军选锋队第二营管带何国桢等请私立花柳检查院呈（略）

纪　事

交通部为前清邮票应加中华民国印章事致新选袁总统电文

号外附录

咨

大总统咨参议院答复汉冶萍借款并无违法文

二月十二日贵院质问违法借款两则。政府据院议通过之国债一万万圆，因仓猝零星征集，颇难应急，遂向汉冶萍及招商局管产之人商请将私产押借巨款，由彼等得款后，以国民名义转借于政府，作为一万万圆国债内之一部分。嗣又因政府批准以汉冶萍由私人与外人合股，得钱难保无意外枝节，旋令取销五百万圆合股之议，仍用私人押借之法，借到二百万圆，转借于政府。是政府原依院议而行，因火急借入二百万圆以应军队之要需，手续未及分明，至贵院有违法之防。至现行于江宁之军用手票，系借自上海地方政府之中华银行。当时军用万急，兵士索饷，据称即空票亦愿领受。查得上海政府已通行有此手票，遂向借发。旋恐有碍商市，即将汉冶萍私人借来之国债，随时收放。贵院欲得该手票之报告，当由上海地方政府一并造报，以免纷歧。据此，实无违法及另造报告之处，故未即答为歉。此咨。

大总统准财政部电称拟借华俄道胜银行款项咨参议院提前决议文

民国统一，战事已息。目前以恢复秩序、分别安置军队为第一要义，必需巨款，方足敷布。而各处疮痍未复，未能遽取诸民，拟借用外债。昨日得财政部电称，现拟借华俄道胜银行之款，系五厘息，九七扣，一年期，用中央名义担保，毋庸抵押，由下次大宗借款内扣还。并须许以下次政府有大借款，如所索权利与他家相等，华俄银行有优先权。共借一百五十万磅，经涛于简（廿一日）签字，候孙、袁总统及京行电许，并参议院通过，即行作实。一星期内即交三百万两。请即交院议并电复。为此要求贵院即开临时会，提前决议。此咨。

大总统咨参议院提出华俄道胜银行借款草合同请提前议决文

昨据财政部总长陈锦涛电称：拟借华俄道胜银行款，其条件各点已提出贵院，经得同意，兹将与该银行订定借款草合同呈请转咨贵院开临时会，提前公决核准前来。相应咨请贵院察照办理，并派秘书长胡汉民、财政部委员黄体谦到院，陈述一切。此咨。

大总统咨参议院请议决商人张人杰褚民谊等愿输集款项十万两以充军饷文

兹据交通部转呈：商人张人杰、褚民谊等呈称，愿输集款项十万两以充军饷等因。当经财政部核议，据称尚属可行。合将该商人原呈咨请贵院议决，即行赐复，并望迅速办理为幸。

令　　示

大总统令财政部核议商人张人杰褚民谊等输集款项并协商交通内务两部妥拟办法由

据交通部转呈：商人张人杰、褚民谊等呈称，目击时艰，情殷输助，愿输集款项十万两，报效政府。当经财政部核议，据称尚属可行等情前来。合行令仰该部按照该商原禀所列各条详加研求，其中有无磋商之处，亦由该部协商交通部、内务部筹度情形，径与该商等妥拟办法，务期有裨国帑，无害政策。切切！此令。

大总统令陆军部遵照财政部公债票定章并饬所属一体遵行由

据财政部总长陈锦涛呈称：准公债司呈：为公债募集，不宜杂乱，以杜流弊而免厉民事。窃维公债之担负，在于国民；公债之利病，视乎办法。发行有方，则偿还可必。经理画一，则募集不紊。此次发行军需公债，定章只准各省都督分任募集，业经咨明各督在案。查此项公债，原以集巨款而助军需，惟不便听令各军队径行来部请领债票以为军饷。盖如是则纷歧可免，办理有条，庶流弊不生，投资、应募及纳税任还者，皆得减轻其担负，而于民国共和之治、总统民生之义不相违背。乃今各处军队，纷纷以出发购械为词，来部领票，殊乖定章，于公债前途实多窒碍。应请呈明大总统饬下陆军部及各省都督，毋许军队径行来部请领公债票或预约券，须由该管各都督备咨转领发给，以昭划一，伏请裁断施行等因。准此，查原呈所称各节系为慎重债务起见，除分咨各省都督外，理合据情转呈钧府鉴核，伏乞迅令陆军部查照，转饬所属一体遵办等情。为此合行令仰该部查照，并饬所属一体遵行，以重公债而昭划一。切切！此令。

纪　　事

交通部为前清邮票应加中华民国印章致新选袁总统电文

北京袁大总统钧鉴：清帝逊位后，前清邮票虽已由本部赶印，然出版尚须时日。为权宜计，只可将前清邮票加印"中华民国"四字，一律通行，以应目下邮件之用。请就近令帛黎总办，通电各省邮务总办，速即照行，并乞电复。祷切。交通部。敬。

袁总统复电

交通部敬电悉。已属转饬照办。袁世凯。宥。印。

附录：电　　报

北京袁大总统鉴：顷接陕督养电，升允因清帝退位，激而愈凶，已破醴泉，现攻咸阳，所过之地，焚杀过半。窃思升允涂炭西北之人民，扰乱五族之平和，及今不除，后患滋大。甘新大局，端庄遗孽，在在堪虞，不独关辅受害已也。前闻饬由段军拨陕军火，本会同人实深感纫。今所求者：（一）已允接济者，从速运陕；（二）恳请再拨机关枪、野战炮各数尊，使张都督奏破虏之全功，即大总统爱和平之保障。西北幸甚，全局幸甚。豫晋秦陇协会于右任等叩。宥。（六十二）

孙总统暨各部总次长鉴：本部前以各省纷纷派人到沪借债，流弊滋多，经通电各都督，嗣后如有此举，应先来本部接洽，以归一致。近闻有人来沪向洋商追借，借名南京各部所派，并未来部晤商，是否属实，无从查考。为此电达，希饬查明见复，并望查照前致各都督原电办理，以昭划一为叩。锦涛。宥。（上海来电六十三）

万急。大总统、陆军部、武昌黎副总统、上海各报馆公鉴：芜湖前军政分府事，昨奉部电，当即照转。顷接吴君振黄电文曰：迭奉钧命，拟即正式宣布取消，请我公速派重员，以便交代一切等语。现已由省派员接收军政民财各事。查吴君光复芜湖，数月以来，市面尚称安闲，其功未可尽没。兹因陆军部急谋军政统一，自愿取消分府，亦能淡视荣利，顾全大局。所有从前流言，类多传闻失实，合行宣布，以昭平允。事关司法，敬以奉闻。孙毓筠。宥。（安庆来电六十四）

大总统、各部长、参议院、黎副总统、各省都督钧鉴：廷于廿五号出省，赴平、梧、浔、郁各属办匪，所有军政府事件，委军政司长陈炳焜代行代拆。谨闻。桂都督陆荣廷叩。廿五号。（桂林来电六十五）

孙大总统钧鉴：电悉。经留陈都督，不另选举矣。粤省会。敬。印。（广东来电六十六）

孙大总统、黄参谋总长鉴：宥电悉。陕省危急，昨已电饬赵军迅速赴援矣。特复。袁世凯。沁。（北京来电六十七）

南京大总统孙鉴：昨电谅已入察。赵督（赵尔巽）已派重兵乘南满火车进攻开原甚急，乞速电斥阻，以维和平。否则自相攻击，恐妨大局。事机迫切，恳即维持。关外都督蓝天蔚叩。宥。（烟台来电六十八）

孙大总统、外交部、各部总次长、参议院鉴：泗水电，已开市。昨进口船有华人百余，均被禁。荷要挟书报社董承认被捶毙之人因谋为不轨云云。华侨联合会叩。宥。（上海来电六十九）

第二十七号

三月二日星期六

目　次

咨

内务部咨外交部查核教士董文德永租民产有无违约请咨复办理文

内务部咨各部省革除前清官厅称呼文（略）

令　示

大总统令禁烟文

大总统令内务司法两部通饬所属禁止刑讯文

大总统令内务部禁止买卖人口文

　　大总统令内务部通知各官署革除前清官厅称呼文

　　大总统批龙华制革厂股商叶韶奎等禀陈历办情形及现拟扩充办法请批准呈

　　大总统批财政部拟具造币厂章程请批准呈

　　附财政部原呈并章程

　　内务部批元宁农会称女子北伐队林宗雪借口办学图占南京公园请弗为所朦呈（略）

　　教育部批江南商业学堂职员黄如栋等请继续开办呈（略）

　　教育部批镇江中学校教员达彩康请在六合召集同志组织共和宣讲社呈（略）

　　交通部批中华民报馆邓家彦请饬邮局挂号电局减费呈

　　纪　　事

　　外交部为和官横暴事致新选袁总统电文两件

　　外交部为和官横暴事致唐少川君电文

　　外交部为和官横暴事致上海华侨联合会电文

　　内务部呈请大总统令法制局审议南京市制草案（略）

　　内务部职员名单

　　号外附录

咨

内务部咨外交部查核教士董文德永租民产有无违约请咨复办理文

　　据江宁巡警总监吴忠信呈称：据南路三区区长汪鲤纯呈报，府东街长老会耶稣堂教士董文德缄称：敝堂南首有周秉心瓦屋两间，基地十七间，于前清宣统三年九月十八，当张寇踞城之时，四门紧闭，该周姓急欲回乡，央中向敝堂说合，定以二千九百七十五元将该屋基地一并永租敝堂名下承管执业，当以房地合用，执照确实，由敝堂邀同原中柏梓杰、近邻伍起凤，指清界址，比及埋石交代，邀牙立契，兑价成交，原因乱事孔急未报。现今省城光复，地方安宁，合将永租周秉心屋基详情，补缄奉达，即求察核等情。经区长前往详查，将其未请勘单原由呈报到局。查此案，事前并未通知，事后函请勘单，应否仍照前案，饬令详察等因。据此，本部查各国教士租买民产，建设教堂，均系照约办理。惟此次教士董文德永租周氏房屋，与民国治外法权之前途有极切关系，未便忽略。应请贵部切实查核历来约稿，有无永租明文，与条约有无违背。希即咨复，以便办理而重国权。此咨。

令　示

大总统令禁烟文

鸦片流毒中国，垂及百年。沉溺通于贵贱，流衍遍于全国。失业废时，耗财殒身，浸淫不止，种姓沦亡，其祸盖非敌国外患所可同语。而嗜者不察，本总统实甚惑之。自满清末年，渐知其病，种植有禁，公膏有征，亦欲铲除旧污，自盖前蛊。在下各善社复为宣扬倡导，匡引不逮，故能成效渐彰，黑籍衰减。方今民国成立，炫耀宇内，发愤为雄，斯正其时。若于旧染痼疾，不克拔涤净尽，虽有良法美制，岂能恃以图存。为此申告天下，须知保国存家，匹夫有责，束修自好，百姓与能。其有饮鸩自安、沉湎忘返者，不可为共和之民，当咨行参议院，于立法时剥夺其选举、被选一切公权，示不与齐民齿。并由内务部转行各省都督，通饬所属官署重申种吸各禁，勿任废弛。其有未尽事宜，仍随时筹画举办。尤望各团体讲演诸会，随分劝导，不惮勤劳，务使利害大明，趋就知向，屏绝恶习，共作新民，永雪亚东病夫之耻，长保中夏清明之风，本总统有厚望焉。

大总统令内务司法两部通饬所属禁止刑讯文①

近世文化日进，刑法之目的亦因而递嬗。昔之揭威吓报复为帜志者，今也则异。刑罚之目的在维持国权、保护公安。人民之触犯法纪，由个人之利益与社会之利益不得其平，互相抵触而起。国家之所以惩创罪人者，非快私人报复之私，亦非以示惩创，使后来相戒，盖非此不足以保持国家之生存，而成人道之均平也。故其罚之之程度，以足调剂个人之利益与社会之利益之平为准，苟暴残酷，义无取焉。

前清起自草昧之族，政以贿成，视吾民族生命，曾草菅之不若，教育不兴，实业衰息，生民失业。及其罹刑网也，则又从而锻炼周纳，以成其狱。三木之下，何求不得。彼房不察，奖杀勖残，杀人愈多者，立膺上考，超迁以去。转相师法，日糜吾民之血肉以快其淫威。试一检满清史馆之所纪载，其所谓名臣能吏者，何莫非吾民之血迹泪痕所染成者也。

本总统提倡人道，注重民生，奔走国难二十余载。对于亡清虐政，曾声其罪状，布告中外人士。而于刑讯一端，尤深恶痛绝，中夜以思，情逾剥肤。今者光复大业幸告成功，五族一家，声威远暨。当肃清吏治，休养民生，荡涤烦苛，咸与更始。为此令仰该部转饬所属，不论行政、司法官署，及何种案件，一概不准刑讯。鞫狱当视证据之充实与否，不当偏重口供。其从前不法刑具，悉令焚毁。仍不时派员巡视，如有不肖官司，日久故智复萌，重煽亡清遗毒者，除褫夺官职外，付所司治以应得之罪。吁！人权神圣，岂容弁髦。刑期无刑，古有明训。布告所司，咸喻此意。

---

① 据第二十八号《内务部咨司法部严令所属各官厅一律停止刑讯文》互校订正。

大总统令内务部禁止买卖人口文

自法兰西人权宣言书出后，自由博爱平等之义，昭若日星。各国法律，凡属人类一律平等，无有阶级；其有他国逃奴入国者，待以平民，不问其属于何国。中国政治，代主开放，贵族自由民之阶级铲除最早。此历史之已事，足以夸示万国者。前清入主，政治不纲，民生憔悴，逃死无所，妻女鬻为妾媵，子姓沦于皂隶，不肖奸人从而市利，流毒播孽，由来久矣。尤可痛者，失教同胞艰于生计，乃有奸徒诱以甘言，转贩外人，牛马同视，终年劳动，不得一饱。如斯惨毒，言之痛心。今查民国开国之始，凡属国人咸属平等。背此大义，与众共弃。为此合仰该部遵照，迅即编定暂行条例，通饬所属，嗣后不得再有买卖人口情事，违者罚如令。其从前所结买卖契约悉予解除，视为雇主雇人之关系，并不得再有主奴名分。此令。

大总统令内务部通知各官署革除前清官厅称呼文①

官厅为治事之机关，职员乃人民之公仆，本非特殊之阶级，何取非分之名称。查前清官厅，视官等之高下，有大人、老爷等名称，受之者增惭，施之者失体，义无取焉。光复以后，闻中央地方各官厅，漫不加察，仍沿旧称，殊为共和政治之玷。嗣后各官厅人员相称，咸以官职；民间普通称呼则曰先生、曰君，不得再沿前清官厅恶称。为此令仰该部遵照，速即通知各官署，并转饬所属，咸喻此意。此令。

大总统批龙华制革厂股商叶韶奎等禀陈历办情形及现拟扩充办法请批准呈

呈悉。现在民国大局已定，亟当振兴实业，改良商货，方于

---

① 《内务部咨各部省革除前清官厅称呼文》与此相同。

国计民生有所裨益。披阅所陈历年筹办情形，良工心苦，洵非虚言。至拟更改公司组织，重招新股，力图扩充，树工界之先声，作商坊之模范，将于该厂见之。既据分呈各主管官厅，仰即听候各该主管官厅批准立案可也。原呈及说帖清折存。此批。

大总统批财政部拟具造币厂章程请批准呈

据呈已悉。所拟造币厂章程十二条，尚称妥洽，应即照准。此批。

附财政部原呈并章程

为呈请事。窃维民国圜法，关系重要，币厂简章，应先厘订。前经派员至江南造币厂详加考察，兹据复称，该厂赓续旧章，积习难除。又查该厂册表，用人用款，均涉浮滥。本部职司财政，考核所关，兹特酌拟造币厂章程十二条，缮单呈请批准，俾有遵循。至所有从前办事人员，即行分别撤留，以示惩劝而资整顿。理合呈明，即希钧鉴。谨呈。

造币厂章程

第一条　造币厂归财政部管辖，掌铸造国币一切事宜。

第二条　造币厂暂设总厂于南京，设分厂于武昌、广州、成都、云南四处；如再添设分厂，须呈明大总统批准，其分厂统归总厂直辖。

第三条　总厂设正副长各一员，由财政部荐任，管理总分各厂一切事宜。总厂及各分厂各设厂长一员，帮长一员，均由正副长遴选妥员，呈部核准委任，秉承正副长分理各该厂一切事宜。

第四条　总分各厂应设工务长一员，总务长一员，由正副长遴选妥员，呈部核准令委。其余艺师、艺士及各员司，由各厂酌定员数，呈部核定。

第五条　财政部筹备铸币专款，发给总厂，分派各厂应用。

所有各省旧设银铜圆厂机器厂房材料，准总厂选择提用。

第六条　总分各厂应铸辅币数目，由中国银行斟酌市面情形，随时拟定数目，呈由财政部核准，饬厂照铸。

第七条　总分各厂铸成国币数目，每十日一次，呈报财政部查核。

第八条　总分各厂铸成新币，重量、成色、公差之类，必须遵照定章，并遴派精通化学人员，随时化验。如有不符，即回炉重铸，以免参差。

第九条　总分各厂所铸各币，由总厂呈送财政部化验。财政部亦得随时任抽各厂所铸各币化验查核。

第十条　造币厂出入款项，由总厂按季详造表册呈报，财政部按年总结。除表册外，并应呈报预算、决算清册。各分厂应将该厂收支数目与银铜等币出入情形，每月一次呈报总厂，仍每日将帐簿结算清楚，以备总厂随时查核。

第十一条　各厂有缉访私铸、防卫厂料等事，应请各省都督协助者，随时照行。

第十二条　总分各厂办事细则，由总厂拟订，呈由财政部核准施行。

内务部令巡警总监撤去日商广告文

昨奉大总统令，著将日商在钟鼓楼及城门所悬挂之广告，即日派警丁直行撤去，毋稍延误。切切！此令。

交通部批中华民报馆邓家彦请饬邮局挂号电局减费呈

呈悉。所称发挥民主精义，使人人知吾国为纯全民主之国，以促进完全之共和为宗旨，立意远大，实堪嘉尚。所有邮局挂号及电局减费，已分令遵办矣。此批。

外交部为和官横暴事致新选袁总统电文两件

北京新选总统袁钧鉴：接泗水电称：已开市。昨进口船有华人百余，均被禁。和要挟书报社董承认被捶毙之人谋为不轨。宥。等语。又急电称：既云与和使交涉，业经开市，何以犹拿人。今又监毙一命。来电被截，多方恫吓，惨无天日。若交涉无效，势必一网歼尽。去电请勿登报，并勿来电，恐拯救未见，惨祸先临。感。等语。和官如此横暴，若不早为援手，将拘毙日众，更恐续演惨剧，收拾益难。请再向和使力争，一面设法拯救，以苏侨困。切盼电复。王宠惠。勘。

北京新选大总统袁钧鉴：顷复接泗水粤侨全体来电：和兵逐日围捕，专捉粤侨工商，已达二千余。因被人暗诬为骚扰，照例不得保证出狱。惨无天日，请速设法解悬等语。请即向和使严诘，并将勘电汇转刘使。切盼。王宠惠叩。勘二。

纪　　事

外交部为和官横暴事致唐少川君电文

万急。北京唐少川先生鉴：沁电悉。和属虐待华人，由来已久。此次风潮，偶因升旗而发生。故现下所亟应力争者不在升旗问题，而以释人、索偿、废除虐例为最要。此次被捕诸人，事同一律，自应全行释放。若如和使所云，未知所谓酌量者，以正式之裁判为准，抑以甲必丹之意为准。至允以私意，电告和官，不禁升旗一节，现庆典已过，而拘捕日众，即许升旗，于侨民何补？且侨民既属理直，固不应以私意调停。盖私意只可处个人之事，而不可以施之国际之交涉。此次要求各款，务须确实承认，方为妥善。仍希据理力争，毋任狡赖。盼甚。王宠惠。沁。

外交部为和官横暴事致上海华侨联合会电文

上海华侨联合会鉴：接北京电开：宥电悉。和属华侨事，昨驻京和使贝拉斯到外部面称：巴、泗两埠华侨事，已得回电。称巴埠始因升旗，继因不准夜出游，众华侨不遵警章，以致被拘，旋即询明释放，惟将情形较重者暂禁泗水。案系因华侨中之甲必丹不肯升旗，多数华侨大加强迫，和警及兵队恐有害治安，出而弹压，华侨不服约束，遂捕多人。政府并无反对共和之意。惟该地方官于未奉承认明文以前，不能不照向章办理等语。答以华侨因欢迎共和，升挂国旗，系属常事，何致有害治安？至承认问题，更与华侨无涉。和官如此举动，实背公理，务当速电该处和官，将华侨一律释放，准其自由升旗，并将兵队撤去。贝云不能擅发允侨升旗命令。后再三驳辩，贝始允以私意通知该处和官，不禁升旗，并允将所捕之人酌量释放。特闻。乞转联合会。绍仪。沁。等因。本部对于北京此次之交涉，殊未满意，业即电驳。特闻。外交部。沁。

内务部职员名单

承　政　厅

秘书长	张大义				
参　事	田　桐	林长民	吴永珊	于德坤	
公牍员	黄嘉梁	杨名遂	张东荪		
编纂员	张友栋	欧阳启勋	许家恒	陆维李	
书记员	陈玉润	钟　琦	彭雅南	朱　侗	饶光民
	赵　璧	居文哲	陈　济	景亮熙	郭受元
	曾希孔				
监印员	张　皓				
收发员	郑毅权	杨瀚芳			
会计员	马伯援	洪　铸	程荫南	苏炳彪	

庶务员　洪　章　李广成　孙景龙

统计员

调查员　张复汉　周　农

应接员　陈廷飏

管阅报室　陈孕寰

民　治　局

局　长　萧翼鲲

科　长　钱崇固　张家镇　钟震川　易　象

科　员　江宗海　赵　缭　胡肇安　潘　昉　黄克缙
　　　　彭　廉　许　允　黄格鸥

警　务　局

局　长　孙润宇

科　长　沈　复　林特生　熊开先　朱家璧

科　员　周　冕　杜鸿宾　黄　钧　朱文焯　瞿运钧
　　　　景亮钧　王肇钊　陈绍湘　伍树棻　谢容怀

疆　理　局

局　长　高　鲁

工　监　程光鑫

科　员　李　滦　倪树森

土　木　局

局　长　史　青

工　监　王庆莘

科　长　万葆光

科　员　聂国华

附录：电　　报

孙大总统鉴：宥电悉。正拟复，适接赵督（赵尔巽）电称共和云云，不准进行云云，均经通饬各军队遵照。兹开原又有进行举动，与黄军长暨蓝电两歧，恐妨信用，姑电□妥为南〔与〕商解散，以维秩序。新举大总统袁世凯。沁。（北京来电七十三）

南京大总统鉴：敝省事务日繁，需人佐理，拟邀方潜君办理重要政务，伏恳照准。所有南京府事宜，并请另委妥员接任，以便即日回皖。无任感盼。皖都督孙毓筠。沁。印。（安庆来电七十四）

孙大总统及各部总、次长公鉴：蔚奉委任关外都督，本为大局牺牲，非为个人权利。数月以来，各方连络，奉省志士云集响应，占领庄河、铁岭、开原等处，均在未换国旗之先。自奉共和宣布南北统一之命，即严饬各部停止进行，并一面将已成军队撤回烟埠，其未成军散布各处为赵、张兵力所阻隔者，亦饬安静不动，以免破坏全局。乃阅报载赵尔巽电呈，谓蔚自称关外都督，指为土匪，殊深诧异。前后为赵尔巽、张作霖等肆意残杀同胞，人达数千以上，及集合各要地，进退维谷者，不下数万人。乃赵尔巽犹派兵剿捕，日事搜杀，军队所至，殃及妇孺，灭绝人道，至此已极。名虽赞成共和，实为民军公敌。关外同志拼头颅热血，舍命破家为造国家，竟得如此结果。进行则有碍大局，欲退则生路全无。死者无从慰，生者无以安。恐至激成事变，糜烂大局，酿成交涉。蔚不特有负革命同志于地下，且将负罪于全国。务乞我大总统指示善后办法，以便遵行。关外都督蓝天蔚叩。沁。（烟台来电七十五）

孙大总统、黄陆军部长鉴：沪督去留，颇滋纷议，实则一言可决。南北起义各都督，依吾党夙定之革命方略，当然设置，即为军政期间之法律规定，自非大局靖平，断无解兵之理。不独沪为举事根基，全国枢纽，不得妄援亡清巡抚辖境议裁；即晋督之起义，鲁督之以义声，而受地方公推，政府委任，皆不容他人妄议，有敢动摇之者，义师共击之。若夫倡义则属人后，毁成则在人先，苟非阴为曹马之地，必其人不复知世间有羞耻事也。共和国竟从何来，岂有此曹容喙之地。乞布告全国知之。谭人凤叩。勘。（上海来电七十六）

孙总统鉴：闻胡经武派张弼臣、侯雪舫、丁鼎臣三员往商停战事，被张广建拘留。现在南北统一，不应有捕害党人之举，且侯雪舫系本部派往调查银行之人。请电袁总统速饬释放为祷。锦涛。勘。（上海来电七十七）

孙大总统、外交部、各部总次长、参议院鉴：又接泗水急电：既云与和使交涉，业经开市，何以犹拿人？今又监毙一命。来电被截，多方恫吓，惨无天日。若交涉无效，势必一网歼尽。去电请勿登报，并勿来电，恐拯救未见，惨祸先临云云。如何如何，乞即电悉。华侨联合会叩。感。（上海来电七十）

南京孙大总统、各部总次长、各军司令暨各省都督钧鉴：顷接安庆孙都督电，为统一军政，故取消分府名义。黄独敬依命将分府取消，并同时黄陆军部总长电委高等军事顾问官，拟将交代手续办理清楚，然后赴部任职。所有皖芜行政一切，均须直接安庆孙都督。皖芜军政分府吴振黄叩。蒸。（芜湖来电七十一）

孙大总统钧鉴：沁电敬悉。屡蒙温谕慰留，感惭无地。当上海光复之初，半壁东南，咸未底定，军书旁午，不得不谋设都督，以资镇慑。其美不才，谬被公举，事关大局，未敢固辞。任事以来，瞬已数月，始虽捣心绞脑，而办事尚稍顺手。现在南北统一，战事告终，时局则已达和平，办事至动辄棘手。今就沪上一隅观察情形，亦有才不胜任之惧，何况日益加甚乎？蔽贤尸位，贤者所讥。辱承垂爱，敢布区区。其美叩。俭。（上海来电七十二）

大总统、外交部、各部总次长、参议院鉴：泗水粤侨全体来电：和兵逐日围捕，专捉粤侨工商，已达二千余。因被人暗诬为骚扰，辈〔照〕例不得保证出狱，惨无天日，请从速设法解悬云云。侨民危急万分，请速拯救。华侨联合会叩。感。（上海来电七十八）

第二十八号
三月三日星期日

目　次

咨

参议院弹劾司法部次长吕志伊违法咨大总统请核办文

大总统咨复参议院弹劾司法部次长吕志伊违法文

内务部咨司法部严令所属各官厅一律停止刑讯文

令　示

大总统令沪都督转饬财政司即日停止发行公债票文

大总统批云南留日毕业生杨文彬为被嫌久拘请省释呈

大总统令沪都督核办云南留日毕业生杨文彬为被嫌久拘请省释文

实业部批吴纶森查勘上海宝山界内荒地呈（略）

实业部批安宁垦牧公司总办曹锡圭请创办农林垦牧总局呈

（略）

实业部发给芜湖益新公司准缓追款示

实业部批华侨积聚兴业银公司总理徐锐控梁炳农久欠不还借端延宕呈 （略）

实业部批向汉卿姜眉山等牙帖条陈 （略）

实业部批粤商崔同穌等请采办米粮运粤以济民食呈 （略）

实业部批江安渔业公会请设渔税局呈 （略）

实业部批涂黄阁请振兴松桑呈 （略）

纪　事

大总统追悼革命死义诸烈士文

交通部为和官横暴事致上海华侨联合会电文

财政部呈大总统饬各部、咨各部办理预算文 （略）

杂　报

公报局广告

号外附录

咨

参议院弹劾司法次长吕志伊违法咨大总统请核办文

二月初十日，司法部次长吕志伊函告鄂军政府军务部长孙武，加本院参议员刘成禺以违背国宪之罪，应予捕惩，并转呈黎副总统决定办法，当经黎副总统电复大总统及司法部伍总长，斥驳其非。查此案关系行政官逮捕议员，苟非有违背国宪之确据，而欲施行其逮捕，实为各国宪法所不容。该次长所称刘成禺在参议院议场中出言不慎，谓明朝何如，本朝何如云云。此等言论之有无，姑置弗论，即令有之，亦不过出言偶尔失慎，断不能指为违宪之确据。且议员在议场发言，对于院外不负责任。该次长身为司法行政官，何得滥行干涉。又以湖北首先起义，未敢遽行捕惩，并向黎副总统请示办法。种种违法，实难姑容。兹经本院参议员刘成禺提议，当众公决，该次长违法之要点有四：

一、凡议员在院内发言，对于院外不负责任。该次长于议员院内之言论横施干涉，深文罗致，违法者一。

一、凡议员在会期中，除现行犯及内乱外患罪外不得逮捕。该次长乃指摘议员莫须有之发言，应行捕惩之左证，蔑视议院，蹂躏民权，违法者二。

一、本院议员代表全国，非一地方所得而私。大总统为行政首长，亦无惩治议员之权。该次长乃远告于鄂军政府之军务部，而请示办法于副总统。身为职员，故紊权限，违法者三。

一、参议院为立法之府，参议员犯法虽不视齐民有加，亦断无特别末减之理。刘成禺如果违法，自应按法治罪。该次长何得借口首先起义之邦，公然缓逮，既枉法又市恩，违法者四。

以上种种违法，倘置不纠绳，则立法机关可以随时横遭蹂躏，民国前途何堪设想，固不独刘成禺、吕志伊二人之关系已也。本院认为吕志伊既如此违法，实不能胜司法次长之任。惟应如何惩处，即请大总统核办咨复。并抄附吕志伊致孙武函及黎副总统电复大总统暨司法部伍总长各件。此咨。

大总统咨复参议院弹劾司法部次长吕志伊违法文

接二月廿八日来咨，自系为尊重立法权、保障言论自由起见，诚无可非难之理。惟查法律最重方式，苟方式一有不备，即不能发生效力。此次司法次长吕志伊所发之函，系私人书信，在法律上无施行之效力，不能认为正式公文。该私函所述，仅系发表个人之意思，并无行为。在法律上亦无徒据个人之意思，不问其有无行为遽认为有效之理。来咨以"欲施行"三字断之，未免重视意思而忽略行为矣。贵院议员刘成禺现仍在参议院照常发言，身体言论毫无阻碍，据此即不能断定吕志伊有不法干涉之行为。既无不法干涉之行为，则来咨所指蔑视议院、蹂躏民权之事实，皆不成立矣。来咨对于议员刘成禺出言不慎一事，谓"即令有之，亦不过偶尔失慎，不能指为违宪之确据"。今吕志伊用私人信函转托请示办法于副总统，亦有如来咨所谓"出言偶尔失慎"之嫌，本总统何能为之讳？抑共和民国之下，立法权固当倍加尊重，而行政权亦不宜轻蔑。司法次长系民国之望，遽尔因其私函之意思，弹劾不职，恐非民国之宜。美国百年以来，议院弹劾行政官不过数次，诚互相尊重维持之至意。当兹民国初定，常人亦不能无过激之意思，其未见于行为者，自不必深求，亦不能以其为司法次长而遽据"欲施行"三字加等深文也。此咨。

内务部咨司法部严令所属各官厅一律停止刑讯文

顷奉大总统令开：（略，即第二十七号《大总统令内务、司法两部通饬所属禁止刑讯文》）等因。奉此，除令京内所属官厅照办外，应即咨请贵部，速令各审判厅一律遵令办理。

又查司法机关虽系独立，而现在各省府厅州县所有裁判职权，尚多混入行政官厅以内，应由司法、内务两部会电咨行各省都督，严令所属官厅，无论行政司法，一律停止刑讯，以重人权而免冤谳。兹由本部拟就电稿，咨请贵部查核有无增减之处，希即咨复，以便施行。此咨。

令　　示

大总统令沪都督转饬财政司即日停止发行公债票文

据财政部呈称：此次发行中央公债票，原以统一财政，巩固信用。前因报载上海发行公债票广告一则，当由本部援鄂军政府成案，咨请沪军都督转饬财政司，迅将广告停刊等因在案。迄今多日，未得咨复。昨阅《大共和日报》仍载此项广告，其中仍有商明本部长，定以三百万元为限等语。查沪军政府发行债票，诚为救急之举，其在中央债票未发行以前所售之票，本部长准其发行；其在发行中央债票以后，所有沪军政府未售之票，即当截止。屡经王震、朱佩珍二君来部相商，俱以此对，本部长并未认可三百万元之数。乃今阅报载广告，所云事实全不相符，传闻难免误会。本部长职权所在，窃有不能已于言者：姑勿论购票之人财力有限，此盈彼绌，无裨实益。但以上海一隅，即有两种债票之流行，非特有伤国体，抑恐贻讥外人。况民国初立，万端待理，各省均有度支匮绝之虞。若皆纷纷援例，目前虚糜之害犹小，政出多门之诮尤大。本部忝掌全国财政，长此纷歧错出，将何以收整齐划一之效？除咨沪军都督外，为此呈请大总统俯赐察核，迅电沪军政府转饬财政司，将上海公债票停止发行，无庸续售。并请查照前咨，将已售出之债票查明号码数目，详细列册，克日报部，以凭稽核。一面仍来部续领中央债票，继续办理，俾昭统一等因前来。

查该部所呈，为免纷歧而昭信用起见，中央公债票既经发行，上海公债票应即停止，自是正办。为此令仰该都督即行转饬上海财政司，将上海公债票即日停止发行。并查照财政部前咨，将已售之债票查明号码数目，详细列册，克日报部。一面到财政部续领中央债票，继续办理，俾昭划一。切切！此令。

大总统批云南留日毕业生杨文彬为被嫌久拘请省释呈

呈悉。该生因嫌被沪军都督府拘置，应候沪军都督讯明发落。已将原呈发交沪军都督，秉公核办。所请提宁质讯之处，着毋庸议。此批。

大总统令沪都督核办云南留日毕业生杨文彬为被嫌久拘请省释文

据云南留日毕业生杨文彬呈称：被嫌久拘，请予省释等情前来。查该生系因嫌由该都督拘置，如讯有触犯民国法令确据，自应予以制裁；倘系无罪，即可早日复其自由。为此令仰该都督遵照前情，秉公核办。原呈并发。此令。

实业部发给芜湖益新公司准缓追款示

为出示保护事：据芜湖益新公司经理章兆奎陈明公司困难情形，吁恳出示保护并注册立案等情到部。除批示续准注册外，查原呈称，该公司于丁酉年集股银五万两，购机磨面轧米。丁未年添招股银十万两，换购新机。己酉年失慎，损失甚巨。是年虽设法规复，而欠款未归，运本无出。又值市面奇绌，金融恐慌，不得已刊登广告，代客磨面、轧米、榨油，收取工资，借支危局。种种困难，系属实情。现正急筹补救，冀有转机。若急追欠款，迫不容待，则涸竭立见，支持维艰，何以筹进行而收后效。该公司于几经磨折之余，卒能力持不败，则经营有方，发达自易。欠款暂悬，不至无着，蹶果复起，假岂不归。本部为维持商务、策励进行起见，合行给示。为此示仰知悉，此刻欠款虽准缓追，一俟市面恢复，营业畅旺，所有各欠亦须早为清偿，不得久延。既保该公司名誉，又全各庄号血本，本部有厚望焉。切切！特示。

纪　　事

大总统追悼革命死义诸烈士文①

中华民国元年三月朔，临时大总统孙文，率国务卿士文武将吏，以清酌致奠于近二十载以迄今兹革命死义诸烈士之灵：

呜呼！古有死重泰山，宝逾尺璧。或号百夫之防，或作万人

---

① 黄季陆编《总理全集》杂文第30页作《祭革命死事诸烈士文》。与此互校，黄本错误很多。

之敌，竞雄角秀，同归共迹。企阅水于千龄，眘冲飙于一息。有明庇天下之大赐，而不尸其功；有阴定社稷之大绪，而不露其迹。先改弦易辙之会，而涤其苛网，去其螟螣，还国家几顿未顿之元气，开中外欲泄未泄之胸臆。吁嗟群灵，宁或痌之。维灵从容，尚鉴在兹。日月烨烨，不谓无时。前仆后继，不谓无基。孰闳厥积，而诎之施。孰丰厥遇，而促之期。孰为成而孰为毁，羌维灵其知之。

粤以畴曩，甲乙岁纪[①]，外侮内讧，丝纷丛委，尤有蟊贼，拊心为宄。猗欤群灵，南服崛起，灼烁其眸，龙麟其趾，辟彼太阿，一出劓兕。朱、陆、邱、程[②]，竭蹶支掎。万古晨昏，山岳蝼蚁，白日青天，寸衷可指。奈一纴而妬阱，冢万载之交毁，拮据匍匐，顿成痏痍。当道豺狼，毒蛇封豕。呜呼群灵，何为罹此。失意伤心，魂魄遂褫。怀抱冤阻，天崩地圮。此岂犹曰天道不远而伊迩邪？又孰知乎精神洞契而成合乎千古之知己邪？

嗣乎筚路蓝缕，草莱以修。人亦有言，声应气求。去秕与螙，不尽不休。嘘枯植弱，俾之出幽。联袂翩跹，异地同舟。轰轰杨、禹[③]，煌煌史、邹[④]。滟滟沪江，隆隆惠州。梁、洪[⑤]彯彯于岭海，吴[⑥]禅熇熇于燕幽。奚皆天阍未应，天听无繇。呜呼彼苍！念兹悠悠。云何群烈，为国宣猷。而乃美弗终逮，果靡与收。殁不牖下，殓不安輀。岂真不牖我衷，而卒值其尤。乃有徐、熊[⑦]竞兴，联缥袭紫，冠佩珊锵，烽燧煃弥，厥棙如机，轧轧寸累，锋颖芒寒，敛以越砥，荃竟不须，瞑不视只。繇是四海

① 甲午、乙未（1894～1895年）间之中日战争。
② 朱贵全、陆皓东、邱四、程奎光。
③ 杨衢云、禹之谟。
④ 史坚如、邹容。
⑤ 梁慕光、洪全福。
⑥ 吴樾。
⑦ 徐锡麟、熊成基。

逖听，颈延踵企。萍乡标蠹①，钦廉焱起②，雄飞镇南之关③，鹘突珠江之涘④。赫矣温侯，雍揄悠扬，而何先驱乎黄花冈之七十有二⑤也。

虽然，爝毷武汉，影绷聿渲，漫弥大江，漩漩来还。南部陆离，旬月之间，而我老彭，收功弹丸。翳夫战云暧濛，起于江关，我师我旅，驭遌骈阗，熊罴虎貔，以逮裨偏，其血背雪赤，心烁金坚者又何可胜视缕也。今也，言合南朔，相与噢熏，殷念群灵，进予一言。

呜呼！此日何日，此恩何恩，殷念群灵，生死骨肉。岂惟凉温，抚我芸芸。微灵其何以朝饔而夕飧。何灵之去，而无与解簪赠珮，以佐其辀绋之辕。大年何斩，大化何旋。呜呼！剠剔固艰，孤特尚焉。彼论者或犹求全，曾不知匪劳岂爱，有缺斯圆。兹也，既生既育，苟合苟完。夫孰非我灵之所延。呜呼！可谓贤矣。第化莫巧于推迁，物不逃乎机缘。值其泰，虽凡卉其昭苏，比其屯，虽芳华而颠连。夫安谂宙合，轧阴阳荡，孰使之然而自然。余愿灵之衍衍，偕物化其连蜷。余弗获拥灵而执鞭，而拂鞸，乃徒修芜词而祝豆笾。呜呼！訾矣惟然，灵有知乎？岂其无鉴乎余之拳拳。尚飨。

外交部为和官横暴事致上海华侨联合会文

上海华侨联合会鉴：顷接北京电开：沁电计达。顷接驻和刘代表电称，迭次严诘和政府，据称泗水肇衅，由该处华人迫令华甲必丹及马腰等官升旗，并胁闭各店，和官弹压，伤毙共三人。

---

① 萍浏澧起义。
② 潮惠钦廉起义。
③ 镇南关起义。
④ 庚戌广州新军起义。
⑤ 辛亥三月二十九日广州起义。

该华人等借端闹事，其实与国旗无关。至孟嘉锡肇衅未悉原因。并谓已由藩部电知爪督，承认国旗。当速商藩部再电爪督，务令格外宽和办理。此次不俟中华民国新政府成立，先行承认国旗，足表睦谊等语。外部顷又据和贝使来告，已得和属地方官复电，嗣后升旗可通融，不加禁阻，惟以华侨不妨害治安为限。除再商释禁撤兵外，希接洽，并转上海华侨联合会。绍仪。勘。等因。特转。外交部。东。

附录：电　报

苏州庄都督鉴：上海电云：据米业董事报告，镇江关食米弛禁，轮船纷纷往运。沪市闻此风说，米价已腾。若任听输运出口，不特价贵可虑，且恐来源缺乏，目下兵士云集，危险可虞。务恳迅饬镇军分府，禁止输运出口，以顾民食而靖地方。上海总分商会。俭。等语。事关民食，亟应查复。总统孙文。（南京去电八十）

上海陈都督鉴：据驻沪通商交涉使来电云：本月廿四日有胡承诰者，为上海闸北光复军骗出租界，被拘营次，将责以报效军饷十万元。当以筹饷与捕犯系属两事，胡承诰既非有罪，认捐军饷自有私权，今乃逮捕无辜，勒令报效巨款，殊非情理之平。函致沪军都督陈（其美）、光复军统领李（燮和）饬令释放在案，乃迄未准放。现在驻沪领事团因此事有碍治安，深抱不平。应请电饬沪军都督陈、闸北光复军统领李，即行释放，以免横生枝节。盼切。温宗尧。感。等语。应请饬查明，立予释放。总统孙文。（南京去电八十一）

上海民立报转各省都督鉴：本局于三月初一日奉大总统颁发

印信一方，文曰"公报局之印"，即日启用。除呈报大总统外，特闻。公报局长但焘。东。印。

南京孙大总统、各部总次长、参议院、新举袁大总统、各部署、各省都督、各省督抚、各司令官、各报馆均鉴：敝省奉南京内务部通饬，将各行省所属各部一律改称为司，不得不稍有更动，毫无他故，安靖如常。恐传闻失实，特此奉闻。元洪。艳。印。（武昌来电八十二）

第二十九号

三月五日星期二

目　次

咨

大总统咨参议院提议实业部呈送商业注册章程文

内务部咨陆军部云南干崖土司刀安仁禀请颁发品级服章正式公文文

江西都督咨复陆军部改良军医办法电文（略）

陆军部咨复江西都督整顿军队卫生机关电文（略）

令　示

大总统令内务部晓示人民一律剪辫文

大总统令法制局审定南京市制文

大总统令内务部咨商陆军部核办云南干崖土司行政兴革及品级章服由

大总统批云南干崖土司刀安仁条陈各土司行政兴革事宜呈

大总统批刀安仁禀请颁给陆军部服章并正式公文以便遵办呈

大总统批钱广益堂尤福记恳请维持交通银行损失援照大清银

行办法呈

大总统批商人汪俊升禀旧东强迫谕换招牌叩求伸雪呈

内务部令巡警总监保护树木文（略）

教育部批江苏武进县公民刘桐呈驳县参事会支配学务经费种种不当呈（略）

教育部批中华民国模范忠裔院发起人伍崇敏等请立案并予补助呈

教育部批女子法政学校发起人李华书柴峰等请立案拨款补助呈（略）

纪　事

财政部请派李象权监理中国银行呈

财政部请添派陈同纪为驻日募债会办呈

内务部报告禁赌呈

号外附录

咨

大总统咨参议院提议实业部呈送商业注册章程文

兹据实业部呈称：敝部成立以来，各埠公司呈请保护、注册、立案、给示等事，纷至沓来。若非妥订划一章程，头绪茫然，实无以资遵守之策。迩者民国统一，大功告成，所有全国各种公司及一切商店，皆持有前清政府发给部照，俨若尚在清之势力范围内者。山河依旧，主体已非，门悬汉室彩旗，家贮满虏印照，既坠体制之尊严，复缺政令之完备，兴念及此，良用忾然。伏思东西文明国商业登记，例归初级审判厅职掌，以使商人就近登记，家喻户晓，遇有诉讼质辩等案，易于发见，不滋欺诈。然注册、给照之性质，微有差异。中央集权，责有攸归。允宜由敝部详加厘订章程，颁行全国。查日本商业注册诸税，所课亦甚严重，每千分抽收五分或四分不等。英美及欧洲大陆诸邦，大都有限公司及一种特别营业，未经商部注册，不允开设。诚以注重公司财产，保卫债主权利，上以裕国课之支艰，下以顺商户之吁恳，法美意良，洵堪采纳。惟牙帖一项，亦非领有部颁执照，不准成立。但课税高低，古今中外略有不同。敲肤吸髓，有至一帖恒纳千金左右者，昔日满政府是也。年易月征，动辄严榷商民者，今日之俄罗斯是也。今以恤商起见，减其征额，亦归商业注册一律办理，以免纷淆。此外尚有独出资本之商号，每亦有至请注册之时，似宜一体允其自由呈注，不令偏枯，方与共和政体宗旨不悖。为此，酌拟商业注册章程，庶得统一而臻妥善。相应备文呈请大总统俯赐察核，迅即咨送参议院议决，公布施行等情前来。合缮具该项章程，咨送贵院察照议决，以便颁行。此咨。

内务部咨陆军部云南干崖土司刀安仁禀请颁发品级服章正式公文文①

顷奉大总统令开：兹据云南干崖土司禀请颁发品级衣章正式公文前来，仰该部咨商陆军部办理可也。此令。等因。查各处土司行政，固在中央政府统筹之中。惟呈中所称土司之属于武职者，仿陆军部所定衣服现章按级服被等情，有无窒碍，应如何酌给等级之处，请贵部核定咨复，以便饬遵。此咨。

令　　示

大总统令内务部晓示人民一律剪辫文

满虏窃国，易于冠裳，强行编发之制，悉从腥膻之俗。当其

---

① "刀安仁"原作"刁安仁"，据《续云南通志长编》和曹之骐《腾越光复记》等书校改，下同。

初，高士仁人或不屈被执，从容就义；或遁入缁流，以终余年。痛矣，先民惨罹荼毒，读史至此，辄用伤怀。嗣是而后，习焉安之，腾笑五洲，恬不为怪。矧兹缕缕易萃霉菌，足滋疾疠之媒，殊为伤生之具。今者满廷已覆，民国成功，凡我同胞，允宜涤旧染之污，作新国之民。兹查通都大邑剪辫者已多，至偏乡僻壤留辫者尚复不少。仰内务部通行各省都督，转谕所属地方一体知悉，凡未去辫者，于令到之日，限二十日，一律剪除净尽，有不遵者，【以】违法论。该地方官毋稍容隐，致干国纪。又查各地人民有已去辫尚剃其四周者，殊属不合。仰该部一并谕禁，以除虏俗而壮观瞻。此令。

大总统令法制局审定南京市制文

兹据内务部缮具南京市制草案呈请交该员审定前来。查此项草案，关系重要。仰该局悉心审定，斟酌尽善，仍呈候咨交参议院议决，勿延为要。此令。

大总统令内务部咨商陆军部核办云南干崖土司行政兴革及品级服章由

兹据云南干崖土司刀安仁呈：拟整顿腾、永、龙、顺各属土司行政各条，及禀请领给品级衣章正式公文等件，先后具呈前来。查筹边固圉，前代久视为要图。况值共和建国，凡属版图，凡舍生负气之伦，皆当同享共和幸福，政教所及，尤不能有畸轻畸重之分。此后对于各处土司行政如何改革，如何设施，皆中央政府所应有之事。合就将原呈发交该部，仰即查照酌核，转饬施行。至于该土司请给陆军品级衣章一节，并由该部咨商陆军部办理可也。此令。

大总统批云南干崖土司刀安仁条陈各土司行政兴革事宜呈

筹边固圉，久为要图。况在共和时代，凡我民国含生负气之伦，皆归统治，政教所及，原无彼此之分。据该土司所陈各节，间有可行，仰候令行内务部酌核办理可也。此批。

大总统批刀安仁禀请颁给陆军品级服章并正式公文以便遵办呈

呈悉。已发交内务部咨商陆军部核办矣。此批。

大总统批钱广益堂尤福记恳请维持交通银行损失援照大清银行办法呈

据呈已悉。仰候财政、交通两部核办遵行可也。此批。

大总统批商人汪俊升禀旧东强迫谕换招牌叩求伸雪呈

民刑裁判自有专司，仰即进赴该管辖之审判厅呈诉可也。此批。

教育部批中华民国模范忠裔院发起人伍崇敏等请立案并予补助呈

据呈已悉。该发起人等拟创设忠裔院，专收阵亡民军之裔，分男女两院教授，自系为体恤忠裔、振兴教育起见，暂行准予立案。惟将来学校令颁布后，一切应按照该令办理。至补助一节，本部甫经成立，财力未充，应无庸议。此批。

纪　　事

财政部请派李象权监理中国银行呈

为呈请事。窃查中国银行具中央性质，发行纸币，经理国债，与普通银行不同，关系甚大。应即派员监理，检查该行之票据、现金及一切帐簿，并出席于股东总会及其他一切会议，陈述意见，随时报告本部，以便察核。查有李象权，熟谙情形，堪以派充是职。除委任该员前赴该行认真办理外，理合呈请察核，伏乞垂鉴。谨呈。

财政部请添派陈同纪为驻日募债会办呈

为呈报事。公债司案呈，窃本部募集旅日侨民公债事宜，前蒙大总统委任何永亨、严汝麟两君为驻日募债特派员，业已转行知照在案。惟民国新立，需财孔亟，兹事重大，自非添派会办人员，共同襄理，深恐事繁时促，难以兼顾。兹查有陈同纪君，留东多年，情形熟悉，堪以派为驻日募集公债会办。所有一应募债事宜，该会办应随时商同何、严二特派员，妥慎办理。至募债关防及正式债票，现在陈会办不日起程，拟令其亲自带往，以期妥速。除分行外，为此呈报大总统俯赐察核，并乞备案，实为公便。须至呈者。

内务部报告禁赌呈

为呈报禁赌事。窃维赌博陋习，最为社会之害，律法在所必禁。只以光复之际，军事倥偬，未及整理。刻已南北统一，国是大定，将欲修明内治，必先革除社会陋习。矧去秋各处频告歉收，兼值军兴，人民生计，类多困难。赌博为巧取人财，既背人道主义，尤于现时民生多所妨害，亟应严切禁止，为我共和国民祛除污点。现经本部分咨各部、各都督并饬南京巡警总监暨南京府知事切实执行，无论何项赌博，一体禁除。凡人民宴会、游饮、集合各场所，一概不准重蹈赌博旧习。其店铺中有售卖各种赌具者，即著自行销毁，嗣后永远不准出售。责任各该地方巡警严密稽查，倘有违犯，各按现行律科罪，以绝赌风而肃民纪。合将禁赌缘由具文呈报，伏乞鉴核施行。须至呈者。

附录：电　　报

南京孙大总统鉴：昨夕三时，第三镇驻城内两营因误听谣言哗变，抢掠城内外街市，继以放火。旋经弹压，秩序业已回复。蔡专使所驻法政学堂，适在闹事左近，亦被抢掠。蔡公及同行诸君均分途避出，幸各无恙，今晨移寓六国饭店。事出仓猝，又在夜间，防范不周，至为歉仄。除派员妥为照料，并严惩乱兵外，特先电闻，希转知各省，勿听谣言，幸甚。袁世凯。东。印。（北京来电八十三）

袁大总统、孙大总统、都督均鉴：接准中央内务部电开，奉大总统令开，中央行政各部名称为部，各省都督所属之行政各部应改称为司，仰各分电各省都督一律照办等因。奉令电知。现已遵照办理，从军务部起，一律改司。除另咨并电内务部外，特先电闻。元洪。俭。（武昌来电八十四）

孙大总统、参议院、各部总次长、武昌黎副总统、申《民立报》、天津《民意报》公鉴：前电所称未知下落诸君，均已到，请勿念。元培等叩。东。印。（北京来电八十五）

孙大总统、黄参谋总长鉴：勘电悉。奉省善后办法，已嘱段军统与蓝都督派备戴、范二代表面商一是，业有头绪。戴君今日回烟台，将所议情形转致蓝君。赵督处昨已电饬，对于民军派员和平接洽；惟扰乱治安者，仍应视为公敌。特复。袁世凯。艳。（北京来电八十六）

孙大总统钧鉴：奉电敬悉。镇江流通米粮，虽据拟章请示，以事关民食，尚未批准。若如沪商所言，似已弛禁，殊属谬误。

已电饬当涂民政长据实查复。先此上闻。庄蕴宽叩。东。（苏州来电八十七）

孙大总统、黄总长鉴：奉天事已与袁、唐二公商妥办法，俟回烟台与蓝都督接洽后，当即详细电陈。戴天仇叩。东。（天津电八十八）

大总统孙、内务部、大总统袁、都督庄钧鉴：前因江北民政总长缺员，奉孙总统一再电咨，曾由到浦十六县代表公推宿迁沈新萍、睢宁张含章、宝应刘绥曾三代表赴宁，面谒孙总统，请示办法。二月十五日，三代表回浦，面陈奉总统令，改为江北民政司，仍由地方公举。兹于二月二十七日，由在浦十五县代表正式投票，举定江北民政司正长季龙图，次多数马士杰；又举定次长张祖焱，次多数王为毅。除分别知照外，合亟电闻。江北蒋雁行叩。勘。印。（清江浦来电八十九）

上海《申报》暨各报馆、南京公报局、北京国风日报馆均鉴：前因江北民政总长缺员，奉孙总统一再电谕，曾由到浦十六县代表公推宿迁沈新萍、睢宁张含章、宝应刘绥曾三代表赴宁，面谒孙总统，请示办法。二月十五日，三代表回浦，面陈奉总统谕令，改为【江北】民政司，仍由地方公举。由在浦十五县代表正式投票，举定江北民政司正长季龙图，次多数马士杰；又举定次长张祖焱，次多数王为毅。合亟电朗，请登报。江北蒋雁行。冬。（九十）

交通部长鉴：勘电祗悉。商局江轮复开长江，昨已登报，准今日起，此后披班开驶往来。请通电沿江各省都督保护，并请转电鄂交通部迅将快利、固陵两船发还，以便行驶宜、汉，转运各货，实感公谊。招商总局叩。艳。（上海来电七十九）

第三十号

三月六日星期三

目　次①

法　制

内务部颁布暂行报律电文

咨

内务部〔大总统〕咨参议院核议借款救济皖灾文

令　示

大总统令江苏都督核办盐城上冈镇绅冯滋深等【愿留钟志沆仍办鹾务乞顺舆情】呈

大总统批筹办全皖工振事务卢安泽等呈

大总统批陆军部呈报勋章式样及章程请核准施行呈〔由〕

大总统批南京府知事方潜辞职呈

大总统批江宁自治公所等呈

大总统批唐庆镖为凭权恣虐诉求批行审判并案讯究呈

大总统批盐城上冈镇绅冯滋深等【愿留钟志沆仍办鹾务】呈

大总统批江西新城县武立元等请破除引界定税运盐呈

大总统批江浦县毛伯龙禀串据朋骗【徇情偏断恳】饬检察厅【调案】提质呈

大总统令内务部【许】南京府知事方潜辞职荐员接任文

大总统令陆军部准予建立杨郑二烈士专祠【并附祀吴熊陈三烈士】文

---

① 据正文校正。

大总统令内务部通饬禁烟文

教育部批光复军总司令李燮和【请将光复军女子队改组女学堂酌给开办常年经费并请出示保护呈】（略）

教育部批元宁公立幼女学堂堂长邓云鹏【报开学并请行知南京府给示保护呈】（略）

教育部批南京钟英【中】学校毕业生马震华【请由美国交还赔款项下拨费留学日本】呈（略）

纪　事

财政部致各省都督彻查各州县征存税款电文（略）

财政部致各省都督调查赋税已征未征停征各项【限日列表报部】电文（略）

财政部致各省都督于岁入项下通筹拨解若干电文

交通部整理电报局通告各省电文

陆军部为建先烈专祠事表扬闽都督慷慨大公电文

交通部致长江各都督通饬所属保护招商局轮船电文

大本营总兵站通布各司令【凡军队出发须于六时前知照宁省路局】文（略）

杂　报

教育部广告

号外附录

法　制

内务部颁布暂行报律电文①

上海中国报界俱进会转全国新闻杂志各社知照：民国完全统一，前清政府颁布一切法令，非经民国政府声明继续有效者，应

---

①　三十二号《内务部规定暂行报律通告各都督电文》与此相同。

失其效力。查满清行用之报律，军兴以来，未经民国政府明白宣示，自无继续之效力，而民国报律又未遵行编定颁布。兹特规定暂行报律三章，即希报界各社一体遵守。其文如下：

（一）新闻杂志已出版及今后出版者，其发行及编辑人姓名须向本部呈明注册，或就近地方高级官厅呈明咨部注册，兹定自暂行报律颁到之日起，截至阳历四月一号止，在此期限内其已出版之新闻杂志，各社须将本社发行及编辑人姓名呈明注册，其以后出版者须于发行前呈明注册，否则不准其发行。

（二）流言煽惑关于共和团体，有破坏弊害者，除停止其出版外，其发行人、编辑人并坐以应得之罪。

（三）调查失实，污毁个人名誉者，被污毁人得要求其更正，要求更正而不履行时，经被污毁人提起诉讼，讯明得酌量科罚。内务部。冬电。

咨

大总统咨参议院核议借款救济皖灾文

前据财政部总长陈锦涛呈称：华洋义赈会以安徽救急事宜向四国银行借款，请示办法前来，当经饬令该部与该会会商办理在案。兹再据该部长呈称：据该报告灾情万急，如十日内无大宗赈款，恐灾民坐毙日以千数。又函称：四国银行允每星期可借十万两，分十六星期，共借一百六十万两，以民国财政部收据交银行存执为暂时担保之证。与现时南北商妥暂借二百万之办法相同。窃以该省兵燹偏灾，纷乘沓至，物力凋敝，罗掘俱穷。今日复接孙都督电，请中央拨助，愿在钱粮项下分年提偿，其窘急情形亦可想见。然恐磋商此项分摊条件，缓不济急，可否俯念民生流离，倒悬待解，借款救济，实为瞬不容缓之举，迅将全案理由咨交参议院查照，克日议复，以苏民命等因。据此，理合咨请贵院查照全案理由，克日议复，以便施行。事关民命，幸勿迟误。
此咨。

令　示

大总统令江苏都督核办盐城上冈镇绅冯滋深等愿留钟志沆仍办醮务乞顺舆情呈

兹据盐城上冈镇绅学界冯滋深等呈请，愿留钟志沆仍办新兴场醮务，并列举该员治绩前来。为此令仰该都督查明该员应否留任，酌核办理，并将原呈发交。此令。

大总统批筹办全皖工振事务卢安泽等呈

皖省灾情之重，为数十年所仅见，居民田园淹没，妻子化离，老弱转于沟壑，丁壮莫保残喘，本总统忝为公仆，实用疚心。前据财政部呈称，华洋义振会拟向四国银行借款救济，当经批令该部派员与借主商订一切条件矣。仰即知照。此批。

大总统批陆军部呈报勋章式样及章程请核准施行由

据呈已悉。勋章所以酬庸劝士，亟应制定颁行，以励有功。该部所拟勋章章程及形式尚属妥善，应准颁行。唯勋章着绶之处，宜在背面，无为环于顶而悬之者。仰即改良尽善，再行发制可也。此批。

大总统批南京府知事方潜辞职呈

呈悉。该知事奔走国事，夙著贤劳。前由内务部荐任南京府知事，方冀从容布施。兹阅来呈，力辞今职，情词肫挚，自应准予所请，已令行内务部荐员接任矣。此批。

大总统批江宁自治公所等呈

呈悉。南京府知事方潜现由安徽都督孙毓筠电调赴皖，襄助要政，并据方潜来呈，力辞今职，已令行内务部荐员接任矣。仰即知照。此批。

大总统批唐庆镁为凭权恣虐诉求批行审判并案讯究呈

呈悉。上级司法机关自有提调人证职权，毋庸指令。仰即径赴该地方检察厅呈诉可也。此批。

大总统批盐城上冈镇绅冯滋深等愿留钟志沆仍办醵务呈

据呈已悉。候令行江苏都督查明办理可也。

大总统批江西新城县武立元等请破除引界定税运盐呈

据呈已悉。应候令行实业部核办。仰即知照。此批。

大总统批江浦县毛伯龙禀串据朋骗徇情偏断恳饬检察厅调案提质呈

该民人对于判决如有不服，可径赴该管检察厅上诉，果有枉屈，不难平反也。此批。

大总统令内务部许南京府知事方潜辞职荐员接任文

据南京府知事呈称：潜江左下士，一介书生，少污伪命，薄宦淮上。痛心北廷腥德，弃官之日本，结纳豪俊，谋复诸华，尝胆卧薪，不敢或懈，奔走革命，亦有年矣。天厌虏德，汉上师兴，素旄一扬，区宇混一。潜之初志，于是乎遂。本当肥遁浚谷，抱璞保真，为共和国民以终老。当金陵初下，中原未复时，大总统不以潜为不肖，委以今职。区夏鼎沸，百务待举之际，身为党人，自不能不勉从诸贤之后，以济艰难。然而服官非潜志也。今幸南北统一，中夏安定，袁大总统将次南来，隆平之治，庶几可望。潜以菲材，忝兹重任，若不自引退以让贤者，不特陨越贻羞，有伤总统之明，亦有背潜之初志。伏望总统别举贤才，俾潜得优游林下，则实南京百姓无疆之休，非仅潜一人之私幸等情前来。查该知事奔走国事，夙著贤劳，前由该部荐任南京府知事，方冀从容布施，兹阅来呈，力辞今职，情词肫切，自应准予所请。合行令仰该部遵照荐员接任可也。此令。

大总统令陆军部准予建立杨郑二烈士专祠并附祀吴熊陈三烈士文①

据陆军部呈复：案查光复军总司令李燮和呈请，醴陵杨烈士卓林〔霖〕、长沙郑烈士子瑜，同忠国事，同为端方所害，同死江宁地方，请以太平门外玄武湖端方私建之房屋一所，作为二烈士祠。并请除该所房屋有无附属产业，容再查明，另呈附入该祠以作岁修祭费外，酌给抚恤银两，以存忠裔一案。奉总统批：陆军部核办等因。奉此，祗领之下，遵即交本部军衡局核议去后。旋据该局长督同科员，逐一调查，该二烈士，一骈死于丁未二月，一瘐死于庚戌八月，见残于一人，就义于一地，被祸既烈，身后尤极萧条，先后报告前来，实与原呈一辙。经本部复查无异，以之拨作祠堂，并各酌给恤银一千两，揆与彰善瘅恶，公理尚无不合。理合具文申请总统，准予立案拨给，批示遵行，以恤孤寒而彰忠烈，实为公便。再，吴樾、熊成基，安徽人，杨笃生，湖南人，前均谋炸端方，未得一逞。迨吴震以一击，熊举烽燧于大江之涘，杨痛黄花冈之大功不就，于英岛蹈海以殉，亡身报国，与杨、郑二烈士先后合符，事同一律，可否援例共祀一

---

① "吴、熊、陈"三烈士，据本文内容应作"吴、熊、杨三烈士"或"吴、熊、杨、陈四烈士"。

祠，并照给恤银以存忠裔之处，出自钧裁，感深存殁等情前来。按民国缔造之功，匪一手足之烈，睹兹灿烂之国徽，尽系淋漓之血迹。以上诸烈士，或谋未遂而身赴西市，或难未发而瘐死囹圄，或奋铁弹之一击，或举义旗于万夫，或声嘶去国之吟，或身继蹈海之烈，死事既属同揆，庙食允宜共飨，该部所请，事属可行。尚有陈烈士天华，前后屡图义举，均未获就，发愤著书，凡数十万言，皆发扬民族之精义，至今家有其书。此次义师一呼，万方响应，实由民族学说灌输人心，已匪朝夕，故铜山崩而洛钟应，光复大业，期月告成。考陈烈士与杨烈士生平最友善，其蹈海事迹亦复相同，允宜一体同祀，并照给恤银。合就令仰该部遵照办理可也。

大总统令内务部通饬禁烟文

鸦片流毒中国，垂及百年，推其为祸之烈，小足以破业殒身，大足以亡国灭种。前清末年，禁种征膏，成效渐著，吸者渐减。民国始建，军务倥偬，未暇顾及他务，诚恐奸商猾吏，因缘为奸，弁髦旧章，复萌故态。夫明德新民，首涤污俗，矧酖毒厚疾，可怀苟安。除申告天下，明示禁止外，为此令仰该部，迅查前清禁烟各令，其可施行者，即转咨各都督通饬所属，仍旧厉行，勿任弛废；其有应加改良及未尽事宜，并著该部悉心筹画，拟一暂行条例，颁饬遵行。务使百年病根，一旦拔除，强国保种，有厚望焉。切切！此令。

纪　　事

财政部致各省都督于岁入项下通筹拨解若干电文

各省都督鉴：现在民国成立，庶政待举，筹饷尤亟。中央担负太重，财政竭蹶，自不待言。贵省如能设法，务希不分内外，于岁入项下，速即通筹拨解，以应要需。能解若干，乞先电复。

交通部整理电报局通告各省电文

北京新举袁总统、武昌黎副总统、各省都督均鉴：顷据上海电政局电称，本局向设在上海，为全国电政总机关。上海光复后，即由民军管理，并先后蒙各省都督承认。数月以来，本局于各省被毁路线，已分别派员修通，各局请拨材料报告以及款项亦无不设法筹济。其余水线公司，交涉尤为困难，幸就范围，借保权利。现当南北一致，汉口北军所设电局亦与本局接洽，应请大部通电南北各省，凡遇电政一切事宜，一律以本局为完全总机关，俾便整顿而免歧异，并乞示遵等语。本部查该局因各国水线公司皆在上海，按期向我国结算全国报费，并京、津、烟、沪、福、厦港等水线各项交涉繁重，故电政机关仍以在沪为便利。现南北既已统一，电报为全国交通要政，尤当整齐划一，以求灵捷。现拟关于电报派用人员，以及修设线路需用材料并解款册报等项，此后概由该总局直接管理汇总报部，以期统一而免阻碍。所有南北各省线路损坏之处，即饬该局速行修理。除呈明大总统外，相应电请贵处通饬遵照，并乞电复。

陆军部为建先烈专祠事表扬闽都督慷慨大公电文

各省都督均鉴：窃维赏贤议功，为建邦之大典；彰善瘅恶，乃心理所同然。本部前以民国统一，所有先后死义诸先烈，应由各省建设专祠，永远奉祀。继思各省财力，恐未能即时举行。因查前清昭忠等祠，多系公家建造，拟以改祀民国忠烈，建造之费既省，赏罚之义自昭，业经通电在案。兹准福建孙都督电开：先父开化于前清甲申之役，在台北战胜法兰西，保全中国土地，故于闽省得建专祠。其建造之费，由仁自行筹措外，附昭忠祠一所，系同军人合建，以祭祀将士之捍卫同胞者。现奉电示，仁忝为闽省长官，自应恪守命令，首先遵照取消两祠名目，将祠庐交政务院照部议办理。惟祠后住宅一所系仁自建，向作家属寄寓之所，兹当祠宇归公，住屋亦当报效入官等因。查甲申之役，孙公开化，战胜法军于台北，赖以保全国土，有功于中华民国，良非浅鲜，似非与曾、左、胡、李辈为觉罗一氏之功臣者所可比例。况孙公专祠为私款所造，尤属不在此例。而孙都督但知崇先烈之伟绩，伤忠魂之无依，举以奉祀，且将家人住宅一并归公，慷慨诚恳，一秉大公，诚为人所难能，钦佩曷极。除电孙都督，请以孙公开化仍入祀忠烈祠，以免湮没，并祠后屋宇照旧留作家属住宅外，特此通电表扬，用彰公道而资表率。陆军部。江。

交通部致长江各都督通饬所属保护招商局轮船电文

武昌黎副总统、南昌马都督、安庆孙都督、苏州庄都督均鉴：南北联合，时局大定，长江流域，行旅商货急宜流通，已饬招商局轮船于二十九日起，照常开驶。应请尊处通饬沿江各属民政兵警，一体保护，以维航业。祷切盼切！交通部。冬。

杂　　报

教育部收买古籍广告

本部现拟筹设中央图书馆，应储书籍甚多，各处如有古籍愿出售者，除星期外，请于每日下午三时至五时持样本至南京碑亭巷本部接洽，如合意者，本部当给以相当价值。

附录：电　　报

孙大总统、黄陆军总长、北京袁大总统、武昌黎副总统均鉴：上海光复兼克制造局，均赖李君钟珏督率商团，冒险进取，协助革军，得以全局入手。绅商各界公推李君担任局长事务，李君素抱利国福民宗旨，慨尽义务，军兴后日夜赶造军械，接济南北各军，并亲率本局炮队攻克金陵。四月以来，夙夜焦劳，内筹经费，外保治安，伟绩丰功，中外钦仰。现李君以心力交瘁，决意辞局长之职，呈请另委。同人等揆时度势，制造局务不特李君在局提调十有余年，熟悉情形，未便听其辞退，即光复后保全大局，南省人民同声感戴。当此统一初定，民气嚣张，局中工匠数千，附近居民数万，皆视本局动静以为安危，倘骤易生手，于整顿局务收效尚迟。万一人心不靖，扰乱治安，关系非浅。同人等为大局起见，公恳电饬李君勿准辞职，谕令力疾从公，一面发给正式委任状，责成李君担任局长，照常任事。地方幸甚，大局幸甚，上海制造局各厂处委员匠目全体人等，敬谨电呈。（上海来电九十四）

大总统、陆军总长钧鉴：今日由大北水线传到北京消息称：本日午后二时，复有暴动情事。当由甫经修竣之本线电京询问一切，复称无恙，秩序已少定。知廑特闻。其美叩。冬。（上海来电九十五）

孙大总统、参议院、各部总长、黎副总统、各省都督、晋代表、各报馆钧鉴：山才力绵薄，勉执革鞭，力无一成，汗颜曷极。幸赖全国上下戮力一心，民国统一，共和目的完全达到，于愿已足，夫复何言。况破坏局终，建设方始，自顾驽钝，实非其才。刻已电恳晋民公会及谘议局另选贤能，来忻接办，一俟继承得人，山即解除兵柄，长揖归田，与四百兆同胞共享自由幸福。肃此先布，伏希垂谅。晋军都督阎锡山叩。萧。（晋省忻州来电九十一）

大总统鉴：西江梗塞，粤督委协军钟自鸣往抚，突被李耀汉

横攻，乱甚。乞电粤督饬鸣始终其事。商人李子乾、陈子辉等叩。（武昌来电九十三）

孙大总统钧鉴：兵事凶器，自古苦之，而祸结兵连，尤非得已之举。今我汉族仅以四阅月之时日，牺牲少数人之头颅，而卒于坛坫之间，得使满清退位，南北合同，恢复大汉之山河，拥建共和之日月。隆中虽勇而善战，兵士虽猛于从戎，而念及生灵之涂炭，大局之攸关，遥望金陵，同申庆祝。袁公前此之举动，隆中颇视若仇雠，而此次和议之告成，自不能不推为革命之首功。我大总统竟弃大权若敝屣，授之袁公，揖让高风，曷胜钦佩。所不满意者，和议条件颇欠斟酌。亡清皇室私产难以数计，我民国当此民穷财尽之际，每岁犹必以四百万金任其挥霍淫奢之用，一误也。清帝既经退位，自当避居热河，反任其暂居宫禁，日后退居颐和园，一旦宗社党听其鼓动，势必重用干戈，二误也。至建都地点，暂时极力主张南京，外人之观瞻所系，内政之进步有关。若迁徙北方，亡清之污俗犹存，前此之旧染难化，涤瑕荡垢，行之维艰，三误也。不揣冒昧，敢贡刍荛，务乞我大总统严词以争，力图补救。若争之不已，自必决之兵力，隆中亦当私效驰驱。是否有当，总希电示，实为祷企待命之至。湘军统领官王隆中叩。（长沙来电九十六）

第三十一号

三月七日星期四

目　次

令　示

大总统抚恤吴张周三烈士令

大总统复江西都督马毓宝毁淫祀电文

大总统令内务部掩埋城垣内外各处暴露尸棺文

大总统批财政部遴员补充造币厂长呈（附原呈）

内务部令南京巡警总监出示禁止砍伐孝陵树木文（略）

陆军部批第三旅长张性请奖给淮郡绅商捐助军饷纪念品呈
（略）

内务部请大总统查禁赌博陋习及禁售各种赌具呈（略）

纪　事

教育部为甘霖游学事拟暂缓办呈（略）

内务部现行办事通则（略）

内务部警务学校章程（略）

号外附录

令　示

大总统抚恤吴张周三烈士令

据陆军部呈称：窃维荡涤中原，肇建民国，为先祖复累世之
仇，为后人造无穷之福，实赴义先烈，捐躯洒血，以有今日。起
义以来，效命疆场，碎身沙漠，若将若士，更仆难数。而吴禄贞、
张世膺、周维桢三氏者，为同胞惨死，尤最凄怆，宜先抚恤者也。
爰采各国抚遗恤亡之例，定抚恤章程。凡此起义诸将士兵卒，或
遇害于行伍，或遭凶于暗昧，均按其等级高下，呈请赐予一时恤
金及遗族恤金，以酬忠烈而励将来。查吴禄贞，应照大将军例，
赐一时恤金一千五百元，遗族每年恤金八百元。张世膺，照右将
军例，赐一时恤金一千一百元，遗族每年恤金六百元。周维桢，
照大都尉【例】，赐一时恤金九百元，遗族每年恤金五百元。拟请
从先酌准，赐予三氏恤金，以为我共和开国报功酬庸之先表，宣
示天下以不负忠烈之意。为此呈请察核，伏乞照准施行等情前来。

查民国新成，宜有彰勋之典。吴、周、张三氏，当义师甫起之日，即阴图大举，绝彼南下之援，以张北伐之势。事机甫熟，遽毙凶刃，迭被重伤，身首异处，死事至惨，而抚恤之典尚尔缺如。该部所称，实属深明大体，应准如所请，风示天下。此令。

大总统复江西都督马毓宝毁淫祀电文

南昌马都督鉴：艳电[①]称，请令行各省，前清显宦专祠，不能任意销毁，留此以作办公廨宇为前提，尚确，若谓借此以崇体统，保文明，殊为不合。查前清专祠崇祀之显宦，莫如曾、左。然曾、左之所以得馨香俎豆者，特以彼能献同胞之骨肉于满廷，而满廷乃亦以尘饭土羹酬酢之，且欲诱吾汉族子孙万禩，视曾、左为师法，而遂其煮豆燃萁之计。从古专制家之蔑视公理，自谋私利，大抵如是，不特满清为然也。夫崇德报功，应以国利民福为衡准，而后不论何期，皆能血食。盖果功德在民，斯民亦永矢勿谖，荣以崇祀，庶标矩矱。若功不过一姓之良，绩不过一时之著，此当时资其效用者，固宜图有以报称之，而与后世何与焉？况此中有道德标准之关系，更安能以人人目为自残手足之人，乃因满廷私意，建有专祠，遂永使吾民馨香之、向往之、模范之，以淆乱是非公论乎？本总统为世道人心起见，对于前清显宦，固不欲因敝制而率行崇祀，以惑是非，亦决不执偏私而有意推求，以诬贤哲。惟前清诸显宦，倘人民对之已无敬爱之心，即政府视之应在淫祀之列。理应分别，充分改作正用，毋滥祀典，致蛊来兹。是则崇体统、保文明之正当办法也。特复。孙文。支。

大总统令内务部掩埋城垣内外各处暴露尸棺文

查江南风俗，常有亲死不葬，殡厝旷野，历年既久，槽棺暴

---

① 艳电见本号附录。

露。又此次大变之后，尸骸狼藉，未及归土者，往往而有。此不惟伤行路之心，损首都之美，抑恐天气转热，蒸成疫疠，关系全都人士卫生，实非浅鲜。为此令该部饬下所司，速派专员，切实调察。其有主之棺，责令自行收葬，无主者，由官妥为埋掩。务期实力奉行，勿徒以虚文塞责。切切！此令。

大总统令印铸局局长黄复生据财政部呈请饬各部编具概算书文

兹据财政部呈称：各国财政，皆有预算，以谋收支之适合。其预算案之编制，英由财部，美由议院。今我政尚共和，宜采美制。虽政府行将统一，统筹全局者，当自有人；而目前费用孔繁，职掌度支者，何从措手。况交替在即，尤应预备，略示规模。否则，紊乱纠纷，窃恐贻讥来者。应请饬下各部，迅将三月份应支款项编具概算书，限十日内，送交本部。由本部添具收入概算书，汇送参议院，编成预算，以凭筹办等由前来。为此令行该局查照办理。切切！此令。

大总统批财政部遴员补充造币厂长呈 （附原呈）

呈悉。所请造币总厂正长以该部次长王鸿猷兼任，江南造币厂厂长以王兼善补充，帮长以赵家蕃补充各节，应即照准。此批。

附原呈

为呈请事：案窃本部所拟江南制造厂章程，业蒙大总统批准在案。嗣后该厂人员，自应遵章任用。惟现在各处造币厂尚未统一，事务较简。所有正长一缺，拟以本部次长王鸿猷暂行兼任，其副长一缺，不妨暂缓设置。至江南造币厂厂长，已据遴选王兼善补充。查王兼善，久在英国爱丁堡大学肄业，得有格致科学士及文艺科硕士等学位，精于化学、机械各科；且曾游历各国，考察各国造币厂；又在天津造币厂经历有年，堪以胜任。其帮长一缺，查赵家蕃，老成练达，熟悉商情，即以补充。理合备文呈请，仰祈察核，迅赐批示。谨呈。

附录：电　　报

南京孙大总统、武昌黎副总统钧鉴：前准陆军部电知，从前各昭忠祠改为大汉忠烈祠，致祭烈士，当已转行遵照。惟光复以来，此间如曾文正、左文襄各位祠，有任意销毁者，咎其当时不应助满。然平情而论，时势各有不同，易地则皆然也。若以此而责贤者，是宋明之忠良，至元代清时，而必改削其牒。今值民国统一，鼎革之初，拟请令行各省，将前清显宦专祠，如举建设不得任意销毁，以崇体统而保文明。是否之处，敬乞电示。马毓宝。艳。（江西来电）

第三十二号

三月八日星期五

目　　次①

法　制

内务部规定暂行报律通告各都督电文（与第三十号《内务部颁布暂行报律电文》同，略）

内务部核定告示广告张贴规则（略）

咨

大总统咨参议院提前议决设立稽勋局及捐输调查科两案文

___

①　据正文校正。

司法部咨各省都督停止刑讯文

令　示

大总统令法制局迅复南京市制文

大总统令法制局审定临时中央裁判所草案文（附原呈）

大总统令内务部核办潘宗彝条陈安置旗民生计由

大总统批潘宗彝请安置旗民办法并提拨原有款项呈

内务部令复巡警总监呈请改用刺刀并颁行拔用规则文（略）

内务部令南京巡警总监移交禁烟公所文（略）

陆军部批何克非请发给川资护照回粤呈（附原呈）（略）

教育部批商人李炳华为伊子留美学费告罄请津贴呈（略）

教育部批芜湖米业公所商董王麒等创办米业公学呈（略）

教育部批女子两等学堂学校吴清莲等请立案呈（略）

教育部批边务学校创办人黄家本请拨借南洋劝业会【内农业馆参考馆为校舍】呈（略）

纪　事

闽都督为参议员陈承泽辞职公选张继接代呈

教育部禁用前清各书通告各省电文

内务教育两部为丁祭事会同通告各省电文

教育部通告各省速令高等专门学校开学电文（略）

沪都督为上海公债票已遵令停止【并饬财政司朱佩珍亲诣财政部商办】呈（略）

交通部报沪宁铁路添开夜车呈（略）

号外附录

咨

大总统咨参议院请提前议决设立稽勋局及捐输调查科两案文

前由本总统提议设立稽勋局及附设捐输调查科，已经先后咨行贵院付议在案，迄今未接咨复。兹值大局渐定，酬庸之典，清理之事，亟宜举行。为此咨请贵院，将前两案提前决议，迅赐咨复，以便施行。此咨。

司法部咨各省都督停止刑讯文

案奉大总统令：（下引第二十七号《大总统令内务、司法两部通饬所属禁止刑讯文》全文，略），等因到部。奉此，查刑讯一端，乃满清之苛政，伤心惨目，莫此为甚。今当民国成立，若不亟行涤除，咸与维新，不足以副大总统提倡人道、注重民生之至意。为此咨请贵都督：转饬所属府厅州县行政司法各官吏，嗣后不论何种案件，一概不准刑讯。凡鞫狱应视证据之充实，不宜偏重口供。其从前一切不法刑具，悉令焚毁。如有不肖官吏，日久玩生，经本部所派视察官或该管上司查出，禀报核实时，除褫夺官职外，并付所司治以应得之罪。布告所属，一体遵照。此咨。

令　示

大总统令法制局迅复南京市制文

查前由本总统发交该局审定之南京市制草案，迄今未见呈复。市制为整顿地方切要之图，何能久事延缓。仰该局迅即审定呈复，勿再迟延，致误要公。切切！此令。

大总统令法制局审定临时中央裁判所草案文

据司法部呈拟《临时中央裁判所官制令草案》一册，应由该局审定，呈候咨交参议院议决施行。仰即遵照审定，克日呈复可也。草案并发。此令。

附司法部原呈

为呈送事：窃本部经已成立，所有全国裁判所各官职令，自应陆续编定，以重法权而便执行。兹由本部拟就临时中央裁判所官职令草案十五条，另册缮就，理合备文一并呈送钧案，交法制院审定后，咨由参议院议决，再请察核颁布施行。须至呈者。

大总统令内务部核办潘宗彝条陈安置旗民生计并提拨原有款项由

据江宁调查员潘宗彝条陈安置旗民办法四端及提拨原有款项各等情前来。查江宁光复，难民遍地，生计艰难，不独旗民为然。应如何教养兼施、工赈并举之处，仰内务部统筹全局，随时与该主管官厅协商办理。原呈并发。此令。

大总统批潘宗彝请安置旗民办法并提拨原有款项呈

呈悉。已令行内务部统筹全局，随时与各该主管官厅协商办理，并将原呈发给阅看矣。此批。

纪　　事

闽都督为参议员陈承泽辞职公选张继接代呈

为呈报事。窃照案准沪都督侵电开：现临时政府依次成立，代表责任已毕，立须组织参议院。据《临时政府组织大纲》，参议院由每省都督府派遣参议员三人代表之。即请从速派遣参议员三人，付与正式委任状，克日来宁等因。当经公选法政精通、富有经验之陈承泽、林森、潘祖彝三人，付与正式委任状，派遣克日赴宁，呈报在案。兹据陈承泽辞职前来，复经公选得张继，法理精通，富有经验，堪以接代。除付与正式委任状派遣克日赴宁外，理合具文呈报，伏乞大总统俯赐察照。须至呈者。

教育部禁用前清各书通告各省电文

湖北黎副总统、各省都督及督抚钧鉴：本部高等以上各学校规程尚未颁布，各地方高等以上学校应令暂照旧章办理。惟《大清会典》、《大清律例》、《皇朝掌故》、《国朝事实》及其他有碍民国精神暨非各学校应授之科目，宜一律废止。此外关于前清御批等书，一律禁止滥用。希即宣布施行。教育部。冬。

内务教育二部为丁祭事会同通告各省电文

湖北黎副总统暨各省都督、各督抚公鉴：本部近接浙江民政司长电称：文庙丁祭应否举行？礼式祭服如何？其余前清各祀典应否照办？选据各属请颁典礼，应归统一。敝省未便擅拟，请电照遵等因。据此，查民国通礼，现在尚未颁行。在未颁以前，文庙应暂时照旧致祭。惟除去拜跪之礼，改行三鞠躬，祭服则用便服。其余前清祀典所载，凡涉于迷信者，应行废止。惟各地所祀者不尽同，请由本省议会议决存废。事关全国，为此通电贵省，即祈转饬所属查照办理。内务部、教育部。艳。

附录：电 报

南京孙大总统、北京袁大总统、各省都督、各路司令、各政党、各社团钧鉴：自宣布共和后，宗社党四出运动，山东旧官，受感最深。前次取消独立事，张、吴（张广建、吴炳湘）诸人，复暗助之，遂听军人横行，商贾罢市。省垣祸机已迫，朝夕不保。各府州县，分兵四出，抢掠不堪。有意反对共和，甘为公敌。公为国家所推戴，幸勿忘我山东三千万无告之民，则山东幸甚，大局幸甚。山东统一会哀恳。（青岛来电九十七）

孙大总统、北京袁大总统、各省都督、各路司令、各报馆、各政党、各社团公鉴：共和宣布，已达半月，山东之亡清故官，压制日甚。如公园议场，逮捕党人，目无发辫为匪，拘烟台代表如囚，妄定黄县为中立地，纵兵抢掠居民，揣制舆论，强分南北。犹敢电告各处，系我新大总统命令。直目我南北四万万同胞所公认之新大总统，为法之拿破仑第三，显系反对共和。若公等犹不速筹办法，驱逐旧吏，是弃我山东三千万人民于不顾也。山东虽不肖，又何敢负公等。已具呈乞哀怜之。山东统一会启。（青岛来电九十八）

万急。上海陈都督鉴：顷据湘都督电称：湘岸各处缺盐，所在淡食。淮盐无多，转运迟滞，不能不另筹接济。前经派员订购奉天余盐百余票，以济眉急。仰恳知照沪关，验明湘省护照，准其入口，输运到湘。事关民食饷需，乞俯允转行，并恳赐复。湘都督谭廷闿叩。艳。等语。仰即知照沪关照办。总统孙文。支。（上海来电一百）

孙总统、黄总长克强先生、邱参议员沧海先生鉴：北兵变乱，到处焚劫，惨无人道。外人将起干涉，恐蹈庚子覆辙，贻患无穷。望速进兵，安民救国。广东旅津爱国团李兼善、杨文昭、蔡芳圃、吴远基、袁冠南等同叩。江。（天津来电一百〇一）

孙大总统、黄陆军总长钧鉴：山东临时都督闻有委任孙宝琦之说，山东人民不愿承认。且民国既有胡都督在烟，何不就近派遣？一月之后，任众公举，至公至正，何必多费周折，再派他人。务乞与袁总统力为交涉，以俯顺舆情而维大局。山东统一会姜金和、王善谟等叩。（青岛来电一百○二）

孙大总统鉴：同人等现公举胡培德君来宁面晤总统，接洽鄂事。鄂军旅沪同人公叩。江。（上海来电一百○三）

爪哇华侨惨受拘禁杀虐，同胞愤激，恳速力争，以保侨民。切祷。（古巴中国商会来电一百○四）

第三十三号
三月九日星期六

目　次

令　示

大总统令内务部取消暂行报律文

财政部批李祖庆请就苏省铜元局鼓铸银币拟具章程候鉴核呈

财政部批江北各属代表张含章等筹设商办银行呈

财政部批江苏山阳县公民鲁桢拟办江北造币厂并抄呈原禀教令请立案呈

财政部批江北商界代表张秉璜等拟铸铜币以救财政奇窘恳准委任承办呈

内务部批赵恩溥等请私立花柳检查医院呈　（略）

内务部令南京巡警总监取消批准私立花柳检查医院及私人假用公产文

内务部批公民俞乃绩条陈禁烟必先禁种呈　（略）

内务部批医生傅春帆设立医学研究会并请指拨公产呈（略）

纪　事

财政部请饬各部院迅将三月分支出款项依式填注以便汇编概算书呈（附册式）（略）

参谋部拟改总务处为总务厅秘书副官处为秘书处呈（略）

号外附录

令　示

大总统令内务部取消暂行报律文

昨据上海报界俱进会及各报馆电称：接内务部电，详定暂行报律三章，报界全体万难承认，请转饬部知照等语。案言论自由，各国宪法所重，善从恶改，古人以为常师，自非专制淫威，从无过事摧抑者。该部所布暂行报律，虽出补偏救弊之苦心，实昧先后缓急之要序，使议者疑满清钳制舆论之恶政，复见于今，甚无谓也。又，民国一切法律，皆当由参议院议决宣布乃为有效。该部所布暂行报律，既未经参议院议决，自无法律之效力，不得以"暂行"二字，谓可从权办理。寻三章条文，或为出版法所必载，或为国宪所应稽，无取特立报律，反形裂缺。民国此后应否设置报律，及如何订立之处，当俟国民议会决议，勿遽亟亟可也。除电复上海各报外，合行令仰该部知照。此令。

财政部批李祖庆请就苏省铜元局鼓铸银币拟具章程候鉴核呈

呈悉。本部正在统筹全局，整理币制，以期划一。所请就苏省铜元局鼓铸银币一节，碍难照准。此批。

财政部批江北各属代表张含章等筹设商办银行呈

呈悉。所请在清江浦设立商办银行，以维持市面，事属可行。其速将章程拟就，呈部检核。惟发行纸币事关重大，应俟银行条例规定后，再行批答。此批。

财政部批江苏山阳公民鲁桢拟办江北造币厂并抄粘原禀教令请立案呈

呈悉。查滥铸铜元，乃前清弊政之一。民国初建，正拟整理币制，以期划一。所请开办江北造币厂鼓铸铜元一节，碍难照准。此批。

财政部批江北商界代表张秉璜等拟铸铜币以救财政奇窘恳准委任承办呈

禀悉。查滥铸铜元，乃前清弊政之一。民国初建，正拟整理币制，以期划一。况造币之权，应归国有，非商人所能承办。所请承办铸铜币一节，碍难照准。此批。

内务部令南京巡警总监取消批准私立花柳检查医院及以私人假用公产文

为令知事。据赵恩溥等私自设立娼妓检查医院，呈请立案，禀中声称已由江宁巡警总局批准在案云云。查检查娼妓，事属国家卫生行政范围，断无许其以私人资格执行检查之理。业由本部批斥外，仰贵总监迅即将前批取消，以免扰乱治安而重行政法权。又据所呈花柳检查医院简章第四条称，暂假淮清桥东前清布理问署为检查治疗办公之处一节。查前清官衙公署，均为国家公产，以私人资格擅行假用，万难照准。所谓暂假，究由何人允许，抑欲私自侵占，仰即查明呈复。如该团体业经移入，著即饬令迁出，以昭慎重公产之至意。切切！此令。

附录：电　报

万急。孙大总统鉴：培等受命欢迎袁君赴宁就职，前月二十七日已以此意面达袁君，而袁君亦极愿南行，一俟拟定留守之人，即可就道。不期二十九夕，北京兵变，扰及津保。连日袁君内抚各处军民，外应各国驻使，恢复秩序，镇定人心，其不能遽离北京，不特北方人民同声呼吁，即南方闻之，亦当具有同情。故培等据所见闻，迭电陈述。兹承电示，知袁君委托副总统黎君代赴南京受职，是培等欢迎之目的已经消灭，似应回南面陈一切。谨先电闻，并祈即复。元培等。鱼。（北京来电一百〇六）

北京六国饭店蔡元培等鉴：鱼电悉。前提议袁大总统不必南行，委由副总统代赴南京，惟以内外属望至殷，副总统或不能遽来，仍恐有稽时日。昨提出参议院，经院决议，电允袁总统在北京受职。是黎副总统来宁代表一节，可以取消。惟袁总统得参议院电复认可之日，举行仪式，应由专使等代表民国接受誓词，赍交参议院保存，以昭隆重。专复。并请达袁大总统。孙文。虞。（南京去电一百十五）

南京孙大总统、参议院、国务各总长、各省都督同鉴：此次南京特派专使来燕，【迎】凯赴南京受职。凯极愿南行，借与诸君相见，共筹国家大计。惟以北方秩序需人维持，正在拟议留守之人。不期变生仓猝，京师骚扰，波及京津。自维抚驭非易，致使闾阎受惊，殊深惶悚。连日布置，差幸秩序渐复，人心渐安。惟自经此变，北方商民愈不欲凯南行，函电吁留，日数千起。而南京政府，亦鉴北事之方殷，谅南行之宜缓，连日筹商办法，以凯既暂难南来，应请黎副总统代赴南京受职。而内阁总理，俟凯与孙大总统、黎副总统商定其人，协行提交参议院，请求同意。庶几大局早定，人心早安，对内而谋统一，对外而谋承认，以完全巩固中华民国之基础，是所深望。特此电闻。袁世凯。鱼。（北京来电一百十六）

北京袁大总统鉴：鱼电悉。支日因专使来电，知公不能刻日南行，故有商请黎副总统到宁代公受职之电。同日接各界来电，期望至殷，言之迫切。因恐黎副总统镇守武昌，不能遽来，仍稽时日，是以将专使要求各条提交参议院，当经院议决，公在北京受职。其办法六条，除由参议院电知外，今日一再电专使转达尊处。请黎副总统代行一节，可以取消。尤望即依参议院所开手续，正式受职。速电国务总理、国务员名，俾参议院同意，刻日派遣来宁，接收交代，早定大局，无任切盼。孙文。阳。（南京去电一百十二）

武昌黎副总统鉴：闻军界各同志与军务部部长孙武起冲突，经副总统令孙武辞职，而论者依然不靖，且有购拿之说。按前武昌军务部长孙武，奔走光复之事累年，此次武昌起义，厥功甚著。纵使行事用人或有偏颇，而解职以去，用避贤路，副总统可谓持之平允矣。至谓孙武有何罪状，则当由副总统正式宣布，岂容蜚语四出，极其所之，致使望门投止，状类遁逃，文以为甚非所以待有功者之道。敬请副总统为各界告戒，无伤同气，无害功能，天下幸甚。孙文叩。虞。（南京去电一百十四）

南京临时政府总统：前在奉被拘禁十九人，仅阳历二月东督释放二人，其余十七人仍在狱内，务祈速即电致东督，以全生命云。黄贵电。（奉天来电一百〇七）

孙大总统、各部总次长、参议院、武昌黎副总统、各省都督、各军司令钧鉴：今日迭接京津各电，据称北京已平静，秩序渐复。使馆卫兵增至二千。自江日颁布军律，正法甚众。洋兵亦整队出巡，入夜禁备尤严，抢案于是绝迹。南京代表四人，即日回南。京津乱兵已向正定、沧州一带窜掠。英兵调往丰台者，陆续遣回天津。京中电线已通。闻保府此次蹂躏颇甚，府南电线尚未修复，不知消息。昨闻因改政起哄，现已平静。各省均安，请勿尘念。陈其美叩。歌。（上海来电一百〇八）

孙大总统、参议院均鉴：国都及临时政府地点应在北，其理由早经各报暨庄都督详细说明，即旅北商民，亦公电赞同。因日久相持，人心不定，致肇京津保定之变，商业损失益巨。倘再迁延，易启外人干涉，良用危惧。务恳迅赐协商允妥，亟就北京组织完全政府，建定国都，以期南北统一，列邦早日承认，庶几内政外交均易措手，民国幸甚。申报、新闻报、时报、神州报、时事新报、民立报、天铎报、爱国报、民报、大共和报、民声报公叩。（上海来电一百〇九）

孙大总统、黄陆军部长、黎副总统、各都督、各军司令、各报馆鉴：纶滥叨淮上军司令名义，于事实毫无裨补；又蒙本省都督委任皖北关务，自问均不胜任。即请孙都督取消司令，专意关务，冀苏商困而裕饷源，未蒙允准。但近数月来，精疲力竭，甚难支持。军事重要，万不敢负虚名。关务现正调查，俟得要领，即详细报告，一面退归田里。皖北荒歉，连年凋敝已极。关事完竣，拟赴沪切恳华洋义赈会拨款振济，为桑梓请命，再效驰驱。待二麦登场，年丰物阜，即长作共和国民，而享全国志士仁人所赐之幸福。敢布区区，伏祈鉴察。张纶叩。冬。（淮北正阳关来电一百十）

南京大总统鉴：墨再乱，全省告急，华侨险极。现美总统电饬美人返国。请速设法保护。墨国驻架连埠全体华侨叩。（墨西哥来电一百十二）

南京大总统鉴：墨再乱，势甚炽。侨民危险极，请设法保护。墨国加兰姐埠商工会全体叩。东。（墨西哥来电一百十三）

第三十四号

三月十日星期日

目　　次

法　制

大总统宣布南京府官制公布

咨

参议院咨复议决统一政府办法文

参议院咨复议决华洋义赈会拟向四国银行借款救济皖灾文

参议院咨复议决暂认唐绍仪与四国银行借款一案文

令　示

大总统据法制局长宋教仁转呈江西南昌地方检察长郭翰所拟各省审检厅暂行大纲令交司法部借备参考文

大总统令九部三局凡互相咨商之件毋庸呈请转饬文

大总统令交通部整顿电话文

大总统令交通部整顿宁省铁路开车时间文

大总统批法制局长宋教仁转呈江西南昌地方检察长郭翰所拟各省审检厅暂行大纲请示遵呈

大总统令光复军司令李燮和辞职呈（附原呈）

内务部批宁垣诸山请以佛教大同总会为统一机关呈（略）

内务部批佛教大同会遵批开会暨合并各情形呈（略）

内务部批僧敬安等请严惩窃名集会招摇呈（略）

实业部批万春圩领垦公司等请设农业公团呈

实业部批侨商朱卓文开办工厂请给照拨地呈

实业部批无锡商会转呈恒大永源生米行运米被扬州徐司令扣留请派委监验给放呈

实业部批杭州商会盛起转呈内河招商局请饬镇江军务部无锡军政分府交还商产呈

实业部批上海总商会呈称内河招商局为镇江军务部无锡军政分府没收商产请饬令交还呈

号外附录

法　　制

大总统宣布南京府官制公布

兹准参议院咨送已经同意议决之南京府官制二十一条前来，合行公布。孙文。印。

南京府官制

第一条　民国临时政府所在地方，设南京府，以原有之上元、江宁二县为区域，直隶于内务部。

第二条　南京府置府知事一人，荐任，受内务总长之指挥监督，于各部事务，受各部总长之指挥监督，执行法律命令，管理所属行政事务，统辖所属各员，并分别任免之。

第三条　府知事于所属行政事务，得依其职权，或特别委任，于其管辖内，发布命令。

第四条　府知事有认为必要时，得停止下级地方官之命令或取消之。

第五条　府知事得以其职权内事务，委任一部于下级地方官。

第六条　府知事得制定府署内办事细则。

第七条　南京府得置秘书厅，掌管机要，典守印信，编制统计，记录所属职员进退之册籍，收发并纂辑公文函件。

第八条　南京府置左列各科：

民治科　劝业科　主计科　庶务科

第九条　民治科掌事务如下：

一、关于监督下级地方官及地方团体、公共团体之行政事项；二、关于选举事项；三、关于教育学艺事项；四、关于公益善举事项；五、关于宗教寺庙行政事项；六、关于户籍事项。

第十条　劝业科掌事务如下：

一、关于农工商业事项；二、关于渔猎及水产事项；三、关于度量衡事项；四、关于山林土地事项。

第十一条　主计科掌事务如下：

一、关于监督下级地方官及地方团体、公共团体之财政事项；二、关于本府库储会计事项；三、关于本府财政会计事项；四、关于本府赋税征收事项。

第十二条　庶务科掌事务如下：

一、关于土木行政事项；二、关于公用征收事项；三、关于地理事项；四、关于兵事事项；五、关于卫生事项；六、关于保存古迹事项；七、其他不属于各科事项。

第十三条　南京府知事下置职员如左：

秘书长一人　秘书二人　科长四人　科员八人　视学二人
工师　工手　录事

前项秘书长，由府知事推荐，呈请内务总长委任。其余各职员，均由府知事自行委任。

第十四条　秘书长承府知事之命，掌管机要文书，并总理秘书厅事务。府知事有事故时，得代理其职。

第十五条　秘书承上官之命，分掌秘书厅事务。

第十六条　科长承府知事之命，主掌一科之事务，监督科员以下各职员。

第十七条　科员承上官之命，分掌事务。

第十八条　视学承上官之命，掌视察学校事务。

第十九条　工师、工手皆承上官之命，掌技术事务。

第二十条　录事承上官之命，缮写文件，料理庶务。

第二十一条　本制自公布日施行。

咨

参议院咨复议决统一政府办法文

本日准大总统咨开蔡专使电拟统一政府组织办法四条，又政府所开办法四条，当经本院开会详细讨论。兹将议决各条列左：

一、由参议院电知袁大总统，允其在北京受职。

二、袁大总统接电后，即电参议院宣誓。

三、参议院接到宣誓之电后，即复电认为受职，并通告全国。

四、袁大总统受职后，即将拟派国务总理及各国务员姓名，电知参议院，求其同意。

五、国务总理及国务员任定后，即在南京接收交代事宜。

六、孙大总统于交代之日始行辞职。

以上各条，除电达袁君请其照办，并电知蔡专使等外，特此通告。又北京近状，本院极欲详悉，请即电召汪君兆铭来宁报告一切。此咨。

参议院咨复议决华洋义赈会拟向四国银行借款救济皖灾文

初三日准大总统咨开：据财政部呈称：华洋义赈会以安徽救

济事宜，拟向四国银行借款百六十万两，由财政部担保等语，请本院克日议复云云。经本院于本日开会议决，此事关系民命，势在必行，应请照原咨办理。惟将来应如何摊还，仍须由财政部报告本院。此咨。

参议院咨复议决暂认唐绍仪与四国银行商妥即交二百万两为南方军需之用此后必须明定条件先交议决文

初三日准大总统咨开：据财政部呈称：迭接袁世凯、唐绍仪来电，因民国南方需用甚急，已与四国银行商妥，即交二百万两，以后再可陆续商量交付，暂以民国财政部收据作保，将来由大批外债扣还。至利息及各条件，现因紧要用款，一时未及妥订，俟妥订后，再交参议院通过等语。因军需孔亟，已于二十八日由四国银行领到现银二百万两，应请咨交参议院备案。俟有大批借款时，再行并案交院通过等因前来。相应咨行贵院，即烦查照备案可也云云。本院于本日开会讨论可否追认。当经议决：方今大局危迫，财政困难之时，似此一时权宜办法，本院当暂认为可行，照予存案。但条件毫未议定，即行收款，将来恐多纠葛，极为危险。此后无论如何急迫，凡借款时，准须定明条件，先交本院议决。特此声明。此咨。

令　　示

大总统据法制局局长宋教仁转呈江西南昌地方检察长郭翰所拟各省审检厅暂行大纲令交司法部借备参考文

顷据法制局长宋教仁转呈江西南昌地方检察厅长郭翰所拟各省审检厅暂行大纲，请示遵行前来。查司法官制与中央地方官制相辅而行，现在中央地方官制尚未颁布，关于名称细节，不必遽拟更张。且所改审厅、检厅各名目，亦欠妥协。四级三审之制，较为完备，不能以前清曾经采用，遂尔鄙弃。该检察长拟于轻案采取二审制度，不知以案情之轻重，定审级之繁简，殊非慎重人民生命财产之道。且上诉权为人民权利之一种，关于权利存废问题，岂可率尔解决。除批示外，合将原拟审检厅暂行大纲一件发交该部留备参考可也。此令。

计发江西南昌检察厅长郭翰所呈各省审检厅暂行大纲清折一扣。

大总统令九部三局凡互相咨商及可以直接办理之件毋庸呈请转饬文

查公务以敏迅为归，事权以分任为主。近来各部局于应行直接自办之件，每每呈请转饬前来，既滋旷日之嫌，复乖负责之义，殊属不合。以后除呈请核办存案备查及呈候咨交参议院决议等类，应行具呈本府外，其各该部局等互相咨商之件，统应直接办理，以期简当而明事权。此令。

大总统令交通部整顿电话文

查电话为交通要品，现当百政待举之际，传达消息，所关尤重。乃本城所用电话，每于呼应不灵、阻滞迭生之弊，贻误要公，莫此为甚。为此令仰该部赶即设法改良，抑或加线传达，以资灵敏。切切！此令。

大总统令交通部整顿宁省铁路开车时间文

前因宁省铁路开车时刻参差不一，有碍交通，业经饬令设法整顿在案。乃令行未久，故态复萌，近来仍不按时开行，闻有较规定时刻迟至一小时之久者，疲玩至此，殊堪痛恨。为此再令该部转饬该路总管，务须加意整顿，遵章开驶，不得迟误。如再玩视，应即立予撤换，以重路政。切切！此令。

大总统批法制局局长宋教仁转呈江西南昌地方检察长郭翰所拟各省审检厅暂行大纲请示遵呈

来呈暨转呈江西地方检察厅检察长郭翰所拟各省审检厅暂行大纲清折均悉。查司法官制与中央地方官制相辅而行，现在中央地方官制尚未颁布，关于名称细节，不必遽拟更张。且所改审厅、检厅各名目，亦欠妥协。四级三审之制，较为完备，不能以前清曾经采用，遂尔鄙弃。该检察长拟于轻案采取二审制度，不知以案情之轻重，定审级之繁简，殊非慎重人民生命财产之道。且上诉权为人民权利之一种，关于权利存废问题，岂可率尔解决。应候将该检察长所拟大纲清折发交司法部，于编订司法官制草案时借备参考可也。此批。

大总统批光复军司令李燮和辞职呈

呈悉。该司令规画东南，往来淞沪，朱家结士，翟义兴军，用张光复之旗，誓扫膻腥之秽。遂乃蛟腾沪渎，鹰攫金陵，收龙盘虎踞之雄，作电掣风驱之势。于是汉阳晴树，无碍云烧，岳墓南枝，顿教风定。厥功甚伟，其绩尤多。当夫开府吴淞，联军苏浙，横江锁铁，竟胶王濬之楼船，断水投鞭，直慑苻秦以草木。定倒悬之大局，推发踪之功人。今则天下一家，旗新五色，人无贰志，政美共和，国家当倚寄于长城，将军遽退藏于大树。从赤松而辟谷，固秦仇已报之心，徙朱地而计家，岂范策未行之故。然而一行已决，早知驹谷难留，百战余生，宜遂荷衣初服。用兹嘉许，放李靖为神仙，树之风声，使樊侯无容地也。惟买山之钱不备，歉仄兹多；而柱下之史待修，荣名靡替。此批。

附原呈

光复军总司令李燮和为呈请事。窃司令于上年八月十五日，由武昌赴沪。因念上海属东南要区，吴淞为长江门户，欲规画东南，接济内省民军饷械，断清军运输之路，截萨军舰队后援，非得吴淞上海不可。当即创设机关，密制炸弹，购械筹饷，组织秘密军队号光复军，派员游说淞沪各处兵警，联络一气。遂于九月十三日，一鼓而克复上海。义旗所指，吴淞、崇明、狼山、福山各重镇，次第光复，又数日而苏浙反正。司令乃组织军政分府于吴淞，厚集兵力，以固门户。旋督令部将黎天才，率师会同苏浙联军，进攻金陵，先后占领乌龙山、幕府山、狮子山、天保城、东西梁山诸险要。清军大震，遂于十月十二日攻克金陵全城。惟时武汉敌兵尚在相持。休军数日，即命部将黎天才，率师数千赴鄂助战，一面筹备饷械，预备北征。业经开步兵一团，令旅长李炯、团长周朝霖率往烟台驻扎。正拟继续出发，忽奉临时陆军部令，以清帝退位，毋庸北伐等因。当即传集将士，谕以南北统一，宜归马放牛，共图建设，以维国本等语。士众皆欢呼，祝民国万岁。

窃念武汉起义之初，东南半壁，除九江为民军占领外，余如南昌、安庆、苏州、江宁、杭州、吴淞、上海等处，均未响应，武汉孤立无援，几丧大局。司令招募军队，自筹饷械，以全力经营东南，逮江浙既下，而上游遂有恃无恐矣。既而临时陆军部成立，乃荷补助军需，由是光复军始归临时陆军部统辖。今完全共和既已成立，司令二十年来所怀志愿亦已少酬。自知无建设之力，乏经世之才，不足共裕新猷，赞扬治业。再四思维，惟有自请辞职，以免贻误。业将取消光复军名称、裁撤军司令部各由，呈请临时陆军部核办在案。司令得以劫灰余生，栖息田里，敢云挂冠，聊以藏拙。家住洞庭之滨，衡山之阳，有薄田二十顷，古籍千余卷。鸡黍桑麻，差足自给，枕书抱膝，颇能自娱，非避东海之滨，欲卧北牖之下。伏乞大总统，俯念微忱，不予责备，则清泉白石，无非出自鸿施，扫地焚香，定祝共和万岁。除分行外，所有司令自请解职归田情由，理合具文呈请大总统察核施行，实为公便。

实业部批万春圩领垦公司等请设农业公团呈

来呈阅悉。该公司等拟联合各公司、各业户组织农业公会，振兴该圩农业，以百折不回之精神，收群策群力之效果，深堪嘉许。细阅所呈简章，尚属可行。圩工向系春修夏防，则修筑堤防，正目前急务。若不早为修理，转瞬间春水涨发，全圩陷没，恐春耕无望，秋收难期矣。丁仁炜等既系公举，定洽舆情。仰即妥筹善法，切实办理。一面将从前所领执照，及公团范围内之地面略图，一并呈部。所请将该圩芦课、清水河镇地租拨给该公会，并加札委任领发钤记等事，即行照准。

实业部批侨商朱卓文开办工厂请给照拨地呈

集资建设工厂，教养流民，俾无业之人皆有谋生之业，不至流为匪类，于民生主义，国计前途，均大有裨益，本部自应力为保护。至拨地建厂，应由该商等相度地势之宜，有利便而无妨碍，开明地址，呈部再行核办。简章附。

实业部批无锡商会转呈恒大永源生米行运米被扬州徐司令扣留请派委监验给放呈

据该商会转呈恒大永源生米行在江北采运籼稻，接济江南民食，被扬州徐司令炮船扣留充饷等情。查该商执护照运稻，如与税章不悖，应即查验放行；即使小有不合，或应议罚，亦有向来相沿旧章，立可决办，何以始允放行，继留充饷，延搁至三月之久，殊不可解。且徐司令职在治兵，更不能听信炮船兵弁留难商民。仰候本部电达徐司令转饬释放，并咨请陆军部一同电饬放行可也。

实业部批杭州商会盛起转呈内河招商局请饬镇江军务部无锡军政分府交还商产呈

呈悉。内河小轮归交通部管理，已将原呈及抄折咨请交通部核办矣。此批。

　　实业部批上海总商会呈称内河招商局为镇江军务部无锡军政分府没收商产请饬令交还呈

　　此案昨据杭州商会具呈到部，已连同此次呈词清折一并咨请交通部核办矣。仰即知照。

附录：电　　报

　　吉林陈简侯君鉴：阅报载歌日尊处通电，末有南方诸君无妨连袂北上，以赞新猷等语。吾辈在南服务，为纯粹义务，该电所云，殊为轻慢。民国初立，旧宦措辞，务须矜慎，勿令后人笑其拙劣。君亦南方人，不得不告。南京总统府秘书处同人公电。庚。（南京去电一百十八）

　　万火急。南京参议院熊成章、李肇甫、黄复生及内务总长程雪老（程德全）鉴：临密。支电计达。现北伐中止，川滇黔北伐条约自应取消。滇军乃云未见北伐中止电文。□滇军在泸时，曾数电缓其东下。现列舰数百，源源来渝，据该约索饷四十万，坚欲驻扎城内。渝地人心初定，烟火稠密，自成都派来重要军队，尚驻城外，而该军人数万余，在□州尚未上岸，在渝必欲进城。加之实无驻所，只以震恐人心。该军此种举动，诚不知其意旨所在。请速陈告大总统、陆军总长，设法维持。事机急迫，间不容发，乞即飞示方略，至切至祷。中央如来电，请由爵、时转该军长，并闻。培爵、之时及同人叩。歌。（四川来电）

　　重庆张、夏都督转滇军司令长鉴：据蜀军政府歌电，滇军抵渝，索饷四十万，并欲驻扎城内，恐滋惊扰，请示方略各等语。查本总统前因川乱就平，曾电滇都督将驻川滇军撤回，慎固边圉。旋以陕西升允猖獗，由参谋部电命该军取道汉中，会师援陕。现闻该军东下，其意仍在北伐。不知自清帝退位后，北伐之事久已中止，该军当确遵参谋部电命，由郧阳或襄阳援陕为要。至各地甫经安集，易起惊扰。该军军行所至，尤以客主相安为第一要义。军饷一层，蜀军政府自当量力筹济，滇军亦不可任意要索，致伤邻谊。破坏之后，祸机丛伏，所恃以维系者，唯顾全大局之一念耳。切切望之。总统孙文。印。庚。①

第三十五号
三月十一日星期一

目　次

法　制

大总统宣布参议院议决临时约法公布

令　示

大总统令内务司法两部通饬所属禁止体罚文

大总统令财政部准照铸纪念币并教示新币花纹文

大总统批准陆军部所拟军官学校条例文

纪　事

财政部鼓铸纪念币并请示新币花纹呈（略）

财政部通告各省造币厂俟纪念币钢模造就即寄交照铸电文

---

①　黄季陆编《总理全集》作《致驻川滇军司令饬遵令援陕电》。

法　　制

大总统宣布参议院议决临时约法公布

兹准参议院咨送议决临时约法前来，合行公布。孙文。（印）　中华民国元年三月十一日

中华民国临时约法（略）

令　　示

大总统令内务司法部通饬所属禁止体罚文

近世各国刑罚，对于罪人或夺其自由，或绝其生命，从未有滥加刑威，虐及身体，如体罚之甚者。盖民事案件，有赔偿损害、回复原状之条；刑事案件，有罚金、拘留、禁锢、大辟之律，称情以施，方得其平。乃有图宣告之轻便，执行之迅速，逾越法律，擅用职权，漫施笞杖之刑，致多枉纵之狱者，甚为有司不取也。夫体罚制度为万国所屏弃，中外所讥评。前清末叶虽悬为禁令，而督率无方，奉行不力。顷闻上海南市裁判所审讯案件，犹用戒责，且施之妇女。以沪上开通最早，四方观听所系之地，而员司犹蹈故习，则其他各省官吏，保无有乘民国初成、法令未具之际，复萌故态者。亟宜申明禁令，迅予革除。为此令仰该部速行通饬所属，不论司法行政各官署，审理及判决民刑案件，不准再用笞杖、枷号及他项不法刑具，其罪当笞杖、枷号者，悉改科罚金、拘留。详细规定，俟之他日法典。此令。

大总统令财政部准照铸纪念币并教示新币花纹文

据该部呈称：拟另刊新模，鼓铸纪念币，就中一千万元上刊

第一期大总统肖象，流通遐迩，垂为美谈。其余通用新币花纹式样，亦应一律更改。请将花纹酌定颁发，分令各省造币厂鼓铸，以资遵守等情前来。查币制改良，新民耳目，自属要图。所请以一千万元上刊第一期大总统肖象以为纪念一节，应准照行。其余通用新币花纹，中间应绘五谷模型，取丰岁足民之义，垂劝农务本之规。为此训令该部即便遵照，速将新模印就，分令各省造币厂照式鼓铸可也。此令。

大总统批准陆军部所拟军官学校条例文

呈悉。发扬国威，端赖军队。军队骨干，全在军官。该部成立之初，即请设陆军军官学校，为造就初级军官之所，自系为亟图民国军事进行起见，殊堪嘉慰。兹阅所呈陆军军官学校暂行条例二十八条，胥属妥洽，自应照准，仰即遵照办理可也。此批。

纪　　事

财政部通告各省造币厂俟纪念币钢模造就即寄交照铸电文

湖北、广东等省各造币厂厂长鉴：新国既成，币制宜速统一，此国人之同情。惟统一办法，必自定本位始，而定本位，又必择世之良者从之。本位之良者惟金本位，或金汇兑本位。然此二者，无论从何一种，皆须先有大宗储金，刻下万难办到。处此新旧交换时代，不改不可，猝改又不能，惟有暂就旧章，另刊新模铸作纪念币，俟时局大定，储金有著，再筹酌新币本位。现在正规定纪念币，钢模造就后即行寄交照铸。财政部。阳。

第三十六号

三月十二日星期二

目　次

咨

　　大总统咨参议院提议唐绍仪与财政部会商借到四国银行二百万两先行备案文

　　公报局咨各部、都督饬属购阅公报并派员专理文（略）

令　示

　　大总统宣布新选袁大总统宣誓电文

　　大总统据留日铁道毕业生祝晋条陈令交通部采择文

　　大总统令内务部转饬遵照参议院议决南京府官制办理文

　　大总统批印铸局局长黄复生请将各官厅所用印刷品归印铸局办理并酌量取资呈（附原呈）

　　大总统批张惠人等请赈呈

　　大总统令江北都督蒋雁行核办张惠人请赈文

　　实业部批广西通省农工总会总理蒋实英请示农工总会应否续办呈

　　实业部批涂黄阁续呈蚕桑富国新书由（略）

　　实业部令南京府知事调查城内外官荒地文

　　江宁巡警总厅限日掩埋浮厝露棺示（略）

　　江宁巡警总厅谕令人民一律剪除发辫示（略）

纪　事

　　财政部办事通则（略）

号外附录

咨

大总统咨参议院提议唐绍仪与财政部会商借到四国银行款二百万两先行备案文

案据财政部总长陈锦涛呈称：二月二十六七日，迭接北京袁世凯、唐绍仪等来电：因民国南方需用甚急，已与四国银行商妥，即交二百万两，以后再可陆续商量交付，暂以民国财政部收据作保，将来由大批外债扣还。至利息及各条件，现因紧急用款，一时未及妥订，俟妥订后，再交参议院通过等语。因军需孔急，已于二十八日由四国银行领到现银二百万两，应请咨交参议院备案，俟有大批借款时，再行并案交院通过等因前来。相应咨行贵院，即烦查照备案可也。此咨。

令　示

大总统宣布新选袁大总统宣誓电文①

武昌黎副总统、各省都督督抚、各司令官、全国各界团体公鉴：初六已将参议院决定统一政府组织办法六条通告各省。顷得参议院咨称：本日接到袁世凯君电传誓词，其文曰：民国建设造端，百凡待治。世凯深愿竭其能力，发扬共和之精神，涤荡专制之瑕秽，谨守宪法，依国民之愿望，蕲达国家于安全强固之域，俾五大民族同臻乐利。凡兹志愿，率履勿渝。俟召集国会，选定第一期大总统，世凯即行解职。谨掬诚悃，誓告同胞。大中华民国元年三月初八日。袁世凯。云云。谨此奉闻，并乞即行通电全国为盼等因。为此通电布告全国。临时大总统孙文。佳。

---

① 黄季陆编《总理全集》作《宣布袁世凯就临时大总统职誓词通电》。

大总统据留日铁道毕业生祝晋条陈铁道四端令交通部备采择文

顷据留日铁道毕业生祝晋条陈铁道四端，皆本其平日讲肆经验所得，与抄袭雷同者有间。合将原呈发交该部，借备采择可也。此令。

大总统令内务部转饬遵照参议院议决南京府官制办理文

兹据参议院咨到同意议决之南京府官制一案，合行令仰该部转饬遵照办理可也。官制并发。此令。

大总统批印铸局局长黄复生请将各官厅所用印刷品归印铸局办理并酌量取资呈（附原呈）

呈悉。所请以各部局官厅官用印刷品均归该局办理，并该局刊刻印信、关防以及图书等类，一并酌量取资各节，事属可行，著即照准。仍仰该局咨明各部局官厅照此办理可也。此批。

附原呈

为呈请批示事。昨奉大总统命令，南洋印刷工厂应收归印铸局管理。局长于二月初十日到厂接事，当即委任员司，挑选工匠，分别授事。迄今已念余日，虽布置粗具规模，而采办纸料、药品诸端，事事非款莫办。当兹财政支绌，亦何忍请领巨款。再四筹思，其可藉周转者，厥惟官用印刷品。查日本国家印刷，专属内阁总理，凡法令全书、官报、邮便切手、证券诸项，均归其印刷；美国则各部均设印刷专科，凡发明新理、实验工业及一切统计报告书，由官刊印，颁发士民。现在工厂成立，似应仿照办理。拟请大总统饬下各部局暨各官厅，凡有关于官用印刷品者，均应由本局办理，参酌成本，酌量取资。不特工厂可以藉资挹注，而纸式亦可昭划一矣。是否有当，敬候鉴核批示祗遵。再，本局刊刻印信、关防以及图书等类，似应一并取资，并希批示。

如蒙批准，即由本局咨明各部局暨各官厅遵照办理。须至呈者。

大总统批张惠人等请赈呈

呈悉。江淮以北，遍野哀鸿，言之实深悯恻。仰候令行江北都督体察情形，酌量办理可也。此批。

大总统令江北都督蒋雁行核办张惠人请赈文

兹据张惠人等呈，以淮北被灾，恳饬赈济等情前来。查该地素称贫瘠，重以灾祲，饥馑洊臻，在所不免。但灾情之轻重如何，能否就地散赈，合行令仰该都督体察情形，酌量办理可也。原呈并发。此令。

实业部批广西通省农工总会总理蒋实英请示农工总会应否续办呈

来呈阅悉。该总理经营粤西实业，成效卓著，深堪嘉许。其已开办之农工两会，赶速续办，毋庸另行组织，俟日后农会、工会章程颁发后，再行更改。关于桂省农工业状况，并希详细调查，随时呈报。本部有厚望焉。此缴。

实业部令南京府知事调查城内外官荒地文

兹据安宁垦牧公司总理曹锡珪呈称：筹集资本三十万元，创办康宁垦牧树艺公司，拟承领南京城内外官荒地，计城内自汉西门、清凉宫后等山，至太平门沿城一带各山地；皇城内自通济门向北，至太平门以东各地；城外钟山四围，以皇墙根为界各山地；通济门外大校场地，钟山以北各山地，至江边止；上新河之牧马厂滩地等情前来。查该公司总理所呈，规模宏大，范围过广，上开各地未必尽属官有荒地。应由贵知事会同地方自治团体，确切查明，即行详报，以便核办。

附录：电　报

　　南京孙大总统鉴：参议院拟决第四条办法，拟派国务总理姓名，电知参议院求其同意等因。现国务总长拟派唐君绍仪。国基初定，万国具瞻，必须华洋信服、阅历中外者，始足膺斯艰巨，唐君此其选也。公如同意，请将此电送交参议院，求其同意，并希示复。稍俟即拟派国务员，再行电商。袁世凯。初八日。印。（北京来电一百二十八）

　　北京袁大总统鉴：顷得初八日电悉。国务总理拟任唐君绍仪，文极赞成，即代咨送参议院矣。孙文。佳。（南京去电一百二十九）

　　孙大总统、外交部、海陆军部、黎副总统均鉴：顷准德总领事函称，有德国运船铁滩危亚，属于东方舰队，挂水师旗号，于日内由扬子江到汉口，拟即下来，希查照等语。特电闻。温宗尧。虞。（上海来电一百二十）

　　孙大总统鉴：昨日偕项城特派员唐在礼、范源廉、张大昕、王赓乘太古奉天虞出发，九日可到沪。乞派员并命沪都督接待，即日备车赴宁。永建、教仁、正廷、汉遗。虞。（上海来电一百二十一）

　　万急。南京孙大总统鉴：鱼电敬悉。公统筹大局，设此委曲求全之办法，使中华民国早收统一之效，敬佩莫名。此间情形，昨已委托宋君教仁、钮君永建、王君正廷、彭君汉遗来京报告一切。应否再属汪君兆铭回南，祈酌示。元培。阳。印。（北京来

电一百二十二）

孙大总统、各部总长、黎副总统、各省都督督抚、各司令官、各民政长、各都督鉴：上月廿九，驻京第三镇之炮辎两营，因误会致变，焚掠商民，延及津保，当即通电奉告。连日竭力镇抚，分别调遣布置，幸已就绪。刻下京师秩序渐复，津保亦就敉平。知关廑注，用特电闻。袁世凯。鱼。（北京来电一百二十三）

北京袁大总统、南京孙大总统、武昌黎副总统钧鉴：毓宝自光复以来，诸随总统后，对于赣省军事政治，尽力进行。无奈德薄能鲜，心有余而力不能逮，虽秩序尚称安宁，而整顿究未得手。日夜焦思，无所为计。忧虑愧悚，深惧贻误大局，无以对江西人民。近日以来，忧郁成疾，兼之身体素弱，现患咯血之症，日益加剧，半月前尚可力疾任事，今则坐立为艰，食不能进。据医者云，非静养数月，不能就痊。安能以此羸症之躯，负全省人民之责。屡次辞职，因为各界劝阻，只冀病可早愈。现在有加无减，万难支持。思维至再，惟有恳请总统俯念赣省全局紧要，迅赐准予毓宝辞职，另委贤员来赣接任都督。大局幸甚，毓宝幸甚。不胜迫切待命之至。毓宝叩。阳。（南昌来电一百二十四）

孙大总统、参议院鉴：粤省参议员邱沧海，以病不能即行赴宁就职，而参议职务甚重，未便久悬，兹特改委金章接任。谨此奉布。粤代都督炯明。冬。（广东来电一百二十五）

孙总统、黄总长鉴：制造局李平书熟悉厂务，办理有年，该局光复，全赖其力，经营筹划，煞费苦心。若遽易生手，恐于大局无益。乞慰留。工党总部朱开甲、徐继曾暨全体叩。（上海来电一百二十六）

第三十七号
三月十三日星期三

目　次

咨

大总统咨参议院开临时议会议决新举袁大总统电派唐绍仪为国务总理文

财政部咨各省都督并附送调查赋税表式文附表（略）

教育部咨陆军部请饬驻劝业会场农业馆参考馆内军队迁移将该处借给边务学校为校舍文（略）

教育部咨江北都督核办阜宁县实业学堂堂长陈伯盟请拨款补助文

令　示

大总统令内务部通饬各省慎重农事文

大总统令内务部通饬各省劝禁缠足文

大总统据安徽都督孙毓筠转呈蒯寿枢盐政条陈令交实业部藉备采择文

大总统批李文藻条陈印花税呈

大总统批江宁自治公所请饬庄代理都督移驻宁垣并留徐卫戍总督暂缓赴北呈

陆军部令彭树滋办理卫生材料厂文

教育部批阜宁县淮东实业学堂校长陈伯盟请立案并在阜宁教育经费盈余项下拨费补助呈（略）

教育部批僧界全体代表敬安等请创设佛教总会呈（略）

财政部批木商陆步高请饬知财政公所将前案注销呈

财政部批刘汝麟请设中央田赋局简章呈（略）

财政部再批木商请饬财政公所将前案注销呈（略）

财政部批沪光复军司书生蔡雄枢条陈各项抽捐办法呈（略）

财政部批商学界周锦堂等条陈行帖田房契纸商会注册呈（略）

财政部批陆费煹等条陈颁换田地家屋等税契呈（略）

财政部批邓城条陈妇女缠足收税章程呈（略）

财政部批陈彪等条陈牙捐章程呈（略）

财政部批高捷等请派员清查屯田一律缴价呈（略）

财政部批林祉堂条陈整顿牙行帖捐呈（略）

财政部批谭道渊两淮盐务因革意见书（略）

财政部批向汉卿等陈报牙行利弊及整顿情形呈（略）

财政部批康靖等条陈易换牙帖办法呈（略）

财政部批茶商唐璋等试办皖南茶厘呈（略）

纪　事

江宁巡警总厅质询内务部行用公文程式往复函件（略）

杂　报

中华民国实业部附设实业公报简章

号外附录

咨

大总统咨参议院开临时议会议决新举袁大总统电派唐绍仪为国务总理文

顷接新举临时大总统袁电开：参议院拟决第四条办法，拟派国务总理姓名电知参议院，求其同意等因。现国务总长拟派唐君绍仪。国基初定，万国具瞻，必须华洋信服、阅历中外者，始足膺斯艰巨，唐君此其选也。公如同意，请将此电送交参议院，求其同意。并希示复。稍俟即将拟派国务员再行电商。袁世凯。初八日。印。云云。查组织统一政府，刻不容缓，相应照录全电，咨请贵院即开临时会，议决咨复，以凭转复。此咨。

教育部咨江北都督核办阜宁县实业学堂堂长陈伯盟请拨款补助文

为咨请事。据阜宁县实业学堂校长陈伯盟呈称：于前清宣统元年独出巨款，创办一实业学堂。自开办以来，津贴五万余千，阜宁民政长处案牍未毁，确凿可稽。去秋为民国尽力奔走四方，学校经费因之困难，遂在清提学使署禀请于阜宁教育经费盈余项下，岁拨二千，聊资补助，业经批奖饬县遵行在案。至九月间，江北兵变，因而中止。今共和政体既已成立，教育应不容缓，而实业一科尤为当务之急。拟仍在阜宁教育经费盈余项下提拨一千元，略为补助。并请移行江北都督饬阜宁县民政长妥为监督，力加保护等因前来。除批示外，相应咨请贵都督转饬阜宁民政长查核办理。此咨。

令　　示

大总统令内务部通饬各省慎重农事文

军兴以来，四民失业，而尤以农民为最。田野荒芜，人畜流离，器具谷种之类，存者盖鲜。自近海内粗平，流亡渐集，农民夙无盖藏，将何所赖以为耕植之具。夫一夫不耕，或受之饥，若全国耕者释耒，则虽四时不害，而饥馑之数已不可免。国本所关，非细故也。方今春阳载和，正届农时，若不亟为筹画，一或懈豫，众庶艰食，永怀忧虑，无忘厥心。为此令仰【该】部迅即咨行各省都督，饬下所司，劳来农民，严加保护。其有耕种之具不给者，公田由地方公款、私田由各田主设法资助，俟秋成后，计数取偿。各有司当知此事为国计民生所系，务当实力体行，不得以虚文塞责，勉尽厥职，称此意焉。切切！此令。

大总统令内务部通饬各省劝禁缠足文

缠足之俗，由来殆不可考。起于一二好尚之偏，终致滔滔莫易之烈，恶习流传，历千百岁，害家凶国，莫此为甚。夫将欲图国力之坚强，必先图国民体力之发达。至缠足一事，残毁肢体，阻阏血脉，害虽加于一人，病实施于子姓，生理所证，岂得云诬。至因缠足之故，动作竭蹶，深居简出，教育莫施，世事罔问，遑能独立谋生，共服世务。以上二者，特其大端，若他弊害，更仆难数。曩者仁人志士尝有天足会之设，开通者已见解除，固陋者犹执成见。当此除旧布新之际，此等恶俗，尤宜先事革除，以培国本。为此令仰该部速行通饬各省一体劝禁，其有故违禁令者，予其家属以相当之罚。切切！此令。

大总统据安徽都督孙毓筠转呈蒯寿枢盐政条陈令交实业部藉备采择文

兹据安徽都督孙毓筠呈称：近年以来，盐政不修，商民两困，于是有改革盐制之说。兹事体大，决非可囿于一隅之见，集思广益，庶几有裨。敝省所派全皖盐政总理蒯君寿枢，留心盐务有年，出所研求，著为论说，洞悉利弊，可见施行，与空谈者迥不相侔。当兹盐政改良，其言固亦刍荛之助。合将条呈具文呈送，仰祈采择施行等由前来。查盐政之善否，于国家收入及人民日需，利害关系，至为切要。该部长现正总理盐政，力图改良，合将该条陈发交，以资参考。此令。

大总统批李文藻条陈印花税呈

呈折均悉。印花税在各国行之而有利，吾国亟应仿办，理财家已历历言之。况丁此改革之初，岂不计画及此？仰候发交财政部存备采择可也。此批。

大总统批江宁自治公所请饬代理庄都督移驻宁垣并留徐卫戍总督暂缓赴北呈

呈悉。据称临时政府地点已定北京，及裁撤卫戍总督等情，均系传闻之误。所请电饬代理庄都督移驻江宁一节，碍难立予照准。惟保卫地方，约束军队，乃政府应尽之责，自应妥为部署，以靖闾阎。该商民等务须各安生业，切勿误信谣传，致滋纷扰。此批。

陆军部令彭树滋办理卫生材料厂文

为令知事。案据军医局呈称：现在各师团之医务人员，业已渐次委派；各处所需用之各项卫生材料，亟应由部预为筹备，以便分配应用。兹拟先设卫生材料厂一所，专司卫生材料之购办、存储、支发各事。预算每师每月需用卫生材料经费约四百元，以现已编成十六师计之，每月共需六千四百元。本厂若预储足支三月之卫生材料，共需经费一万九千二百元。俟三月后，当再斟酌情形，陆续领款补充。该厂拟设厂长一员，厂员一员，掌理厂务。军需员一员，管理本厂军需。另附司书及军士数人，分理庶务。以上系为郑重军队卫生，节省经费，统一材料起见，合应开具卫生材料厂之经费预算及办法大概，呈候察核批准，以便呈请委任遵办等因。据此，查卫生材料厂，系属当务之急，东西各国罔不预为筹备。我国军政统一时代，尤应亟为举办。兹派彭树滋充该厂厂长，薛宜琪充厂员，曾臑充军需员。仰即迅拟办事简章，由军医局呈请核准，以便即日举办。除批准照办外，合行令知。此令。

财政部批木商陆步高请饬知财政公所将前案注销呈

呈悉。查此项认解捐款，前五年间原已认加至二万串文，去年至九月止，此一年之内连解部之款，前后仅缴解一万四千串文，实较前数年短缴六千串文。因天时人事之不虞，该商等略形受累，自系实情。本部前次批示，所以有奖劝之语，并准暂予试办三个月，所有试办期内经收之款，按月尽数扫解来部，一俟满期，再行核夺办理。当时如此批示，原以大局未定，不妨稍事变通，量予核减，所以恤商困，亦所以劝来者。现在时局大定，各项商业渐有转机，各项捐务渐能复元，何至木业独无销路，木捐独无指望？所呈期内恐无捐款一层，殊非实在情节。仰即遵照前批，再行据实呈复。所有捐款，务须尽收尽解，毋得饰词延诿。所请发给照会之处，仍俟呈复以后再行核办可也。此批。

杂　报

中华民国实业部附设实业公报简章

本报为中华民国实业部之机关报，故名曰《实业公报》。

本报以宣布实业法令，灌输实业学识为宗旨。

本报暂定门类如左（无则姑阙）：

甲　图画　乙　法令　丙　著论　丁　译述

戊　调查　己　电报　庚　纪事　辛　杂录

本报为发展全国实业起见，凡外来文稿于实业有关系者，当择要登载，酌量酬谢；未登者恕不奉还。

本报月出一册，于每月十五日发行。

本报每册暂售大洋一角五分（外部邮费照加）。

本报代登各种实业广告，酌量收费。

凡与实业有关系之各官署、局所、学堂、公司皆有购阅本报之义务。但各官署具印文请领者，照五折征费；实业学生联名请领者，十份以上八折，五十份以上七折，百份以上六折。

附录：电　报

孙大总统鉴：泗水同胞，庆祝共和，升旗燃炮，无碍公法。

荷人无理干涉，碎国旗，伤侨民，封报社，辱国丧权，请宽期解决。倘致决裂，本队愿为前驱。军次徐州华侨炸弹队叩。（徐州来电一百三十一）

南京孙大总统鉴：因首都地点之故，以致迁延时日，恐遭危险。复派覃振由宁赴燕，陈商组织中央政府事宜，到时祈接谈一切。元洪。阳。印。（武昌来电一百三十二）

孙大总统鉴：昨电告此间拟推二人，偕袁所派人往奉天调查，想荷鉴及。今已推定范熙续、谭学夔二君，于午后四时启行。谨闻。元培等。青。（北京来电一百三十三）

南京孙大总统鉴：庚电悉。所称陆军部为武汉事请奖云云，已询项城，据称并无其事。谨复。绍仪、兆铭、元培叩。青。（北京来电一百三十四）

第三十八号

三月十四日星期四

目　次

咨

内务部咨各省都督及卫戍总督禁止鸦片文

令　示

教育部批江北初级师范学校毕业生刘学修等请咨江北都督转饬规复师范学校呈（略）

教育部批江南中等商校学生叶天牧等请添设专修科或改办速成提前毕业呈（略）

教育部批私立金陵法政学校请立案呈（略）

教育部批孔繁藻等设立监狱学校请立案呈（略）

教育部批江南蚕桑中学堂请委任总理并拨款开办呈（略）

财政部批钱广益堂恳请维持交通银行损失援照大清银行办法呈（略）

纪　事

外交部为【与】和官交涉事致华侨联合会电文

外交部为和官横暴事致唐绍仪电文

外交部改派周泽春为青岛交涉委员致德国驻青岛【办事】大臣麦照会

实业部职员名单

号外附录

咨

内务部咨各省都督及卫戍总督禁止鸦片文

自罂粟输入中国，毒痛四海，殃及百年，既病国家，复弱种族。当满清末季，亦尝禁种征膏。今民国肇兴，尤宜鼎新革故。现奉大总统令，严禁鸦片，扫清余毒。犹恐狡商猾吏，因缘为奸。兹特设局任官，认真禁止。本部荐石瑛为禁烟公所总理，已蒙大总统委任。此后凡关于禁烟事件，请向石总理直接交涉，并希转饬所属，一律遵照。此咨。

纪　事

外交部为与和官交涉事致华侨联合会电文

上海华侨联合会鉴：冬电悉。已电北京交涉。昨接唐君电称：接刘代表俭电称：又晤外部，据称：廿六晗后，即电爪督，力从温和主义，酌量可释即释。爪督有最高权。政府此举，系破例为重邦交等语。镜言非全释不可。伊谓一二日爪督必有复电等因。又接两勘电，即日备文再诘，现方力争全释，拟将裁判事作第二层要求等语。特闻。绍仪。东。等因。合即转知。外交部。支。

外交部为和官横暴事致唐绍仪电文

北京唐少川先生鉴：东电悉，已转联合会。昨又接该会转到泗水电称：书报社荷兵虽撤，社中被搜掠一空，被捕诸人又刑毙多命等语。特转闻，以备交涉。外交部。支。

外交部派周泽春为青岛交涉委员致德国驻青岛办事大臣麦照会

为照会事。本部前委任之山东交涉使何承燽、副使周泽春，业经本部于二月十六日将正副使等职裁撤在案。现改派周泽春为交涉委员，专办青岛交涉事宜。除即日电知外，相应备文照会贵办事大臣，请烦查照。须至照会者。

实业部职员名单

秘书长	廖　炎			
书记官	谢维喈	张福桢	赵　斌	
参　事	屠振鹏	周家彦	屈　爔	顾兆熊
文牍员	江恒源	周伯伊		
庶务员	吴钟麟			
会计员	尹道和			
收发员	钱正居	诸　驭		
调查员	马　振			
缮写员	邵振渭	周　璞		

农政司长	陶昌善		
科长	盛先觉	林祐光	高文炳
科员	夏树人	傅　仁	汪寿序
工政司长	贺之才		
科长	陈承修	施　弼	高近辰
科员	常　怡	郑　诚	
商政司长	庞元濟		
科长	汪钟岳	杨汝梅	
科员	钟守颐	周在鼎	杨嗣轩
矿政司长	余焕东		
科长	张轶欧	章鸿钊	
科员	张振纲	廖树勋	王锡宾

附录：电　报

【万急】。广东报界公会转惠军统领王和顺鉴：闻惠军在省与督部新军有冲突事。陈督设法安置民军，自为今日治粤必然之策，且分别留遣，并无一律解散之说。君等宜遵守约束，共维大局。须知世界各国之军队，皆不能讲平等，而命令必出于一是。倘以猜嫌之故，致启纷争，惊扰居民，谁任其咎？特此正告我爱国之民军知之。总统孙文。侵。（南京去电三）

北京袁大总统鉴：据军商各界呈称：易迺谦、王遇甲、丁士源、徐孝刚等，前在汉口，惨杀军民，绝灭人道，乡里切齿，咸欲得而甘心。共和成立以后，又对于南方代表，谩诋共和，故意挑起南方恶感，南方将士皆称应行宣布死刑。应请径电袁总统，先行停止委用等语。自系实在情形，即希查核办理。孙文叩。侵。（南京去电四）

孙大总统、陆军部黄总长均鉴：赣省军队，已遵编二师，归为一军，由都督兼充军司令官，理合奉闻。赣都督马毓宝叩。鱼。印。（江西来电一）

总统府钧鉴：顷阅三月七号新闻报，载有扬州军队有变，政府已调粤军驰往剿抚云云。刻下扬军安静，并无客军来扬。乞由钧处电示各报馆更正，以息浮言而定人心。扬州民政长汪秉忠。青。印。（扬州来电二）

第三十九号
三月十五日星期五

目　次

令　示

大总统令江苏都督查照财政部议复江南造币厂办法文（附原呈）

大总统令内务部转饬南京府知事核办江宁贫老李鼎等呈请抚恤文

大总统令交通部核办宁省铁路局总协理呈报改良办法加车行驶文

大总统令财政部将侨商统一联合会王敬祥等募捐清册存案文

大总统令内务部核办吉涌等请变卖八卦洲产业作旗民生计文

大总统批宁省铁路局总协理拟改良办法加车行驶呈

大总统批吉涌等请变卖八卦洲产业作旗民生计呈

大总统批陆军部拟呈陆军人员补官任职令及官佐免官免职令等草案及暂行简章呈

大总统批陈婉衍拟开办复心女学校请饬部拨款呈

财政部批湖北师范生李文藻等拟办印花税并愿身当其任呈（略）

财政部批杨显焘等恳请派员承销栈盐呈（略）

财政部批江西渔业公会拟照章设自由贸易场并准设渔税专局呈（略）

财政部批学生蒋元庆等请设牙税局呈（略）

财政部批扬州保存盐务会左酉山等请仍留盐务办事地点于扬州呈（略）

纪　事

财政部次长请取销兼江南造币厂正长呈

号外附录

令　示

大总统令江苏都督查照财政部议复江南造币厂办法文（附原呈）

前据该都督呈请处置江南造币厂办法前来，当经令饬财政部核办在案。兹据财政部呈称：查该都督所请各节，诸多窒碍等语。合将财政部原呈，另钞发交，仰即查照。此令。

财政部总长陈锦涛呈：二月二十六日，奉大总统发下江苏都督呈请，二月十七日奉大总统令开：据呈已悉。造币权理应操自中央；分隶各省，是前清秕政，未可相仍。惟宁省行政之费，既赖造币厂为挹注，一旦失其利源，财力因而支绌，尚属实情。已饬财政部妥筹抵补之法，仰即知照。此令。等因。奉此，具见大总统综核名实、慎重度支之至意。查江南造币厂之设，原以本省公款为其基金，房屋机件及开办费用，为值甚巨，实省有财产之一部。虽在前清政府，币制先未划一，致有政权散在之弊，而揆诸欧美共和国制度，总统无变更地方财产之处分，则宜归诸中央者，是事权而非财产也。且所谓秕政者，要视其所鼓铸者为何等货币，未可以机厂之坐落何地，事权之集于何人为断。民国缔构伊始，断不能仍前鼓铸旧式各币，重蹈制度不画一、价值不相当之弊，则前清秕政一层，此后似可无虑。惟苏省宁属财政异常支绌，每岁不敷之款至数百万之巨，盈虚酌剂之权，攸赖主计者之擘画。奉令饬部妥筹抵补之法，即以抵补言，宁属自光复以后，财政收入机关，尚待整理，而待支之款，倍蓰于前。即使竭力核减，挹彼注兹，统计岁出所需，至少不敷银四五百万两。昔之恃币厂为后援者，今忽无着。应由部月给补助费银三十万两，目前借资弥补。惟该厂财款房屋机件，既为省有财产，如未得人民之同意，实未便听中央之处分。应由大总统饬令该厂员，将该厂财物之价值数目，及接收前总办蔡康，暨接济中央，并现存之数，详晰开示。由都督核计，仍听候江苏省议会开临时会，公同议决办法，以重公权等因。奉此，窃查该都督呈请各节，诸多窒碍，本部有万难遵办者。敢为大总统缕晰陈之：查来呈谓江南造币厂之设，原以本省公款为基金，实省有财产之一部。欧美共和国制度，总统无变更地方财产之处分，则宜归诸中央者，是事权而非财产也等语。查造币事业，全应归诸国有，讵独事权。即地方分权如美国，且不闻以造币厂之财产为地方所有者。况各省造币厂，在前清时代，早已隶属中央。本部成立以后，不过继承其事，讵得为变更地方之财产。此其不可行者一也。

又谓统计岁出所需，至少不敷银四五百万两，昔之恃造币厂为后援者，今忽无着等语。查币制以统一为要，并非以营利为业。前清官吏，不解此理，向藉滥铸之余利，弥补经费之不足，驯至辅币日多，物价日贵，遗害小民，实非浅鲜。民国初建，方拟整理，以期划一，需款甚巨，正待筹画。即以各厂造币之余，尽归厘订币制之用，不敷犹巨。目前虽有所赢，中央政府且不得动用此款，何况地方。此其不可行者二也。

又谓宁属财政，异常支绌，不敷之款，至数百万之巨，应由部月给补助银三十万两等语。夫财政支绌，各省皆然，讵止宁属。若因造币厂所在地之故，借口请求中央政府补助巨款，则凡有造币厂之各省，皆得援例以求，中央政府更将何以应付。且地方之入不敷出，其财源当求之地方税中。统一新政府成立之后，地方税与国家税，自应分别规定，地方岁入不足，自有补救之法。此乃别一问题，讵得与造币事业并为一谈。此其不可行者三也。

锦涛等断不能徇一省之意见，受全国之指摘。谨据以上各理由，该都督所请实难遵行。理合备文呈复大总统，伏祈转饬该都督知照。此呈。

大总统令内务部转饬南京府知事核办江宁贫老李鼎等呈请抚恤文

兹据江宁贫老李鼎等呈请照旧发给膏伙银两等情前来。除批示外，合行令仰该部，转饬南京府知事核明办理，以恤寒畯。此令。原禀并发。

大总统令交通部核办宁省铁路局总协理呈报改良办法加车行驶文

兹据宁省铁路局总协理温世珍等呈报改良办法，加车行驶等情，似属可行。除批示外，为此令仰该部核饬遵办。此令。原禀并发。

大总统令财政部将侨商统一联合会王敬祥等募捐清册存案文

据侨商统一联合会王敬祥等呈报募捐总数并列清册前来。应将该清册发交该部存案，仰即查照。此令。

大总统令内务部核办吉涌等请变卖八卦洲产业以作旗民生计文

兹有公文一件，应归该部办理。合就开由发交，仰查明核办可也。此令。

大总统批宁省铁路局总协理拟改良办法加车行驶呈

所呈各节均悉。该路为人民交通利便而设，故时间不宜稍误。惟军政时代，军队开拔，运输辎重，勾留阻滞，亦是实情。兹据呈称，该局另备加车，每日往返四次，专为各项军队而设，办法甚为周妥。仰候将原呈发交交通部核饬遵办可也。此批。

大总统批吉涌等请变卖八卦洲产业以作旗民生计呈

据呈已悉。经将原呈发交内务部核办，仰候该部批示可也。此批。

大总统批陆军部拟陆军人员补官任职令及官佐免官免职令等草案及暂行补官简章呈

据呈已悉。所拟简章九条，系属权宜办法，应准照行。其草案等，关系永久法典，应候咨交参议院议决后，再行令发遵办可也。

大总统批陈婉衍拟开办复心女学校请饬部拨款呈

呈悉，既据曾经具呈教育部在案，仰候该部核办可也。

纪　　事

财政部次长请取销江南造币总厂正长呈

窃前奉大总统批开：江南造币总厂正长，以该部次长王鸿猷兼任等由。奉此，当经遵令任事在案。惟查正长一职，因总厂而特设，有管理全国造币分厂之责。现时各处分厂，多未开办，事务尤简，虚名徒拥，无补实施。揆诸慎重名器之规，显悖因事设官之义，抚衷自问，歉仄弥深。惟有仰恳大总统，即将江南造币总厂正长兼职，下令取销，以正名称而昭核实。为此备文具呈，伏乞鉴核施行。

附录：电　　报

万急。广东陈都督炯明鉴：前以南北统一，民国大定，各省民军过多，亟宜分别遣留，由陆军部通行命令到粤。贵都督按切地方情形，酌量留遣，办理有方，各路民军亦遵约束。乃王和顺妄造谣言，率先狙击巡查军队，抗拒命令，并伤及派往弹压长官，开炮哄城，肆扰居民，自非蓄意破坏广东，何至有此暴乱行动。现闻王和顺经已在逃，除吴镜如一协遵命不动外，皆已分溃。仰贵都督迅即严行搜捕解散。其余各路民军，于起义之际，具有勤劳。北方既平，当以公安为重。慎终如始，方为善保勋名。将此通令知之，其勿负本总统之期望也。临时大总统孙文。元。（南京去电四）

奉天谘议局：华俄草约并无抵押之说，前后经参议院多数决议通过。惟此约因少数议员宣布，已归无效。此复。孙文。元。（南京去电五）

孙大总统鉴：昨行受职礼，承遣蔡专使致贺，感意无已。凯以不才，承公推荐，忝兹重任，尚望随时指使。将来解职后，甚盼来京，面聆雅教，庶免陨越，幸甚。袁世凯。真。（北京来电六）

南京孙大总统、财政部、北京新举袁大总统鉴：皖省堤工急迫，曾经电恳主持借款，以便早日兴工，业荷允行，并承参议院议决赞成借款。惟堤工正在估勘，无款不能举办，而商议借款条件，一时不能定议，深恐缓不济急。拟恳先行筹拨遗款，暂济急用，一俟洋款借成，即行如数归赵。事极紧迫，刻不容缓，万望速赐成全，无任切祷。再，昨接上海华洋义赈会电，已派员赴皖北放赈，惜款数甚少。顷接清江蒋督电，以江北饥民待赈，属令求救等因。倘蒙俯允所求，即以多数兴办堤工，而以少数分放江皖春赈，并求裁酌施行。皖都督毓笋。蒸。（安庆来电七）

万急。南京孙总统暨参议院诸君鉴：昨日报载，北京政府现议每月向外国银行借七百万两，俟财政机关完全成立始止等语。民国初立，百废待举，项城借款之举，当非得已。惟四国债团，根据旧约，日俄加入，实具野心。若但计便利，略无限止，饮酖止渴，立见其亡。埃及前车，至堪借鉴。究竟此次借款条件若何，报纸语焉不详。已电项城，切询办法。事关全局利害，幸审慎图之。谭人凤叩。文。（上海来电八）

告　白

总统府秘书处广告

现于本府东西棚门外设立揭示处。凡来本府投递呈件者，分别事项，量予批答，揭示该处。以三日为限，过期揭去。嗣后凡来本府投递呈件人等，希一体知照。总统府秘书处白。

武汉死义诸烈士追悼会干事广告

旅宁鄂人定于三月十七日下午一时，在三牌楼劝业场内第一舞台，为武汉死义诸烈士开追悼大会。务祈各界偕临，以光盛举。如蒙锡以联诔香花，尤为感祷。

教育部通告

本部现因学校令尚未颁布，故于办理学校之人到部呈请立案者，一概从缓批准。诚恐外间或有误会，为此登报声明。嗣后学校经本部批准立案者，必以登载公报有准予立案字样者为凭。此布。

第四十号

三月十六日星期六

目　次

咨

　大总统咨送袁大总统选派国务员姓名请参议院查照文

　内务部咨各部及卫戍总督查明有无吸食鸦片人员文

令　示

　大总统令实业部审定侨商统一联合会王敬祥等呈请拟办兴业贸易会社文

　大总统批财政部次长王鸿猷恳辞兼任江南造币总厂正长呈

　实业部批江安渔业公会请准予立案呈

　实业部批渔业帮董陈为亮渔团局章程呈（略）

　实业部批紫霞院道士马清中请领垦荒地呈（略）

　实业部批渔商陈文翔请设立渔业公司准予立案专利呈

　实业部批学生陈世璠辍读营生佐办实业恳请委任呈（略）

　实业部批沈佩贞女士拟设中央女子工艺厂并招股简章呈（略）

　实业部批蚕桑学校毕业生赵廷莹条陈蚕桑提倡进行方法呈（略）

实业部批江苏通崇海泰商会总理刘桂馨请援照苏沪一律颁发货物税单呈（略）

实业部批安宁垦牧公司总理曹锡圭筹办南京第一工艺厂呈

教育部批于右任胡敦复等请将复旦公学立案并拨借校舍呈（略）

陆军部颁布陆军传染病豫防规则及销毒法令（略）

纪　事

外交部为和官横暴事致北京唐少川胡馨吾电二则

金华府民事长询问丁祭办法电文

内务教育两部复金华民事长丁祭办法电文

杂　报

教育部发行文教简章及体例

号外附录

咨

大总统咨送袁大总统选派国务员姓名请参议院查照文

兹得北京袁大总统来电云：按照初六经参议院议决第四条，受职后，将拟派各国务员姓名电知参议院，求其同意等因。国务总理，经参议院电复同意。兹将拟派国务员开列于下：外交部陆征祥，内务部赵秉钧，财政部熊希龄，教育部范源濂，陆军部段祺瑞，海军部蓝天蔚，司法部王宠惠，农林部宋教仁，工业部陈槐，商业部刘炳炎，交通部陈其美，邮电部梁士诒。以上各员，伏乞酌核。如不合者，即希更正，咨送参议院求其同意等因。准此，合行咨请贵院查照办理。此咨。

内务部咨各部及卫戍总督查明有无吸食鸦片人员文

迭奉大总统令开，禁绝鸦片一端，关系甚大，着本部严格办理。特呈请大总统委任石瑛为禁烟总理，丁义华为禁烟顾问。相应咨行贵部知照，并希贵部查明有无吸食鸦片人员，咨复本部，分别办理。此咨。

令　示

大总统令实业部审定侨商统一联合会王敬祥等呈请拟办兴业贸易会社文

据侨商统一联合会王敬祥等呈请拟办兴业贸易株式会社，并列会员表、说明书及章程清册前来。合将原呈各件发交该部，仰即审定批示饬遵可也。切切！此令。

大总统批财政部次长王鸿猷恳辞兼任江南造币总厂正长呈

据该部次长兼江南造币总厂正长王鸿猷呈称：现在全国造币分厂，多未成立，正长一职，虚名徒拥，请下令取销，以正名称而昭核实等情。据此，查原定章程，造币总厂应设正长、次长各一缺，以负监督全国造币分厂之责。既据称现时分厂无多，事务尤简，自属实情。该正长一职，应准暂缓设置，以符因事建官之义而慰该次长综核名实之心。此批。

实业部批江安渔业公会请准予立案呈

两呈俱悉。该公会请予立案情形，屡经该会长甘白来部详细面陈；其不能迅予立案情形，亦屡屡详告。查江阴至大通一带，另有渔业帮董等，亦屡请准设渔团局事。同在一区域内，有两渔业团体相峙并立，不独冲突势所难免，法令亦所不许。故非遵据法令，不能执准执斥。须俟本部现订渔业法令公布后，再行据法核准。仰即知照。此批。

实业部批鱼商陈文翔请设立渔业公司准予立案专利呈

据呈及理由书均悉。振兴渔业，为目前切要之图。该商筹办机船捕鱼渔业公司，自当准予立案，妥为保护，以期逐渐发达。惟贩卖自由，乃商业上应有之权利。捕鱼一业，非发明新制等可比，所请专利一节，碍难照准。至英商德记时在吴淞口外捕鱼，如果属实，不独侵害主权，且夺我民生计，万难容忍，候咨请外交部严行交涉可也。此批。

实业部批安宁垦牧公司总理曹锡圭筹办南京第一工艺厂呈

来呈阅悉。工艺为实业之一，制帽尤为当务之急。该总理集资创办，既免利源之外溢，复能期工艺之日新，无业之人，亦得借工资以营生活，一举而备数善。仰即克日开工，呈验制品，以便通告各省，咸向该厂购买，俾资发展。至该厂既系商办事业，则购地设厂，理应自为经营，所请拨给官房之处，碍难照准。此批。

纪　　事

外交部为和官横暴事致北京唐少川胡馨吾电二则

北京唐少川、胡馨吾两先生鉴：支电悉。刘代表拟饬苏统领驰往调查，想已由尊处电饬前往。顷又接华侨联合会电称：代表邱心容，顺道赴泗水调查案情，电称未放者三百余人，其中百余人被强指横诬为扰乱治安之首从，将来必科重刑。乞政府速派员莅泗交涉，则事易了。若徒与公使电报往还，旷日持久。目睹同胞惨状，令人难堪。狱中刑毙数人，如何死法，无从调查。望速设法拯救，速复。盼切祷切！特转等语。希转电刘代表，再向和政府交涉，所有被捕诸人，务必要求全释，庶慰侨望。二月艳电，误书沁字，合并更正。外交部。齐。

北京唐少川、胡馨吾两先生鉴：顷接巴城书报社电称：查确泗侨被诬反，现仍禁百余，惨虐命危。各国舆论不直荷。彼政府惧罪内讧，知县自尽。事关侨命，恳再严重交涉等语。合亟转闻。外交部。真。

金华府民事长询问丁祭办法电文

内务部、教育部钧鉴：丁祭照旧，府县学应否并举，或裁其一，祝文应否另颁，请示遵。金华府民事长朱郁荃叩。印。

内务教育两部复金华府民事长丁祭办法电文

金华府朱民事长鉴：丁祭照旧，原属暂时办法，将来应否举行，尚当研究，来电所询各节，可酌量民国情形办理。内务部、教育部。蒸。

杂　　报

教育部发行《文教》简章及体例

一、定名　本杂志定名曰文教。

二、宗旨　本杂志以崇闳学术，周洽文化，振起国民高尚之思想、向上之精神为宗旨。

三、内容　分为十类：（一）征题，（二）主题，（三）学术，（四）文艺，（五）杂纂，（六）实录，（七）法令，（八）文牍，（九）琐缀，（十）附录。

四、刊行　每月刊行二册，以初一、十五日为期。

五、价目　分售每册大洋一角五分，合售半年十二册，大洋一元陆角，全年二十四册，大洋三元。

《文教》体例

一、征题　名画在前，丽尔悦目，所以崇优美，导兴趣也。

二、主张　张皇真理，刊落訾言，所以白吾心，绳世说也。

三、学术　凡有形无形之学及其方术隶之，所以邃知识，进技能也。

四、文艺　凡文章、音乐及有形美术隶之，所以兴美感，发玄念也。

五、杂纂　其目凡四

甲、思潮　分国内、国外二部，所以搅群言之精蕴，审世界之归趋，博采兼存，以供省览。

乙、通讯　所以往来简毕，交易思维，曡读者疑，庶几冰释。

丙、群书考核　所以雠校群书，阐扬秘籍，先民神恉，永斯流传。

丁、新著评骘　所以审核图籍，明辨是非，学者读书，冀无回惑。

六、实录　其目凡二

甲、内事　所以记国内文教之现况。

乙、外事　所以记域外文教之现况。

七、法令　所以载公布之法令。

八、文牍　所以载公布之文牍。

九、琐缀　间取零星事实，载录后幅。

十、附录　所有建言草案，附丽终篇。

附录：电　报

大总统、陆军总长鉴：王和顺所部，误信谣言，谓军政府拟缴枪械，解散该军，率先狙击派出巡查军队，经理员弹压，彼并击所派人，致毙排长一人，从卒三人，伤数人，现仍踞城外民居。此处惟恐伤扰居民，未敢遽剿。闻彼已致电中央政府，谓炯明苛待民军酿变。希于彼电到日，即复以严电诘责之，令即从粤政府指挥，不许顽抗，如违，即以乱匪视之，由中央拨兵会剿，以折其气，庶可免残居民，弭此祸乱。否则战虽必胜，元气恐伤也。急盼电复。炯明。蒸。（广东来电）

孙大总统鉴：民国虽成，人心未固。陆军主席，非十余年血汗奔走，数十镇肫诚欢戴之黄君克强，殊难镇慑。黄君素为五族所属望，人心向背，安危系焉。除电致北京外，幸我公竭力主持，勿遂黄君高蹈之志。大局幸甚。民国仁济会叩。文。（上海来电）

告　白

救灾义勇军启

窃维江皖两省，为扬子江下游门户，连年水患频仍，偏灾时遇。迨至去秋，淫雨连绵，江潮暴发，箍江大岸，冲决无算。上自皖南各府，下逮镇扬苏常，袤延千余里，淹没百余处，汪洋一片，遍地哀鸿。幸赖义赈会诸君子，佛口婆心，散放急赈，嗣又倡议修堤，以工代赈，法良意美，感佩莫名。惟是缅怀时局，巨款难筹，放眼灾区，工程浩大。况际此三阳初泰，春水将来，若不急图补救，抢筑新堤，恐将来水涨潮高，势必复成泽国，夏麦秋禾，荡然无望。彼百万灾黎，嗷嗷待哺，其将何以再延时日，而不为饿殍乎？同人等怵焉心忧，施救无术。惟念助赈捐资，军界恐无余蓄，修堤防患，我人咸克效劳。况我军人，役身军界，原欲牺牲一身，以普救同胞者。今者南北统一，五族共和，既无征役之劳，应尽服务之义。方庆虏廷退位，闾阎已脱压制之烦，岂堪水患频来，黎庶又兆流离之苦。是用集合万千军士，修筑千里长堤。是御水也，是退敌也。愿我军人，见义勇为，毋分畛域，奋身投效，勿惜劳瘁。爰集同志，发起创办救灾义勇军，专司挑筑扬子江下游被冲圩堤，禀陈孙大总统、黄陆军总长，并即请孙总统为义勇军正长，黄总长为义勇军副长，以督率筑堤之役。凡我全国军人，如愿入义勇军，无论军官兵士，均可报名，听候军长编制，分段任役。谨订救灾义勇军总章八则，俾资遵守。呜乎！饷不虚糜，无惭军人之职；功归救恤，居然善士之俦。谨启。

救灾义勇军总章

定名

本军为振救灾黎，抢筑江堤，见义勇为，发愤自愿。原就军籍中劝募服务，并非强迫成军，故定名为救灾义勇军。

宗旨

军人抱铁血主义，以拯救同胞，故不惜牺牲一身。今则移此志愿，以振救灾黎，捍御水患，不啻杀贼退敌，服务虽异，救同胞之宗旨则不异。

资格

凡在陆军人员，无论军官兵士，皆可投报入本军队；至位置等级，悉仍该军人原任等级位置之。

饷项

本军命名义勇，所有各军官兵士俸饷，由本军呈报陆军部立案，咨会各原军队，将各该军官兵士应领饷项，移交本军，由本军照原额给发。

服从命令

本军虽因振救灾黎，由各军士奋勇投效，然服从命令，为军界维一主义，本军人员亦宜一律遵守。

功成奖赏

修筑江堤，普救万民，丰功伟略，莫可与京。拟自堤工完竣后，由各军队官，分别陈明军长，呈请政府，照军营成例，分别给赏。

修订详章编制军律

分段兴工，须随时察看，随时布置，所有办事详细章程，亦须随时由各段人员修订，禀陈正副军长裁定。至编制军律，虽与行军稍异，亦应由正副军长颁行，一定军律，以一事权。

请拨款项

挑筑圩堤，需用器械等件，为数颇巨，拟请政府拨给特别款项，以供应用。

以上八则，为本军暂行总章，禀陈正副军长，颁发遵行。

附则

本军专司修筑堤岸工程，并不筹款放振。虽与义振会行事各别，然救济宗旨，与义振会无异。宜彼此互商，分别权限，各尽义务，俾毋推诿之弊。

第四十一号

三月十七日星期日

目　次

咨

大总统咨参议院议决财政部呈厘定商业银行暂行则例文

参议院咨复议决设立稽勋局及附设捐输调查科文

令　示

大总统通令统一财政限制各省办理公债文

大总统通令开放疍户惰民等许其一体享有公权私权文

大总统令浙江都督查明刘学询呈称抵款各节秉公核办文

大总统令交通部核办界公会请减邮电费文

大总统令财政部察核李国梁等呈请改良盐政文

大总统令财政部核办左西山等呈请仍留盐务办事地点于扬州文

大总统令实业部核办仇志远呈泾县煤矿复请立案并出示保护文

大总统批胡汉民等请咨参议院提议设立国史院并先派专员筹办呈

大总统批上海总商会请愿公举参议院议员呈

大总统批扬州保存盐务代表左酉山等请仍留盐务办事地点于扬州呈

大总统批李国梁等请改良盐政将前清旧票改换新钞呈

大总统批杨显焘等控曹受诏混争水注县令偏断害税殃民呈

大总统批仇志远请专利五年专熬戒烟药料以助饷糈呈

大总统批上海日报公会请减轻邮电费呈

大总统批仇志远请废泾县煤矿原案复行立案呈（略）

陆军部批中华民国赤十字社董事胡琪等请批准立案呈（略）

杂 报

司法部元二月分收支报告

号外附录

咨

大总统咨参议院议决财政部呈厘定商业银行暂行则例文

兹据财政部总长陈锦涛呈：据钱法司案呈，军兴以来，财政竭蹶，若不速图救济，恐民国虽建，而民力已疲。顾救济之策，抉本探源，尤在疏通金融，维持实业。此商业银行之组织所以万不容缓也。惟是银行之业，首贵稳固，一有不慎，即足以扰乱市面。故各国政府对于银行营业，较之他种商人，取缔特严。我国金融机关，本未完备，加以近年以来，恐慌迭起，向所称为殷实富商者，今皆相继破产，不克自存。虽曰我国商人之智识不足，亦由前清政府之监督不严。民国成立以来，各处呈请设立银行者日必数起。本部既有管辖之责，似应亟颁则例，俾企业者有所遵循，而监督者有所依据。用特参照各国现行之法规，斟酌我国商业之现状，拟定商业银行则例十四条，于取缔营业之中，仍寓保护商人之意。理合缮具清单，备文呈请大总统俯赐察核，迅即咨送参议院议决公布施行等因前来。为此相应备文咨送贵院，请速议决咨复，以便颁布施行。此咨。

参议院咨复议决设立稽勋局及附设捐输调查科文

二月十九日，准大总统咨开设立稽勋局一案。又二月二十七日，咨请本院将此案从速付议，并于稽勋局设一捐输调查科，专调查光复前后输资人民，其持有证券来局呈报，或由他项方法确实证明者，就其输助金额，给以公债票，请本院归并前案议复等语。本院于本月常会议决，稽勋局及局内设一捐输调查科两事，均属可行。惟捐输调查科，就输助金额即给公债票一节，似侵入财政范围，不仅含稽勋性质。务请调查明确后，分别叙勋，其应否发给公债票一层，当另案提交本院。此咨。

令　　示

大总统通令统一财政限制各省办理公债文

据财政部呈称：窃维行政以统一为先，理财以核实为要。本部此次发行债票，不独补助军需，亦以统一财政。惟自军兴以后，百务方新，各省度支，均忧匮乏，诚不得不以借贷之谋，为挹注之计。其在中央债票未发行以前，有以地方名义在各该省自行募集公债者。中央债票既发行以后，有以军需不继为词，一再来部请领债票，漫无限制者。殊不知公债发行，在吾国为未有之创举，既关民国信用，又系外人观听。一纸无异现银，偿还即在转瞬，固不宜自为风气，尤不可稍涉虚糜。本部前以鄂军政府、沪军政府发行债票，有碍统一，先后呈准饬令停止发行在案。惟查各省尚以地方名义募集公债，而其性质又非地方公债者，不独鄂沪两地。现在中央债票发行，自应援照鄂、沪成案，将各省所发之债票，一律停止。况本部定章，各省所得债款，半留中央，半归本省，原属内外兼权。在各都督体念时艰，通筹全局，自必乐于赞成。但各省光复未久，军书旁午，待理万端，发行债票，事又烦琐，兼顾之难，自在意中。应由本部遴选妥员，分往各该省，随时禀承都督暨会同财政司办理债票一应事宜。所募之款，除将一半解部，其余一半留存该省，撙节动用，惟如何用途，须由各省分别报部，静候指拨。嗣后不得借口饷械短绌，径自来部请领债票，以示限制。除分咨各部长、各都督外，相应呈请察核办理，并乞通令一体遵照等由前来。查现在大局底定，财政亟应整理，该部所陈债票办法，系为统一财政起见，应予通令一体遵行。为此令仰该都督查照办理可也。切切！此令。

大总统通令开放疍户惰民等许其一体享有公权私权文

天赋人权，胥属平等。自专制者设为种种无理之法制，以凌跞斯民，而自张其毒焰，于是人民之阶级以生。前清沿数千年专制之秕政，变本加厉，抑又甚焉。若闽粤之疍户，浙之惰民，豫之丐户，及所谓发功臣暨披甲家为奴，即俗所称义民者，又若薤发者并优倡隶卒等，均有特别限制，使不得与平民齿。一人蒙垢，辱及子孙，蹂躏人权，莫此为甚。当兹共和告成，人道彰明之际，岂容此等苛令久存，为民国玷。为此特申令示，凡以上所述各种人民，对于国家社会之一切权利，公权若选举、参政等，私权若居住、言论、出版、集会、信教之自由等，均许一体享有，毋稍歧异，以重人权而彰公理。该部接到此令之后，即行通饬所属一体遵照，并出示晓谕该省军民人等，咸喻此意。此令。

大总统令浙江都督查明刘学询呈称抵款各节秉公核办文

据上海信大庄主刘学询呈称，上海信大钱庄抵款轇辕，应由大清银行原经理席德辉，将苏州河边货仓及浦东地基议价抵补各等因前来。此案前后轇辕，颇为复杂。兹既据称业有沪产可作抵款，其杭庄应否籍没，又此案办法能否照来呈所请办理，以清纠纷之处，合行令仰该都督切实查明，秉公核办。原呈并发。此令。

大总统令交通部核办报界公会请减邮电费文

兹据上海日报公会呈称军兴以后种种困难情形，请减轻邮电费以维报界等情前来。查报纸代表舆论，监督社会，厥功甚巨。此次民国开创，南北统一，尤赖报界同心协力，竭诚赞助。兹据呈称军兴以后困难情形，均属实况，若不设法维持，势将相继歇业。合将原呈发交该部，仰即酌核办理可也。此令。

大总统令财政部察核李国梁等呈请改良盐政文

据李国梁等呈请改良盐政并附简章及手折前来，除批示外，合行发交该部，仰即察核办理。此令。

大总统令财政部核办左酉山等呈请仍留盐务办事地点于扬州文

据扬州保存盐务会代表左酉山等呈请仍留盐务办事地点于扬州，以维市面等由前来，为此令行该部，仰即会商实业部酌核办理为要。此令。

大总统令实业部核办仇志远呈泾县煤矿复请立案并出示保护文

兹有公文一件，应归该部核办，合将原呈发交。此令。

大总统批胡汉民等请咨参议院提议设立国史院并派专员筹办呈

呈悉。查中国历代编纂国史之机关，均系独立，不受他机关之干涉，所以示好恶之公，昭是非之正，使秉笔者据事直书，无拘牵顾忌之嫌，法至善也。民国开放，为神州空前之伟业，不有信史，何以焜耀宇内，昭示方来。该员等所请设立国史院之举，本总统深表赞同。应候提交参议院议决。至请先行派员筹办一节，俟遴选得人，即行委任可也。此令。

附原呈

胡汉民、黄兴、王宠惠、宋教仁、马君武、王鸿猷、于右任、钮永建、蒋作宾、居正、黄钟瑛、汤芗铭、吕志伊、徐绍桢、秦毓鎏、任鸿隽、萧友梅、冯自由、吴永珊、谭熙鸿、耿觐文、陈晋、张通典、郑宪武、但焘、刘元楷、程明超、金溥崇、胡肇安、汪廷襄、伍崇珏、王夏、唐支厦、彭素民、易廷熹、廖炎、林启一、卢仲博、余森、李晓生、邵逸周、刘式庵、林朝汉、梅乔林、刘鞠可、胡秉柯、张炽章、贺子才、朱和中、覃师范、仇亮、杜纯、黄中恺、金华祝、汤化龙、张铭彝、巴泽惠、林大任、傅仰虞、梁能坚、侯毅、翁继芬、蔡人奇、田桐、林长民、张大义、萧翼鲲、孙润宇、于德坤、史青、高鲁、王庆华、程光鑫、马伯瑗、林文庆、方潜、熊传第、刘健、瞿方书、刘馥、仇鳌、杨勉之、姜廷荣、曹昌麟、刘伯昌、张周、周泽苍、黄复生、彭丕昕、饶如焚、史久光、王孝缜、何濬、唐豸、陈宽沅、喻毓西、黄大伟等呈：

溯自有文字，遂有记载。古称史官，肇于沮苍，历代相沿，是职咸备。盖以纪一时之事，昭万禩之鉴，其盛典也。顾概观中国前史，春秋史记而外，多一人一家之传记，无一足称社会史，可以传当时而垂后世者。抑典午东渡而还，中原涂炭，自时厥后，国统殽杂，殊方入主，尤间代相闻。以云正史，不足十六。

而所称正史者，亦复狃于君主政体，其典章制度，人物文词，见于纪传表志者，多未能发挥民族之精神。方诸麟经迁史，去之复远。若藉为民国之借鉴，犹南辕北辙，凿枘不能相容。诚以立国之政体不良，而记载遂不衷于至当耳。

今我中华聿新，民国前自甲午而后，明识远见之士，忧于国之不可以见辱，而政体之不可以不改变也，于是奔走号呼，潜移默运垂二十年。兹者民国确立以前之艰巨挫折，起蹶兴踬，循环倚伏，不可纪极。若非详加调查，笔之于书，著为信史，何以彰前烈而诏方来，正史裁而坚国本。为此连同众意，合词呈请大总统速设国史院，遴员董理，刻日将我民国成立始末，调查详彻，撰辑中华民国建国史，颁示海内，以垂法戒而巩邦基。如蒙俯允，即请作为议案，提交参议院议决，并祈从速特委专员筹办一切。民国幸甚。

大总统批上海总商会请愿公举参议院议员呈

现在参议院为临时组织，故议员由各省都督送派。将来必合集民选议会，为正当立法机关，以代表国民。民国制度，一视齐等，不分界限。以我国商业日益发达，选举普及全国之日，商界当不止占三名选举之数，正不宜以此自限。本总统有厚望焉。

大总统批扬州保存盐务会代表左酉山等请仍留盐务办事地点于扬州呈

呈悉，已令行财政部会商实业部核办矣。此批。

大总统批李国梁等请改良盐政将前清旧票改换新钞呈

呈及章程均悉。所请将前清旧票改换新钞并盐政改良各办法，已令行财政部核办矣。仰即知照。

大总统批杨显焘等控曹受诏混争水注县令偏断害税殃民呈

据呈已悉。事关诉讼，本有专司，仰即赴该管辖官署呈控可也。此批。

大总统批仇志远请专利五年专熬戒烟药料以助饷糈呈

呈悉。鸦片流毒垂百余年，祸国害民，深堪痛恨。民国建立伊始，凡我国民固当力为戒绝。该商等所熬戒烟药料，果能于卫生、饷筹两有裨益，诚属美举。惟所配药料，是否甚良，及所请专利五年，应否准行之处，仰候令由内务部核办可也。此批。

大总统批上海日报公会请减轻邮电费呈

呈悉。报纸代表舆论，监督社会，厥功甚巨。此次民国开创，南北统一，尤赖报界同心协力，竭诚赞助。兹据呈称军兴以后困难情形，均属实况。若不设法维持，势将相继歇业。仰候将原呈发交交通部核办可也。此批。

大总统批仇志远请废泾县煤矿原案复行立案呈

呈悉。仰候令行实业部核办可也。此批。

杂　报

司法部元二月份收支报告

第一次收支报告　元月十六日至三十一日止

　　　　　　收款项下

　收陆军部暂借　　　　洋二千元

　　　　　　支款项下

　支伙食　　　　　　　洋四十一元四角二分

　支杂项　　　　　　　洋七十九元三角五分

支车马费　　　　　　　洋六十元

　　共支　　　　　　　　洋一百八十元零七角七分

　　除支实存　　　　　　洋一千八百十九元二角三分

第二次收支报告　　二月初一日至二十九日止

　　　旧管项下

收元月结存　　　　　　洋一千八百十九元二角三分

　　　收款项下

收财政部　　　　　　　洋五千元

　　　支款项下

支各职员津贴　　　　　洋七百九十二元　　总次长未支津贴

支卫兵护兵等饷　　　　洋二百元零二分三厘

支膳费　　　　　　　　洋四百七十四元

支庆祝民国统一赏卫兵护兵等　洋四十八元

支次长因公赴申旅费二次　　　洋一百二十五元

支车马费　　　　　　　洋一百四十五元八角

支邮费　　　　　　　　洋八元二角三分六厘

支军装等　　　　　　　洋四百三十七元七角

支纸张笔墨等　　　　　洋四十五元三角七分一厘

支账簿稿簿等　　　　　洋十三元五角二分七厘

支各日报　　　　　　　洋十三元九角

支煤油　　　　　　　　洋二十四元五角八分

支洋灯　　　　　　　　洋二十八元八角七分

支柴炭等　　　　　　　洋七十一元五角四分六厘

支文具呼人铃等　　　　洋五十五元六角零三厘

支床火盆等　　　　　　洋三十四元四角九分九厘

支刻各印板　　　　　　洋九元七角一分

支各种图章　　　　　　洋四元一角四分五厘

支碗盏等　　　　　　　洋四元八角

支杂项　　　　　　　　洋一百零二元七角四分二厘

支偿陆军部　　　　　　洋二千元

　共收洋六千八百十九元二角三分　共支洋四千六百

　四十元另一分一厘

　实存项下

存洋二千一百七十九元二角一分九厘

附录：电　报

　　各省衙门均鉴：本日临时大总统誓词：民国建设造端，百凡待治，世凯深愿竭其能力，发扬共和之精神，涤荡专制之瑕秽，速定宪法，副国民之愿望，藉达国家安全强固之域，俾五大民族同臻乐利。凡兹志愿，率履勿渝。俟召集国会，选定第一期大总统，袁世凯即行解职。谨掬诚悃，誓告同胞。大中华民国元年三月初十日。袁世凯。

　　命令：本日临时大总统令：国体变更，首在荡涤繁苛，与民更始。我国民积受专制官吏之弊，失教罹罚，政多未平，陷于囹圄，或非其辜。当兹民国初基，正宜涮除旧染，咸与维新。凡自中华民国元年三月初十日以前，我国民不幸而罹于罪者，除真正人命及强盗外，无论轻罪重罪，已发觉未发觉，已结正未结正者，皆除免之。我国民其自纳于轨物，怀兹刑辟，毋蹈匪彝，以保我同胞之身命荣名于无极。此令。

　　临时大总统令：我国民积苦专制，重罹兵祸，农民损失甚巨，岂宜催督逋欠，重滋扰累。所有中华民国元年以前应完地丁、正杂钱粮、漕粮实欠在民者，皆予除免，有司毋得追索。我国民其勤于农业，务培根本，蕲进于富庶维新之郅治。此令。

　　临时大总统令：现在民国法律，未经议定颁布，所有从前施行之法律及新刑律，除与民国国体抵触各条应失效力外，余均暂行援用，以资遵守。此令。

临时大总统令：本大总统于中华民国元年三月初十日举行受职礼讫，自念德薄能鲜，膺兹重任，兢兢业业，惟以陨越是惧。维我民国建设伊始，统一政府初立，所以策安全求幸福者，千端万绪，肇造维艰，是皆赖我内外文武，各应协力同心，共担义务。诸君皆具爱国之热诚，为斯民所倚托。当此疮痍未复，责望正殷，苟有可以破除私见，保持公安，谋秩序之整齐，筹政事之统一者，本大总统当与诸君竭力图之。并当相见以诚，相规以善，以期互维大局，奠我邦基，是则本大总统所孳孳焉愿与诸公共勉者也。此令。

临时大总统令：本大总统辱承国民推举，今当受职礼成之日，爰抒所见，勖我同袍。民国建义，我海陆军人共效勋劳，然此不过维持国家之初基。目下改革告终，缔造伊始，我军人应建之事业，应负之责任，实尚不知凡几，其重且大，盖远过于破坏之时，未容以前此之成功，视为满足。所望我爱国军人，旷观大局，益矢血诚，万众一心，皆以巩固我民国初基为的。凡所举动，务服从中央命令，以期实行统一。至于军士，尤当恪遵上官命令，养成整肃之精神。保全光大之名誉，毋或敷衍怠忽，以玷全体而废半途。庶不负我军人前此之苦心孤诣，而诸君勋业亦当与国基而偕永矣。此令。京。真。（北京来电）

孙总统鉴：王和顺蓄意破坏广东，屡抵抗命令，宣言事败即杀外人以起瓜分，居心实不可问。顷以遣散各民军，彼所部辄自疑在被散之列，狙击巡查军队，并伤及派往弹压官长，罪无可逭。闻彼辈有电到南京，幸勿为其所惑。即以严电饬其凛遵粤政府命令，可免惊扰居民，波累无辜，否则恐损伤太大也。炯明。蒸二。（广东来电）

各衙门均鉴：本日命令，临时大总统令：现在游勇土匪四出奔扰，贻害闾阎，深堪痛恨。应由直隶总督通饬所属文武，督率团勇兵警，严拿惩办。该兵匪所携枪械，有遗失在民者，并即出示晓谕，由官给价收回，以靖地方而消隐患。此令。

又临时大总统令：天津、保定等处地方变乱，迭经饬令直隶总督查明，竭力设法抚恤维持。本大总统受国民委托，以保护治安、增进幸福相期；乃因防范不周，镇抚无术，致使各该地方猝遭奇变，四民失业，抚衷自问，负疚良多。兹特遣派姚锡光前往津、保慰问被难民商，即会同直隶总督妥筹善后办法，勿使日久失所。此令。此二令系十一日京文。（北京来电）

南京孙大总统、黄陆军总长鉴：和顺抗不遵命令，早经开炮关城，经派兵围剿，王已潜逃。所部除吴镜如一协遵命不动外，皆已分溃，刻正搜捕解散，省城安稳。先此奉闻，后书详报。炯明。真。印。（广东来电）

第四十二号

三月十九日星期二

目　次

咨

大总统咨参议院议决胡汉民等呈请设立国史院文
　令　示
大总统令教育部通告各省将已设之优级初级师范一并开学文
大总统令外交部妥筹禁绝贩卖猪仔及保护华侨办法文
大总统令广东都督严行禁止贩卖猪仔文
大总统令实业部核办浙西场灶代表叶宝书等呈改良浙省盐政办法文

大总统批浙西场灶全体代表叶宝书等请维持盐灶呈

大总统批陆军部转呈陆地测量总局拟测绘人员阶级比照陆军官佐士兵阶级订定呈

大总统批荷属侨民曹运郎等请禁止贩卖猪仔及保护侨民呈

大总统批湖北矿商石仁山等控诉湖北内务理财两司联络一气攘夺私产呈

交通部令上海邮政总办多福森派盛陆二生充邮政学习员文（略）

交通部为江苏教育总会征集员袁希洛赴各处征集革命战争品物令铁路局招商局免缴赁金文

交通部批上海交通银行李厚祜请在通济典提款以应要需呈

交通部批铁路公会苏建勋等公议组织工会呈

内务部令江宁府知事示禁各乡演戏赛会文

内务部令江宁巡警总监场区驱逐总统府左侧流氓文（略）

内务部令江宁巡警总监取缔公中工作拆用内城砖瓦文（略）

内务部令江宁巡警总监收回下关商埠巡警统归管辖文

纪　事

外交部接唐魏汪支电转驻和刘使电达和外部照称各节及办理情形文

外交部接唐魏虞电转驻和刘使电达和外部照称释放泗水华侨文

外交部接唐魏庚电转驻和刘使电称和外部肯主和平交涉文

财政部电复江北都督请铸铜元以济需赈款文

司法部职员名单

号外附录

咨

大总统咨参议院议决胡汉民等呈请设立国史院文

据胡汉民等呈称云云（原呈见前），查中国历代编纂国史之机关，均系独立，不受他机关之干涉，所以示好恶之公，昭是非之正，使秉笔者据事直书，无拘牵顾忌之嫌，法至善也。民国开创，为神州空前之伟业，典章制度以及志士缔造经营之成绩，不有信史，何以焜耀宇内，昭示方来。该员等所请设立国史院之举，本总统深表赞同。除批示外，合行作为议案，咨请贵院迅予开会议决见复可也。此咨。

令　示

大总统令教育部通告各省将已设之优级初级师范一并开学文

自民国起义以来，教育机关一时停歇，黉舍变为兵营，学子编入卒伍，此诚迫于时势，不得不然。然青年之士，问学无途、请业失据者，何可胜道。学者国之本也，若不从速设法修旧起废，鼓舞而振兴之，何以育人才而培国脉。查阅临时政府公报第三十二号，载有该部通告各省电饬令高等专门学校从速开学，免致高等学生半途废学，中学毕业学生亦无升学之所云云，自是正当办法。惟教育主义，首贵普及，作人之道，尤重童蒙，中小学校之急应开办，当视高等专门为尤要。顾欲兴办中小学校，非养成多数教员不可，欲养成多数中小学教员，非多设初级优级师范学校不可。虽一时权宜与永久经制自殊，而统筹全局亦不可顾此失彼。此时注重师范，既能消纳中学以上之学生，复可隐植将来教育之根本，是其当务之急者。为此令仰该部迅即妥筹办法，通告各省，将已设之优级初级学校一并开学，其中小学校仍不可听其停闭，速筹开办，是为至要。此令。

大总统令外交部妥筹禁绝贩卖猪仔及保护华侨办法文

兹据荷属侨民曹运郎等呈请禁止贩卖猪仔及保护华侨各节。查海疆各省，奸人拐贩猪仔，陷入涂炭，曩在清朝熟视无睹，致使被难同胞穷而无告。今民国既成，亟应拯救，以尊重人权，保全国体。又侨民散居各岛，工商自给者，亦实繁有徒，屡被外人陵虐，然含辛茹苦，挚爱宗邦。今民国人民同享自由幸福，何忍侨民向隅，不为援手。除令广东都督严行禁止猪仔出口外，合亟令行该部妥筹杜绝贩卖及保护侨民办法，务使博爱平等之义，实力推行。切切！此令。

大总统令广东都督严行禁止贩卖猪仔文

兹据荷属侨民曹运郎等呈请禁止贩卖猪仔各节。查奸徒拐贩同胞，陷入沟壑，曩在前清，草菅人命，漠不关心，致使被难人民穷而无告。岂惟有亏国体，亦殊惨绝人道，本总统痛心疾首，殷念不忘。前曾令内务部编定禁卖人口暂行条例，冀使自由、博爱、平等之义，实力推行。惟禁止猪仔出口，尤为刻不容缓之事。民国既成，岂忍视同胞失所，不为拯救。除令外交部妥筹办法外，合亟令行该都督严行禁止，务使奸人绝迹，以重人道而崇国体。此令。

大总统令实业部核办浙西场灶代表叶宝书等呈改良浙省盐政办法文

据浙西场灶全体代表叶宝书等具呈，略称浙省改革盐政办法，有碍该处场灶生产，请予维持前来。除批示外，合将原呈发交该部，仰即察核办理。切切！此令。

大总统批浙西场灶全体代表叶宝书等请维持盐灶呈

呈悉。据称浙省改革盐政办法，有碍该处场灶生产，应候令行实业部核办。仰即知照。此批。

大总统批陆军部转呈陆地测量总局拟将测绘人员阶级比照陆军官佐士兵阶级订定呈

呈暨表均悉。现今东西各国测绘人员，均据文职，无据武职之例。该部所呈测绘人员可否比照陆军官佐阶级拟定之处，碍难照准。原呈及表发还。此批。

大总统批荷属侨民曹运郎等请禁止贩卖猪仔及保护侨民呈

呈悉。奸人贩卖猪仔，惨无人道，本总统痛心疾首，殷念不忘。前曾令内务部编定禁止贩卖人口暂行条例，以重人权。查侨民散居各岛，工商自给，实繁有徒。而屡被外人横加虐唇〔辱〕，含辛茹苦，不背宗邦，可悯可矜，亟应援手。今民国既成，断不忍使海外侨民不同享自由平等之福。所陈各节，已分别令行外交部及广东都督酌核办理矣。此批。

大总统批湖北矿商石仁山等控诉湖北内务理财两司联络一气攘夺私产呈

所呈各节均悉。该商等创立公司，采办矿业，既据呈称由该地主与各股东妥商合办，订立契据，呈明前清劝业道立案，何以当时不予认可给照。迨鄂军政府成立后，该内务、财政两司，亦屡经派委查验，如果无别种轇轕，又何以藉词再三拒绝。此中情节，非彻查不能明晰。现当共和建设伊始，人民营业权亟应保护，岂容攘夺。惟既称另禀副总统、鄂都督在案，仰候批示办理可也。此批。

交通部为江苏教育总会征集员袁希洛赴各处征集【革命】战争品物令铁路局招商局免缴赁金文

准江苏教育总会函称：民国成立，战事告终，将与国民休息，转其方针，注重国民教育。本会议定征集关于此次革命战争之品物，设立纪念馆，以为国民教育之助。现派会员袁君希洛为征集员，赴各处征集。惟征集之品物，长途运送，以及征集员往来各处旅费运赁等，所费甚巨。本会经费，力有不足。以为事关民国国民教育甚大，拟请大部知照各处铁路及轮船招商局，遇袁君及其随从员仆二人乘载时，免其赁金，俾得广为征集等语。

此次推翻专制，建设共和，志士仁人，牺牲无量数之精神血肉，始克奏此肤功，自由之华，炤耀史乘。其中事迹及战利物品，可留为国民永久纪念而起发社会敬仰者至多，苟不及时蒐储，先烈之功大惧泯没。该会派员赴各处征集革命战品设立纪念馆，用意深远，良堪嘉尚。所请关于征集员往来各处之轮船、铁路免其赁金，以助旅费之不足，自应照准。为此令仰各该局，凡于江苏教育总会征集员袁希洛及随从员仆二人，附乘舟车，输送纪念品时，准其免征赁金，俾得广集民国纪念物品，以助国民教育之发达，是为至要。此令。

交通部批上海交通银行李厚祐请在通济典提款以应要需呈

呈悉。全皖工振，关系重要，需款孔急，该即如呈将存款三万四千两由通济典陆续提付，以应要需，已转饬卢恩泽等知照矣。惟卢恩泽等原呈，江宁交通银行应派皖省规银共计八万余两，现只存银三万四千两，所差尚多。究竟江皖查赈处当日如何存拨？前清度支部所划十万两内是否已有皖省垫款？且据杨分理万逊称，江皖赈捐存户共银十三万两，但知系江苏、安徽两省之款，而现存之三万四千两，究系属苏、属皖，亦未声叙明晰。仰再确询杨分理详查呈复，以凭核夺。此批。

交通部批铁道公会苏建勋等公议组织工会呈

据禀并工会草章已悉。吾国自周秦汉时，工艺渐已发达，《考工记》已有明征，何以沿袭至今，迄无进步。良由私家著述，偶有发明，而工会集合，毫无研究，故工党涣而不聚，工学亦粗而不精。铁道为全国交通命脉，觇国者每比较各国敷设里数之长短，以定强弱之准绳。该生等公议组织工会，以资研究，诚当务之急，本部极表同情。应即悉心组合，俾铁道技术孟晋无已，曷胜延盼。此批。

内务部令江宁府知事示禁各乡演戏赛会文

案据北乡保卫会会长顾良遇呈称：北乡一带，每届春季，各有节期，为买卖农具聚集之日，恒有演剧赛会等事。虽曰习俗相沿，不失雅颂承平之盛，而办公益者，每剧一本，即一天收费四元五元不等；又有开场聚赌，每桌收费若干，一日竟有数十桌百桌之多者，以致赌博棍徒明目张胆，恃为护符，莫可禁止。无论是否正当公益费用，似有不合。况赌博恶习，巧取人财，有乖人道，呈请示禁等情到部。据此，除批示外，合行令知该知事即便通示各乡，一体严禁，以杜流弊而保治安。切切！此令。

内务部令江宁巡警总宪收回下关商埠巡警统归管辖文

案准陆军部函开：现在大局已定，共和告成，所有各项营业亟应取缔，以保治安。闻下关第一楼、大观楼、万华楼三旅馆，自南京光复之后，窝娼聚赌，私卖鸦片，无所不为，以致各处军队中中下级官佐，每流连其间，耗费甚巨。查目下正整军经武之时，不可任其嬉游。除函致卫戍总督严禁军人冶游外，为此函达贵部，请饬将该三旅馆严行取缔，庶于军纪民风两有裨益，是为至盼等由。准此，卷查下关商埠巡警，前据贵总监呈称：光复之初，由局派委施廷銮前往整理。嗣以外务司长马良移据税务司函，请由司派员接办，因由外务司特派科员周德寿前往，接收办理，总局前派之员，经前总监罗良铎檄令交卸。现在外务司所派之员，已不受巡警总局管辖等情呈报在案。

本部以巡警权限，必须统一。下关虽系商埠，所有巡警，亦应归由总局管辖，正在拟饬收回。现准陆军部函知前由，下关第一楼等三旅馆既有窝娼聚赌、私卖鸦片等情事，该处巡警何竟漫无觉察。尤不得不急速收回，统一事权，以便切实整顿。兹经本部咨会江苏都督，令知外务司，将该司前辖下关巡警权限即日取消，其所委之区长周德寿应由贵总监迅即令知，将所有下关商埠巡警一切应行整理事务，统归该总局管辖办理。并将该区长察看，如克胜任，即由贵总监加给委任状，以资熟手。其第一楼、大观楼、万华楼三旅馆有窝娼等种种不法情事，即着督饬该处区巡各员切实取缔，严密查禁。事关地方治安，慎勿稍有纵延。除函复陆军部并咨江苏都督外，合亟令知，仰即遵照办理。限文到五日内，将收管下关商埠巡警暨取缔旅馆方法、查禁窝娼等情形，详细报部，以备考查。切切！此令。

纪　　事

外交部接唐魏汪支电转驻和刘使电达和外部照称各节及办理情形文

外交部总长王先生、华侨联合会诸君鉴：顷接驻和刘使来电称：东电计达。外部昨晚照称，巴东华侨已释。今午照称，泗水升旗骚乱须究办，随后当告详情。此系内政，若干涉，转多窒碍等语预告。往晤，力争，则允升旗、释巴侨，以固邦交。泗水案情不同，只能凭爪督酌办。至裁判，事关法律，尤未易办到。此案连日磋商，刚柔互用。彼狃于治华侨习惯，不复通融，殊深焦愤，惟有尽力再争。一面拟请饬苏总领就近驰往调查实情，乞迅复。镜（刘镜人）。冬云云。特为转致。绍仪、宸组、汪兆铭。支。

外交部接唐魏虞电转驻和刘使电达和外部照称释放泗水华侨文

孙大总统、王外交总长鉴：北京外务部转来驻和刘使镜人电文如下：顷外部照称，据爪督电，自昨日起，释放泗水被拘华人。现有肇事者百人在监待查，或当驱逐等语。明日再晤商云云。绍仪、宸组。虞。

外交部接唐魏庚电转驻和刘使电称和外部肯主和平交涉文

外交王总长鉴：顷由袁总统交来驻和外交刘代表来电称：和外部肯主和平，藉表睦谊。泗水监禁百人，查明情节，仍当分别办理。至死伤损失，现又请其查告等语。希即查照。绍仪、宸组。庚。

财政部电复江北都督请开铸铜元以济军需赈款文

江北蒋都督鉴：真电敬悉。苦心钦佩。惟铜元为辅币之一，各国皆严制限。若为筹款开铸，终必贻害细民，何啻饮鸩止渴。远征列国，近鉴前清，滥铸之祸，甚于水火，本部力再劝阻，实非得已。至军需赈款，当别求财源，本部债券钞票，均可济急。如核定确数，编成豫算，呈明大总统批饬，本部当为筹备。倘市需铜元，可饬宁厂代铸。若有商人禀请开办，藉图渔利，祈为驳斥。此复。财政部。鱼。

司法部职员名单

承　政　厅

秘书长　王黻炜

秘　书　李　碧　张凤翥　朱　鹏　彭邦栋　周培懋

　　　　　　谢树琼

科　　员　　董玉书　江汉宗　梅兆谦　钱　峥　易凤祺

　　　　　　景亮吉　耿介怀　胡化鲤

参　　事　　王淮琛　骆　通　胡国樑　尹　骞

事　务　官

庶务员　　李　伟　王　介

会计员　　何　汉　段　宽

收发员　　杨　森

监印员　　周汝康

录　　事　　杨嘉鹄　李玉焘

法　务　司

司　　长　　张　轸

签　　事　　林稷枬　陈　标　贺得霖　王鑫润

主　　事　　吴　敏　吴　源　胡熙寿　吴学祐　施德霖

　　　　　　常钰涤　甘浩泽　王觐墀　何　堪

录　　事　　江占春　刘苌斋

狱　务　司

司　　长　　田荆华

签　　事　　王　驹　王延祉

主　　事　　吴世昌　杨象离　晏振钊　王春生

录　　事　　华国章

附录：电　报

　　南京孙大总统、武昌黎副总统、临时议会、各省都督督抚、各报馆均鉴：武昌临时议会宋、马二君电均悉。统筹全局，倡建临时议会云云如下：倡建临时议会，翼赞共和，谋国邦本，殊为钦佩。惟政体初定，待理万端。尊意拟在汉口发起议会，早定宪法。查宪法乃一国政治之根源，治乱安危，关系极重。现奠都地点，已定在北京，临时国民议会发起于汉口，相距辽远，声息悬隔，揆之各国公例，未有国会所在之地与政府分离者。宋电所言首都地点定后，即行接往，曷若直赴北京更为简当。各民国宪法，大统领固无召集国会之权，此就经常通例言之。我国今日赤手开创，与各民国相较，一则组织于完全之后，一则萌芽于破坏之初，似宜筹权宜办法，以济其变。各省议会及谘议局，虽系一隅之代议机关，然或已解散，或未成立，况蒙古、回、藏各处，向无此种议会。所论由各省议会、谘议局选举一层，诸多窒碍，不易推行。且宪法关系兴废，须待正式国会成立，方能编订，临时议会，未便从事。鄙意第一次临时政府斟酌全国现状，草订简略选举方法，通行召集，庶无隔阂。此会成立，即行编制正式国会选举章程。现时内政、财政各种问题，并可暂由该会解决。则进可为监督政府之机关，退可为国会发生之胎胚。待正式国会成立，再行纂订宪法，以定国是，而昭大信。谨陈管见，伏望裁夺。山东巡抚张广建暨共和进行筹备处士绅公复。真。印。（济南来电十六）

孙大总统、各部总次长鉴：元培、兆铭、宸组及随行四员，于今日上午前九时半乘专车赴汉。特闻。元培等叩。元。（北京来电十七）

大总统、参议院、各部总长、各省都督均鉴：敝省暂行官制，酌设五司、三局，参照苏赣办法，同署办公。经敝都督提交临时省议会公开议决，克日实行。一俟新官制由中央订定颁布时，即遵章办理，以期全国统一。除正式备文呈报外，特先电闻。皖都督孙毓筠。文。（安庆来电十八）

袁大总统、宁孙大总统钧鉴：江北佳电悉。连年水灾，现春荒谷尽，遍地饿殍，满目流亡，情状极为危迫，曷胜悲悯。相应照恳我大总统，迅赐设法筹赈，以恤灾黎而昭惠政。切祷。闽都督孙道仁叩。侵。印。（福州来电十九）

南京孙大总统、外交部鉴：各团体因泗水案，发起对荷外交后援团，议决请速与荷使严重交涉。并专电刘代表，要求立刻放人，否则宣布荷侨人断绝关系，视为无约之国。除派代表往北京外，特电候示。华侨联合会、统一党、民社、民国公会、统一共和党、国民协会、豫晋秦陇协会、工党、工商勇进党、总商会、华商联合会、社会党、寰球中国学生会、光复总会、共和宪政会、全国商团联合会、盐业协会、商学青年联合会、广西共和协进会、惜阴公会、民生国计会、西北实业协会、大同公济会、工业建设会、报界同党国货维持会、泉漳会馆、潮州公所、国民总会、万国改良会苏州支部、大同民党等同叩。（上海来电二十）

袁大总统、孙大总统、各部长、各报馆鉴：接本省议会咨文，推蕴宽以都督实任，无任悚惧。前以南北未经统一，地方宜维秩序，谬权重任，罪戾已深。两月以来，竭蹶支离，以至剧病。目前百端胥待建设，更何堪不知而作，效驽马之恋栈，贻大局前途虑。凡人要贵自知，若窃位而不能治事，无穷流弊，何堪设想。除复请省议会另行公举外，谨电闻。庄蕴宽叩。元。

南京孙大总统鉴：蒙派宣慰山西，事关桑梓，曷敢言辞。惟自顾材力绵薄，恐负委任，应请另简贤明，无任翘盼。狄楼海叩。（上海来电二十二）

第四十三号
三月二十日星期日

目　　次

法　制

陆军部规定陆军军官佐士兵恤尝表（略）

咨

大总统据财政部呈送各部院三月分概算书咨参议院请议决文

司法部咨江苏都督提江宁模范监狱旧存款项文（略）

令　示

大总统令南京府知事查明张瀛呈请调查饥民设局平粜情形妥办文

大总统令安徽都督查明上海裘业商会报告被匪掳劫追究惩处文

大总统令江西都督速查九江商人郑裕庆所开宝记银号被封是否冤抑秉公核办文

大总统批南京府知事辛汉辞职呈

大总统批上海裘业商会报告被皖境龙亢集练总邵德进率土匪劫船掳货恳饬查办呈

大总统批潘月樵等请改良伶界教育呈

大总统批郑裕庆为商号被封冤抑再恳饬查揭封以昭公允呈

大总统批张瀛调查金陵各属饥民情形请先发帑开设粜局呈

大总统批财政部赋税司司员邓城沥血代皖灾民请命呈

交通部令各省邮局全国邮政归邮政司司长直接管辖文

交通部令前清津浦铁路南段购地局总办汪树棠呈缴开支浮冒款项文（略）

司法部批筹办南京监狱改良进行总发起人孔繁藻等请立案呈（略）

司法部批中华监狱改良协会代表孔繁藻等请立案呈（略）

司法部批法学士辛汉等请组织高级法院呈（略）

司法部批江宁地方审判厅厅长杨年报请备案呈（略）

司法部批江宁地方检察厅厅长刘焕请立案呈（略）

交通部批上海商务总会等称内河招商局被诬没收一案呈

交通部批商民谢子修请联合洋商筹设大海轮船公司呈

纪　事

大总统追悼武汉死义诸烈士文

交通部呈大总统已遵谕定制光复纪念邮票文

财政部职员名单

号外附录

咨

大总统据财政部呈送各部院三月分概算书咨参议院请议决文[①]

据财政部总长陈锦涛呈称：会计司案呈：临时政府公报二十八号内载：本部呈请饬令各部办理三月分应支款项，编具概算书，限期造送本部，由部汇送参议院，编成预算。复于本年三月十一日奉大总统公布参议院临时约法内开：第十九条第二项：参议院议决临时政府之预算、决算等语。

查各部院概算书业已陆续造送前来。兹经本司详细审查，所有各部院于本月分应支经常、临时及预备等费册内所列数目，其务求搏节者固属不少，而从宽约计者亦居多数。事关中央行政要

---

① 　与第五十三号《大总统令各省都督将解部各款从速完缴文》互校。

需，应即遵照临时约法，将各部支出概算书呈请大总统，咨由参议院议决后，再行交部支出。惟各部院成立伊始，用度实繁，纷纷来部请领者，几有日不暇给之势，应请咨会该院，迅予裁决，以便遵行等情。

查各部院三月分概算书，支领各款，为数颇巨，筹措维艰。第百端待举，既需款之孔殷，而应付稍迟，辄责言之交至，统筹出入，挹注无方。至本部收入的款，向以全国赋税为大宗。自光复以来，各州县经征款项，应划归中央政府者，虽早经本部通电催解，而各该省迄未照解前来，以致收入亦无从概算。本部专司综核，盈虚酌剂，责有攸归。但仰屋彷徨，术穷罗掘。募借外债，原非持久之谋，整顿税源，难济目前之急。外省之解拨不至，公产之收入无多。舍此而外，别求财源，纵有孔桑，何从着手？特际此新政方兴，讵可因噎而废食，度支虽绌，总期积极以进行。锦涛等辗转筹思，深兹恐惧。与其内外相睽，坐以待困，何如同心协力，共济时艰。千钧一发，系于斯时。惟有吁恳大总统，令行各省都督，念国计关系之重，谅本部筹画之艰，将应解部款，从速催缴。其有不足，应行设法弥补之处，并请咨照参议院议定救急方法，俾本部得所遵守，而财政藉以维持，实为至要。

所有呈请交议各部院三月支出概算书，暨财政困难情形，理合备文呈报，敬祈鉴核施行。

再，陆军部月支概数咨文，一并录送。至该部分三月支出概算书，候交到时再行续送等由前来。

除照呈令行各省都督催缴各款外，相应将概算书咨送贵院，请烦查照，速行议决咨复为要。此咨。

计咨送财政部呈交各部院三月支出概算书一本，抄录军部支出概算咨文一件。

令　　示

大总统令南京府知事查明张瀛呈请调查饥民设局平粜情形妥办文

兹据张瀛呈请调查金陵各属饥民情形，发帑设立粜局等情。查米价涨落，民食攸关，而米粒之屯积与夫运输，若果匮乏，尤为可虑。亟应令仰该府知事，一面查明金陵市面，有无奸商市侩抬价居奇情事，严行禁止，一面察看地方情形，应否设局平粜，酌量救济，分别查明，妥为办理，是为至要。此令。

大总统令安徽都督查明上海裘业商会报告被匪掳劫追究惩处文

兹有公文一件，应该都督办理。合就开由发交，仰即彻实查明，究追惩处。至要。此令。

计发文一件

上海裘业商会呈在皖境怀远县龙亢集地方被该处练总邵德进率领土匪劫船掳货恳饬查办由

大总统令江西都督速查九江商人郑裕庆所开宝记银号被封是否冤抑秉公核办文

民国革命，所以去专制之淫威，谋人民之幸福，是故义师所至，一面除暴，即一面安良。对于人民财产，除果为反对民国，甘作虎伥，及显有侵吞亏欠官款确证外，应予一律保护，断不忍有株连抄没之举，而祸我生民。纵使戎马仓皇之日，难免殃及池鱼，而承平以后，即应设法挽救。前经内务部颁发保护人民财产五条，各省都督自应按照饬查，分别办理，以尽保护之责。该省九江府商人郑裕庆所开设宝记银号被封一案，早经发交该都督查办在案。兹复据该商人呈诉，冤抑莫伸，迫再吁恳饬令查明揭封等情前来。究竟该银号是否有亏欠官款之确证？该银号以及郑裕庆之财产，应否并为查抄？何以久悬未办？合亟令行该都督，迅速彻查，秉公核办，以昭公道，是为至要。此令。

计发宝记商人郑裕庆呈诉被封冤抑再吁恳饬查揭封以昭公允原呈一件

大总统批南京府知事辛汉辞职呈

呈悉。任官惟贤，本不限乎区域。昨经内务部荐任该员接充南京府知事一职，当经本总统发给委任状在案。兹阅来呈，以频年游学在外，于地方情形未能谙悉，力辞今职。该员学优而仕，正宜为父母之邦力谋幸福。即使见闻偶有未周，父老乡人断无有不竭诚相告者。兼听则明，古有明训，何所容其顾虑。即赴新除，展乃抱负。所请辞职之处，应毋庸议。此批。

大总统批上海裘业商会报告被皖境龙亢集练总邵德进率领土匪劫船掳货恳饬查办呈

禀悉。如果所控非虚，该商民等受累非轻，邵德进不法已极。仰候令行安徽都督，彻实查明，究追惩办可也。此批。

大总统批潘月樵等请改良伶界教育呈

潘月樵、夏月珊等，启导伶界，开通社会，一片婆心，实堪嘉尚。所请各节，既经沪军都督批准立案，自无不合之处，应准其开办。至于抢获制造局有功，自应受赏，应禀请沪军都督咨报陆军部查核办理。此批。

大总统批郑裕庆为商号被封冤抑再恳饬查揭封以昭公允呈

呈悉。民国义师所至，一面为除暴，即一面为安良。倘非果为反对共和，甘作民贼，及显有侵吞亏空官款确证，其为人民财产，应当一律保护，岂容有株连抄没之举。该案早经发江西都督查办在案，仰候令行该都督迅速查明秉公办理可也。此批。

大总统批张瀛调查金陵各属饥民情形请先发帑开设粜局呈

呈悉。米价涨落，民食攸关，如有奸商市侩，敢为抬价居奇，例应禁止。至请设局平粜一节，应看地方市面米谷果否缺乏，方图救济。仰候令行南京府查核办理可也。此批。

大总统批财政部赋税司司员邓城沥血代皖灾民请命呈

呈悉。江皖灾民，愁苦之状，本总统无日忘之，前日经令财政部即行拨款救济，昨又电知北京袁总统，设法维持矣。此批。

交通部令各省邮局全国邮政归邮政司司长直接管辖文

邮政为交通机关。本部成立以来，即首先组织邮政司，荐任陈廷骥为邮政司司长在案。查邮政司为管理邮政之最高机关，该司长理宜直接管辖中华民国全国邮政事宜。自令到之日，凡中华民国邮政中西人员，概归该司长所节制。此令。

交通部批上海商务总会称内河招商局被诬没收一案呈

据呈已悉。查内河招商局被各处没收，迭据各股东来呈，业经本部咨请江苏都督查明核办在案。查此案原因，系由该局向有总办等名目，且受札委，与公司体例不符。虽系前清政治不良，漫无界线，而军政分府，不免因此生疑，谓为盛氏私产。惟现在民国统一，无论该局是否官办，是否盛氏私产，既隶江苏管辖范围，自应由行政统一机关，确当审定。将所派调查员撤回，以免纷扰，并另派妥员，前往各处调查，持平办理，咨复到部核夺，以昭公允而顺商情。除咨请外，仰该商会转饬知照。此批。

交通部批商民谢子修请联合洋商筹设大海轮船公司呈

据呈及说略均悉。该商拟联合洋商，筹设大海轮船公司，专往来中华欧洲各处。所说利益七端，及不与洋商联合之窒碍，均系经验有得之言，披牍之余，良深嘉许。惟与洋商合股，必须章程妥为订定，乃不致有失主权。该商自集之股本三十万元，尤必完全华股，乃能名实相副。且股本六十万元，能否足资周转，该商曾经预算否？仰将合股招股合同章程，妥为订定，呈报核明，自必准予立案。提倡航政，乃本部专责，无不竭力保护，乐观厥成。该商其妥慎以图，无任企盼。此批。

纪　　事

大总统追悼武汉死义诸烈士文

维中华民国元年三月十七日，国民公仆孙文，谨政〔致〕祭于武汉死义诸烈士之灵，而告以文曰：

中夏不吊，满夷窃乱，盗憎主人，府尤丛怨。岂曰无人，摧仇奋患，时不可为，热血空溅。乃及辛亥，火中成军，武汉飚发，胡虏土崩。既功既击，椓我弟昆，虽椓我昆，大功则成。人生有死，死有重轻，死以为国，身毁名荣。漠漠沙场，烈骨所暴，崭崭新国，烈士所造。千祀万禩，俎豆馨香，魄归蒿乡，魂在帝旁。伏维尚飨。

交通部呈大总统已遵谕定制光复纪念邮票文

窃前奉大总统面谕，速将中华民国光复纪念邮票，印就发行，以新耳目而崇体制。兹本部已派邮政司司长陈廷骥与上海商务印书馆订立合同，定印中华民国光复纪念邮票一千二百万枚，计实价银一万二千圆，另制版费伍百圆。一俟该印书馆将邮票印就交部，再行备文呈送钧案，并发交邮局应用。此呈。

财政部职员名单

承　政　厅

秘书长　　沈式荀

秘　书　　梁　宓　　虞熙正　　张汝翘

参　事　　潘　敬　　余成烈

收发员　　许　国　　李　瀚　　李仲瑛

监印员　　周宗泽

电务员　　罗　菜　　何远曜

记录员　　周宗泽（兼任）

编译员　　唐之定

统计员　　许　国（兼任）

庶务员　　黄寿松　　李家骐　　吴广豫　　谭　玑

收支员　　黄仁遹　　孙光宇　　刘弘毅

录　事　　段春湖　　张自洁　　唐劲中　　金　飞　　吴国泰
　　　　　郑宝仁　　冯　轼　　陈飞熊

会　计　司

司　长　　钱应清

科　长　　胡文藻　　吴彤恩

科　员　　周崇敬　　卢重光　　孙润瑾　　沙曾诒　　唐文晋
　　　　　施鸿元　　王　觉

录　事　　薛翔凤　　梁　杰　　查德基　　陈庆云　　茅企贤
　　　　　孙脱兮

库　务　司

司　长　　陈同纪

科　长　　赵连璧　　谭虁飏

科　员　　谌范模　　黄体濂　　冯裕芳　　唐天说　　李功照
　　　　　雷祖焕　　章若衡　　潘定祥　　唐之春

录　事　　李竹铭　　叶文治　　黄仁瑞

钱 法 司

司　长　　孙德全

科　长　　陶德琨　　王君飔　　杨荫渠

科　员　　吴剑丰　　张毓骅　　任　壬　　雷鸣震　　孙德至
　　　　　姚传驹　　杨延森　　沈霖岩　　顾光勋

录　事　　雷铭南　　陆吟生　　胡书麟

赋 税 司

司　长　　陆　定

科　长　　卢学溥　　王世澄

科　员　　李光启　　温纶训　　徐　瑀　　秦以钧　　陈　迈
　　　　　郑志和　　郑家斌　　梁耀宗　　范祖纯

录　事　　顾　鹿

附录：电　报

孙大总统鉴：烈钧无似，即卸北伐之师，正拟趋侍左右，冀备指挥。乃转奉谕，饬归督赣，以钧薄才，实难胜任。惟为国利民福起见，敢不勉尽其愚，为国驰驱。尚祈时颁教言，俾免陨越，则钧与吾赣三千万人，实拜君之赐。归舟过浔，谨行电告，诸维鉴察。李烈钧叩。寒。（九江来电二十三）

袁大总统、孙大总统、实业部长张钧鉴：前奉总统来电，以江北灾情甚重，已筹款发交张总长，分别办理。惟现在清淮一带，饥民麇集，饿尸载道，秽气散于城郊，且恐霉为鼠疫。当此野无青草之时，实有朝不保夕之势。睹死亡之枕藉，诚疾首而痛心。现虽设有粥厂，略济燃眉，无如来者愈多，无从阻止，粥厂款项不继，势将停止。半月内无大宗赈款来浦接济，则饥民死者将过半。即糜数百余万之巨款，亦不能重起饿莩于九原，令其受赈。为此情急，沥血电陈。可否仰求总统、总长俯念灾民垂毙，急救目前，无论何处，迅拨数万金，由总长派员经理其事，俾饥民得暂缓须臾之死，待夏秋之成。雁行不胜迫切待命之至。江北蒋雁行叩。咸。（清江浦来电二十四）

袁大总统、陆军部首领、军界统一会、南京孙大总统、黄陆军总长钧鉴：南北统一，大局粗定。惟兵多饷少，已成通病，遽议裁撤，后患实深。胡经武君主张移兵屯边，与鄙见颇相吻合，惟非仓卒所能办到。曩尝涉历淮上，颇知该处患水之原因，前此张季老导淮之议，实为百年大计，然至今尚未果行。扬郡有兵三万，战事停止，月糜巨金，在地方已罗掘俱穷，在中央亦猝难接济。拟即寓兵于工，行导淮入海之义，窃尝计之，其利有三：饷不虚糜，兵有所事，利一；湖田涸出，兵可为农，利二；兵多淮产，兼娴工作，利三。有此三利，但使江淮水利公司筹有半款，即可会同开办。预计竣工时期，亦必迅速，顷已电商江苏省议会公决。两大总统及诸公，皆关心民瘼，不日政府成立，位置军队，必第一问题。除各处军队应由政府核议，通饬遵行外，所有鄙见以兵代工，借济燃眉之策，是否有当，敬希钧示核夺，俾便遵行。倘蒙核准，即由宝山就近协商江淮水利公司沙君元炳，按照实行，无任盼祷。江北第二军司令长徐宝山叩。寒。印。（扬州来电二十五）

孙大总统钧鉴：删电敬悉。此次民国成立，凡我同胞，悉脱专制之羁绊，享自由之幸福，实惟我【公】先知先觉，数十年提倡经营之力。兹更功成不居，奉身引退，仰见廓然大公，超越千古，景佩高风，五体投地。惟现当过渡时代，南北各军，骄纵恣肆，时有所闻，安危呼吸，千钧一发。尚乞顾念大局，电商袁大总统，设法镇慑。并与同时起义诸君子，合力维待，实为万

幸。倪嗣冲叩。铣。（颍州来电二十六）

孙大总统、陈财政总长鉴：皖孙都督删电，请迅拨堤工款等情。此时外款尚未借定，京库支绌万分。当俟筹定，再行电闻。如遵处暂能设法，尚希卓裁办理。袁世凯。谏。（北京来电二十七）

孙大总统、参议院鉴：培等昨晚抵汉口，即赴武昌谒黎副总统，报告在北京经过事件。今夕乘金陵轮船赴南京。谨闻。元培、兆铭。咸。（汉口来电二十八）

各省衙门均鉴：本日临时大总统命令：特任唐绍仪为国务总理。此令。

临时大总统令：方今民国初基，政治之源，首在任用贤能，扫除弊窦。近岁以来，是非倒置，黜陟不公，致钻营奔竞之风大开，谨厚者或贬节以求全，巧滑者益趋炎而忘耻。官方既紊，职守全隳，倾复之由，多在于此。此等恶习，自应痛加湔洗，务绝根株。为此通谕百僚，须知凡属官员，皆系为民服务。官规具在，莫不负应尽之责任，而无特别之利益，何得存非分之希冀，而作无谓之营求。况佐治需才，果有专长，奚患沦弃，自今以往，该管长官，毋得以好恶为取舍，喜怒为进退。如有此等情事，属员准其申诉。倘属员对于长官，再有钻营奔竞情事，必当重予惩戒，以肃官常。维我同官，各宜精白乃心，束身自爱，毋负本总统殷殷告戒之意。此令。京。元。印。（北京来电二十九）

孙大总统暨陆军部黄总长鉴：自总统受任，南北统一。振黄幸逢斯盛，可以释负，自应将皖芜军政分府名义取消，统归皖省孙都督节制。今总长不以驽材见弃，委任军事顾问，兹孙都督又加委任皖省军政司。材浅能鲜，何堪当此重任。无如慰谕勤恳，责以桑梓大义，只得勉为其难。专此电闻。新委军政司正长吴振黄叩。（芜湖来电三十）

孙大总统钧鉴：前为镇江食米弛禁，轮船纷纷往运，恐出口太广，沪米亦受影响，是以电请禁止输运。兹据宁波绅商派代表到会声称，粮仅数日，民情恐慌，镇江禁口，来源尽绝，请转电恳准予帆运等语。轮运帆运，本有区别。轮运恐转输外洋，帆运乃接济内地。勿禁帆运，实即此意。据称前情，应恳转饬准予帆运，以济民食。一面仍由该绅商禀请地方官给照起运，免滋流弊。上海总分商会公叩。铣。（上海来电三十一）

各都督、各报馆均鉴：顷得京津保电，京津保秩序，业经恢复。袁公行总统受任式后，人心大定。沧州溃兵，亦闻风慑服。北方各省，镇静如常。民国大局，安固无虞。屡承各地电询情形，用特电闻。胡瑛叩。寒。（烟台来电三十三）

第四十四号
三月二十一日星期四

目　次

咨

大总统咨参议院特派秘书长赍送袁总统在北京受职誓书文

大总统咨参议院抄送财政部呈送厘定中国银行则例请议决文

令　示

大总统令上海通商交涉使迅查商人梁祖禄呈称承办垦牧迭被

奸商捏报情形文

大总统令陆军部饬查垦牧公司曹锡圭请设督垦营地局文

大总统令内务部转饬南京府知事辛汉遵照批示赴任文

大总统批参谋部次长钮永建请辞职并请处分报告不慎罪状呈

大总统批刘绍基等请饬辛汉接任南京府知事呈

大总统复蜀镇抚使解释公文程式署名电文

内务部令江宁巡警总监撤去各寺观等所供前清万岁牌文（略）

内务部令江宁巡警总监限制巡警蓄发文 （略）

内务部批胡琪等创设赤十字社请立案呈 （略）

内务部批中华民国药学会请立案呈 （略）

司法部批江宁地方检察厅兼审判研究所所长刘焕请立案呈（略）

司法部批江南开通法政学堂监学商寅等开办司法警察研究所请立案呈 （略）

司法部批法政毕业生杨大燮请开办监狱学校呈 （略）

司法部批金陵法政学校请立案呈 （略）

实业部批无锡垦牧公司创办人薛光锷请立案呈 （略）

实业部批黄靖海创兴实业抄粘契约执照请立案呈

实业部批华侨积聚兴业银公司总理徐锐请立案并给示保护呈（略）

实业部批涂黄阁绩上松苓富有新书呈 （略）

纪　事

陆军部呈请大总统照案给恤总参谋王家驹恤金并附祀忠烈祠文

陆军部电黎副总统详陈王家驹义烈颠末请饬保护遗族文

交通部电袁总统饬帛黎电上海邮局嘱前派学生二人回局学习文

财政部为另刊新模铸纪念币电鄂粤等省各造币厂文（略）

交通部电张季直物色商船校长以凭委任文（略）

蜀军政府镇抚使夏之时呈请核示公文程式电文（略）

号外附录

咨

大总统咨参议院特派秘书长赍送袁总统在北京受职誓书文

兹由蔡专使元培等赍回袁大总统在北京受职誓书，特派秘书长胡汉民送交贵院保存。此咨。

大总统咨参议院抄送财政部呈送厘定中国银行则例请议决文

兹据财政总长陈锦涛呈，将厘定中国银行则例缮具清单，请咨交贵院议决等由前来。相应咨送贵院，请烦议决咨复，以便转饬遵行。此咨。

计钞送财政部呈送厘定中国银行则例清单一件

令 示

大总统令上海通商交涉使迅查商人梁祖禄呈称承办垦牧迭被奸商捏控情形文

据商人梁祖禄呈称，承办江苏句容县属垦牧事业，迭被奸商捏控等由前来。其中镠辖甚多，非彻查不能明晰。为此令仰该交涉使迅即查明呈复，以凭核办。原呈及合同字据二折一并发交。此令。

计发交原呈一件，合同字据二件

大总统令陆军部饬查垦牧公司曹锡圭请设督垦营地局文

据安宁垦牧公司经理人曹锡圭呈称，拟招集资本设立陆军部督垦营地局，并请派员帮理，发给关防，拟就开办简章，呈请核示等情前来。查所请系为垦植荒地、安插游民起见，用意至堪嘉美。惟营地牧场、校场等地，开垦种植，于军用有无阻碍，其简章所定，行之有无流弊，所请派员帮理，发给关防，可否准行之处，仰该部会同内务部，妥筹尽善，再行饬知该商遵照办理可也。原呈并发。此令。

大总统令内务部转饬南京府知事辛汉遵照批示赴任文

顷据南京府知事辛汉呈请辞职前来，除批：呈悉。任官惟贤，本不限乎区域。昨经内务部荐任该员接充南京府知事一职，当经本总统发给委任状在案。兹阅来呈，以频年游学在外，于地方情形未能谙悉，力辞今职。该员学优而仕，正宜为父母之邦力谋幸福。即使见闻偶有未周，父老乡人断无有不竭诚相告者。兼听则明，古有明训，何所容其顾虑。即赴新除，展乃抱负。所请辞职之处，应毋庸议外，合行令仰该部转饬该知事遵照批示，克日赴任受事可也。此令。

大总统批参谋部次长钮永建请辞职并请处分报告不慎罪状呈

两呈均悉。该次长参赞戎机，宣力民国，两月以来，克尽厥职。际兹共和统一，战事告终，大局虽已敉平，军备尚多筹画，允宜同心戮力，共济时艰，勉力前途，毋负委任。所请辞去参谋部次长及呈请严予处分之处，应毋庸议。此批。

大总统批刘绍基等请饬辛汉接任南京府知事呈

呈悉。前据南京府知事辛汉呈请辞职前来，当经本总统批示慰留在案。至所称南京府归并江宁民政长一节，系外间揣度之辞，该秘书等身任职官，何得遽信风说，自生惊扰。著并知照。此批。

大总统复蜀镇抚使解释公文程式署名电文

蜀军政府夏镇抚使之时鉴：艳电悉。公文程式必须盖印书名者，所以示负担责任、分晰权限之至意。行政阶级既有上下之分，即有命令服从之别，此公文格式所以有咨、呈、令等之区分。然负责任、分权限之精意，初不因行政之阶级而生歧异之点，亦不致以对于下级官署公文署名遂损上官之尊严也。总统孙文。

实业部批黄靖海创兴实业抄粘契约执照请立案呈

据呈已悉。该员在前清宣统二年二月，承领惟政乡地三十余亩，原为兴办树艺，时阅两载，迄未举办，徒采掘泥土，与原意大相刺谬。所陈泥土含有矽质，可代米粉以制酒曲，未免荒诞。按化学作用，以石灰加入酒醪中，为中和或澄清之作用，诚或有之，若谓以矿物质之矽质可代有机质之米粉制造酒曲，使发生酵母，分泌酵素，酿成酒类，实属骇人听闻。如果有其事，诚为世界上一大发明。仰即将曲泥品质、制曲方法、酿酒时曲泥之作用等，详细呈报，再予立案可也。此批。

纪　事

陆军部呈请大总统照案给恤总参谋王家驹恤金并附祀忠烈祠文

案据前充山西朔方招讨使孔庚禀称：窃庚死友王家驹，湖北随州人，先在北京军官学校教官讲习所。武汉起义，日谋归里助战，苦道阻不得达。适吴禄贞纠合东北各路民军，为直捣幽燕之举，召王为参谋。吴被刺，王入山西，经阎都督委为行军参谋，率兵攻克宁武、怀仁、大同一带，以功升总参谋兼四标统带。遂由虎谷渡河略取河西蒙古地，贼闻惊溃，益进占萨城、托斯和等处。不料孤军深入，弹尽援绝，为敌弹贯脑而死。查该总参谋忠勇性成，前后十余战，无不身先士卒，至捐躯报国，功虽未竟，其志亦可悲矣。庚与王共事日久，知其颠末最悉，吁恳据情转呈请恤等情。据此，查本部前痛各烈士死事之惨，曾拟阵亡给恤专条，并电商各省都督，迅将亡清昭忠等祠改为大汉忠烈祠，俾死义者一体入祀，呈请批准各在案。今据孔庚具呈前情，本部复核无异。理合呈请大总统鉴核，准将总参谋王家驹照左将军例，优给阵亡一次恤金一千二百元，遗族每年恤金七百元，并准附祀晋、鄂两省忠烈祠，以示褒奖之处，出自钧裁，实为公便。此呈。

陆军部电黎副总统详陈王家驹义烈颠末请饬保护遗族文

急。武昌黎副总统并军务部长曾、张、蒋诸公鉴：顷据前充山西朔方招讨使孔庚与陆军部公函称：（孔庚函与上文同，略）云云。查王君至性肫笃，前与作宾等同学日本士官学校，素为同人所钦佩。兹闻以勇战捐躯，暴骨塞外，实堪叹惋，除已由陆军部从优抚恤外，特先电陈颠末，并请饬随州地方官妥慎保护其遗族，借慰烈士在天之灵，公义私谊，感且不朽。蒋作宾、何成濬、覃师范、陈裕时、张华辅、李实茂、陈乾、万廷献、徐家瑢、耿觐文、李书城、吴祜贞、徐定清、金永炎、李浚、陈模等。

交通部电袁总统饬帛黎电上海邮局嘱前派学生二人回局学习文

北京袁大总统钧鉴：前由部中派学生二名，到上海邮政局学习邮政，经部员与该局洋总办议妥办法。乃该生入局将及一旬，忽传北京帛黎命令，嘱其即日出局。查上海邮政局乃中华民国之邮政局，帛黎乃中华民国延用之人，专擅如此，殊属不合。敬请饬下帛黎电上海邮政局嘱该学生即日回局学习，以重主权而尊国体为幸。交通部。咸。

附录：电　　报

北京袁大总统鉴：邮政总办帛黎，前于邮票上盖印"临时中立"字样，经外交部、交通部令其抹去此四字，加印"中华民国"字样于上。惟伊现在仍不将"临时中立"四字抹去，遂成"中华民国临时中立"八字，实属有碍国体。闻已颁发数省，应请即令帛黎转电各处，必须无"临时中立"字样，方许发行。盼复。孙文。皓。（南京去电三十四）

上海各报馆公鉴：电悉。经由同盟会本会监事查复广东七十二行商报，九日所载南京同盟会本部广东分会歌电一节，本部并未发过此项电文，在宁本部亦无各省分会之组织。该报所载，实与本会无涉，特此声明。至该报有无得过此项电文，及何人妄用本部分会名义，应再彻查。先此答复。孙文。皓。（南京去电三十五）

孙大总统、黄参谋总长、武昌黎副总统鉴：前接甘肃藩司赵惟熙代表全省官吏，谘议局张林焱代表全省绅民啸电：近得吉电，知各省一律认允改建政体，甘肃民绅会议，亦愿承认共和，特此电闻。再，长庚已请开缺。又藩司率司道等电称：此间自奉廿六日钧电，即与陕军开议尽筹办法，陆续裁遣军队，庶不致别生枝节。又陕甘官绅来电云，已撤兵，大局可望敉平。又赵护军使偰文电：甘军升、马二处，偰到西安，即修函与陈大义，刻接回函，似可就我范围。偰明日即赴咸阳，相机办理等语。特闻。袁世凯。洽。印。（北京来电三十六）

第四十五号

三月二十二日星期五

目　次

咨

内务部咨各省都督劳来农民文

内务部咨各省都督禁止缠足文

令　示

大总统令陆军部准给总参谋王家驹恤金并附祀忠烈祠文

大总统通令各省将应解部款从速完缴以资挹注文

大总统令法制局审核呈复律师法草案文

内务部令南京府知事查复徐州公民请将段书云私宅改为徐州会馆文（略）

内务部批侨商招镜泉等请垦官荒呈

实业部批安宁垦牧公司总理曹锡圭请领垦南京城内外官荒呈（略）

实业部批扬州合群树畜公司经理人萧琪等请立案给示保护呈（略）

实业部批扬州合群树畜公司经理萧琪等续请立案呈（略）

实业部批江安渔业公会请迅予立案呈（略）

实业部劝业会场树木保护员邵恩绶请拨款出租塘地呈（略）

纪　事

陆军部呈请给予总参谋王家驹恤金并附祀忠烈祠由（略）

实业部电安徽都督取销与外人订办铜官山矿合同文

闽都督呈报遵照部议取销昭忠祠并报效住屋由

大总统追悼江皖倡义诸烈士文

杂　报

财政部呈送三月分支出总概算册及表

财政部军用钞票通用式证通告

号外附录

咨

内务部咨各省都督劳来农民文

本年三月十一日奉大总统令开：（略，即三十七号《大总统令内务部通饬各省慎重农事文》）等因。奉此，除分咨外，合就咨行贵都督，妥筹办法，出示晓谕；并通饬所属，一体遵照办理，以保农民而维国计。此咨。

内务部咨各省都督禁止缠足文

本年三月十一日，奉大总统令开：（略，即第三十七号《大总统令内务部通饬各省劝禁缠足文》）等因。奉此，查缠足之风，前清亦有禁令，惟奉行不力，徒具虚文，或立法太严，难收实效。今民国成立，此等恶俗，断难容其再存。然积习已深，革除非易，操之太促，既恐难于推行，持之不严，又恐流于玩忽。劝谕之方法，惩罚之重轻，必使闾阎无骚动之忧，草野有风行之象。或加入演说团，剀切开导，或另设天足会，实力引放。已缠者，令其必放，未缠者，毋许再缠。倘乡僻愚民，仍执迷不悟，则或编为另户，以激其羞恶之心，或削其公权，以生其向隅之感。惟目今自治会多未成立，户籍法亦未颁行，调查不易周详，科罚难期一致。且各省风气既异，办法尤宜折衷，似难悬拟一定罚则，转生阻碍。除分咨外，合先咨贵都督，遵照大总统令文，迅即按照地方情形，妥拟劝禁方法，克日施行，毋稍延缓，以收速效而挽恶风。此咨。

令　示

大总统令陆军部准给总参谋王家驹恤金并附祀忠烈祠文

据陆军部总长黄兴呈称：山西行军参谋王家驹，率兵攻克宁武、怀仁、大同一带，以功升总参谋兼四标统带。由虎谷渡河，略取河西蒙古地。贼闻惊溃，进占萨城、托斯和等处。不料孤军深入，弹尽援绝，为敌弹贯脑而死。查该总参谋忠勇性成，前后十余战，无不身先士卒，卒至捐躯报国。理合呈请优恤，准将该总参谋王家驹照左将军例，优给阵亡一次恤金一千二百元，遗族每年恤金七百元，并准附祀晋、鄂两省忠烈祠等情。自属正当办法，应即照准，以示褒奖，借慰忠魂。此令。

大总统通令各省将应解部款从速完缴以资挹注文

据财政部总长陈锦涛呈称：据会计司案呈，（原呈见前）等由前来。查现当建设伊始，庶政待兴，支出则刻不容缓，收入则的款无多，该部所陈财政窘迫各节，自系实情。目下各地秩序已渐回复，各种法制未经颁布以前，其一切应行经征各款项，自当照旧征收，解交财政部，以充中央行政各费用。中央与各地，互相维持，新造民国，乃得立于不敝，我各省贤达有为之都督、司令及百有司，必能深明此义，无俟本总统之反复说明。除照所呈另咨参议院外，为此令仰该〔?〕即将应解部款，从速完缴，俾资挹注。切切毋违！此令。财政总长陈锦涛副署。

大总统令法制局审核呈复律师法草案文

据内务部警务局局长孙润宇呈送拟就律师法草案，请咨参议院议决前来。查律师制度与司法独立相辅为用，夙为文明各国所通行。现各处既纷纷设立律师公会，尤应亟定法律，俾资依据。

合将原呈及草案发交该局，仰即审核呈复，以便咨送参议院议决。切切！此令。

计发交原呈及草案各一件。

内务部批侨商招镜泉等请垦官荒呈

据称该侨商在檀香山、金山等埠，历办田寮及矿业公司有年。前因南洋劝业会回华，查得上新河中滩及皇木厂地方有荒地数里，堪以开垦，筹足经费五万元，呈请核准开办，并按亩缴呈官价等情。查侨商远隔重洋，眷怀祖国，值此光复之初，元气未复，拟招集流亡，以工代赈，一裕国计，一厚民生，殊堪嘉尚，应准如呈办理。惟荒地有无纠葛，荒价亩值几何，候令南京府迅查酌拟，呈复核办。该侨商仍应将此项垦荒资本五万元，开具殷实富商，执帖赴部呈验；并迅将荒地广袤四至，绘图贴说，报部存查，以凭发给执照，借资信守，明示本部优待侨商，力加保护之意。惟是计亩升科，不妨宽至五载，而垦荒成熟，应以三年为期。倘或逾期未垦，及垦有未尽，非遇特别重大原因，一俟期满，凡在未成熟地，仍应收归国有，再行另放，共原缴荒价，亦即一律充公，不准领还。非故严为限制，实将以力促进行也，该侨民其谅之。此批。

纪　　事

实业部电安徽都督取销与外人订办铜官山矿合同文

安徽孙都督鉴：顷阅报章载，贵都督将与日人订立合同，合资开办铜官山矿产，资本定为日金三百万元，中日各半，中国应缴之数，即以铜官山矿产及从前工程、机器、房屋等作价日金一百二十万元，另招股本日金三十万元，以足其数。合同定后，贵都督即向公司借日金一百五十万元，作为安徽行政要需，此宗借款即以铜官山采掘权作抵等语。披阅之下，不胜惶骇。查矿山国有，各国通例。今本部草订矿法，用意亦复相同。况开矿一事，可否招集外股，尚未决定。各省如有开办矿业之事，自应咨由本部酌核办理，以保矿利而一事权。今贵省与日人合资开办铜官山矿产一事，并未咨商本部，所拟合同，诸多损失利权之处。现在人心愤激，议论纷腾，事如属实，望即取消为祷。实业部。皓。

闽都督呈报遵照部议取销昭忠祠并报效住屋由

两奉陆军部漾电，于湘、楚、淮军各专祠及昭忠祠改祀民国死难烈士一事，持论甚为详明。查先父于前清甲申中法之役，在台北战胜法兰西，保全中国土地，故于闽省得建专祠，其建造之费，由道仁自行筹措。外附昭忠祠一所，系同军人合建，以祭祀将士之捍卫同胞者。现奉电示，道仁忝为闽省长官，自应恪守命令，首先遵照，取销两祠名目，将祠庐交政务院照部议办理。惟祠后住宅一所，系道仁自建，向作家属寄寓之所。兹当祠宇归公，住屋亦当报效入官。除造册交政务院分别核议施行，并电复陆军部。至闽省别项祠宇甚多，亦应由政务院查明，分别办理外，此呈大总统孙察核施行。孙道仁。

大总统追悼江皖倡义诸烈士文

中华民国建立之元年三月二十日，国民公仆孙文，谨致祭我江皖倡义赵、吴、熊、倪诸烈士之灵，而奠以词曰：

呜呼，莽莽神州，山川大佳，绣错膏沃，曰江曰淮。是生哲人，文光湛湛，何期沦胥，武装璀璨。亦以族类，敢异其心，行同窃钩，号等摸金。昆冈既炎，则莫克遏，怀襄之流，靡或不没。崇山嶙嶒，横心所兵，鞈鞳宫羽，横声所鸣。滟滟江淮，壮人之泪，化碧激哀，剖心作气。呜呼！京江汤汤，戎衣锵锵，剑胆诗心，痛疽肺肠。椓我常山，天胡不牖，丽尔仙城，三月念九。呜呼！征我兵士，本我爪牙，觥觥倪英，复我邦家。亦越趄烈，曰有熊裔，在江之滨，爰举烽燧。呜呼！夙辟草莱，唯吴季子，瀰蒙燕云，霹雳而起。血衅金汤，脂敷窾嵍，权舆椎轮，先觉是倚。呜呼！英烈多多，有名无名，大化消息，孰摄缄縢。畀我英烈，手造江山，如此江山，英风不还。滔滔东流，夹流耸翠，手提掷还，群灵之惠。有酒在尊，有肉在俎，为女歆歠，披沥丹府。悠悠我思，股肱心膂，为我告哀，九泉之下。尚飨。

杂　报

财政部呈送三月份支出总概算册及表（原呈见本报第四十三）

外交部	共洋四千五百九十元
内务部	共洋二十七万七百一元四角
财政部	共洋七千二百六十八元
陆军部	共洋八百九十三万五千八百九十二元六角二分
海军部	共洋十九万七千三十六元
教育部	共洋四千八百五十四元
司法部	共洋一万一千四百一元
实业部	共洋四千九百九十二元
交通部	共洋八千八百四十六元
参谋部	共洋六万九千九百四十七元
大本营	共洋十万四百十六元
卫戍总督府	共洋十二万八千六百三角九厘
法制院	共洋六千二百八十七元六角
印铸局	共洋五千二百九十元

公报局　　　共洋一千七百二十三元

统共计洋九百七十五万七千八百四十三〔四〕元九角二分
九厘

三月份支出总概算表

单位：元

机关名称	俸给		厅费	旅费	间接支款	共计	说明
	现金	公债					
外交部	2100		1800	〔690〕		4590	来表未分厅费、旅费，兹以出差费、马车费作为旅费
内务部	11100	3500	50607	25000	180494.4	270701.4	间接支款中有公债九百在内
财政部	4658		2010	600		7268	
陆军部	88848.62	127484				8935892.62	
海军部						197036	来表未依本部册式列填，故无从分析
教育部	2424		1260	370	800	4854	
司法部	5470	2020	2411	1500		11401	
实业部	3360		986	360	286	4992	
交通部	5370		2376	1100	12500	8846	间接支款系定印纪念邮票之用
参谋部	19820		43237	6890		69947	
大本营	15333		9083	1000		100416	预备金七万五千元填入共计项下

续表

机关 名称	俸　给		厅　费	旅　费	间接支款	共　计	说　　明
	现　金	公　债					
卫戍 总督府	6405	2116	973564	2443.55	179839	128600.309	间接费项下有公债票九四八九元在内〔分数与总数不符〕
法制院	1780		270.76	1800		6287.6	
印铸局						5290	来表未照本部册式填列，故无从分析
公报局	334		1339	50		1723	

统共计银九百七十五万七千八百四十三〔四〕元九角二分九厘。

财政部军用钞票通用式证通告

本部发行南京军用钞票，计分两种：其一注明三个月后兑换者，背面盖有部印，文曰："中华民国财政部之印"。其一注明凭票即付者，正面右方盖有小戳，文曰："中央财政部发行之印"。左方有墨印签字。以上两种钞票，均可一律通用，并准随时到本部所设兑换所兑换现洋。合行通告，仰商民人等认明行用可也。

附录：电　报

万急。北京袁大总统鉴：兹得参议员吴景濂、谷钟秀、彭占元、李鏧、刘星南函称：前议决接收北方统治权案，当经咨由大总统照办。昨报载袁总统今已将原有督抚各省，改为都督，是议决案之第一项已施行。惟都督必须由本省人民公举，其如何公举，如何委任，皆于该议决案内载明。请将该案电达袁总统，以免施行时与议案龃龉。再，公举都督，必须为一般所属望之人，始能胜任。昨接直隶谘议局来电，已公举驻宁第三军军长即广西副都督王君芝祥为直隶都督，并径电袁大总统，即请电致袁大总统，照案加以委任，不胜祷盼之至等情。特此电闻。孙文。哿。

附参议院原咨：据本院议员提议关于接收北方各省统治权办法一案，兹于十六日会议议决，以清帝退位，满清政府亦既消灭，北方各省统治权，势必由中华民国迅即设法接收，以谋统一。合将议决办法，另录附呈，即请查照施行。此咨大总统。

附接收北方统治权办法五条：一、未立都督各省，将原有督抚撤除，另设都督，为该省之行政长官，以昭划一。二、各省都督由各该省人民公举；其未举定以前，即由临时政府电委原有之督抚为临时都督，暂代其职。但各该省有督抚与都督并立者，仍应各守其现领区域。三、即由临时政府通电各省谘议局，改为临时省议会。限一月以内，招集临时大会，公选都督。四、临时省议会既将都督举定，应电请临时政府承认后，即日视事，并由大总统补给委任状。五、以上所言各省，系指东三省、直隶、河南、山东、甘肃、新疆各省而言。（南京去电三十九）

万急。广东陈都督炯明鉴：电悉。王和顺在粤举动，早有所闻，蓄意破坏，当非一日。此次公然作乱，目无法纪，幸除其一二私党之外，各民军皆知大义，不受所煽惑；而贵都督，坚强不挠，办理尤合机宜，民害之除，社会之幸也。自兹以后，我粤民军，当以遵守军纪、维持治安为第一之天职，慎终如始，善保光复之成勣，是所厚望。临时大总统孙文。皓。（南京去电三十八）

万急。南京孙大总统、黄陆军总长鉴：惠军统领王和顺，弁氅军令，蔑视政府，纵容部下，占踞要塞炮台，强夺警察队驻所，私自派人往安南招兵，致法人来函诘责，更复图窜广西，占领浔、梧各属。种种横悖行为，足以证其立心肇乱者，擢发难数。此次因【解】散关仁甫私招兵士，王及所部陆梅、廖竹斌等，遂与关仁甫、杨万夫密谋，一面以政府解散民军为题，肆〔肆〕行煽惑，一面计划围攻省城。初八晚，新军巡查队队长巡查至海味街，惠军卫队阻不许过。巡查队忍之，还报炯明，当经饬王和顺代表到府，以理晓谕。初九日之午，新军复以巡查任务，行至该处，惠军阻之如前，且复开枪轰击。巡查军一面抵御，一面回报。炯明即派罗委员，持令前往弹压，只随带兵宪四名，至永汉门附近，即为暗伏瓦面之惠军枪及，罗委员及宪兵等遂退回。后派弹压一排，续往肇事场所，至永汉桥，复被击毙排长、兵丁四人，伤一人。是晚复派陆军司长往晤王，戒其勿破坏大局，终借词新军欲缴伊军械，不肯收队，而其部下廖竹斌等，竟扬言新军不先收队，王统领即往西关称都督等语。至初十日，惠军在永汉门外，围攻新军者愈益猛，且盘踞当楼，安炮楼上，以便攻城。一面发信李福林、陆兰清、黄明堂等民军统领，煽令助攻，信中有放火烧城之语，幸均不为所惑。炯明初以城厢内外，民居稠密，不忍以武力镇压，致损坏商场，故拟隐忍调停息事，徐图处置方法。惟彼辈怙恶不悛，关仁甫军踞东堤，杨万夫军在归德门，遥为声援，节节进攻。十一早，长堤惠军，先开大炮五次，向城轰击，且连发两炮，轰击江固兵舰。炯明遂不得已，准令新军用炮，将乱军恃为掩护、碍难进攻处所击破，并令新军四面兜剿，遂将乱军击散。关仁甫、王和顺暨其部下陆梅、廖竹斌等均逃。十三日，省城秩序完全恢复。计仁军及王和顺卫队陆梅所部惠军一协，除死伤及弃枪逃走或缴械降服之外，只余三数百人，刻已酌量缴枪，给资遣散，或编归别军。其杨万夫所部协字营兵，因助战至远，故死伤逃亡略少。然亦拟解除杨之兵权，愿遣散之兵，必致遣散，以符决定之政策。是役新军死者约二十人，伤者约四十人。永汉门、归德门外及东堤娼寮地方，略有损伤。刻已出示，令该处居民将所受损害情形具报，以便抚恤。此次事变，为粤省独立以来刻刻所预期者，及今爆发，尚易收拾，若姑息容忍，将来之祸恐尚不止此也。炯明。删。印。（广东来电三十六）

孙大总统、黄陆军总长、黎副总统钧鉴：蔚自共和告成，屡经辞职，早已分电在案。十七日，奉袁大总统电云：烟台蓝都督：十四、十五两电悉。执事关心大局，化除意见，深堪嘉尚。取消都督一节，已电商孙大总统酌量办理。一面将所部军队，妥为收束。其关于关外民党恤死救生之举，亦应迅速办理。已由唐总理拨交奉天联合急进会代表朱锡麟、张英华银一万元，并派员赴奉料理。希即由该都督派员商明东三省赵都督办理。总期力劝党人，消释前嫌，共谋共和幸福，免滋扰乱，是为至要。执事深谙兵事，倚任方殷。前日已电商参议院，求其同意，希即迅速部署一切，事竣后来京襄助。大总统袁。铣。印。等因。蔚除电请袁大总统遴员莅烟，并恳预示启行日期，以便接待，是所至祷。蓝天蔚叩。啸。（烟台来电四十）

南京总统府、参议院、各省都督府暨各省临时议会、各报馆公鉴：前清山东巡抚张广建，阳认共和，阴行专制，暴戾恣睢，日以捕拿政党为事，煽兵殃民，十室九扰。鲁省绅士不堪其虐，相率来烟组织临时议会，现已完全成立，正式公举胡君为山东都督。省议会特派代表范君之杰、丁君惟鲁、安君举贤、丁君惟沛暨议员周君树标、王君志勋，晋京面谒袁大总统，要求罢斥张广建，饬胡都督赴济履新，诚以权力相争，不达目的不止，特此通告。山东临时议会周庆恩等全体议员公叩。元。（烟台来电四十一）

袁大总统、孙大总统、黎副总统、参议院暨各报馆均鉴：顷阅南京海军协会通电云，有某报载天蔚将为海军总长，阅诵之余，殊深骇异。窃惟国家之强弱，端视用人之当否。满清所以不能长存者，原因虽甚复杂，而用人不当，首为要害。民国初立，当不至再蹈前辙。海军责任重大，非学有专长，断难胜任。天蔚素乏经练，何敢滥厕其间，致滋贻误。报章所载，系谣传则已；如政府果有此意，即请立予取消，勿任宣布，不胜感祷之至。蓝天蔚叩。啸。（烟台来电四十二）

各省衙门均鉴：本日奉令，临时大总统令：

都察院都御史张兴〔英〕麟呈称：年老力衰，恳请开缺等语。应即照准。都察院都御史事务，委任陈名侃暂行典管。此令。

委任王占元充驻扎保定总司令官，所有驻保军队，均归节制。此令。

委任山东护军使马龙标充陆军第五镇统制官，并会办山东防务。此令。

鸦片烟为害，历岁久远，年来定限禁绝，醒悟者日多，稍免荼毒。乃军兴之后，禁令渐弛，复有滋蔓之患。亟宜重申严禁，责成各长官，将从前禁种、禁运、禁吸各办法，继续进行，毋得稍有疏懈。并当剀切晓谕，俾知禁烟为除害救民之要图，凡我国民，尤宜视为鸩毒，互相劝惩，不得图一时之利，而忘无穷之害。此令。

委任赵惟熙护理陕甘总督。此令。

直隶布政使凌福彭即行开缺。此令。京。寒。（北京来电四十三）

孙总统鉴：王和顺揸兵肇乱，陈督执法解散，原为大局起见，乃多有猜嫌诋毁。陈督告辞，粤省震动，乱机隐伏。迫乞速电慰留，以救全粤。香港绸缎匹头行全体叩。霰。（香港来电四十四）

第四十六号

三月二十三日星期六

目　次

咨

参议院咨复妥存袁大总统受职誓书文

交通部咨中华民国驻日公使请查前清粤督张鸣岐短欠交通银行款项文

令　示

教育部批江南宁属女子师范学校校长吕惠如请立案呈（略）

教育部批中华民国药学会请立案呈（略）

交通部批江宁下关商会请照会皖都督发还泰昌公司轮船拖船呈（略）

交通部批李鹤遐请招股开办利淮小轮呈（略）

交通部批台州旅沪纱业张利生等请核办平安可贵永利三商轮公司高抬运价呈

交通部批徐文洞等组织中华铁路路工同人共济会请立案呈

江宁巡警总监吴忠信发取缔运用内城砖瓦办法告示文（略）

纪　事

交通部电萨镇冰任上海商船学校校长文（略）

闽都督呈报遵将行政各部先改为司文（略）

陆军部职员名单

杂　报

陆军部颁布传染病豫防规则（略）

号外附录

咨

参议院咨复妥存袁大总统受职誓书文

本日准大总统咨开：兹由蔡专使元培等赍回袁大总统在北京受职誓书，特派秘书长胡汉民送交本院保存云云。当经本院将此项誓书一纸收到妥存。此咨。

交通部咨中华民国驻日公使请查前清粤督张鸣岐短欠交通银行款项文

为咨查事：据本部交通银行总稽核员呈称：查得沪行各户往来项下，有前清粤督张鸣岐欠银五十二万五千七百两等因。查本部现在整理交通银行，所有以前存欠款项，均应一律查明。公款商本，关系甚巨，丝毫不能含混。张鸣岐欠款如许之多，并未与该行算结，殊属不合。闻伊现在匿迹日本神户等处。应请就近传询，此项欠款，当时究竟作何开支，饬其从速回粤料理清楚。倘系私欠，尤应赶紧措交。如仍支吾延宕，定当从严究追，决不能因其鼠窜海外，置之不问也。除交通粤行有无张鸣岐欠款，应俟查明办理外，相应咨请贵公使，请烦查照施行。此咨。

令　　示

交通部批台州旅沪纱业张利生等请核办平安可贵永利三商轮公司高抬运价呈

据称平安、可贵、永利三商轮公司，密订私约，高抬运价等情。如果棉纱每包计水脚五角，今改订收至三元，未免有碍纱业发达。候据情咨请浙江都督，派员调查，妥为劝告，总期航务、商业，两得其平，咨复到部，以凭核办。除咨请外，仰即知照。

此批。

交通部批徐文泂等组织中华铁路路工同人共济会请立案呈

呈及会章均悉。我国工艺，周秦以上已渐发达，沿袭至今，迄无进步，良由工党无集合之力，一切学术智识难资历练而策进行。该发起人等组织中华铁路路工同人共济会，以资研究考查，诚为知所当务。所拟会章条理秩然，尤堪嘉许，准如所请立案。尤望发起人等实力提倡，进行勿懈，本部有厚望焉。此批。

陆军部职员名单

高等顾问官	吴祜贞	陈 蔚	杜 俞	王芝祥
	钟毓琦	陈雄州		
二等顾问官	倪 谦	周 诗	耿觐文	李书城
	赵 丹	凌 昭	崔其枢	许 适
	刘懋政	路孝愉	费国祥	吴振黄
	龚光明	陈 晋		

副 官 处

副官长	何承濬			
一等副官	梅蔚南	徐少秋	胡国梁	高秉彝
二等副官	徐乃嵩	孙伯文	傅 钧	李 律
	梅志和	徐尚忠	陈 鲁	
三等副官	王 毅	刘 恢	黄 昇	
副官处收发员	胡昌林	张彬文		
绘图员	杨重岳			

秘 书 官

秘书长	汤化龙	巴泽惠	黄中垲	金华祝
	张铭彝			

军 衡 局

局　　长	仇　亮	副　官	唐　璋	
任官科科长	彭　琦			
赏赉科科长	陈长虹			
一等科员	文锡祉	路孝忱	胡炳焘	陈　俊
二等科员	刘潜亮	张元骞	周颂彝	
三等科员	杨葆毅	花呈祥	倪荣黻	
额外科员	周金科			

军　务　局

局　　长	张孝准			
军事科科长	张华辅			
步兵科长	陈　乾			
炮兵科科长	夏国桢			
工兵科科长	凌元洲	副　官	陈若桢	
一等科员	李华英	王季梁		
二等科员	康毓文	张谞文	支士端	萨贞豫
三等科员	沙涌潮	徐锡畴	陈守谟	吴镜芙

军　械　局

局　　长	翁之麟	副　官	汪　韬	
材具科科长	吴宣和			
枪炮科科长	刘庆恩			
一等科员	李　任			
二等科员	冷秉彝	汪道生	胡宗铨	吴　和
	何鸣皋	吴光杰	白　武	
三等科员	俞　振	沈鸿钧	冯宏殷	吴桂长

军　需　局

局　　长	曾昭文	副　官	马宗燧	
科　　长	林凤游	杨鸿昌		
一等科员	吴士先	胡光志	李树吾	傅鸣一

	方汉城	徐乃燊		
二等科员	徐国亭	贺毓华	王竹怀	李大觉
	傅维四	李韫珩	谷正伦	彭骥
	陈果	潘晋		
三等科员	龚家任	江汉	林礼	唐叔虎
	陈麓斌	刘家骧	欧阳鎏	黄海岚
额外科员	郑瑞卿			
购办处调查员	吴启	额外科员	李克一	
建筑科长	漆英	额外科员	彭启瑞	
军需校长	张叙忠			

军　学　局

局　长	张承礼	副　官	汤愔
教育科长	蓝任大		
步兵科长	沈尚朴		
骑兵科长	唐豸		
炮兵科长	李宾茂		
工兵科长	徐家瑢		
辎重科长	李云龙		
一等科员	高振龙	李著强	
二等科员	林建魁	周蔚文	戴鸿渠
三等科员	李潏	王昺离	吴洪谦　何裕邦

军　医　局

局　长	方擎	副　官	姚梦虞
卫生科长	张承学		
医务科长	张修爵		
一等科员	张蕴忠	华鸿	
二等科员	吴观光	吕文雄	
三等科员	赵世晋	徐寅	王观海

卫生材料厂厂长　　彭树滋　薛宜琪　曾　牖
军　法　局

局　长　　　　　陈嘉会　副　官　傅长民
一等法官　　　　陈登山
二等法官　　　　邱祖藩　施金墨　杨纪宇　郭光祖

附录：电　报

孙大总统钧鉴：查各省通用铜元银币，均以满清旧样。现神州光复，建设共和，总统已立，民国基础确定，亟应铸造，以重国法而崇国体。拟请饬部议定速造中华民国银铜元新模，颁行通用，以便陆续收回旧币，免致淆乱耳目。滇都督锷叩。健（？）。（益阳来电四十七）

北京袁大总统、南京孙大总统、黄陆军总长、参议院、武昌黎副总统、各部首领、各省都督公鉴：锡銮奉令署理直隶，已于三月十八号任事，特此奉闻。锡銮。巧。（济南来电四十八）

孙大总统鉴：陆军惠军剧战，现已调息。惟陈督决辞，请催汪精卫君返粤，以维大局。军团协会。翰。（广东来电四十九）

南京孙大总统钧鉴：虞电洵属公论。孙武君现充本府高等顾问官，食上等一级俸。特电奉闻，以释廑念。元洪。篠。（武昌来电五十）

孙大总统鉴：接王芝祥诸君电：芝祥等前奉江电，以陆军黄总长兴如仍有归田之意，必当坚执前议，极力挽留，具见大总统维持大局之至意。现南方各军队，因闻黄总长仍有告去之志，咸惴惴不安。南方各省队伍，多系民党临时招募，以黄总长为民党最信仰崇拜之人，整理一切，尚有为难之处，若易生手，危机即发，彼时即竭力维持，大局已不堪设想。总之，民国安危，全视军队之能维系与否以为担任。芝祥等研究内外情势，参酌各军性质，不敢知而不言。万乞大总统竭力挽留，勿令黄总长洁身而去，以定大局而固军心。仍求先行电谕等语。同时奉电，克强必欲遂其初志等因。克强兄才识品学，凯前数年已佩之，非自今日始也。今必决然远行，国家艰巨，谁与任之？且目前维持军队，关系尤重。望再将元电婉商为感。余由少川面达。袁世凯。谏。（北京来电五十一）

袁大总统、参议院、孙大总统、黎副总统、各省都督、各报馆均鉴：顷接赵尔巽文日通电云云，殊堪诧怪。现在共和告成，国基已定，自当各泯猜嫌，化除党见。赵尔巽于共和后，肆意残杀，惨无人理，名为赞同，实行杀戮，南方人几无噍类，为世公敌，岂待蔚言。其前后行为，司马之心，路人皆见。专制时则指党人为革匪，共和后则指党人为土匪。自谓保全秩序，实行诛杀同胞。张作霖何人，任其骚扰。张榕等何罪，致受诛夷。迹其罪状，神人共愤。蔚不敢冒昧进行者，诚以东省危如累卵，一或不慎，动酿外人干涉，故事事均为隐忍。至于有备无患，诛灭公敌之心，固我同志旦夕不忘者。蔚不才，不屑与人争都督，亦不愿与人争口舌，但求东省同志，死者得以瞑目，生者得以保全，蔚即请辞职，以免遭人疾视。谨此，即乞大总统鉴核电示遵行是幸。蓝天蔚叩。寒。（烟台来电五十二）

长沙谭都督、武昌黎副总统、南京孙大总统、上海温钦甫君：尊处呈大总统删电，诵悉。查自上年各省起义后，所有各项借款，及各国赔欠，届期应付者，均无款可付。各国要求将全国关税归总税司统辖，以备拨用。信用所关，若不照允，则以后中国不惟不能再筹商借款，且恐于财政上难免强硬之交涉。嗣经协商办法，订定各关所收税项，每星期汇交上海，分存汇丰、德华、道胜三行，为归还洋债赔款之用，至中国政府复能偿还洋债赔款之时为止。此系利害取轻，不得已而暂行之办法。税司虽洋员，犹是中国所用。存款则中国各银行信用既全失，不能不交付洋行。现已将阳历正月分前到期各借款本利付清。惟赔款则自上年华历九月以后，概未照付，所收税项不敷尚巨，各国仍屡以抵押赔款之盐务进项亦须交出为言。此时遽议收回办法，势难办到。惟有俟新政府成立后，即筹画财政，俾暂欠之款一概清还，以后应行偿还各款，亦有把握，则各关收税事宜，自可规复旧制。除分电南京、武昌、上海，电复谭都督外，谨复达。惟德。皓。（北京来电五十三）

南京孙大总统鉴：皓电敬悉。马公督赣，功成不居，德昭克让，护送行旌，自应遵办。已饬湖口杨统领金标妥为照料矣。谨复。烈钧叩。哿。（南昌来电五十四）

南京孙中山先生鉴：王和顺之变，陈都督用兵平定，镇抚危局，反遭疑谤，因而辞职，若果离任，大局恐难保全。连日各地商民，纷电本省挽留，舆情可见。本会商人原不敢忘〔妄〕干政事，但桑梓生命财产商务所寄，未便袖手不论，故即日集众公决。事关大局安危，谨将实情奉达，希设法以维粤局。驻港香邑侨商会所卓尧峰、陈赓虞、唐溢川等叩吁。（香港电五十五）

第四十七号

三月二十四日星期日

目　次

咨

大总统据司法总长伍廷芳呈请适用民刑法律草案及民刑诉讼法咨参议院议决文

令　示

大总统令各部局整饬官方慎重铨选文

大总统令法制局核定呈复驻沪通商交涉使分设厅科任职章程文（附原呈）

大总统令教育部查办佛教会李翊灼等函请保护即予批准立案文

大总统令财政部核办泗水商会李炳耀等呈请给国债事务所委札文

大总统批闽都督遵照部议取销昭忠祠并报效住屋呈

纪　事

财政部呈报另派陈经充驻日募债会办由

外交部因取消税司发照权与北京外部首领来往电文四则

杂　报

陆军部颁布陆军传染病预防上消毒法（略）

号外附录（略）

咨

大总统据司法总长伍廷芳呈请适用民刑法律草案及民刑诉讼法咨参议院议决文

据司法部总长伍廷芳呈称：窃自光复以来，前清政府之法规既失效力，中华民国之法律尚未颁行，而各省暂行规约，尤不一致。当此新旧递嬗之际，必有补救方法，始足以昭划一而示标准。本部现拟就前清制定之民律草案、第一次刑律草案、刑事民事诉讼法、法院编制法、商律、破产律、违警律中，除第一次刑律草案关于帝室之罪全章及关于内乱罪之死刑碍难适用外，余皆由民国政府声明继续有效，以为临时适用法律，俾司法者有所根据。谨将所拟呈请大总统咨由参议院承认，然后以命令公布，通饬全国一律遵行，俟中华民国法律颁布，即行废止。是否有当，尚乞钧裁施行等情前来。查编纂法典，事体重大，非聚中外硕学，积多年之调查研究，不易告成。而现在民国统一，司法机关将次第成立，民刑各律及诉讼法，均关紧要。该部长所请自是切要之图。合咨贵院，请烦查照前情议决见复可也。此咨。

令　　示

大总统令各部局整饬官方慎重铨选文

满清末年，仕途腐败，已达极点。亲贵以财贿招诱于上，士夫以利禄市易于下，奔竞弋谋，相师成风，脂韦突梯，恬不知耻。以致君子在野，自好不为。事无与治，民不聊生，踵循不悛，以底灭亡。民国成立，万端更始，旧日城社，扫除略尽，肃整吏治，时不可失。然而法制未颁，考试未行，干进者存乘时窃取之心，用人者有高下随心之便，一或不惧，弊将有甚于满清之季者。治乱之分，端在于此。言念前途，能无兢兢。

南京临时政府草创之际，各处奔走疏附，来求一地位者，当不乏人。以此苟得之心，遂开诈伪之习。或本旧吏而冒称新材，或甫入校而遽号毕业，蒙混诬枉，得之为能。虽转瞬统一政府成立，此地各官署立即取消，然使不肖者得持此以为进身之具，其遗患方来，何可数计。为此令仰该总次长等，于用人之计，务当悉心考察，慎重铨选，勿使非才滥竽，贤能远引，是为至要。又查各荐任各员，每有以一人而兼两职者，殊非慎重职务之道。荐者不知，是为失察，受者不白，是为冒利，胥无取焉。以后除有特别缘故，不得兼职，以肃官方而饬吏治。切切！此令。

大总统令法制局核定呈复驻沪通商交涉使分设厅科任职章程文

据外交总长王宠惠呈送驻沪通商交涉使温宗尧咨交该公署分设厅科任职章程一扣，请咨参议院议决前来。合将该章程发交该局，仰即核定呈复，以凭咨交院议施行。此令。

计发通商交涉使驻沪办事分设厅科任职章程一件。

附原呈

外交部总长王宠惠为呈请事：准驻沪通商交涉使温宗尧咨称：上海为商务总汇，交通要区。所有通商交涉事宜，以及华洋诉讼会审，界务租地纠葛，职务繁要，内部组织不容不备。兹拟分设厅科任职草章，咨请核定，送交参议院决议，示复遵办等因。并附草章一扣到本部。准此，理合呈请察核，并候咨交参议院决议施行。须至呈请者。

附驻沪通商交涉使分设厅科任职草章一扣。

大总统令教育部查照佛教会李翊灼等函请保护即予批准立案文

兹据佛教会李翊灼等函称，设立佛教会，以求世界永久之和平及众生完全之幸福为宗旨，并呈会章，要求保护前来。查近世各国，政教之分甚严。在教徒苦心修持，绝不干与政治，而在国家尽力保护，不稍吝惜，此种美风，最可效法。民国约法第五条载明：中华民国人民一律平等，无种族、阶级、宗教之区别。第二条第七项载明：人民有信教之自由。条文虽简而含义甚宏。是该会要求者，尽为约法所容许，有行政之责者，自当力体斯旨，一律奉行。合将该会大纲，发交该部，仰即查照批准立案可也。要求条件一纸并发。

大总统令财政部核办泗水商会李炳耀等呈请给国债事务所委札文

据泗水商务总会李炳耀等呈称：该地已设立中华民国国债事务所，所中董事，恳予札委。又鄂、闽、粤各处电饬募借公债，应如何办理各等情前来。为此合行令仰该部核办。原呈及履历书、董事表附发。此令。

计李炳耀原呈一扣，履历书三通，董事表一扣。

大总统批闽都督遵照部议取销昭忠祠并报效住屋呈

据呈已悉。查陆军部漾电所称应归公专祠及昭忠祠，系指前清时效忠满洲觉罗一姓、残杀同胞者而言。该都督故父，于前清甲申中法之役，在台北战胜敌人，保全中国土地，因于闽省得建专祠。其建造费，系由该都督自行筹措。外附昭忠祠一所，系同军人合建，以祀将士之捍卫同胞者。此项祠宇，自与陆军部所指应行归公之祠，迥不相侔。兹竟首先遵照部令，取销两祠名目，将祠庐交政务院照部议办理，并将祠后住宅一所，一并报效入官。在该都督恪遵部电，以表扬忠烈为怀，实堪风励天下。惟该都督故父战胜强敌，捍卫封疆，既功德之在人，宜庙食之永享。且民国法令，凡属国民，皆有完全享有财产之权。所有该都督请取销故父专祠，及祠后住宅入官之处，著毋庸议。此批。

纪　　事

财政部呈报另派陈经充驻日募债会办由

财政部总长陈锦涛呈：照得本部此次发行公债，前经大总统委任何永亨、严汝麟两君前往日本募集华侨公债，并经本部添委陈同纪君为驻日募债会办，分别呈报、照会各在案。惟陈同纪君现经本部荐任为库务司司长，自应另行遴员前往会办驻日募债事宜。兹查有陈经，留学多年，熟悉侨情，堪以派令前往。除分行外，理合备文呈报大总统，俯赐查核备案，实为公便。此呈。

外交部因取消税司发照权与北京外部首领来往电文四则

北京外部首领胡君（胡惟德）鉴：华人赴美护照，向由华官发给，美领签字。军兴后，清外部与美使商订，暂由税司代发。现下大局稍定，各处均设有交涉司。此项发照特权，应即收回，毋任国权操纵诸外人。所有前订之暂行办法，希迅向美使声明取消。外交部总长王宠惠。艳。

王外交长：艳电悉。护照事，现切商美使至再。据称应俟美国承认中华民国后，方能照办，此时只可仍暂由税司代发云。希查照。惟德。冬。

北京外部胡首领鉴：冬电悉。税司代发护照一事，宜速改正，否则主权丧失日久，恐难挽回。查此项护照，向由各通商口岸之地方官发给。税司并非地方官，自不应授以给照之权。前清外部虽与美使订有暂行办法，此等办法，仅于清帝未退位时，始有效力。在彼时，税司犹可勉强以清官名义给照。今清帝已退位，税司究系何国官吏，以何名义给照与我国人民？以此折之，彼必无词以对。又美使以民国未经承认，遂谓护照不能由地方官发给，本部以为此实美使之强词。现下各国遇有交涉，无不惟地方官是问，是已承认地方官为事实上执掌政权之人。夫办理交涉，且已承认地方官为有权，何以区区一护照反不能由地方官发给，实所未解。希即根据以上理由，再向美使力争。如彼仍抗议，只可暂禁人民勿向税司领照，盖与其任令国权操诸外人，毋宁暂予人民以不便也。但无论交涉若何，所有税司发照之权，应请先行札知总税司通饬取消为盼。外交部。灰。

王外交长：灰电悉。税司发给护照本系一时权宜办法。现又与美使交涉至再。据称各处地方官事权不甚画一，未知究应承认何人，俾美领有所遵循等语。查上海、广州、汕头、厦门等处，发给护照最多，该各处地方官，经尊处承认，有发给护照权者，请即开单电示，以便再商美使，嘱转饬美领接洽。外务部。盐。

第四十八号

三月二十六日星期二

目　次

咨

大总统咨参议院请议决内务部呈暂行传染病豫防法草案文

大总统咨参议院请议决法制局拟定法官考试委员官职令及法官考试令草案文

大总统咨参议院请议决财政部拟定金库则例文

令　示

大总统令广东都督派员照料迎赵烈士灵柩文

纪　事
交通部接袁总统电复据邮政总局呈仍令二生入校文
号外附录

咨

大总统咨参议院请议决内务部呈暂行传染病豫防法草案文

据内务部呈称：窃查痘疮、白喉症、猩红热等传染病，已有发生之兆，非亟定豫防法，不足以重卫生而便执行。兹由本部拟就暂行传染病豫防草案三十五条，另册缮就，理合一并呈送钧案，交法制院审定后，咨由参议院议决公布施行，俾便遵循，实为公便等情前来。查传染病发生甚易，传播至速，亟应制定豫防法规，俾有司实力奉行，人民知所防范。该部所称实为卫生行政最要之举，合将该部呈送之暂行传染病预防法草案三十五条咨送贵院，请烦查照议决见复，以便颁布施行。此咨。

大总统咨参议院请议决法制局拟定法官考试委员官职令及法官考试令草案文

司法为独立机关。现在南北统一，所有司法人员，必须应法官考试合格人员，方能任用。兹据法制局拟定法官考试委员官职令及法官考试令两种草案，呈送前来，合行咨请贵院议决咨复可也。此咨。

计附送法官考试官职令及法官考试令草案两册

大总统咨参议院请议决财政部拟定金库则例文

据财政部呈称：窃维整顿财政，首在杜绝弊端，而机关之组织不完，则弊端无由而杜绝。各国办理方法，务使事务机关与出纳机关，分离对立，以明权限而杜侵渔。前清财政紊乱，已达极点。究厥原因，实以机关混同为丛弊之所出。今民国方兴，亟宜兴利除害。本部职司财政，自以剔除积弊为先，此统一国库所以不容视为缓图者也。查近今各国国库制度约分二派：曰存款制度，曰委托制度。存款制度者，系以国库收入悉数存入中央银行，作为普通存款。支出时，发银行支票，使中央银行代为应付，则库务节手续之烦，国帑无保藏之患，诚最良之制度也。英国行之；委托制度者，系以国库现金出纳保管事务，委托中央银行办理。其国库资金与银行资金，划分为二。银行虽任出纳保管之责，而非有部令，不得任意通融，市面虽有恐慌，而库藏不蒙其影响。欧美诸国以及日本多行之者。两者比较，互有短长。窃思我国变乱初平，市面尚难恢复，而中央银行根基始立，支店未克完成，存款制度，既属难行，委托制度，尚形窒碍。惟因统一国库，迫不容缓，谨拟采用委托制度，订定金库则例十四条，呈请察核后，咨送参议院议决，颁布施行，为金库规则之基础。随由本部审察目下情形，再订金库出纳事务暂行章程，以部令施行，为一时变通之计，启将来渐进之基等情前来。查该部所呈，自属整理财政切要之图。相应缮具该项则例，咨请贵院迅即议决，以便施行。此咨。

计送金库则例一扣。

令　示

大总统令广东都督派员照料迎赵烈士灵柩文

兹派赵光等赴港迎烈士赵声君之灵柩，归正首邱。仰该都督届时派员妥为照料，并照会港政府及港中绅商一体知照，以慰英魂。切切！此令。

纪　　事

交通部接袁总统电复据邮政总局呈仍令二生入校文

交通部咸电悉。饬据邮政总局呈禀，向章非总办允许，不能委派员司。因沪邮局并未禀准，该总办遵章办理，并非专擅等情。已由邮部转饬该总办，饬知沪邮局，仍准派二生入局学习矣。大总统袁世凯。号。

附录：电　　报

袁新总统、孙大总统、参议院暨同乡诸公钧鉴：民军统王和顺，久蓄异志，潜招桂兵，私购枪炮，分据要地。前日突阻新军查街，捣毙数命，斩断电线十一，置炸炮轰城内外。陈都督万不得已，始宣罪状，令军围攻。幸其部下多不从逆，现王逃兵溃，商民多受惊骇扰害。此役并非因裁兵而起，各民军皆安，请纾廑念。粤省会。元。叩。（广东来电五十六）

孙大总统、实业部总次长鉴：接新嘉坡电称，该埠华侨，重新组织华侨总商会，已禀准英政府，求转请我政府给钤记等因。盖商会为振兴商务，理应代呈。俟章程寄到，再请立案，以资保护而促进行。华侨联合会叩。马。（上海来电五十七）

北京袁大总统、南京孙大总统、参议院、各省都督、各军司令、北京天津上海各报馆均鉴：文登土匪，惨杀民党，已经月余。近由烟台军政府派重兵解散，始克复数城，将近城各地，搜获无辫发之尸身无数，皆断首断足，甚或支解数十段。野蛮残杀，大背人道。威海□□闻之，亦为不平。今于匪首王嘉禾家，搜出莱州府知府杨某于本月初间致该匪首函件，始知此次匪乱，实由某前清官吏所主使。全鲁人士，同声愤恨。吾鲁自取消独立以来，全省官吏，日以捕杀民党为事。诸城、即墨各地之残杀，动逾千万。乃莱州府知府于南北统一，宣布共和一月之后，犹敢煽动匪乱，演出此次文登残杀之惨剧。以致鲁省人民，畏官吏如虎狼，平日稍有维新之名者，均漂流四方，不敢复归故里。在专制时代，尚无此残暴，今乃见之于共和期内，实堪悲痛。倘犹执维持现象之说，仍用一般恶劣官吏，则山东人民，岂复尚有噍类。各省皆享共和幸福，鲁省独终此黑暗，哀哀鲁人，何以至此。倘鲁省问题一日不解决，恐大局亦终无解决之一日。诸公若为大局计，当速设法援救，以共维民国基础。鲁人幸甚！大局幸甚！山东同盟会徐镜心、谢鸿焘、丁惟汾、蒋洗凡等及全体会员哀叩。效。（五十九）

孙大总统钧鉴：胡都督瑛奉命来烟，军民爱戴，全省临时议会，又正式公举为山东都督。张广建残虐暴戾，煽兵扰民，已成乱象，屡电袁总统恳其斥退，以仁易暴，未邀允准。前总统委任都督，后总统当然有继续效力。乞电袁大总统，速罢张抚，令胡都督赴济履新，以顺舆情而救民困，不胜盼祷。山东临时议会周庆恩、张应东、刘牺暨全体议员公叩。巧。（烟台来电六十）

北京袁大总统、南京孙大总统、参议院钧鉴：闻胡都督有恳求辞职之信，全埠商界，无不惊骇。伏念东省秩序，全仗胡都督极力维持，烟埠感戴尤深。况登州各属驻军甚多，尤赖胡公镇慑。胡公一去，大局极危。务求我公俯念商民生命财产，慰留胡公，予以山东政权，不胜感戴之至。烟台商会全体公叩。（烟台来电六十一）

袁大总统、孙大总统、陆军总长、参议院、黎副总统、各部首领、各省都督公鉴：锡銮奉令署理直隶都督，已于三月十八号任事。谨此奉闻。锡銮。巧。印。（天津来电六十二）

孙大总统鉴：铣电悉。已饬北京度支部径电通商沪行，将所存新币二十九万余元，拨交张季直君，作江皖两省工赈款。袁世凯。哿。（北京来电六十三）

第四十九号

三月二十七日星期三

目　　次

咨

大总统咨参议院议决参谋部公债票预算书文

大总统咨参议院议决袁大总统大赦命令文

令　示

大总统令财政部拨银一万元交实业部备赈清淮难民文

大总统令参谋部裁撤大本营名目文

大总统令广东都督酌给昭字全军将士功牌执照文

大总统批司法部请示袁大总统大赦办法呈

大总统批交通部拟酌减报界邮费电费办法并请电告袁大总统呈

教育部批蒋邦彦等请创办男女法政两校并拨借校舍呈（略）

教育部批金陵法政女学校请予立案呈（略）

纪　事

大总统为减轻报界邮费致袁大总统电文

大总统复佛教会函

杂　报

陆军部三月分支出概算总表

号外附录

咨

大总统咨参议院议决参谋部公债票预算书文

据参谋部总长呈称：窃本部三月分支出概算书中俸给项下，系按陆军部暂行给与令章程，仅将现金数目列填，前经参议院及财政部审核，给发在案。惟公债票数目未及声明，亦并未在预算数中扣除，似应仍咨财政部照数补发。前准财政部复称：查贵部三月分支出概算书，业由本部汇呈大总统转咨参议院审核在案。贵部前送概算书中，既漏列公债票一项，希即径行备文呈请大总统，转咨参议院，代为补入。俟贵部预算经参议院核准后，本部当即照发。目下预算未定，未便先行核发等因。似此公债票一项，既经财政部呈报在前，无从补入。仅将三月分公债票预算书，列表备文，呈请大总统察核，转咨参议院，代为补入，一并核准，以归划一等因前来。合将参谋部三月分公债票预算书一份，咨送贵院，请烦查照议决咨复可也。此咨。

计送交参谋部三月分公债票预算书一份

大总统咨参议院议决袁大总统大赦命令文

据司法部总长伍廷芳呈称：案据江宁地方审判、检察厅呈称：三月十七日，读临时政府公报电报栏内载：有大中华民国元年三月十一日，袁大总统命令：今国体变更，首在荡涤烦苛，与民更始。我国民积受专制官吏之弊，失教罹罚，政多未平，陷于囹圄，或非其辜。当兹民国初基，正宜涤除旧染，咸与维新。凡自中华民国元年三月初十日以前，我国民不幸而罹于罪者，除真正人命及强盗外，无论轻罪重罪、已发觉未发觉、已结正未结正者，皆除免之。我国民其自纳于轨物，怀兹刑辟，毋蹈匪彝，以保我同胞之身命荣名于无极。此令。等因。

查法律命令，效力发生期间，前奉规定公布，无论远近各衙门，以奉到公报后五日为施行期间。所有袁大总统此项命令，所定范围，是否包括南北，一律施行？现在北京政府正在组织之中，南京政府又尚存在，是否认此命令为有效？本厅所受诉讼，三月初十日以前，除真正人命盗犯不在赦免之列，已结正未结正者共计五十八人，是否应遵袁大总统此项命令，并予除免？本厅长等未便擅主，相应备文呈请示遵等情到部。

据此，查南北虽已统一，而内阁正在组织，南京临时政府尚未交卸。袁大总统此项命令，曾否咨由大总统转发临时公报，饬令南北通体遵照，本部未奉明文，不敢臆断。相应据情呈请钧核，饬遵施行等情前来。

查临时约法第四十条，临时大总统得宣告大赦、特赦、减刑、复权，但大赦须经参议院之同意。又同法第五十六条，本约法自公布之日施行。袁总统前项命令，查系三月初十日所发布，在约法施行之前，须得贵院之追认，方能有效。合就咨请贵院，迅赐议决咨复可也。此咨。

令　示

大总统令财政部拨银一万元交实业部备赈清淮难民文

据内务部呈称：准实业部咨开：顷准江北蒋都督电开：前奉大总统来电，以江北灾情甚重，已筹款发交张总长，分别办理。现在清淮一带，饥民麇集，饿尸载道，秽气散于城郊，且恐郁为鼠疫。当此野无青草之时，定有朝不保夕之势。睹死亡之枕藉，诚疾首而痛心。现虽设有粥厂，略济燃眉，无如来者愈多，无从阻止，粥厂款项不继，势将停止。苟半月内无大宗赈款来浦接济，则饥民死者将过半矣。即有数百千万之巨款，亦不能重起饿莩于九原，令其受赈。为此情急，沥血电陈，可否仰求大总统、总长，俯念灾民垂毙，急救目前，于无论何处，迅拨款万金，由总长派员经理其事，俾饥民得稍缓须臾之死，以待夏秋之成。雁行不胜迫切待命之至等因到部。查江北待赈孔殷，自应合力筹济。为此咨请贵部，希查核办理等因。准此，查来电量予赈济之处，似尚可行。拟请令行财政部，勉筹急赈一万元，即照前次江北赈灾办法，由实业总长遴员前往，切实散放，以苏民困等因前来。

查清淮一带，饥民麇集，流离死亡，相属于道，实堪悯恤。除令行江苏都督另筹抚恤方法、协力进行外，为此令仰该部长，迅即拨银一万元，交由实业部派员前往切实散放，以济灾黎而谋善后。切切！此令。

大总统令参谋部裁撤大本营名目文

民国统一，战事终息，大本营名目，应即取消。所有关防案卷等即交参谋部存储，以资查考。其作战局职员，向系参谋部第一局职员兼任，着即消去兼差，仍归本部办事。至兵站局尚有转运等事，未便即予撤除，应暂由参谋部兼管，仍酌裁冗员，以节糜费。此令。

大总统令广东都督酌给昭字全军将士功牌执照文

顷据粤省昭字全军统领郑昭杰呈称：自前年三月，号召同志，分布黄龙都、石龙、增城、清远等处，所需饷项，概由个人担任，并未动支公款。反正后，复以地方多故，仍理旧部，分扎各处，维持公安。今粤局粗定，志愿引退，各军士亦愿解甲归田，惟须商请酌给功牌执照，以酬劳瘁等因。查该军将士，于粤省反正时，既能自筹饷项立功于前，迨大局平定之后，复能不事矜伐，解甲引退，实属深明大义，殊堪嘉尚。所请给予功牌执照一节，应即照准，以彰酬庸之典。至应如何分别等差之处，仰该都督会商该军统领妥为办理可也。此令。

大总统批司法部请示袁大总统大赦办法呈

呈悉。查临时约法第四十条，临时大总统，得宣告大赦、特赦、减刑、复权，但大赦须经参议院之同意。又同法第五十六条，本约法自公布之日施行。袁总统前项命令，查系三月初十日所发布，在约法施行之前，须得参议院之追认，方能有效。已咨照参议院，候议决咨复时，再行饬遵可也。此批。

大总统批交通部拟酌减报界邮电费办法并请电告袁大总统呈

呈悉。所拟酌减报界邮电费办法，尚属妥协，应即照准，仰即令行所属知照。至请电袁大总统转饬北京邮局帛黎遵办一节，已电告袁大总统矣。仰即知照。此批。

纪　　事

大总统为减轻报界邮费致袁大总统电文

北京袁大总统鉴：前据上海日报公会呈陈军兴以后困难情形，请减轻邮电费前来。查报纸代表舆论，监督社会，厥功甚巨。此次民国开创，南北统一，尤赖报界同心协力，竭诚赞助。所称困难情形，自属实况。若不设法维持，势将相继歇业。当将原呈发交交通部核办。兹据呈复，拟嗣后凡关于报界之电费，悉照现时价目减轻四分之一，邮费减轻二分之一，庶商困得以稍苏，而邮电两政亦不致大受影响。除电费一项令行上海电报总局知照外，邮费一项，恳电袁大总统转饬北京邮电总局帛黎遵照等情。相应电请查照，转饬遵办，并见复为盼。孙文。

大总统复佛教会函

敬复者：顷读公函，暨佛教会大纲，及其余二件，均悉。贵会揭宏通佛教，提振戒乘，融摄世间出世间一切善法，甄择进行，以求世界永久之和平及众生完全之幸福为宗旨。道衰久矣，得诸君子阐微索隐，补弊救偏，既畅宗风，亦裨世道，曷胜瞻仰赞叹。近世各国政教之分甚严，在教徒苦心修持，绝不干与政治，而在国家，尽力保护，不稍吝惜。此种美风，最可效法。民国约法第五条载明中华民国人民一律平等，无种族、阶级、宗教之区别。第二条第七项载明人民有信教之自由。条文虽简，而含义甚宏。是贵会所要求者，尽为约法所容许，凡承乏公仆者，皆当力体斯旨，一律奉行，此文所敢明告者。所有贵会大纲，已交教育会存案，要求条件，亦一并附发。复问道安。孙文。

杂　　报

陆军部三月份支出概算总表

款	科　　目	概算额（元）		说　　明
第 一 款	陆军本部费	现金	27953.00	
		公债	3875.00	
第 二 款	陆军额给费	现金	1985493.00	
		公债	119839.00	
第 三 款	服装费		1807960.00	
第 四 款	马匹费		223000.00	
第 五 款	军械弹药费		2901453.80	
第 六 款	军需杂用费		9000.00	
第 七 款	卫生费	现金	31647.82	

款	科　目	概算额（元）		说　明
第 八 款	教育费	公债	505.00	
		现金	74843.00	
第 九 款	要塞费	公债	2427.00	
		现金	57819.00	
第 十 款	修缮费	公债	838.00	
			60765.00	
第十一款	恤赏费		265170.00	
第十二款	犒赏费		8000.00	
第十三款	津贴费		451576.00	
第十四款	协助各省军队费		950000.00	
第十五款	预备费		100000.00	
总　计	现　金		8954680.62	
	公　债		127484.00	
备　考	以上十五款均另有项目并明细概算书以备查考			

附录：电　报

孙大总统、黄陆军总长、参议院、黎副总统、各报馆钧鉴：鹏翮迭奉黎副总统谕报东三省同志，又奉孙大总统面谕，听候关外蓝都督调遣。承蓝都督委任鹏翮为关外义勇军总司令，永和为统制，任事以来，联络同志，几遍东三省。正拟约期大举，一旦光复。适共和宣布，迭奉黄总长通饬南北一家，不得再有争战，鹏翮等凛遵命令，潜伏不动。乃赵尔巽、张作霖犹在铁岭、开原等处，仍以兵力驱逐民军，残杀同志。哈尔滨道李家鏊、陆军统领□品三，杀我同志梁汉等十七人，断肢挖心，惨无人道。阳奉共和，阴逞残杀。而我军进则有碍共和，退则为兵所阻，惟有散布各处，以山林为穴，草根为粮，困苦情形，不堪言状，其家产尽绝，逃来烟台避难者，不下数千人。永和在庚子年，统兵数万，横行东三省，旧政府官吏，饵我爵禄，始终却之。此次出山，实感蓝都督之知遇，冀为民国尽心力，招集旧部，已至万人。张作霖等后进小辈，摧之甚易。徒以五色旗悬，有碍进行，不啻明季燕王炮击济南城，铁铉悬明太祖神主以退敌，致使我军公愤私仇，均无所泄，对旗痛哭，可谓伤心。永和年逾七旬，又有何求，惟军士等皆同蓝都督以求复仇。今闻蓝都督辞职归田，军士闻之，如乳儿之失慈母，均以沉冤未报，当自图之为言。倘使蓝都督解组而去，实无人可以驾驭。万一潜伏各军，自出复仇，实非鹏翮等所能劝阻。特此联名电恳，切勿任蓝都督竟浩然而去。倘实无可挽留，亦乞商会蓝都督，将死者如何抚恤，生者如何保全，已集军工如何交替，潜伏各军如何汇集，统为安置妥协，以固人心。否则死者无以瞑目，生者无以为生，饥寒所迫，铤而走险，鹏翮实不能任其咎，尚乞袁大总统有以善处之，不胜幸甚。关外义勇军总司令官吴鹏翮、统制官刘永和、第一混成协统凌翘、第二协统张恺及同志肖恭寅、孙其翼等暨军士一万人同叩。蓝代。皓。（烟台来电六十四）

　　孙大总统、唐总理均鉴：教育总长，前电拟以范源廉充任。兹据其回京面称：自维才力万难胜任。蔡鹤卿先生学望优隆，众所仰佩。今民国初建，必得为学界殷望之人，方足负主持学务之责，务乞设法慰留云云。词意坚挚，并云已面达孙大总统。刻下统一政府，云〔立〕待成立。蔡君在京时，曾商请其续任，未荷允诺。今范既坚辞，鄙意以蔡君接续此任，最为允洽。如承同意，望即就近恳商留任，交院速定，是所切盼。世凯。祃。（北京来电六十五）

孙大总统、交通部：电悉。邮票事，饬据邮政总局复称，帛黎全为省费起见等语。已由邮部饬知邮局，将此项邮票即日停发矣。袁世凯。祃。（北京来电六十六）

孙大总统鉴：今日汉冶萍开股东会，全场一致反对合办。兹将致盛电录呈钧鉴。电文曰：今日开股东会，到会股东四百四十人，共二十万八千八百三十八股。投票，开会，公同验视，全场一致反对合办。已逾公司全股十分之八，照章有议决之权。草约同自无效，请速取消云云。汉冶萍股东会公电。（上海来电六十七）

南京大总统钧鉴：顷接烟台电，录如下：南京参议院、各省都督府暨临时议会均鉴：本会完全成立以后，昨日第一次开会，全体补行正式公举，以胡瑛为山东都督。济南各团体已为清官勒令消灭。此后除烟台临时议会外，如有济南发电，关于全体名义者，皆张抚（张广建）假冒，本会决不承认。特此并闻。山东全省临时议会叩。铣。印。等因。观此电，则不受政府命令各省，将自为风气矣。镇芳（张镇芳）转。篠。（天津来电六十八）

孙大总统、北京新举袁大总统钧鉴：清江浦蒋都督佳电敬悉。江北连年水灾，现在春荒谷尽，遍地饿莩，闻之殊为悯恻。桂省匪患频仍，流亡载道，困苦情形，大略相同。然眷念江北，俱属同胞，何忍漠视。由荣廷先助千元，聊尽棉薄。再当设法筹募，以为后继。惟江北灾区广大，蒋都督请合力代求大总统拨款拯救，为民请命，情迫词切。仰恳大总统俯如所请，以广胞与之仁，不胜渴望之至。桂都督陆荣廷叩。咸。（桂林来电六十九）

孙大总统、实业部鉴：汉冶萍公司，今日开会，股东到者四百四十一人，投票议决，全体反对中日合办，已由股东会电达盛

宣怀迅速取消矣。特陈。熊希龄、赵凤昌叩。养。（上海来电七十）

第五十号
三月二十八日星期四

目　次

法　制

大总统颁行陆军官佐暂行补官简章

财政部酌定暂行出纳章程（附簿记样式（略））

咨

财政部咨各部院都督迅造出纳款项清册文

外交部咨陆军部凡在外国船上搜拿逃犯必须先照会该国领事文

令　示

大总统令各省都督酌放急赈文

纪　事

外交部为解释保护清帝原有私产事复驻沪通商交涉使照会

参谋部为保定陆军大学堂开学事致袁大总统电文

北京陆军正首领段祺瑞为保定陆军大学堂开学事复参谋部电文

号外附录

法　制

大总统颁行陆军官佐暂行补官简章

第一条　民国初立，军务方殷，亟应任官受职，以资整理，而专责成。此项陆军补官办法，凡授有军职在陆军部所定陆军官制及暂行编制内，均按其职级一律补授实官。

第二条　上等第三级以上军官（大将军至右将军），由大总统简补。初等军官（大军校至右军校），均由陆军部考察应补人员，申请补授（疑初等军官以下至补授一段是与第三条下段错排）。

第三条　中等军官（大都尉至右都尉）及初等军官（大军校至右军校），均由陆军部考察应补人员，申请大总统补授。

第四条　额外军官佐，由各该军队、学堂、局、部之高级官长考察部下应补人员，呈由陆军部补授。

第五条　各级军士，由各旅长（步兵）、团长（骑兵、炮兵）、营长（工兵、辎重兵）考察部下应补人员，呈请各该管高级官长补授，申报陆军部存案。

第六条　各级军官或因他项原因不能任军职者，由陆军部考察该员能力能否改充文职，随时斟酌办理（章程另订）。

第七条　此次所补军职，系专就陆军部所定陆军官制及暂行编制内之军官佐而言。若各省歧出之军职（如各省都督府、军政分府之军职等），俟地方行政制度制定后再行分别补授。

第八条　参谋部人员，应由该部将应补人员通告本部，分别核补。

第九条　各军队官衙以外之军职，须有相当之学识始准补授。

财政部酌定暂行出纳章程（簿记样式须用石印，迟一周间方能出版）

据库务司案呈，金库则例前经拟就，呈由大总统咨交参议院核议在案。查该则例第十三条内开，在国库未统一以前，得由财政总长酌定暂行出纳章程施行等由，合行订定金库出纳事务暂行章程，通饬中国银行、各主管局所、各府县行政公署及各署出纳员，遵照办理可也。此令。

金库出纳事务暂行章程

第一节　总则

第一条　国库暂与中国银行订立往来存款契约，以国库现金由该行代理出纳保管。（下略）

财政部咨各部院都督迅造出纳款项清册文

据会计司案呈：共和告成，民国统一，凡百新猷，同时待举。财政一项乃全国命脉所关，尤须力谋统一，始有把握。亟应清理源流，综计出入，俾收通盘筹画酌盈剂虚之效。查上月下旬《临时政府公报》第二十三号内开，本部分咨各部院及各省都督，请将出入款项截至旧历辛亥十一月、十二月止，造为一册，又自民国元年正月一日起，按照新历每月造报清册一份，一并送交本部查核。乃迄今匝月，未准各部院及各省都督造送前来，本部职司综核，无所依据，颇难着手进行。况现在政府北迁，行将交替，尤应预为整备，粗具规模，庶不致紊乱纠纷，贻讥来者。应请俯赐转咨各部院及各省都督，迅即查照前咨办理等由前来。相应咨催，为此咨请贵部院都督查照，迅赐施行，克期造送，实为公便。此咨。

外交部咨陆军部凡在外国船上搜拿逃犯必须先照会该国领事文

为咨行事：顷据驻宁德领事函称：据德商美最时洋行函称，今晨美利轮船抵下关登船之际，于六点钟时候，有不穿军服三人来船，欲向船主房及大副、二副房客舱并统舱上各处均须搜查，云有上海逃兵一人，当即阻止，未允搜查等情。查在船上搜查拿获不能准行，应请饬知各处官员照约办理为荷等语。据此，查咸丰十一年中德条约第三十二款内载："倘有中国人役负罪逃入布国暨德意志通商税务公会和约各国人寓所或商船隐匿，地方官将情况照会领事官，立即设法拘送中国官收领"等语。可见我国地方官欲在外国船上搜拿逃犯，非先照会该国领事不可。此次该德商所称不穿军服之三人，虽未据开具姓名交来，无从指出其隶何军队，但既为搜拿逃兵之军人，贵部当有所闻。应请迅饬查明，切诫其不可卤莽将事，致启交涉。并通饬各军队，遇有向外国轮船搜捕逃亡情事，须查照上开条款办理，慎勿任意径行，是为至要。须至咨者。

令　示

大总统令各省都督酌放急赈文

溯自川路事起，武汉倡义以来，兵燹蔓延，于兹数月，东南半壁，已无宁区。加以升庬（升允）抗命，西北兴戎，燕都失防，祸延津保，神州以内共罹兵烽。矧当连年水旱之余，益切满目疮痍之感。夫民国新造，首重保民，顾以用兵之故，致贻失所之忧。本总统每一念及我同胞流离颠沛之惨象，未尝不为之疾首痛心、寝食俱废也。兹者大局已定，抚慰宜先。为此电令贵都督等，从速设法劝办赈捐，仍一面酌筹的款，先放急赈，以济灾黎而谋善后。并将各处被难情形及筹办方法，先行电复，俾得通盘筹算，患防未然，是为至要。此令。

纪　事

外交部为解释保护清帝原有私产事复驻沪通商交涉使照会

为照会事。准贵使二月二十九日电称：据英领事函称，清帝退位前之产业，嘱为晓谕本国人民遵照等因。查照会中字义不甚详切，致生疑惑，不知何项动产及不动产不得私相授受等语。即希妥酌示复，以便转致等因。准此，查优待清帝条件，有保护清帝原有私产一条。既有原有私产，即有非原有私产。本部前此通告各国所称清帝未退位前在清廷手内之动产或不动产一语，系属原有私产四字之对待名词，即所谓非原有私产也。至何项物业为原有私产，何项物业为非原有私产，此称区别，将来遇有案件发生时自有裁判所为之判定。本部为行政机关，司法审判事例不与闻。贵使来电以为宜就内务府所管与部署局所所管区分之，是即溢出行政范围而侵及裁判权，正与本部权限宜清之意相反，未便赞同。即希贵使仍照上开解释，转复英领事查照。须至照会者。

参谋部为保定陆军大学堂开学事致袁大总统电文

北京袁大总统钧鉴：近闻上海《民立报》登载保定陆军预备大学堂告白一通，云该堂准阳历四月五号开学。又今日本部职员刘光等接该堂景教官来函，亦云开学在即。夫续办陆军大学，以养成参谋人材，诚为国防要图。惟该堂应归中央参谋部管辖，今南北政府既已消灭，统一机关组织未成，该堂尚无所统属，若竟贸然开学，于法理似乎不合。且该堂学员因效力民军供职边远者甚多，纵使即能开学，亦须宽假时日，方能召集齐全。愚见拟请就近饬令该堂暂缓开学，俟统一机关成立，再由中央参谋部计划续办，最为周妥。其已到堂之教员、学员尽可留堂静候。尊意如何，敬希电复。黄兴。箇。叩。

北京陆军正首领段祺瑞为保定陆军大学堂开学事复参谋部电文

南京参谋部黄总长鉴：大总统交阅箇电，敬闻一是。查陆军预备大学向由中央参谋机关管辖，前以军事仓卒，堂中各生多半四出奔走国事，中道辍业，其在堂中未出者亦各准假回籍。现在兵战既息，北籍各生纷纷回堂，故订期开学，温习旧课，免其无所事事。报章转载，不明原委，教员寄函，亦未了了，实非正式开学。其正式陆军大学，自应俟统一机关组织就绪后，完全正办，绝非今日所能计及。除陈明大总统外，敬以奉闻。祺瑞。漾。叩。

附录：电　　报

陆军将校联合会长鉴：赐电敬悉。军事纷杂，得公等振臂一呼，必收同心合力之效。祺瑞等不敏，乐从诸君子后，期增厉识。惟寡能罕德，恐无以称命，是为愧耳。祺瑞、桂题、国璋同叩。啸。（十一）

陆军将校联合会黄、陈二君暨全体诸君公鉴：删电悉。诸公谋陆军之统一而策进行，巨画宏规，无任钦佩。谬蒙推许，殊愧鲜能。尚祈时赐教言，以便遵守为盼。元洪。啸。（十二）

孙大总统、黄总长、胡都督：顷接烟台同盟会徐镜心等电称：山东不幸，祸乱未已，军民汹汹，秩序扰乱，无非张广建等所致。只有联合父老兄弟进兵济南，剪除民贼等语。山东情形，节经派员访查，两造报告多不相符。兹据该会电称进兵，似此举动，实与大局治安有碍。望执事就近约束，勿令暴动。究竟济南如何扰乱，及张广建等有无残虐情事，刻再派员前往，秉公查办。一俟查明，必有正当办法。此时务须静候命令，万勿自由行动，以免骚扰全局。袁世凯。漾。（北京来电七十一）

孙大总统、黄总长、参议院均鉴：据颍州驻省联合会丁绪余等电称，倪军驻颍暨议割关（？）、亳、太、涡四邑改隶豫省等

情，并无是事。再，倪驻颍军队已撤去一混成协标矣。希查照。袁。敬。印。（北京来电七十二）

南京孙大总统、唐总理、黄陆军总长钧鉴：潮汕事更危急，乞速救援，万幸。万急。潮州会馆叩。有。（上海来电七十三）

孙中山先生、唐阁总、参议院诸君钧鉴：女子参政，为共和民国所必要，恳即照准。沈佩贞叩。（上海来电七十四）

孙中山、胡汉民、汪精卫同志诸先生钧鉴：林激真违抗粤督命令，擅率兵糜烂汕头，焚毁掳抢，全埠搬徙将空，仍思以兵犯群，民心惊恐。而驻郡北伐第四军队显为内应，密购多数煤油、膏草、手斧，豫为焚抢。现内应虽行解散，林兵在汕未撤，潮境岌岌可危。倘一旦决裂，牵动全局，惨祸何极。布恳遥援，切切。方云藻叩。祃。（潮州来电七十五）

第五十一号
三月二十九日星期五

目　次

咨

大总统咨参议院议决国务院官制文（附法制局原呈）

大总统咨参议院提前决议三月份概算表册文

内务部据江浦商会浦口议事会为内务司马良诬蔑人民据实纠正事咨司法部文

令　示

大总统令陆军部抚恤邹谢喻彭四烈士文（附黄复生等呈）

大总统批黄兴等请指拨大宗经费组织拓殖协会呈

大总统批陆军部请赐恤彭烈士家珍并请崇祀忠烈祠呈

陆军部令各军队部局学校俸饷伙食按月造报清册文（略）

陆军部令各师长速造报【服装】详细清册文（略）

陆军部令各军造报公费决算文（略）

交通部令上海电政总局遵减报界电费并转令各分局文（略）

交通部令各省邮政局减轻报界邮费文

内务部批江浦商会浦口市议事会为内务司马良诬蔑人民据实纠正并请饬令告退呈（略）

司法部批江宁地方审判检察厅长杨年、刘焕组织高等审判检察两厅请备案呈（略）

司法部批蒋彦邦等拟组织法政男女两学校请立案呈（略）

司法部批日本警务毕业生关靖华等筹办司法警官养成所请立案呈（略）

司法部批李永龄等请承认组织临时律师会呈（略）

教育部批民国法政大学请予立案呈（略）

教育部批皖全椒县初等商业学校请示改办初等实业办法呈（略）

教育部批江宁两等小学请咨陆军部出示保护校舍呈（略）

教育部批达彩康等请组织共和宣讲团呈（略）

教育部批安徽师范毕业生杨栗等请续办亳州学务呈（略）

外交部批侨商统一联合会王敬祥等恳批准兴业贸易株式会社呈

纪　事

陆军部请将前清昭忠各专祠分别改建大汉忠烈祠呈

变通部复大总统核减报界邮电费办法呈

内务部土木疆理司长史青高鲁工监王庆祥程光鑫请内务部长准予解职呈（略）　　　　、

咨

大总统咨参议院议决国务院官制文（附法制局原呈）

现在国务总理唐君业已来宁，国务院官制尚未拟定，组织一切将何以为依据？昨经本总统令饬法制局迅拟国务院官职令草案，以便依用。兹据呈送前来，相应咨请贵院迅赐议决。至要。此咨。

附法制局原呈

为呈送事：案奉三月二十五日大总统令开：现今国务总理唐君业已南来，各部国务员行将发表。查国务院官制尚未拟定，将何所凭据以事组织？为此令仰该局迅将国务院官职令草案拟定，呈送前来，以便一面交参议院议决，一面交唐总理暂行依用，勿延片刻，切切！此令。等因。奉此，即交编制员迅速起草，毋稍延缓。兹国务院官职令草案刻已拟就，谨缮折呈请大总统钧鉴。是否有当，伏乞裁核施行。谨呈。

计呈国务院官职令草案清折一扣。

大总统咨参议院提前议决三月份概算表册文

据财政部长陈锦涛呈称：本部汇编三月份支出概算表册，已于本月十五日呈请转咨参议院核议在案。惟查此项支出概算表册，既以月为纲，自应于月内核定，以便按款支付。现在临时政府交卸在即，各部院纷纷按照概算草案请领三月份经费。本部处此旋涡，苟欲照付，则法律之手续未完，不付则支给之事实已至，徬徨终日，应付无方。不得不呈请大总统咨会参议院，将各部院三月分概算表册迅赐议决，务在本月内公布，俾领款者知所遵循，发款者有所根据等因前来。查现在已届月杪，所有本月豫算表册理应即日公布，俾有遵循。为此咨请贵院，将前次咨请决议之三月分概算表册，即予提前决议咨复，以便转饬遵照，是为至要。此咨。

内务部据江浦商会浦口议事会为内务司马良诬蔑人民据实纠正事咨司法部文

兹据江浦商会浦口市议事会为马良诬蔑人民，据实纠正，呈请饬令告退事，具呈附议案五条，并钞录马良告示，原文均另钞附等情。据此，查内务司非地方行政官厅，不应有干预地方行政及揭示人民权限。乃马良以内务司名义，发示将龙泉一带地段擅行支配，并发起创设龙洞山庄，附设座汤医院暨各种事业，不惟侵越地方行政职权，且其通告及汤泉告示词义又显有谩骂讪笑及种种悖谬情形，殊失民国执政官体式及尊重地方人民之态度。今据该呈，实已不孚人望，众共异之，究未便置舆论于不顾也。为此咨行贵部，请即令行南京审判厅察究办理。此咨。

令　示

大总统令陆军部抚恤邹谢喻彭四烈士文 （附黄复生等呈）

顷据川人黄复生等呈称，四川前后起义死难者甚众，以邹容、谢奉琦、喻培伦、彭家珍四烈士功绩最为卓著，请照陆军大将军阵亡例赐恤，并请崇祀忠烈等因前来。案查邹容当国民醉生梦死之时，独能著书立说，激发人心。喻培伦则阐明利器，以充发难军实。彭家珍则歼除大憝，以收统一速效。所请赐恤崇祀各节，着即照准。惟谢奉琦丙午在蜀运动起义，组织各县机关等因，虽其功在民国不小，究与邹、喻、彭三烈士之功略有区别。着改照陆军左将军阵亡例赐恤，仍准崇祀忠烈祠，以慰忠魂，而垂不朽。除批示外，合行令仰该部知照，原呈并发。此令。

附黄复生等呈

四川公民黄复生、李肇甫、熊成章、吴永珊、林启一、廖炎、张楸隆、淡春谷、陈一夔、陈六谦、彭丕昕、王夏、李功照、吴国桢、吴鳞、冯赞、鞠奎、郑谦、尹骞、尹侗、尹稜、胡国梁、胡国栋、臧霆、臧锡銮、李为纶、方贞吉、佘耀荣、李沛、方化南、雷昭性、易昌楣、向迪琮、罗用霖、袁朝佐、余切、杜关、万树芳、翁云舫、邓至诚、邓胥功、任鸿隽等，为呈请优恤以彰忠烈事。窃维自川路风潮暴起，四方相继响应，数月之间，民国遂以奠定者，其成功非一手足之烈，其种因实在十数年以内。蜀人士奔走革命，自献自靖尝恐为天下后，前后起义死难者不知凡几。其间功绩卓著应首先表恤者，厥有邹容、谢奉琦、喻培伦、彭家珍四人。

邹君哀祖国沦陷，壬寅岁（1902 年）发愤著《革命军》一书，洋洋数万言，用以警醒国人。当是时举国人士方醉生梦死，趋投觥斝毂中，自其书出，四方英俊始萌恢复汉业思想。设非其人提倡之早，其书入人之深，今日收功恐难若斯之速。乃《苏报》狱起，自投西狱中，竟以瘐死。

谢君甲辰（1904 年）留学日本，历任同盟会调查、评议各要职。丙午（1907 年）还蜀，运动起义，数月来往返成渝间凡十数次，各县机关已组定，方图大举，竟为宵小所卖，被获不屈而死。

喻君夙聪颖，知革命非徒恃鼓吹者所能奏功，乃专究炸弹学。初得俄虚无党人制法，试验时屡被炸伤，频即于死，志不为之少衰。后竟发明一种最安全而有效力之炸弹，至今各处所应用以奏功者，皆其遗法也。庚戌（一九一〇年）六月北京之役，其经营最苦，用力最多，不幸败露，君因先归日购药得免。辛亥三月广州之役，君手制军用炸弹数百枚，复身赴前敌，直捣督署，竟以援绝被获，骂贼而死。

彭君初任同盟会北洋机关部军务部长，值武汉起义，遂暗约同志遥应南方，往来沪、滦、京、津之间，筹款运械，联络军队，力图响应。迨南北议和，贼虏良弼以宗社党首领从中阻挠，君遂以一弹芟锄良贼，而身亦与之俱殒。

之四君者，或以学说激发人心，或以实行溃其热血，或阐明利器以充发难之军实，或歼除大憝，以收统一之速效，率皆功在民国，身先朝露，老亲弱息，室家凄凉，属在后死，尤为寒心。今民国大定，前此死义诸烈士，如吴樾、杨笃生、陈天华、吴禄贞等，皆蒙赠恤附祀，昭示来兹。民国酬庸之典，自当视其功绩之巨细，不当以生前名位之尊卑而有所轩轾。拟请援吴禄贞烈士例，将邹容、谢奉琦、喻培伦、彭家珍四烈士照陆军大将军阵亡例赐恤，并请崇祀忠烈祠，以慰忠魂，而垂不朽。是否有当，伏乞鉴核批示施行。此呈。

大总统批黄兴等请指拨大宗经费组织拓殖协会呈

呈悉。吾国民族生聚于东南而凋零于西北，致生聚之地，人口有过剩之虞，凋零之区，物产无丰阜之望，过与不及，两失其宜，甚非所以致富图强之道。拓殖协会之组织自是谋国要图，国家应予协助，所请维持经费三十万元，仰候令饬财政部编入每年预算案可也。此批。

大总统批陆军部请赐恤彭烈士家珍并请崇祀忠烈祠呈

申悉。所请已于川人黄复生等呈内批示知矣，仰即知照。

司法部批江宁地方审判检察厅长杨年刘焕组织高等审判检察两厅请备案呈

呈折均悉。查审判、检察各厅，关系人民生命财产至为重要，各国法律均无各级兼任之规定。本部成立伊始，正事调查全国司法各级机关及办事人员，以冀统筹全局，逐渐改良。该审判、检察两长以南京民国首都不能无上诉之机关，亦应先行据情禀报核准，俟呈请大总统后方能委任开办。该员等竟于上月二十八号组织高等审判、检察两厅，所有办事人员仍以该地方厅人员兼任，殊属不合，所请备案实难照准。此批。

外交部批侨商统一联合会王敬祥等恳批准兴业贸易株式会社呈

呈悉。所拟条款章程尚属妥善。查军械营业于军国至有关系，前清时代绝少此项营业，遇有需用军械时辄由洋行经手，或派私人出洋购买，价昂而器窳，甚者举朽坏不适用之物品悉以吾国为最大之销场，言之可为痛恨。该商等有慨乎此，特集合巨款承办各项军用器械，以期增殖国力，知必能精选新式枪炮等件以供各省之所求，其稗益军国前途良非浅鲜。仰即祗遵大总统暨陆军部、海军部、实业部各批示可也。此批。三月十日。

纪　　事

陆军部请将前清昭忠各专祠分别改建大汉忠烈祠呈

为呈请事：窃维武汉树义，区夏向风，国旗灿五色之光，政体臻共和之域，胥前此殉难诸烈以头颅代价为民国前驱。当其积愤填胸，热诚贯日，或横被逮捕，而血肉早已摧残，或效死战争，而姓名终虞湮没，亟宜千秋俎豆，用妥百劫忠魂。查满清僭主，义士搴旗，杀人盈城，滥祠各地。际今故邦丕振，淫祠犹存，实无以昭劝惩而别贤否。理应将前清昭忠各专祠，分别改建大汉忠烈祠，汇集各该省尽忠民国死事诸烈，入祀其中，由本部派专员致奠，以后即由各执政春秋致奠，并于每岁八月十九即武汉起义纪念日、新历二月十五即民国统一纪念日，恭行祀典，永为定制。以慰死者灵，作生者气，以著褒诛之义，一举而三善备。所有前清昭忠及各专祠分别改建大汉忠烈祠，除通电各省都督外，理合具文申请大总统鉴核立案，实为公便。须至呈者。

交通部复大总统核减报界邮电费办法呈

窃奉大总统令开：据上海日报公会呈称军兴以后种种困难情形，请减轻邮电费，以维报界等情前来。查报纸代表舆论，监督社会，厥功甚巨。此次民国开创，南北统一，尤赖报界同心协力，竭诚赞助。兹据呈称军兴以后困难情形，均属实况，若不设法维持，势将相继歇业。合将原呈发交该部，仰即酌核办理可也等因。同时又据日报公会呈请减轻邮电费到部。

查邮电费重，报价因之增加，直接为报纸发达之障碍，间接为开通社会之阻力。矧共和成立，报界鼓吹之力居多。该公会禀请减轻邮电费前来，理应立予轻减，以恤商艰而副钧令。惟民国各省报馆林立，每年关于报界之邮电费其数颇巨，若悉照该公会所请求如数减少，则邮局、电局所受损失太多；报界困难情形固宜体恤，而邮电营业前途亦不可不预为维持，以防竭蹶。

兹经本部邮、电两司公同会议，嗣后凡关于报界之电费，悉照现时通行价目减轻四分之一，邮费减轻二分之一，庶商困得以稍苏，而邮电两政亦不至大受影响。

但民国电报自有完全主权，由本部饬令上海电报总局照议酌办，当可遵行。至邮政现名为中国自办，实则种种实权仍在北京邮政总局法人帛黎之手。帛黎遇事把持，久为国人所共恨。即如此次起义，南北未曾统一之时，帛黎竟敢将前清邮票私印"临时中立"四字交局发行。后经本部司员向南京、上海各邮局洋员一再阻止，始寝不发。彼之藐视主权，意图侵越，野心勃勃，已可略见一斑。不料清帝逊位后，帛黎复电各省邮局，仍令发行，尤为轻蔑民国之铁证。本部邮政司成立以后，因邮政人才缺乏，特与上海邮局洋员商定，派学生二人入局学习。讵未及兼旬，帛黎竟电该洋员，逼令该生立时出局。似此情形，我国用人行政之权几归乌有。今日报公会请减轻邮费，本部固乐与扶持。兹特将邮、电两司合议电费减轻四分之一、邮费减轻二分之一办法呈报钧案，如蒙许可，即乞令下本部，即由本部电达帛黎，饬其遵行。并恳电知袁大总统，就近饬令帛黎遵照办理。谨呈。

第五十二号

三月三十日星期六

目　　次

咨

大总统咨参议院议决海军部官职令草案文

大总统咨参议院议决稽勋局官职令草案文（附法制局原呈）

大总统咨参议院将陆军部概算册中之卫戍费一项取销文

令　　示

大总统令各都督保护人民生命财产电文

大总统抚恤廖传珣等令文（附陆军部原呈）

大总统令财政部将黄兴等呈请拨助拓殖协会经费三十万元编入预算文

陆军部谕军官学校及入伍生队文

财政部批湖南唐辰等请改良厘务章程办法呈（略）

财政部批两江法政学员张廷骏等条陈整顿厘务并恳酌量委用呈（略）

财政部批复旦公学谢大垣请委员分往皖南督收木茶税呈（略）

财政部批前办镇江运北统捐局委员余庆龄请复设镇江米市恳准委员办理呈（略）

财政部批商民胡承睢请提倡坐股开设银行呈（略）

财政部批商人贾凤威请于无锡分设银行推行钞票呈（略）

财政部批号商陈薰请发还沪关押件余产呈（略）

财政部批江宁商务总会请分设银行于徐州呈（略）

司法部批南京地方审判厅厅长杨年申报夏仁沂等调补该厅庭长各职呈

司法部批南京地方审判厅厅长杨年申报委任该厅刑二庭庭长及各职员呈

教育部批陈兆葵等创办中国学报请立案呈

纪'事

陆军部请抚恤王詹周李四生呈

交通部职员名单

禁烟公所职员名单

杂 报

大本营总兵站通告

号外附录

咨

大总统咨参议院议决海军部官职令草案文

查海军部官职令草案，前据该部呈送前来，经交由法制局审定在案。兹复据法制局将该项官职令草案缮具清折，呈请鉴核前来。相应备文咨请贵院迅赐议决，以便颁行。此咨。

大总统咨参议院议决稽勋局官职令草案文（附法制局原呈）

设立稽勋局一事，前经贵院议决可行在案。兹由法制局拟定临时稽勋局官职令草案，呈请鉴核前来。合即缮清原案，咨请贵院议决施行。此咨。

计送临时稽勋局官职令草案一件

附法制局原呈

法制局长宋教仁为呈送事。案奉三月十五日大总统令开：兹准参议院咨开，二月十九日，准大总统咨开设立稽勋局一案，又二月二十七日咨请本院将此案从速付议；并于稽勋局设一捐输调查科，专调查光复前后输资人民，其持有证券来局呈报，或由他项方法确实证明者，就其输助金额给以公债票，请本院归并前案议复等语。本院于本日常会议决，稽勋局及局内设一捐输调查科两事，均属可行。惟捐输调查科就输助金额即给公债票一节，似侵入财政范围，不仅含稽勋局性质，务请调查明确后，分别叙勋，其应否发给公债票一层，当另案提交本院等因。准此，合即令仰该局速将稽勋局官制拟就呈送，以便咨请参议院提议。至应设各官，似于总裁之下，尚宜添设顾问、调查等员，而调查员尤宜就省分设额数，以期谙悉情形，不漏不滥。仰该局以编制官制时，一并悉心筹议。前咨参议院原案二件，钞发。此令。等因。奉此，悉心筹议，即速拟订。惟令开总裁之名，与各部院局官职令不能一律，不若均称以长，斯免纷歧。各省调查员额数，须各省斟酌情形定之，未便定额。兹遵令拟就临时稽勋局官职令草案十条，谨缮折呈送，是否有当，伏乞大总统察核施行。此呈。

计呈稽勋局官职令草案清折一扣。

大总统咨参议院将陆军部概算册中之卫戍费一项取消文

据财政部呈称：本月二十一日，准陆军部咨开：准南京卫戍总督徐咨称：本总督府三月分概算书，当时以赶造表册，尚须时日，经先将卫戍军队大概数目，函送在案。惟查敝处预算军队薪饷而外，尚有总督府人员月俸及厅费各项。日昨迭准财政部咨催，经卫戍总督府暨所属军队支用各款，造具表册，全数咨送财政部，并声明嗣后领款，按月由敝处直接向财政部全数领出，以归简便，仍将支用实数造报，送请查核。相应备文，连同表册，咨请查照办理等情。查本部三月分概算书，业经咨送贵部察核。惟其中尚载有卫戍经费一项，兹准前因，自应全数取消，以免歧异等因到部。查卫戍总督府概算，另备专册，共十二万八千六百元三角九厘，其中卫戍费一项，其需现金公债计共银元十万另六千五百十五元。前次陆军部所送概算清册，又复将此项列入，自系重复。应照陆军部来咨，即将该部概算册内之卫戍费一项取消，以符概数。理合备文呈请鉴核，俯赐转咨参议院查照施行等情前来。为此相应咨请贵院，将陆军部概算册内之卫戍费一项取消，以符概数而免歧复。此咨。

令　　示

大总统令各都督保护人民生命财产电文①

各省都督鉴：临时大总统孙令，此次改革，原为救民水火。乃闻各省光复以来，各地方行政长官及带兵将领，良莠不齐，每每凭藉权势，陵轹乡里。有非依法律辄入人民家宅，搜索银钱、衣物、书籍据为己有者；有托名筹饷，强迫捐输，甚且虏人勒赎者；有因小忿微嫌，而擅行逮捕人民，甚或枪毙籍没，以快己意者；排挤倾陷，私欲横溢，官吏放手，民人无依。若不从严缔治，将怨郁之极，铤而走险，恐非地方之福。现在地方官制尚未颁行，各省都督具有治兵察吏之权，务须严饬所属，勿许越法肆行。一面出示晓谕，人民有受前项疾苦者，许其按照临时约法来中央平政院陈诉，或就近向都督府控告。一经调察确实，立予尽法惩治，并将罪状宣示天下，以昭儆戒。本总统虽解职在即，然一念及民生涂炭，国本所关，不敢自暇。愿我各省都督百僚有司

---

① 此文后署二十八日，应是三月二十八日，黄季陆编《总理全集》作四月，误。

共勉之。此令。廿八日。孙文。印。

大总统抚恤廖传珤等令文 （附陆军部原呈）

据呈管带廖传珤运动革命多年，卒惨死于淮南蚌山之役，请照左都尉阵亡例赐恤。其队官朱广凤、李允觉，排长王怀盛、徐兆丰，亦同时殉义，请照右都尉暨大军校阵亡例赐恤。其军士十余人，请并准予附祀该忠义祠。又决胜团学生队王卓、詹蒙、周廷章、李儒清转战武汉，中弹毙命，情形极惨，经各处报告确实，请照大军校阵亡例恤赏，自系阐幽表忠之意。为此令行该部，仰即遵照办理，以恤生者而慰忠魂。此令。

附陆军部原呈

为呈请事：案准第一军长兼皖军总司令柏文蔚咨开：据第七旅长袁家声呈称：窃查旅长所属旧制第八营管带廖传珤，字璞纯，安徽凤台县人，于前清光绪三十一年入皖省征兵营充当兵士，旋由弁目挑入讲武堂研究战术。三十三四两年，徐锡龄〔麟〕、熊成基举事，与其胞兄廖海粟均与谋，事败，逮捕将及，不得已避回本籍。彼时熊成基亦避入淮上，隐匿传珤家，得免于难，传珤兄弟维持之力居多。去年春，广东黄花冈之役，其兄海粟得同志招致书，亲赴上海，即嘱传珤运动淮上各州县响应。事虽未成，而传珤奔走呼号，经营惨澹，心力俱瘁，亦云极矣。九月十五，光复寿州，传珤率乡团五百人，直入东门，满兵素慑其名，故不战而溃。寿既复，公推为淮上总指挥，辞不任，愿亲率一营北向杀贼。旋以江防溃兵经过凤阳，与第八旅杨穗九相拒，奉总司令命令，随同旅长赴凤援助。十月十三日下午八句钟，船抵蚌埠，探悉金陵光复，首恶张勋及满员铁良由明光强登火车北来。传珤力请堵剿，以除后患。该营与袁子闵炮营均扼守蚌山。敌至，身先士卒，鏖战至五时之久。及至敌已抢山而上，他营均已退却，山上仅余其队官朱广凤、李允觉，并其排长王怀盛、徐兆丰等十数人，犹复挥刀力战，不稍畏怯。初两队官、两排长于我军退却时，力劝传珝急走。传绍死不肯下，竟至身中五枪，登时殒命，而两队官、两排长亦以保护传珝，不忍遽去，遂同时遇难。旅长查传珝立志之坚，处心之久，临敌争先，不惜身命，而死事尤极惨烈，应请建立专祠，俾其两队官朱广凤、李允觉，两排长王怀盛、徐兆丰，及同时阵亡诸兵士等从祀其中，并请恤其寡妻弱子，以慰死者之心，而作生者之气。为此将廖传珝战死情形，呈请军统鉴核，转咨陆军部准予建立专祠，并恤其妻子前来。据此，查该旅长旧属管带廖传珝，坚持革命，奔窜经年，卒惨死于淮南蚌山之役。其队官朱广凤、李允觉，排长王怀盛、徐兆丰亦同时殉义。该旅长所请建祠赏恤各节，自是阐幽表忠之意，备文咨请前来等因。准此，查该管带廖传珝暨两队官、排长为国殉义，核与阵亡例相符。该管带应照左都尉例赐恤，该两队官应照右都尉赐恤，两排长应照大军校赐恤，及军士十余人并应准予附祀该忠义祠，以慰忠魂。理合呈请大总统核夺施行，实为公便。须至呈者。

大总统令财政部将黄兴等呈请拨助拓殖协会经费三十万元编入预算文

据黄兴等呈称：窃查世界列强，近皆注意于保护产业，各以扶植己国权利为唯一无上之政策。自西葡航海移殖以来，德于南美阿很第那、于亚细亚土尔其及巴尔干半岛，英于南亚非利加、尼勒河流域、扬子江流域与夫印度、波斯之间，俄于满洲、蒙古、伊犁及波斯、土尔其，法于亚非利加及南亚细亚，皆扶植殖民之势力，而蓄谋甚阴。近益举世风靡，时会所趋，无待赘述。我国领有东西北满蒙回藏数万里，扼要之地，慢藏海盗，以资外人。为国防计，何以固吾圉？为外交计，何以殖吾力？为经济计，何以阜吾财？为财政计，何以足吾用？藩篱既撤，堂奥岂能晏然？每一筹思，辄为心悸。

现在共和成立，百废具举，而拓殖一端，尤为当务之急。然兹事重大，断非一手一足之力所可成功。考各国拓殖历史，有因国家政治失宜，纪纲破裂，由脱走本国之人民建立者；有因国家之政策，强制人民移住，遂为后日繁荣之基础者。虽事实各有不同，而其必得国家之协助则一也。今民国建设伊始，上下一心，苟其事为国利民福所关，当不致再蹈亡清壅滞隔阂之弊。兴等不揣冒昧，发起拓殖协会，一面编纂书报鼓吹，以激国民移住之热心，一面组织公司，实行以养国民开拓之实力。惟需款甚巨，既非个人财力所能经营，而招集股份，又恐迁缓难收急效。用敢披沥陈词，吁恳大总统俯念时艰，拨助维持经费三十万元，交参议院列入每年预算案，以便筹办拓殖公司及一切附属事宜，借杜外人觊觎，而植国家富强之基业。伏乞鉴核，允准立案，并指拨大宗经费，以资进行，民国幸甚等情前来。

查吾国民族生聚于东南，而凋零于西北，致生聚之地人口有过剩之虞，凋零之区物产无丰阜之望，过与不及，两失其宜，甚非所以致富图强之道。拓殖协会之组织，实为谋国要图，国家自应协助。除批示外，为此合行令仰该部将该协会所请维持经费三十万元，即行编入每年预算案，即交参议院核议。切切！此令。

陆军部谕军官学校及入伍生队文

为通谕事。照得军官学校及入伍生队，皆为造就军官以备民国之干城而设，其人格至尊，其责任亦至重也。而其中教育惟一之要素，全在"服从"二字。但服从之义，在平人为相对主义，在军人实为绝对主义。相对主义者，对于是则服从，对于非则不服从；而绝对主义者，则无论如何，皆应服从者也。军人何以有此种义务？因国家所倚者惟军队，军队所重者在军纪，服从为军

纪之特质。破坏国家而军人之尊荣亦失，故服从实服从军纪，非
服从个人也。服从之定义如此。乃竟有学生往往因一己之私见，
聚众要挟，反抗长官之命令，且遇见校队内外各级长官，并不致
敬。此等恶习，实属大干军纪。该生等须知，今日为学生，他日
即为官长，较之兵士不同。敬礼长官，即表示军人之精神，尊重
自己之人格，并非卑辱军人之事。该生等万不可再蹈此种恶习，
而损军人之荣誉。为此剀切通谕，仰军官学校校长、入伍生队
队长，转谕该生等，以后遇有聚众要挟、反抗长官之事，无论
学生人数之多寡，凡预事者，一律开除惩办，决不姑宽。而对
于无论校队内外各级长官，均须一律致敬，以肃军纪而整校
规。此谕。

司法部批南京地方审判厅厅长杨年申报夏仁沂等调补该厅庭长各职呈

呈悉。该厅民二庭长卞福孙辞职，自应呈由该管官厅申请本
部核办。该厅长竟敢擅行委任，实属藐玩已极。为此批示，仰该
厅长速将第二初级厅推事夏仁沂、代理推事尹道龙调回原任。所
遗民二庭庭长一缺，听候本部咨由江苏都督，饬该管官厅派员接
任可也。此批。

司法部批南京地方审判厅厅长杨年申报委任该厅刑二庭庭长及各职员呈

呈悉。该厅刑二庭庭长卢重庆、民一庭推事袁希濂相继辞
职，该厅长自应叙由呈明管辖官厅，申请本部分别办理。该厅长
无任法官之权，何得擅行委任，实属藐玩已极。本部现已据呈咨
由江苏都督饬该管官厅派委矣。为此批示，仰该厅长速将所委之
涂景曦、屠铨立即取消，听候派委可也。此批。

教育部批陈兆葵等创办中国学报请立案呈

呈悉。学艺进化，由简单而复杂，专己守残，固非通轨，远求近舍，亦背常经。我国周季，九流并兴，学艺之盛，比隆希腊；宋明理学，亦足与西洋中古之烦琐哲学相颉颃。海通以来，欧化输入，老师宿儒，屏斥勿道，而醉心新学者，至欲举经史百家悉束高阁，则亦惑之甚者也。陈兆葵等创办中国学报，将以阐发古微，昭宣国粹，使承学之士，有所据依，以通新旧之邮而证异同之说，用意至善，所请立案，自应照准。此批。

纪　　事

陆军部请抚恤王詹周李四生呈

陆军部总长黄兴为呈请事。案据电信局队长杨乃清等呈称：与王卓同肄业于南京陆军第四中学堂。闻武昌起义，清同学生五十余人，编成决胜团学生队。九月六日起程，初九日抵武昌，初十领令迎敌汉口。卓奋勇争先，弹伤左腿，行经水际，复中敌弹，堕水而死。所死之地，遂为北军所占，尸骸无从寻觅。清等同乡同学，又同经战阵，其死伤情形，均所目见。本月二十二日，卓父拱枢自家来宁，述其祖母闻耗哀恸逝世，其妻痛哭求死，亲老妻寡，衣食莫措等情。据杨子嘉呈称：汉阳战时，决胜团学生队，在汉阳助战，阵亡王卓、詹蒙、周廷章、李儒清等四名，请予抚恤等情前来。据此，查该故生王卓，浙江台州人，龙王庙阵亡；詹蒙，浙江处州人，琴断口阵亡；周廷章，湖北广济县人，李儒清，贵州兴义县人，均于汉阳阵亡。该故生等转战武汉，中弹毙命，经各处报告确实，殊堪悯恻，应照大军校阵亡例恤赏，以恤生者而慰忠魂。理合呈请大总统鉴核施行，实为德便。须至呈者。

交通部职员名单

承　政　厅

秘书长	程　济
秘　书	尤　桐　刘　芬　胡　健　余光粹
	李载赓　王震良
参　事	陈　涛　沈步洲　梁上栋　张通典
编　纂	姚东彦　陈　非
司　务	周亮才　沈怡中
主　计	孙芷沅
视　察	童　熙　裘载深　张承樵
录　事	黄嘉祥　陆　甸　胡柏龄　杨　基
工　监	吴国良
工　师	陈青州　王明照

邮　政　司

司　长	陈廷骥
总务科科长	黄国俊
科　员	陈履祥
经画科科长	王文蔚
科　员	沈承霈　黄　敏
通阜科科长	唐汉生
科　员	容乃功
文牍科科长	唐文启
科　员	徐德培　胡敬一
录　事	陈忠涛
审　查	钱春祺

航　政　司

司　长	叶兆崧
总务科科长	郑洪年

科　　员	邱其裕	楼祖迪	杨智生	谢学霖
管理科科长	关葆麟			
科　　员	孙蔚生	吴　桢		
筹画科科长	梁　和			
科　　员	王瑞年	张　道	邓露村	胡厚泽
	苏抟云			
录　　事	仰业漾	朱寿康		

路　政　司

司　　长	颜德庆			
总务科科长	杜立权			
科　　员	章理纶	段体全	李国骥	周诗祉
	俞毓南			
工务科科长	李壮怀			
科　　员	伊援一	钱世禄	吴世翔	陇高显
运输科科长	杨　若			
科　　员	魏武英			
计理科科长	章锡和			
科　　员	许道生			
录　　事	张　焕	余家镛		

电　政　司

司　　长	王蕴登		
总务科科长	谢　霖		
科　　员	裘昌年	蒋炜祖	
管理科科长	周传诚		
科　　员	翁之章	王　勃	
工务科科长	伍守彝		
录　　事	孙焕章	陶凤鸣	

禁烟公所职员名单

总　　理	石　瑛
顾　　问	丁玉华
文牍科长	朱　侗
文牍科一等科员	马国文
文牍科二等科员	孙以骧
文牍科三等科员	程毓芳
调查科长	潘宗瑞
调查一等科员	郑象塈　杨少俊
调查二等科员	陈文海
调查三等科员	陈　谟

杂　报

大本营总兵站通告

奉大总统令开：照得战局告终，大本营着即取销，所有兵站业务，统归参谋本部兼理等因，奉此。本总站遵即于三月底将镇江、蚌埠两支站，扬州、清江、临淮、徐州、浦口各出张所，一律取销，仅留上海支站及下关总站，办公处移交前参谋本部。兹闻参谋本部总站设在下关，参谋本部支站设在上海，嗣后各军如有运输事务，可向该两处接洽办理可也。大本营总兵站谨启。

附录：电　报

申报暨各报馆、南京中央公报、北京国风日报馆均鉴：蒋都督乞赈电文如左：北京大总统袁、南京大总统孙、张季直先生均鉴：前次电恳大总统先拨数万金，以救江北灾民之急，此电计登钧览。窃查江北近数年中，无岁不有水灾，无年不有饥馑，人民困苦已达万分。去年夏秋之际，水患更甚于前；秋冬之间，继以变乱，灾情之重，为十数年来所无，亦为东南各省所希有。今筹赈者方留意于皖，以为皖北之灾，甚于江北。其实江北受灾、与皖不相上下，且间有数处受灾较重于皖，此不可不辨者也。自城内粥厂设立以来，各处饥民争赴恐后，浦城内外饥民麇集数万。虽一瓢糊口，苟延残喘于须臾，而冻馁交攻，必丧沟渠于异日。前日王家营分设粥厂，饥民大至，有行至中途颠踣气绝者，有略被拥挤一蹶不起者，每日饿毙，必有百数十人。死者枕藉于途，生者号呼于野，种种惨痛之状，口不忍言，目不忍睹。其设有粥厂之地而耳目所及者，情形如是，未设粥厂之各属，耳目所不及者，情形更可想而知。雁行德薄能鲜，忝视此方，而坐视灾民之日有死亡，力不能拯，中心如捣，日夜彷徨，敢作九阍之呼，急效秦廷之哭。伏乞大总统念江北之遭灾，悯饥民之垂死，迅拨十万或七八万金以充急赈而救灾黎，不胜迫切待命之至。江北蒋雁行九叩。宥。印。江北都督府机关报处。沁。印。（清江浦来电一）

上海申报暨各报馆、中央公报、国风日报均鉴：蒋都督请赈电如下：北京袁大总统、南京孙大总统、实业部长张钧鉴：前奉总统来电，以江北灾情甚重，已筹款发交张总长分别办理。惟现在清淮一带，饥民麇集，饿尸载途，秽气散于城郊，且恐郁为鼠疫。当此野无青草之时，实有朝不保夕之势。睹死亡之枕藉，诚疾首而痛心。虽设有粥厂，略济燃眉，无如来者愈多，无从阻止。粥厂款项不继，势将停止。苟半月内无大宗赈款来浦接济，则饥民死者将过强半，即有数百千万之巨款，亦不能重起饿莩于九原，令其受赈。为此情急，沥血电陈。可否仰求总统、总长俯念灾民垂毙，急救目前，无论何处迅拨数万金，由总长派员经理其事，俾饥民得暂缓须臾之死，以待夏秋之成，雁行不胜迫切待

命之至。江北蒋雁行叩。江北都督府机关报处。效。印。（清江浦来电三）

各省衙门均鉴：本日临时大总统命令：达赖喇嘛、班禅额尔德呢、哲布尊丹巴呼图克图分驻蒙藏；为黄教宗主，历辈相传，咸深信仰。凡我蒙藏人民，率循旧俗，作西北屏藩，安心内向。近年边疆大吏，措施未善，每多压制，甚且有一任官吏敲诈剥削，以致恶感丛生，人心涣散。言念及此，不禁慨然。现在政体改建共和，五大民族，均归平等。本大总统坚心毅力，誓将一切旧日压制弊政，悉行禁革。蒙藏地方，尤应体察舆情，保守治安。兹据驻京札萨克喇嘛等公恳组织蒙藏统一政治改良会，核其宗旨，系为宣布五族平等，伸我蒙藏人权起见，应准其先行立会。自兹以往，内外札萨克蒙古各盟旗暨两藏地方，历来疾苦之事，应候查明，次第革除。并望各王公、呼图克图喇嘛等，于中央大政及各该地方应兴应革事宜，各抒政见，随时报告，用备采择。务使蒙藏人民一切公权私权均与内地平等，以昭大同而享幸福，是所至望。此令。京。有。印。（北京来电七十七）

【各】衙门均鉴：本日命令，临时大总统令：任命彭英甲补授甘肃布政使。此令。京。宥。印。（北京来电七十八）

北京袁大总统、各部院、南京孙大总统、各部院、武昌黎副总统、各省都督、各议会、各埠报馆均鉴：民国初立，治理万端，稍涉疏虞，便成凿枘。延闿自维学识浅陋，无补时艰，故自大总统就职及提出国务卿以来，未尝以一言发表政见者，深恐以无当之言，有尘清听耳。顷奉黎副总统祃电，词意痛切，精诚曝著，所言与其断送于今日，宁补救于将来，精理名言，深为钦佩，诸公明达，谅予赞成。抑延闿更有陈者：各省先后起义，怀抱之目的虽同，而进行之手续或异。以言军事，则骄惰成习，不识服从为何物。以言民事，则司法行政，时有冲突。财政困难，尤其小焉者。至于法令条件，虽不能规定于戎马仓皇之日，亦当举纲领于政府初建之时。愚以为国务员固应即时确定，其以后之积极进行，当悉听命于中央政府，而以国会为监督机关，以符民国政体。不然，南北虽一家，仍不统一，此中危险，更何以治内而对外乎？观前清政治，各省自为风气，议者讥为十八国。此次革命收功，允宜统筹至计，幸毋因陋就简，再种恶因。若夫用人行政，虽在大总统权限之中，特从前名誉已坏，为民国所不认可者，自不宜再留于政界。倘或因统一而实行专制，因共和而未能协同，凡皆足以致前途之危，酿第二次革命之惨。诸公高明，当亦深慨于此而急图补救者。延闿不才，谨贡区区，伏维鉴谅。湘都督谭延闿叩。印。（长沙来电七十九）

南京孙大总统、武昌黎副总统、南京参议院、各省都督、各军司令公鉴：本会已于三月廿五日开成立大会，议决会纲，并派员赴宁促成统一政府。宁、苏、浙、豫、皖、奉、吉、黔、粤、鄂、燕、鲁、晋十三省，又蒙古、临淮、江北、热河、察哈尔、上海等处代表共五十九人均与会。军界统一会。有。印。（北京来电八十）

南京孙大总统鉴：鸦片流毒，其害甚于专制。鸦片一日不除，民国一日不得真自由。恳请大总统速请英国复我自由禁烟之主权。基督教五公会联电。（上海来电八十一）

北京袁大总统、武昌黎副总统、参议院、孙中山先生均鉴：召集国会，应依临时约法第五十三条规定。维持国基，端在守法，私人行动，非以法定组织者，政府断不承认。闽省派员之

事，本都督并未与闻，谨告。闽都督孙道仁。径。（福州来电八十二）

第五十三号

三月三十一日星期日

目　　次

法　制

陆军军官学校暂行条例（略）

咨

大总统咨参议院提前议决协助拓殖会经费文

令　示

大总统令各省都督将解部各款从速完缴文

大总统抚恤烈士李君白等令文（附陆军部请恤各呈）

内务部批陈兆葵等创办中华学报请立案呈

纪　事

参谋部计画全国测量办法致各都督电文三则

杂　报

财政部庶务处元二三月分支款报告

教育部元二月分收支报告

参谋本部总站通告

咨

大总统咨参议院提前议决协助拓殖会经费文

前据黄兴等呈称组织拓殖协会，请由国家拨助维持经费三十万元，以资进行等情前来，业经批准立案，并令饬财政部将该项经费三十万元编入每年预算案，交贵院议决拨给。兹据财政部呈称：查现在统一政府虽已成立，而编订全国预算案尚须时日。此项拓殖协会为国利民福所关，组织自刻不容缓，所有国家协助该会经费，如必俟全国预算案成立之日始行交参议院核议，恐迁缓难收速效。相应呈请大总统，将国家每年协助该会经费三十万元先行咨交参议院核议定案，俾便由政府筹款补助，以资早日成立，庶外足以杜强邻觊觎之萌，内足以植国家富强之基也等由。据此，合行咨请贵院速赐议决，俾得早日施行。此咨。

计抄拓殖协会原呈一份

令　　示

大总统令各省都督将解部各款从速完缴文

据财政部总长陈锦涛呈称：（与第四十三号《大总统据财政部呈送各部院三月分概算书咨参议院议决文》所引陈锦涛呈文同。略。）等由前来。查现当建设伊始，庶政待兴，支出则刻不容缓，收入则的款无多。该部所陈财政窘迫各节自系实情。目下各地秩序已渐回复，各种法制未经颁布以前，其一切应行经征各款项自当照旧征收，解交财政部，以充中央行政各费用。中央与各地互相维持，新造民国乃得立于不敝。我各省贤达有为之都督、司令及百有司，必能深明此义，无俟本总统之反复说明。除照所呈另咨参议院外，为此令仰该都督即将应解部款从速完缴，俾资挹注，切切毋违！此令。财政总长陈锦涛副署。

大总统抚恤烈士李君白等令文（附陆军部请恤各呈）

兹据该部呈称，修造科科长李君白，因在沪赶制前敌炸弹，拌合药料用力过猛，以致轰燃毙命，血肉狼藉。第一师第二旅第四团第二营长江来甫，转战颍州，身先士卒，在战斗第一线中弹身亡，遗骸惨被敌人酷虐。请均照左都尉例给恤。

烈士杨禹昌，历充陆军中学教员，鼓吹革命。去秋武汉起义，奔走津沪，组织一切，厥功甚大，而卒就义于北京。请照右都尉阵亡例，优给一次恤金五百元。

江南将弁毕业生、江西新军队官彭克俭，在萍乡起义事败，为亡清赣抚冯汝骙用酷刑惨毙。安徽炮台管带薛哲，与徐锡麟同谋在皖起义事败，为亡清皖抚恩铭〔朱家宝〕及江督端方惨杀。请均照右都尉阵亡例，给予一时恤金七百元，遗族每年恤金四百元。

前湖北常备军督队官胡震江，在皖与熊成基密谋起义事败，潜至金陵，为端方所捕，瘐死狱中。请照大军校阵亡例，优给一次恤金五百元。

前湖北特别陆军学堂毕业生、巡防营排长胡炤恂，在老河口谋举义旗，被湖北光化县拿获遇害。请照左军校阵亡例，优给一次恤金四百元。

宜章志士彭遂良、彭昭，接应义军，与焦达峰光复湘省，被该县令吴道晋诈诱枪毙，情殊可惨。彭遂良请照大军校阵亡例予恤，彭昭请照左军校予恤，并咨行湘都督查明遗族，分别给予抚恤等情前来。

查以上所开诸烈士，就义之先后虽殊，而其为国为民以身殉国之忠诚则一，所请给恤之处，自应照准。为此令行该部，仰即遵照办理，以安存殁而励来兹。此令。

附陆军部请恤李君白烈士呈

为呈请事。案据第一军军长柏文蔚呈：北伐第一军团经理部正长叶兆崧呈称：修造科科长李君白，于正月三十号晚间七句钟时，在沪因赶制前敌炸弹，拌合药料，用力过猛，以致轰燃。当将科长李君白轰伤，左颊焦灼，双目红肿，右手轰去三指，左脚并已断折，血肉狼藉，其死事之惨，有令人不堪寓目者。当时并轰伤科员黄兆熊一员，现已送医院调治等因。军长伏查该科科长李君白承造炸弹，历经三月，制成极多，发给军用，效力弥大。故此次战必胜，攻必取，杀敌致果，佥称无此炸弹不为功。此次光复金陵，亦以该员炸弹最为得力。该科长学有专长，性尤义烈。曩者以南京未下，束装来沪，力任是务，其所以惨死于难者，亦其平日抱负牺牲身命以救同胞为宗旨。杀身成仁，烈士有焉。在事数月，给以薪资，拒不收受，其坚忍卓绝，廉洁自持，有如此者。第是死者已矣，而生者尚难安存，老耄双亲，茕茕孤婺，伤心惨目，无以自存。今李君白死事之惨，较之前敌士官战殁者无异，具呈恳请照章优恤等情前来。查该科长牺牲身命，力图报国，情节甚为惨烈，用特代陈，仰恳俯准将因公惨毙修造科长李君白照章优恤，以昭忠荩，而励来哲，并恳将其事迹行谊宣付国史列传，以光简册等因。据此，查李君白志趣之超，品行之洁，愤夷乱而肄兵工，几谋十载，造炸弹以济民国，竟燔一朝，家有啼号，国应恤赏。应照左都尉阵亡例给恤，以安存殁而励来兹。除轰伤科员黄肇熊咨行第一军团长查复议恤外，理合呈请大总统鉴核施行，实为公便。此呈。

　　附陆军部请恤彭克俭薛哲二烈士呈

　　为呈请事。按据第一军兵站总监袁开科等呈称：为烈士被害请议恤事：查彭克俭籍隶湖南湘乡县，江南将弁毕业生，与同学杨卓霖、薛哲等在江南一带提倡革命，屡起屡败。复充江西新军队官，因萍乡起义未成，被本队兵士供该烈士为起事之首领，为伪清赣抚冯汝骙讯以酷刑，处以死罪，致遭惨杀，情殊可悯。又查薛哲系安徽人，江南将弁学堂毕业生，充安徽炮兵管带，与熊成基相约在皖起义事败，复被本营排长供该烈士与之同谋。该烈士秉性刚直，志趣高尚，不肯受刑，竟直供不讳，为伪清皖抚朱家宝及伪清江督端方定以死刑，遂为所杀。该二烈士为国捐躯，实深惨恻，恳请赐恤等情前来。窃查本部因痛已死各烈士之惨，曾拟定阵亡恤给专条，呈请批准在案。兹据袁开科等所呈各节，敝部复核无讹。烈士彭克俭、薛哲拟请均照右都尉阵亡例，给予一时恤金七百元，并给遗族每年恤金四百元。是否有当，理合呈请鉴核，并乞批示祗遵。此呈。

附陆军部请恤彭遂良彭昭二烈士呈

为呈请事。案据湖南宜章县彭邦栋呈：窃栋姪彭遂良、彭昭，此次死义宜章，本系接应义军，与焦达峰光复湘省。当以焦君被戕，栋处猜嫌，未敢渎请。今幸民国光复，五族统一，大总统及军政各界追念前此死义诸烈士，分别抚恤，栋不忍避亲属之嫌，湮没义烈，用敢缕晰陈明。良即昭兄，赋性侠烈，痛满政专制，扼腕咨嗟。栋自乙巳游学日本，由刘揆一介入同盟会，丁未被派赴香港经营起义，适总长与中山先生有事南洋，未能得志，旋由胡汉民嘱栋联合湘粤各党人，以为声援。遂良闻之，加入本会。己酉秋，焦达峰、彭蠡、谢饱仁等约栋在郴起义，良慨然以先锋自任，事泄不果。会武汉倡义，遂良率其弟彭昭、彭亮与栋及周廷斌、张清源等，集壮士四百余人，定计先薄宜城。不意清宜章令吴道晋开门诈降，遂良等排队入城，栋令分驻城垣。而吴道晋已暗调周德升率防兵先伏署内，邀同人会议。遂良与吴杰、张清源、胡莆及昭等五人坦然赴会，坐甫定，而枪声四起，遂良身受十余枪，死厅下，昭因救护，亦伤弹而死。比栋率兵赴援，而吴贼已率兵卷饷遁矣。吴贼逃至桂阳，嗾使该县令及郴州牧陈某，利用投效栋营之彭英、李阶平二奸，乘栋巡营城外，喝众倡乱，劫掠栋营，栋遂赴省。现闻奸人吴道晋、周德升等尚盘踞湘垣，彭英、李阶平等仍横行宜章。栋念遂良与昭为国惨死，不忍令其湮没，用敢缕陈死事颠末，呈请总长鉴核，将彭遂良、彭昭死义事实，宣付国史院记录，给予抚恤，以慰忠魂；并请咨行湘都督严拿吴道晋、周德升、彭英、李阶平等究办，以示惩儆等情前来。彭遂良率其弟昭，倡义宜章，为满清该县令吴道晋诈降，诱至署中，伏起，兄弟同时被枪殒命，惨情可悯，忠烈可风。彭遂良拟照大军校阵亡例予恤，彭昭拟照左军校例予恤，咨行湘都督查明遗族，分别给予抚恤，以旌勇烈，而慰忠魂。至吴道晋、周德升等诈降，以致彭遂良兄弟之死，彭英、李阶平等倡乱，以劫彭栋之营，是皆奸人，幸逃法网，应一律严拿查办，以示劝惩。除咨行湘都督外，所有彭遂良、彭昭等议予恤典及吴道晋、周德升、彭英、李阶平等咨行查办情由，理合备文呈请核夺施行。此呈。

附陆军部请恤江来甫烈士呈

为呈请事。案准第一军军长柏文蔚咨开：据第一师第二旅长伍崇仁呈称：窃据阵亡第二旅第四团第二营长江来甫家属江祖照呈称：胞弟江来甫，以前安庆练兵学堂学生，应征南洋第九镇兵士，递迁今职。前奉卢统带命令攻颍，不恤身命，于战斗第一线中弹身亡。在已故大队长生作军人，死为汉族，谅必无憾九泉。惟身后遗骸惨被敌人酷虐，人道全无，闻之惊心，见之刺目。其残尸败骨已于二月二十五号由祖照冒险到颍检查入棺，死者无知，生者何忍。统一甫定，恤典未颁。祖照拟以恤款余资，为亡弟来甫专建家祠，先作阵亡记念。乞发恤银，以便领归故土，借作营葬，建设家祠，庶几上慰亲心，下励行伍，使志士生景仰之心，忠魂得如归之乐。是否有当，理合禀报等情前来。查该营长奋战陷阵，喋血郊原，骸骨断残，实堪惨痛。该族长所请发给恤银以为营葬建祠之用，自应据情呈报，静待表彰等因。准此，查江来甫慷慨冲锋，身首异处，幸乃兄冒险觅尸，始行革裹，际此国风大振，壮士不还，所请恤赏，尤愿自建私祠，洵属忠义两难。除咨复第一军军长外，该故营长应照左都尉例给恤，以妥忠魂。理合具文呈请大总统核准施行，实为公便。此呈。

内务部批陈兆葵等创办中华学报请立案呈

呈悉。溯自欧化滂沛东渐，黄裔沦智导灵，思潮不变，集众矢于一的，遂屏爱亲，纪明效于共和，竞务时学，大辂既就，椎轮行弃，国粹沦丧，识者虑焉。诸君子发撼弘愿，纂述报章，将欲斟古综今，陶铸一冶，汰粕撷粹，折衷群言，掇烬余于秦灰，衍坠绪于国学，至堪嘉尚，自应赞同，拭目观成，准予立案。此批。

纪　　事

参谋部计画全国测量办法致各都督电文三则

各省都督鉴：陆地测量，关系切要。满清时代，中央政府不负责任，划归各省，致涉纷歧。本部现正计画全国测量办法，以谋统一而促进行。所有贵省陆军测绘学生已未毕业人数、履历、成绩及测绘图书仪器名称数目，乞迅速汇齐报部，以备查考。参谋本部黄兴叩。

各省都督鉴：全国测量事业，现经本部设立专局，统筹办理，以归画一。所有各省业经举办之测量事业，暂仍其旧。其未办各省，应即由本部统理，无庸另行举办，以免纷歧。参谋部黄兴叩。

各省都督鉴：本部对于全国测量事业，拟统由中央办理，已于有、罩两次通电贵都督在案。现已计划全国三角测量，先从沿边沿海著手，地形测图及制图两项先分险要重要地点，次第进行。概由中央派员办理。所需人才，查各省已毕业人数将近二千，所有器械亦复不少，均可敷用。俟将经费议案交参议院议决后，即可宣布。合先电闻。贵省测量情形如何？请即电复。参谋部黄兴叩。

杂　报

财政部庶务处元二三月份支款报告

元月份支款自十七号成立日起至三十一号止

支沪地采购（木器铁箱、龙头、铜茶壶、火炉、洋纸、文具）等

洋五百四十九元九角三分八厘

支前项木器送力（每元三分）　　　　　洋八元三角五分五厘

支前项物品由沪运宁转运费（由中国捷运公司代运）

洋三十六元

支前项物品打包装箱费　　　　　　　　　　洋十一元

支前项物品由车站卸至本部脚力　　　　　洋三元五角

支赴沪购物往返川资、栈资、伙食、电报费

洋十一元一角五分

支宁地采购木器杂具等　　　　洋六百十八元三角八分一厘

支纸张、笔墨、账簿印色等　　洋一百八十九元零四分四厘

支磁器（茶杯、水壶、痰盂筒）等　　洋二十九元一角五分四厘

支刻板、刷印等　　　　　　　　　　洋十一元四角三分

支煤炭　　　　　　　　　　　洋三十二元零一分四厘

支邮费　　　　　　　　　　　洋三元四角二分六厘

支汪秀斋搬屋费（该屋充作财政部官产）　　　　洋五元

支购物车力、送力　　　　　　　　　洋五元二角三分

支派员至下关、江浦、浦口一带粘贴发行军用钞票告示四人

旅费　　　　　　　　　　　　　　　　　　洋六元

支下关起银至部车费、脚力　　　　　洋四元五角四分

支杂项　　　　　　　　　　　洋十四元八角二分五厘

以上元月份共支洋一千六百元零零四角九分七厘

二月分支款

支沪地采购（白、黄）铜徽章各二百枚及洋信纸等

洋一百元零零八角

支宁地采购（木器、挂钟、磁器、呼铃）国旗及杂件等

洋五百七十元零四角四分

支纸张、笔墨、账簿、印色等　　洋一百八十五元六角零五厘

支（茶厨）房铁碗盏、水缸、锅炉盖等

洋一百十九元五角三分六厘

支籽油、银砾、艾绒、广丹等（印钞票用）

洋十九元四角六分

支各种布疋、被褥、窗帘、门帘、桌布、抹布等

洋四十四元零七分

支刻板刷印告示等　　　　　　　洋六十三元六角九分

支灯油、煤炭、火盆、火炉、铁管零件等

洋八十六元四角三分九厘

支邮费　　　　　　　　　　　　　　　　　洋四元

支马车费　　　　　　　　　　　　　　　　洋九十元

支（购物因公）车力及送力并公债票等运费

洋三十九元五角一分

支印钞票人六名工资（元月三十一号起二月念五号止）

洋三十二元

支全部夫役元二月工资　　　　　　　洋一百十元

支二月十号起至月底止　　膳费　　上饭每桌洋四角，稀饭每桌洋一角
下饭每桌洋三角，早面每桌洋三角

每桌均以五人计算　　　　　　洋三百三十八元三角五分

支各种报费计十份（自元月十九号起至二月十三号止）

洋六元零八分

支修做门窗、地板、顶板、隔板、表糊、油漆、装配玻璃、建造厨
房、炉灶并屋面等工料　　　　洋六百三十八元一角一分九厘

支杂项　　　　　　　　　　　　　　洋十四元二角四分一厘

以上二月分共支洋二千四百六十二元三角四分

　　　三月份支款（自三月一号起至三月十五号改处为课止）

支购办木器杂具等　　　　　　洋四百六十二元六角六分八厘

支纸张、笔墨、账簿、印色等　　　洋二百十三元一角三分

厨房添置碗、盏、护板、菜架等　　　　洋九元二角九分

支马车费（上半月）　　　　　　　　　　洋四十五元

支各种布疋、被褥、门帘、窗帘、桌布等

　　　　　　　　　　　　　　洋八十三元零二分八厘

支灯油、煤炭、火盆等　　　　　洋六十七元七角八分

支刻板刷印告示等　　　　　　　洋一百十五元一角八分

支购物车力及送力
　因公　　　　　　　洋十九元六角五分

支补发执役十一名二月分工资　　洋十八元六角六分六厘

支邮费　　　　　　　　　　　　　　　　洋七元

支添盖屋瓦、扫房、拾漏、砌灶工料等

　　　　　　　　　　　　　洋一百七十元零三角零五厘

支自三月一号起至
三月十五号止　膳费　上饭每桌洋四角　稀饭每桌洋一角
　　　　　　　　　　　　下饭每桌洋三角　早面每桌洋三角

每桌均以五人计算　　　　　　洋三百三十二元零四分

支各种报费计二十六份 自二月二十一号起
　　　　　　　　　　至三月三十一号止　洋十七元三角六分

支杂项　　　　　　　　　　　洋二十六元零零六六厘

以上三月十五号止共支洋一千五百九十七元一角零三厘

元二三月总共支用开办费洋五千六百五十九元九角四分

　再，前以本部组织之始，凡物品之购置，杂款之开支，均由庶务处经管，供给全部应用。除已按月详细呈报部长核销外，兹届政府统一，理应登诸报端，以昭大信，而征核实。

教育部元二月份收支报告

第一次收支报告元月十六日至三十一日止

收款项下

收陆军部 洋二千元

支款项下

支置备书籍 洋七元一角六分五厘

支地蓆 洋九元三角

支痰盂、洋灯、茶壶、碗盏等 洋五十一元一角三分

支枱橙、棕床、皮箱、叫人钟、自鸣钟等

洋五十五元六角二分四厘

支各部员津贴 洋六十四元

支各部员伙食 洋二十一元二角

支煤油、烛、炭 洋二十二元七角五分

支仆役工资 洋五元五角

支垫给两江师范学堂司役工食 洋五十元

支车马费 洋五十三元六角六分五厘

支邮费 洋三元五角三分二厘

支杂项 洋四十六元八角五分七厘

共支 洋四百二十元五角二分三厘

除支实存 洋一千五百七十九元四角七分七厘

第二次收支报告二月初一日至二十九日止

旧管项下

收元月结存 洋一千五百七十九元四角七分七厘

收款项下

收财政部经常费 洋一千五百六十元

收财政部临时费 洋二千六百元

支款项下

支枱橙、书橱、书架、衣架、棕床等 洋四百八十八元二角

支英文书籍	洋三十元
支大铁箱一只	洋五十六元
支钉书机四只	洋十元
支洋灯、痰盂、叫人钟、自鸣钟、茶壶等	
	洋四十五元五角一分九厘
支钢笔真笔板	洋八元六角五分
支零星用具	洋十四元六角五分
支总次长及部员津贴	洋四百五十八元
支部员伙食	洋八十五元二角七分一厘
支各日报	洋六元五角
支纸张笔墨	洋二十三元一角四分二厘
支公文封套卷宗等	洋十八元三角二分
支各种稿簿等	洋十元五角三分
支煤油烛炭	洋二十元五角六分
支仆役工资	洋二十五元三角九分六厘
支景次长因公赴镇江费用	洋十元
支景次长因公赴沪费用	洋二十元
支垫给高等实业学堂司役工食	洋二十元
支调查南京学堂费用	洋三十六元
支车马费	洋四十四元零六分
支告白费	洋十元
支译书费	洋二十元
支津贴投效人川资	洋二十五四角
支庆祝民国统一灯旗	洋九元八角
支庆祝民国统一酒馔	洋二十七元五角
支庆祝民国统一赏护兵仆役等	洋十六元
支邮费	洋九元零四分三厘
支杂项	洋六十一元二角三分四厘

共收洋五千七百三十九元四角七分七厘　共支洋一千六百零九元七角七分五厘

实存项下

经常费

存洋一千四百二十九元七角零二厘

临时费

存教育公报印刷费洋一百元

存预备高等教育会议费洋三百元

存预备统一国语委员费洋三百元

存预备讲演会补助费洋二千元

共存洋四千一百二十九元七角零二厘

参谋本部总站通告

大本营兵站改归参谋本部兼理，拟于四月一号将设在总统府内之总站，移至下关。嗣后各处如有公文信件，祈投至下关总站可也。

参谋本部总站启

第五十四号

四月一日星期一

目　　次

法　制

陆军部新定勋章章程及图式

咨

司法部咨复内务部马良果系违法应咨江苏都督立即取销文（略）

内务部规定巡警学校暨教练所章程咨各省都督文（略）

令　　示

大总统令交通部取缔电报文

【内务部令南京府知事发给守陵米麦银两钱文文】

大总统批马伯援等请拨款作武汉死义烈士遗孤教养所经费呈

大总统令财政部拨款作武汉死义烈士遗孤教养所经费文

大总统批陆军部请优恤烈士刘道一并附祀忠烈祠呈（附原呈）

教育部批爪哇日惹埠中华学校请立案呈

教育部批中华民族大同会请拨款创设蒙回藏师范学校呈

内务部批僧溥常等请另行开办佛教大同会呈（略）

纪　　事

内务部批警务局长孙润宇建议施行律师制度呈孙大总统文

司法部分职细则

号外附录

法　　制

陆军部新定勋章章程及图式

（甲）勋章之种类

一　第一种给与民国陆海军人之有特别战功者，曰九鼎勋章。

二　第二种给与民国陆海军人之有寻常战功者，曰虎罴勋章。

三　第三种给与民国一般为国尽瘁，功劳卓著人员者，曰醒狮勋章。

（乙）各种勋章之用法

（一）九鼎勋章

（子）九鼎勋章分九等，即自头等以迄九等。

（丑）得有九鼎勋章者，每年按照等级，由国家给与年金，以至该本人死亡之日为止。

（寅）九鼎勋章，头等年金千元，二等年金八百元，三等年金六百元，四等年金五百元，五等年金四百元，六等年金三百元，七等年金二百元，八等年金百元，九等年金五十元。

（卯）头、二等九鼎勋章，给与陆海军上等军官。自三等至六等九鼎勋章，皆可给与陆海军上中次等军官，自六等至九等勋章，皆可给与陆海军士兵。

（辰）给与九鼎勋章时，附给证明书，书内详载受给与者之特别战功，以后给领年金，均以此证明书为据。

（二）虎罴勋章

（子）虎罴勋章分九等，即自头等以迄九等。

（丑）得有虎罴勋章者，仅于战争结局后，给与勋金一次。其数即头等千五百元，二等千二百元，三等千元，四等八百元，五等六百元，六等四百元，七等三百元，八等二百元，九等百元。

（寅）自头等至六等虎罴勋章，皆可给与陆海军上中次等军官。自六等至九等虎罴勋章，皆可给与陆海军士兵。

（三）醒狮勋章

（子）醒狮勋章分九等，即自头等以迄九等。

（丑）得醒狮勋章，如系褒赏名誉者无赏金，其他均有赏金，但其赏金数目，临时酌定，多寡不拘。

（寅）各等醒狮勋章，均可赏与为国家办事人员，及陆海军官佐士兵，但以民国人为限。

四　凡既得各种勋章之人，其后更立战功，或另有功劳者，可换给同种较高等之勋章，或加赏他种勋章。

（丙）勋章之形状及取义

一　九鼎勋章，中刻黄帝象，列五兵于其身旁，外围以九鼎。（参看附图①）其取义，即黄帝作五兵，挥斥百族，定九鼎以显扬战功是也。

二　虎罴勋章，中刻虎罴两兽，外围以花纹。（参看附图）其取义，即前有士师，则载虎罴，以表扬佩此之军人，有如虎罴之势也。

三　醒狮勋章，中刻一狮，外围花纹，上刻一古钟。（参看附图）其取义，即自由钟声，惊醒全国同胞是也。

（丁）勋章之区别

各种勋章之头、二等者，佩于上衣左胸部下方，另由左肩至右胁下，悬大绶一条。头等大绶金色，二等大绶银色。（参看附图）三等者，悬于上衣正中第一扣上，其绶红色，上有白花一朵。（参看附图）四等至九等者，均悬于上衣左胸部上方。四等绶红色，五等绿色，六等黄色，七等白色，八等蓝色，九等紫色。（参看附图）

（戊）勋章给与规则

一　凡在战场有下列特别战功者，给与第一种勋章。

（子）夺获敌人标旗大炮，或捕获敌军军官者。

（丑）身虽受伤，尚力疾从事战斗者。

（寅）在战场中勇敢率先，堪为他人表率者。

（卯）在战斗间，其行为及处置善良，与全军或全体有关系者。

（辰）于最困苦缺乏悲惨之时，尚能泰然从事战斗，足振起他人志气者。

（巳）冒险前进，侦探得敌人军情虚实，或位置者。

（午）能冒险从事，达任务中最重之目的者。

（未）运筹得法，指挥调度适宜，致获全功者。

（申）决死进行，达目的后尚生还者。

---

① 本文所称附图，均未在公报刊载。

（酉）奋不顾身，以救护长官者。

（戌）右列各条之外，其事实功绩卓著，迥异寻常者。

二　凡在战场有下列寻常战功者，给与第二或第三种勋章。

（子）力疾从事战斗者。

（丑）夺获敌军重要军械，及捕获敌军目兵者。

（寅）战斗勇敢率先者。

（卯）冒险从事，虽未达目的，确经履行其任务者。

（辰）在战斗间，其行为处置极善良者。

（巳）指挥调度得法者。

（午）出征人员，于同僚之中任事最为得力者。

（未）于右列各条之外，其事实功绩显著确实者。

令　　示

大总统令交通部取缔电报文

一等官电之设，原为传递紧要公文，务求捷速起见，乃查近日来去电文，长者辄至数百千言，司电报者，收发一电，动经十数小时，始能完结。是不免以一人一事之交通，致碍各方信报。推原其故，实缘官电往来，概未取费，发电之人，遂致不知剪裁，往往以单简之事由，发为繁重之言论。烦人废时，几忘设电本意。甚至匿名诋毁，亦借官电传达。此则官署如林，得印甚易，发送无费，恣意何难。若不设法限制，不特于交通有妨，抑恐别生枝节，致碍要政。为此令仰该部，迅即拟一暂行条例，规定每电至长不得过若干字，并于各处官电酌量取资若干，通饬遵行，以示限制而杜流弊。此令。

内务部令南京府知事发给守陵米麦银两钱文文

顷据周连科、李德明禀称：世守明太祖皇陵子孙，相承五百余年。有田五百余亩，在朝阳门外东西土街、海子河堰等处。明时由守陵人收租，作为工食。迨前清时，田租归上元县征收。除春秋二祭用款外，每年拨归守陵人工食米二十八石，麦二十七石，钱十六千文。又每年小祭期，如正月初一、十五、清明、端午、七月十五、八月十五、九月初九、十月初一、冬至、立春、十二月二十三，及除夕，计十二次，每次给银二两，共二十四两，均逐年发给。今民国肇兴，请饬令南京府知事，照旧颁发银米前来。查孝陵乃前皇坯土，防卫不可不周，该执事请领米银，自应照准。况现今大汉重光，中原底定，明祖有灵，应含笑于地下。吾人拜瞻陵寝，凭吊河山，痛羶腥者二百年，竟雪新亭之恨，巩磐石于千万祀，长怀故主之思。为此仰该府知事，遵照办理。并查明田产若干，收归该府管理。每年所入，除一切应用外，概归葺理房屋、平治道路之用。随时饬令守陵人，认真整理，毋任倾圮芜秽，以重职守而妥灵皇。所有出入用项，仰即报部备查可也。此令。

大总统批马伯援等请拨款作武汉死义烈士遗孤教养所经费呈

呈悉。国民开创，武汉实为首功，而诸烈士血战捐躯，其死义亦最烈。该发起人等，拟设遗孤教养所，既孚博爱之精神，亦协报功之典礼，殊堪嘉尚。所请拨给公债票二万元，作为开办费之处，已令行财政部照拨矣。此批。

大总统令财政部拨款作武汉死义烈士遗孤教养所经费文

据马伯援、居正、丁仁杰、查能一、李俊英、张权、张楚、倪汉信、胡若龙、杨莹、但焘呈称：窃维武汉一呼，天下响应，专制倒幕，百度维新。联五族为一家，合南北为一体，庶政概从公意，元元咸得自由，民国基础，至是确立。微我武汉诸先烈士，掷其头颅，弃其妻孥，以为代价，宁克底此？伯援等尝侧身赤十字会，目击战地，暴尸数十里，地方为之赤。战事方剧，转载伤者之行列，有如鱼贯，疮痍满目，呻吟昼夕。昔人所谓肝脑涂中原，膏血润草野者，殆无以逾此。夫诸先烈既惨淡经营，缔共和之幸福，遗之后人，而己身不获享，或乃有茹痛忍苦、赍遗憾以没者。吾人饮水思源，而不谋所以报之，何以对诸先烈于地下？顾死者已矣，报之曷及？而其后裔，以失怙而家计艰难，无以为生，为数夥颐，遑论教育之事？若将其子若女，集于一处，幼者育之，长者教之，俾后长成，擅一技之艺，足以自立，同享共和之幸福，是亦稍慰英魂之道。此伯援等发起遗孤教养所之微志也。理合联词呈请大总统察核，并恳令下财政部，拨给公债票二万元，作为开办经费，曷胜翘企之至等情前来。

查民国开创，武汉实为首功，而诸烈士死事之惨亦独烈。该发起人等遗孤教养所之设，既照博爱之忱，亦协报功之义。所请拨给公债票二万元之处，即由该部照拨可也。此令。

大总统批陆军部请优恤烈士刘道一并附祀忠烈祠呈 （附原呈）

呈悉。应准如所请，仰即查照给恤杨烈士卓林例，一体办理可也。此批。

附原呈

为呈复事。本月二十七日，奉大总统令开：兹据汪兆铭等呈称：湖南烈士刘道一，游学日本，与其兄揆一，密谋光复。结会党首领马福益，于甲辰冬，起兵浏阳，事败乘间走日本。苦心计划，联络会党，传播革命思想。岁丙午，复与党首萧克昌等，起义于萍、浏、澧等处，事败被逮，狱吏用酷刑讯供不得，遂以烈士佩章所镌"锄非"二字定狱，从容就义，死事极惨。方今民国成立，共和永建，凡从前为国死义之士，均已先后表章〔彰〕各在案。烈士尽瘁革命，屡蹶愈奋，联络各党，鼓励民气，厥功甚伟，而惨遭亡清官吏之毒杀，遗骸至今未掩，行路悲哀，尤堪悯恻。自应准予列入大汉忠烈祠，同享祀典，并将事迹宣付国史院立传，应得恤典，仰陆军部查照恤赏章程，从优核办，以顺舆情而慰忠魂为要。此令。等因。奉此，遵即饬由军衡局核议去后。兹据复称：刘烈士道一，尽瘁革命，为国捐躯。应请援照给恤杨烈士卓林例，优给刘道一恤金一千元，并附祀大汉忠烈祠，以示体恤而慰幽魂。部长复核无异，理合备文呈请鉴核。可否，仰候批示祇遵。此呈。

教育部批爪哇日惹埠中华学校请立案呈

呈悉。查初等小学毕业，应请地方官立案。华侨学校远隔海外，亦未驻有领事，与国内情形不同，立案一节，自应照准。惟披阅毕业各生履历表，多十四岁至十七岁者。该校既以养成初级师范为宗旨，此种初等毕业学生，年龄过大，势不能尽行升入高等小学，又安望其升入初级师范。此后招收新生，宜注意学龄。学龄已过者，当别设补习科，庶学校得造就全材，而年长者仍无失学之虑。该总理等，不忘祖国，输款兴学，热心教育，深堪嘉许。尚期遵照部颁暂行办法，通令始终维持，力求完备，本部有厚望焉。

教育部批中华民族大同会请拨款创设蒙回藏师范学校呈

呈悉。中华民国既合五大民族而成，自应施以同等教育。蒙、回、藏语文各异，尤应首先养成师资。该会以联络五族为主义，复创设蒙、回、藏师范学校，意在广施教育，共同进化，深堪嘉尚。本部成立伊始，经费异常竭蹶，所请先拨开办费五万两一节，碍难照准。此批。

纪　事

内务部警务局长孙润宇建议施行律师制度呈孙大总统文

呈为建议施行律师制度，以祛诉讼之障碍而辅司法之完成事。窃维司法独立，为法治国分权精神所系，而尤不可无律师以辅助之。前清效法泰西，颁行法院编制法，设置司法官厅，以谋司法独立组织，未尝不力，顾行之期年，仅少数都会之区，得以成立，而民间已咸称不便，司法机关，用是不能发展。推原其故，由于律师制度之不施行，律师制度不施行，则人民之对于司法官厅，不免生种种之恶感。其现象有三，试略陈之。前清旧习惯，司法、行政掌之一人。诉讼胜败之数，往往视诉讼者之人情势力以为差。朝进苞苴，夕释狴犴。大绅一刺，小民覆盆，固已视为惯常。司法官厅设而一般武断乡曲者流，不能遂其鱼肉之愿，此恶感之生于劣绅者一也。满清恶习，官吏听诉，惯行专制手段，枉尺直寻，惟意所欲。近虽另设官厅，而以司法人才之缺乏，类多以旧时官吏考充。此等法官，不过粗习法政，而旧时积习，渐染已深，时有渎职之行，授人以口实者。以一浊而累众清，此恶感之由于不肖法官者一也。从前受诉，胥归州县，并蓄兼收，无所区划。自法院设置以来，厅分审检，案别民刑，其间复多阶级权限之殊。诉讼人不察，动以管区违□却下，东西奔走，几于欲诉无门，此恶感之出于不谙法律之徒者一也。综此三者，致生诉讼上无穷之障碍。欲去障碍，是非设置律师制度不可。盖有律师，为诉讼人攻击辩护，事事依据法律，绅既无所容其觊觎，官亦不能稍有徇违。而自起诉、检查一切手续，皆有律师为之前导，不致仍前无所适从。民间恶感，非但可以消除，而律师之信用既彰，则于司法机关，且可因以发展，其关系诚非浅鲜。查泰西文化各邦，皆有律师法之规定，日本维新之初，于明治二十三年颁行裁判所构成法，随后即颁行辩护士法。诚以司法独立，推检以外，不可不设置律师与之相辅相制，必使并行不悖，司法前途方可达圆满之域。比自光复以后，苏沪各处，渐有律师公会之组织，于都督府领凭注册，出庭辩护，人民称便，足为民国司法界放一线之光明。然以国家尚无一定之法律巩固其地位，往往依都督之意向，可以存废。故各处已设之律师机关，非但信用不昭，且复危如巢幕。若竟中止，则司法前途，势必重坠九渊。润宇怒焉忧之，谨于公余之暇，采取东西成法，就吾国所宜行者，编成律师法草案若干条，呈请大总统，俯念律师制度，关系紧要，准予咨送参议院议决施行，庶司法机关，得以完固，民间冤抑，凭此雪伸。国家幸甚，人民幸甚。合肃具呈，仰祈鉴核施行。谨呈。

司法部分职细则

第一　承政厅

秘书长，承部长之命，掌管机要文书，并总理承政厅事务。

秘书，承上官之命，分掌事务如左：

一、铨叙科　掌全国法官及其他职员之考试、视察、任免，暨陪审员、辩护士之身分名籍等事项。

二、经画科　掌全国审判厅之设置废止，审判管辖区域及其变更事项。

三、统计科　掌调制全国审判厅民刑诉讼案件，及监狱之统计事项。

四、稽核科　掌稽核全国审判厅诉讼费用、罚金，及没收物品等事项。

五、文牍科　掌理一切公牍函电事项。

六、交涉科　掌华洋会审，及犯人引渡，并其他涉外事项。

以上六科，各置科长一人，科员由部长酌量事务之繁简定之。

参事承部长之命，掌理审议及草拟稿案事务。

事务官，承承政厅指挥，分掌事务如左：

一、庶务员　掌本部厅司各庶务，管理一切夫役人等事项。

二、会计员　掌收支本部金钱事项。

三、收发员　掌收发本部文牍事项。

四、监印员　掌保管及启用本部印章事项。

每科员额由长官酌量定置。

工师、工手由长官酌量定置。

第二　法务司

本司置司长一人，承部长之命，总理本司一切事务。

一、民事科　掌全国民事诉讼，及非讼事件之报告存案事项。

二、刑事科　掌全国刑事诉讼，及报告存案事项。

三、户籍料　掌全国户籍之报告存案事项。

四、执行科　掌赦免、减刑、复权及执行死刑事项。

以上四科，各置科长一人，科员由司长酌量事务之繁简，呈请部长定之。

第三　狱务司

本司置司长一人，承部长之命，总理本司一切事务。

一、经画科　掌全国监狱之设置废止，及变更事项。

二、监视科　掌监督全国狱官，视察罪犯习艺所，及假出狱、免幽闭、出狱人保护事项。

三、营缮科　掌全国监狱之建筑事项。

以上三科，各置科长一人，科员由司长酌量事务之繁简呈请部长定之。

附录：电　报

袁大总统、武昌黎副总统、南京孙大总统、各部总次长、参议院、各省都督公鉴：前据王兴汉、陈聚呈称：查前大清银行，总行虽在北京，枢纽全在上海。历年推广分行四十余处，司其事者，藉官权以夺商利，挟部势以搜公款，营业遂占优胜。年来海内商业凋敝，不予维持，汇号钱庄，大受倾轧，以致相率倒闭，市面一空，贻害大局，实由于此。其资本银一千万两，名曰官商各半，其实商股甚微。股票为京官权要垄断得之，故满清度支部倚为外府，官中公款，与官中私款，又较商家存储为独巨。约计该行收放约银六七千万两，除真系商款往来外，何一非官款？该行经理宋汉章、胡六芗等，狼狈为奸，乘机而发。时值上年九月，上海光复，预防民军政府干涉，遂觅寓沪三五股东开会于该行，冒称全体股东，以谋抵抗，并将现银契据寄贮洋行，一面移甲作乙，暗将公款改为私款，使民军无从究诘。遍登日报，只认官款五百万，其余往来各户存欠、彼此结算等语。逆料民军北伐，满清政府不能图存，道旁苦李，无人过问，而股东多属亲贵官宦中人，可以肆其挟制，即殷富私家存款，亦概置之不付。沪上三五附股者，受其利诱，挺然代挂门面，其实内容茫无知觉。因平时每年股东开会，皆在北京总行，到会者皆有权力巨款之人。各行监督，向属实官，均部员充之，微末商人，附有小股，无从插足其间也。今忽俨然充当会员、议长，姑念实不及此，而宋汉章等，实以傀儡畜之。上年六月，满清度支部通饬各省财政监理官，行文各府州县，有现在大清银行改为国家银行等因在案。可见该行商家附股，已在消灭之中。就令以前官商各半，然其中官款所存，应归民国政府公用，亦属毫无疑义，岂容借口商家股东，出而抗阻之理？乃宋汉章等，罔利营私，弗顾大局，在银行为巨蠹，在民国为公敌，论其大逆不道，已属罪不容诛。尤可异者，南京政府成立，财政设有专部。又乘间以股东会名义，请将该行改为中国银行，握持中央财政出入，要求种种利益，竟敢倡言保存商股五百万两。所有此次民军起义，地方损失，即在官股五百万两内取偿。与上年广告，前后两歧，实属贪诈已极等情，叩请查办前来。据此，查民国成立伊始，百端待理，而财政之竭蹶，异乎寻常。宋汉章等，身为国家银行经理，应顾全大局，竭力整顿。乃计不出此，竟敢捏造吞匿，以图中饱。按之法律，实难宽容。迭经敝处函传质讯，奈该经理恃租界为护符，抗不到案，不得已侦其出界，派员捕获。此事关系财政，本可径送财政部核办。因控案牵涉财政部，故该部理应回避，由敝处照会沪上南北商会，会同敝处委员，秉公核算。总期一切公款，涓滴归公，不使一二奸商任性干没也。谨此电闻。陈其美叩。宥。（上海来电八十三）

孙大总统鉴：漾电悉。痌瘝在抱，无任佩仰。津保被乱兵所扰，保定较重，繁市为墟，商民失业。锡銮莅任，甫经及旬。连日官绅会议，筹办善后。现已开办平粜急赈，并由绅民集合京津保善后协会，实力进行，俟定完全办法，随时奉告。惟款项奇窘，官民并困，无米之炊，难为巧妇。各处兵队，渐复秩序。亟盼望政府成立，方针早定，救灾恤民，莫急于此。特此奉复。直隶都督张锡銮叩。沁。（天津来电八十四）

孙大总统、黄陆军部长、伍外交部长、胡汉民、汪精卫、冯自由诸公鉴：民国光复，黄花冈诸先烈实式凭之。顷拟修复旧茔，拓地为园。募捐之文，非克强先生莫属。迄迅大笔，并望南京诸同志助成其事。盼复。同盟会广东支部夏重民等叩。（广东来电八十五）

袁大总统、孙大总统、参谋部黄总长、各省都督、各司令公鉴：顷接敝省刘公由襄通电：敝军已于昨午安抵襄阳，沿途安静。左军总司令兼河南安抚使刘公叩。等情。复准参谋部黄总长电陈前情。查敝省前以南北交战，荆襄要冲，曾委刘公为北伐左军总司令兼河南安抚使，前往相机抚援，以厚兵力。自共和宣布后，即电饬将原职取消，改为驻襄司令官。乃该军因雨雪连绵，道途梗阻，迟迟始达，犹复用从前职衔，通电报告，致滋疑惑，元洪实深惭愧。除由敝处再电饬遵外，合亟声明。元洪叩。感。（武昌来电八十六）

孙大总统、陆军总长黄、外交总长王鉴：敝处所辖军队，纪律素彰，而对于各国人士，尤极尽保护之力。故青莱等州所驻北军，尚不免时有骚动，而敝处军队，绝不稍碍治安。乃日前唐总理过烟，英德领事晤见时，似形不满意于我军。其中或别有用意，亦未可知。至于领事团会议，请兵来烟，伊等援京津成例，自图保卫，我等固无阻止之心。但其中系少数人意见，并未得领衔领事之赞成。现敝处已编定宪兵队，于领事团界、商界，时为巡防，加意保护，以裨外人乂安。请尊处通告宁沪各领事，转致驻烟领事，各自安处。并请唐总理电达袁总统，知会外交团，无为惶惑为盼。鲁都督胡瑛叩。有。印。（烟台来电八十七）

第五十五号

四月二日星期二

目　次

法　制

大总统宣布参议院议决参议院法公布

参议院旁听规则

咨

参议院咨送议决参议院法文

号外附录

法　制

大总统宣布参议院议决参议院法公布

兹准参议院咨送，议决参议院法十八章共一百零五条前来，合行公布。

中华民国元年三月二日

孙　　　　文印

内务总长程德全副署

参议院法

第一章　总纲

第一条　参议院，设于临时政府所在地。

第二条　参议院，以约法第十八条所定，各地方有五分之三以上派参议员到院，即行开会。

第三条　参议院开会期间，至解散之日为止。

第四条　参议院经议长提议，参议员过半数可决，得休止开会；但休会期间，不得过十五日。

休会期中，有紧急应议事件，议长得通告开会。

第二章　参议员

第五条　中华民国之男子，年龄满二十五岁以上者，得为参议员；但有左列条件之一者，即失其资格：

一、剥夺公权者，及停止公权者。

二、吸食鸦片者。

三、现役海陆军人。

四、现任行政职员及现任司法职员。

第六条　参议员有不合资格之疑者，他参议员得陈请审查，由院公选委员九人审定，报告议长，付院议决定。

第七条　参议员于选定通知到院后，六十日内不报到者，应即取消，由院咨请另选；但甘肃、新疆、西藏、青海、内外蒙古各处参议员，不在此限。

第八条　参议员到院，须提出委任状于议长；但原选地方先有通知者，委任状得于日后补交。

第九条　参议员既到院者，原选地方非得参议院同意，不得取消。

第十条　参议员任期，以参议院解散之日为限。

第十一条　参议员辞职，须具理由书，请参议院许可。参议院许可辞职时，应即通告该原选地方，于一定期间内另行选派。

第十二条　参议院认参议员辞【职】理由为不当时，得劝告留任；但劝告后七日间犹无确答者，应即解职。

第十三条　参议员非有正当理由不得请假；假期间在五日以内者，得由议长许可，五日以上者，须付院议决定。

第十四条　参议员不得任意缺席，违者分别惩罚。

第十五条　参议员不受岁费。

第三章　议长、副议长

第十六条　议长维持参议院秩序，整理议事，对于院外，代表参议院。

第十七条　议长得任免秘书长及其下各职员，并指挥监督之。

第十八条　议长于常任委员会及特别委员会，均得出席发言，但无表决权。

第十九条　议长有事故时，副议长代理其职。

第二十条　议长、副议长均有事故时，得另选临时议长，行议长之职务，其选举方法，准用临时约法第二十四条。

第二十一条　议长、副议长任期与参议院同。

第二十二条　议长、副议长因故请假或辞职，须提出理由书付院议决定；但请假期间在五日以内者，不在此限。

第二十三条 议长、副议长，有违法徇私情节，经参议员十人以上提议，得交惩罚委员会审查后，付院议决定，如多数认为不称职时，即解职另举。

第四章 委员

第二十四条 本院设全院委员、常任委员、特别委员三种。

第二十五条 全院委员以全院参议员充之。

第二十六条 常任委员分设法制、财政、庶政、请愿、惩罚五部，各担任审查本部事件，由参议员用无记名连记投票法互选之，其各部员数由院议决定。

第二十七条 特别委员，担任审查特别事件，由议长指定或本院选出之。

第二十八条 常任委员，得兼任特别委员。

第二十九条 凡被选或被指定为委员者，非有正当理由不得辞职。

第三十条 全院委员长由本院选定，但议长、副议长不在被选之列。常任委员长，及特别委员长，由各委员会互选之。

第五章 会议

第三十一条 参议院除休会外，每星期一至星期五上午九时至十二时为寻常会议时间；但有紧急事件，特别开会，不在此限。

第三十二条 参议院议事日程，由议长编定，先二日通知各参议员，并登载公报。

第三十三条 参议院非有到院参议员过半数之出席，不得开会；但临时约法及本法关于出席员数有特别规定者，从其规定。

第三十四条 参议院会议时，以出席参议员过半数之所决为准；但临时约法及本法，关于表决员数有特别规定者，从其规定。

第三十五条 参议院议决可否同数时，应依议长之所决。

第三十六条 参议员于议案有关系本身及其亲属者，不得参预表决。

第三十七条　凡未出席参议员，不得反对未出席时所议决之议案。

第三十八条　关于法律、财政及重大议案，须经三读会始得议决；但依政府之要求或议长议员之提议，经多数可决，得省略三读会之顺序。

第三十九条　政府提出之议案，非经委员审查不得议决，但紧急之际，由政府要求经多数可决者，不在此限。

第四十条　政府提出之议案，未经本院议决以前，无论何时得修正或撤回之。

第四十一条　议员提出法律案，须有十人以上之赞成者；其他提议，除别有规定者外，须有三人以上之赞成者，会同署名，先期交议长通告各参议员。

第四十二条　参议员于议场上临时动议，附议在一人以上，方成议题，得请议长付讨论。

第四十三条　委员于议场得自由发表意见，不受该委员会报告之拘束。

第四十四条　参议院会议须公开之，但有左列事由，经多数可决者，不在此限。

一、依政府之要求。

二、依议长或参议员之提议。

第四十五条　开秘密会议时，议长得令旁听人退席。

第四十六条　参议院会议之结果，按期编成速记录、议事录、决议录，惟秘密会议事件，不得宣布。

第四十七条　参议院议事细则，另行规定。

第六章　委员会

第四十八条　参议院遇有重要问题，由议长或参议员十人以上之提议，经多数议决者，得开全院委员会审议之。

第四十九条　常任委员会遇有同一问题，须有两部以上协同审查时，得由该数部之同意，开连合委员会审查之。

第五十条　全院委员会，非有委员三分一以上出席，常任委员会及特别委员会，非有该委员半数以上出席，不得开会。

第五十一条　凡委员会均禁止旁听。

第五十二条　常任委员会及特别委员会，得许参议员莅场旁听，但得议决禁止。

第五十三条　各委员长，须将委员会议决之结果报告于参议院。

第七章　选举

第五十四条　依临时约法第二十九条，选举临时大总统或副总统时，参议院应于五日前，将开选举会日期布告全国。

第五十五条　施行选举之前一日，参议员以十人以上之连署，得推举临时大总统，或副总统候补人。

第五十六条　施行选举以前，由议长延请院外相当之行政官或司法官，届期临场，检验选举票。

第五十七条　选举用无记名投票法，其对于候补人以外之投票，作为无效。

第五十八条　选举会投票既毕，即将票柜封锁，以后入场者，不得投票。

第八章　弹劾

第五十九条　弹劾大总统案，非参议员二十人以上之连署，弹劾国务员案非参议院十人以上之连署，不得提出。

第六十条　决定弹劾，须用无记名投票法表决。

第六十一条　弹劾大总统案通过后，即日将全案通告最高法院，限五日内，互选九人组织特别法庭，定期审判。

第九章　质问

第六十二条　参议员对于政治上有疑义时，得以十人以上之连署，提出质问书，由参议院转咨政府。

第六十三条　关于前条之转咨，应酌量缓急，限期答复。

第六十四条　政府答复后，如提出质问者，认为不得要领时，由参议院咨请国务员，限期到院答辩。

但国务员如有不得已事故，不能到院时，得委员代理。

第十章　建议

第六十五条　建议案非有参议员五人以上之连署，不得提出。

第六十六条　建议案通过后，即日将全案咨告政府。

第六十七条　已通过之建议案，政府不能采用时，不得再以建议方式提出于参议院。

第十一章　请愿

第六十八条　国民请愿书，非有参议员三人以上之介绍，不得受理。

第六十九条　请愿书，当付请愿委员会审查，如委员会认为不符格式时，议长应交介绍人发还之。

第七十条　请愿委员作请愿事件表，录其要领，每七日报告一次。请愿事件，如有委员会或参议员十人以上之要求，得提付院议。

第七十一条　除法律上认为法人者外，以总代之名义请愿者，不得受理。

第七十二条　请愿书对于政府或参议院有侮辱之语者，不得受理。

第七十三条　参议院不受变更临时约法之请愿。

第七十四条　参议院不受干预司法及行政裁判之请愿。

第十二章　国务员及政府委员

第七十五条　·国务员及政府委员，无论何时，得到院发言，但不得因此中止议员之演说。

第七十六条　国务员及政府委员，于委员会审查议案时，得到会陈述意见。

第七十七条　委员会，得经议长，要求国务员或政府委员之说明。

第七十八条　国务员及政府委员，于各会议均不得参与表决。

第十三章　参议院与人民官厅及地方议会之关系

第七十九条　参议院不得向人民发布告示。

第八十条　参议院不得因审查事件，召唤人民。

第八十一条　参议院为审查事件，得向政府要求报告，或调集文书。政府除事涉秘密者外，不得拒绝。

第八十二条　参议院审查关系地方之政务，得谘询该地方议会，令其答复。

第十四章　警察及纪律

第八十三条　参议院院内警察权，依本法及本院所定规则，由议长行之。

第八十四条　参议院设守卫警护全院，听议长指挥。

第八十五条　参议员于会议时，有违背院法及议事规则，或紊乱议场秩序者，议长得警告制止之，或取销其言论；若仍不听从，得禁其发言，或令退出。

第八十六条　议场骚扰不能维持秩序时，议长得中止会议，或宣告散会。

第八十七条　旁听人有妨害会议者，议长得勒令退席，或发交警厅。若旁听席骚扰，不能制止时，议长得令旁听人全体退出。

第八十八条　参议员于议场不得用无礼之言辞。

第八十九条　参议员于议场或委员会受诽毁侮辱时，得诉之参议院求其处分，不得私相报复。

第十五章　惩罚

第九十条　参议院对于参议员有惩罚之权。

第九十一条　凡惩罚事件，必交惩罚委员会审查，经院议决定始得宣告。

第九十二条　惩罚之种类如左：

一、于公开议场谢罪。

二、一定之期间内停止发言。

三、一定之期间内停止出言〔席〕。

四、除名。

第九十三条　参议员无故缺席连续至五日者，应酌定五日以上之期间停止其发言，一月内无故缺席至七日以上者除名。

第九十四条　参议员携带凶器入议场者除名。

第九十五条　前二条惩罚事件，得由议长提议；其他惩罚事件，须由参议员五人以上之提议，统照九十一条规定办理。

请付惩罚之提议，须于惩罚事件发生后三日内行之。

第十六章　秘书厅

第九十六条　参议院设秘书厅，掌本院文牍、会计、编制各种记录，并办理一切事务。

第九十七条　参议院秘书厅，设秘书长一人，秘书员若干人，此外必要职员，由议长酌定。

第九十八条　秘书长，承议长之命，管理本厅一切事宜。

第九十九条　秘书员，承秘书长之命，分掌各科事务。

第一百条　秘书厅办事细则，由秘书长拟订，呈由议长核定施行。

第十七章　经费

第一百零一条　参议院经费由国库支出。

第一百零二条　参议院经费，除开办费外，其款目如下：

一、参议员公费及旅费。

二、议长、副议长津贴费。

三、秘书厅经费及守卫经费。

四、杂费及预备费。

第一百零三条　前条所列各款经费，其数目另以支给章程定之。

第一百零四条　前条所列各款经费，除旅费外，由参议院按月制定预算表，咨请财政部提交参议院，分别支给。

第十八章　附则

第一百零五条　本法自公布之日施行。

参议院旁听规则

第一章　旁听券、旁听席

第一条　参议院颁发旁听券，执此券者始得入旁听席；但券面污损不能辨认者无效。

第二条　旁听券有效期间，分为一次及长期二种，明载券面。

第三条　旁听席分为特别席、外宾席、普通席、新闻记者席。

第二章　旁听券之颁发

第四条　各官署人员请求旁听，须有所属官厅介绍；各省议会议员请求旁听，须有参议员介绍。统由秘书长承议长命酌定员数，颁与特别席旁听券，其有效期间，由议长酌定。

第五条　外国人员请求旁听，须有外交部介绍，由秘书长承议长命酌定员数，颁与外宾席旁听券，其有效期间，由议长酌定。

第六条　公众请求旁听，须有参议员一人介绍，即由该议员给以普通席旁听券。

普通席旁听券，限一次有效。其每次应发券数，由秘书长承议长命预行核定，均分于各议员。

第七条　在京各日刊、新闻报馆，应颁与长期旁听券。其券总数，由秘书长承议长命核定，依各报馆协定之率分配之。

京外各日刊、新闻报馆，有请求旁听者，由秘书长承议长命，定其员数，颁与长期旁听券。

第八条　颁给各报馆之旁听券，须记其馆名于券面。

第九条　参议员介绍旁听人，须将旁听人及本人姓名记于券面。

第三章　旁听人应守之纪律

第十条　凡旁听人，应以旁听券示守卫，从守卫指引就其席。

第十一条　一次旁听券入场时，应交守卫截角。长期旁听券应听守卫按日查验，并附名刺。

第十二条　凡携带凶器及酒醉者，不得入旁听席。

第十三条　在旁听席应守左列各项：

（一）不得携带雨具、洋伞、水旱烟具等物；

（二）不得饮食、吸烟及唾涕于地；

（三）不得对于议员言论表示可否，并不得互相谈笑；

（四）不得闯入议场。

第十四条　先期或临时议决，禁止旁听。经本院揭示后，凡执旁听券者，均不得入席旁听。

第十五条　旁听席骚扰过甚，守卫不能即时制止时，议长得命守卫强制旁听人一律退出。

第十六条　旁听人有妨碍议场秩序者，议长得令其退出，重者或发交警署。

咨

参议院咨送议决参议院法文

参议院咨：查中华民国临时约法第三章第二十七条，参议院

法由参议院自定之。兹由本院于本月二十七日常会议决参议院法
十八章共一百零五条，合就缮录全案，咨请大总统查照，希即公
布。此咨。

计咨送参议院法一件。

附录：电　　报

北京袁大总统、段军统、军界统一联合会、黎副总统、各省
都督司令、各报馆鉴：北京军界统一联合会养电悉。现在共和成
立，南北一家，自应消除意见，免启猜疑，努力同心，为中华民
国前途同谋幸福，断不致因从前意见之不同，复存恶感。惟王遇
甲、易迺谦、丁士源、徐孝刚等，前在汉口滥杀无辜，越出战斗
范围以外。例如降兵数百，王遇甲、易迺谦以机关枪惨杀之。白
发老翁，数龄稚子，丁士源亦指为汉奸，缚树枪毙。停战中，徐
孝刚亲以海军大炮，轰击民军，乡民无辜冤死者难以数计。天怒
人怨，鬼哭神号，凡有血气者，莫不痛恨，非因意见不齐，抵抗
民军者可比。暴戾如此，实属惨无人理，此人道之罪人也。王遇
甲等均系南产，以南人而惨戮南人，乡里目为戾气，妇孺不共戴
天。试问遇甲等得心快杀之时，亦曾有南人本是一家之感否？此
乡党之罪人也。南北未经统一以前，尚云意见歧异，及至共和宣
布以后，王遇甲等对于南方代表，谩诋共和，故意挑起南北恶
感，其意何居？此共和之罪人也。以上三罪，有一即不能容于民
国，何况三罪俱备。南方各界，咸称罪大恶极，应行宣布死刑。
如仍旧委用，将何以平服生者，安慰死者？窃恐意外之虞不久发
现，谁将任其咎？贵会既云以国家为先提，自应为民除害；今反
为少数恶人辩护，使数万万人之人心仍不能安，南方之危局仍不
能保，窃惑焉。贵会之名，既为全国军界统一会，则南方军界应
有发言之权。况四凶均属南人，事实在南，见闻确实，万无诬蔑

之理。请速将王遇甲等逐出军界统一会，不然南方军界决不承认贵会。南方军界同人叩。总统府代。

第五十六号

四月三日星期三

目　次

咨

大总统咨参议院报告解职日期文

参议院请更正参议院法条文咨文（略）

令　示

大总统通告解职令文

大总统令陆军部调查开国立功尽瘁及死事者速行分别议恤文

大总统批黄兴等拟设立中华民国民族大同会请予立案呈

大总统准陆军部请抚恤赵康时等令文

内务部令警务学校准换新证书文（附原呈及换领证书规则（略））

教育部批黄家本等改边务学校为拓殖学校择定校舍请予立案并出示保护呈（略）

内务部批桥房业主义渡局等请免拆桥房呈（略）

纪　事

财政部请将会计法草案咨交参议院议决呈

陆军部请抚恤叶仰高等呈

陆军部恳汇案优恤杨韵珂并请分别祀各省忠烈祠呈

司法部办公规则（略）

咨

大总统咨参议院报告解职日期文

前由贵院议决统一政府办法第六条，孙大总统于交代之日始行解职。今国务总理唐君南来，国务员已各任定，统一政府业已完全成立，于四月二日〔初一〕在南京交代，本总统即于是日解职。此后国中一切政务，悉取决于统一政府。本总统受任以来，夙夜忧惧，深恐弗克负荷，有负国人付托之意。今幸南北一家，共和确定，本总统获免于戾，退居林泉，长为自由国民，为幸多矣。此咨。

令 示

大总统通告解职令文

前由参议院议决统一政府办法第六条，孙大总统于交代之日始行解职。今国务总理唐君南来，国务员已各任定，统一政府业已完全成立，于四月初一在南京交代，本总统即于是日解职，是用宣布周知。此后国中一切政务，悉取决于统一政府。本处各部办事人员，仍各照旧供职，以待新国务员接理，勿得懈怠推诿，致多旷废。本总统受任以来，栗栗危惧，深恐弗克负荷，有负付托。赖国人之力，南北一家，共和确定，本总统借此卸责，得以退逸之身，享自由之福，私心自庆，无以逾此。所愿吾百僚执事，公忠体国，勿以私见害大局；吾海陆军士谨守秩序，勿以共和昧服从；吾五大族人民亲爱团结，日益巩固，奋发有为，宣扬国光，俾吾艰难缔造之民国，与天壤共立于不敝。本总统虽无似，得以公民资格勉从国人之后，为幸多矣。此令。

大总统令陆军部调查开国立功尽瘁及死事者速行分别议恤文

溯自武昌雷动，各省云兴，一鼓而专制之幕翻，崇朝而共和之旗树，竟至欢腾五族，祸弭萧墙，鼎定初基，安于磐石。此固全国人民精神之所孕育，抑亦数千百辈血肉之所代偿。方其义旅恢张，豪雄奋发，头颅孤注，功业千秋。或免胄而幸生还，或舆尸而伤革裹，或食少而戕诸葛，或援绝而困霄云。甚至却克轮殷，中军鼓壮；岑彭盗杀，陇蜀功成。凡夫百战之余生，以及丧元之勇士，不加抚恤，何以酬庸。本总统眷念弗忘，怆怀无似。为此令仰该部，迅速调查民国开国之始，其立功尽瘁者及死事者，分别速行议恤，毋涉疏略，致没勋庸，庶慰精诚，亦资借镜。此令。

大总统批黄兴等拟设立中华民国民族大同会请予立案呈

呈悉。该会以人道主义提携五族共跻文明之域，使先贤大同世界之想象实现于廿世纪，用意实属可钦。所拟教育、编译、调查、实业各种办法，尚属切实可行，应即准予立案。至请政府拨款补助一节，俟该会各项事业开办时再行呈请拨给可也。此批。

大总统准陆军部请抚恤赵康时等令文

据该部呈称：前清四川第十七镇正参谋官赵康时，当四川光复之初，兵变遇害，身后凄惨，请照陆军左都尉阵亡例，优予一次恤金八百元，遗族年金四百五十元。徐淮巡防第五营哨长陶振基，单骑追击张勋，被勋溃兵击毙，现妻子流落镇江，沿门乞食，情殊可悯，请照陆军右军校阵亡例，给予一次恤金三百元，遗族年金二百五十。又沪军营队官王介夫，光复上海，攻制造局阵亡，现家室流寓沪上，情形极惨；宁巡防缉营管带朱继武，受密约反正，谋泄，为张勋惨杀，均请照大军校阵亡例恤赏。杨作商因赶制炸弹，历三昼夜未息，倦极失慎，弹裂毙命，肢体破碎，极为惨酷；又张钊奋攻南京阵亡；沈克刚光复吴淞，运动军警各界，颇著劳绩，后吴淞军政分府财政长以手枪误伤毙命，均请照右军校阵亡例恤赏等情前来。查以上诸志士，或因光复之初，兵变遇害；或因只身御敌，为国捐躯；或因赶制炸弹，失慎毙命；或因密图光复，谋泄被戕，其死事虽殊，而其忠于民国则一，所请恤赏之处，理合照准。为此令行该部仰即遵照办理，借恤生者而慰忠魂。此令。

内务部令警务学校准换新证书文（附原呈及换领证书规则（略））

具呈及规则已悉。中华改建民国，凡前清时代警察毕业生，势不能不继续其效力。所请换给内务部警务学校证书，尚合办法，准其出示通告，定期颁换可也。此令。

纪　　事

财政部请将会计法草案咨交参议院议决呈

据会计司案呈：窃维会计之法，由来尚已。周官冢宰职掌国用，岁计曰会，虽其成书不传，而兢兢于制节谨度之意，要可概见。查前清度支虽以户部总揽其柄，而管钥之任既散属于诸州，金谷之供不全输于左藏，橐名且不尽知，出纳乌从概算，官吏于是因缘为奸，寝成弊窟。洎乎近年，筹备立宪，将全国财政彻底清厘，试办预算，从其外形观之，固已条缕分晰，规订详明，以视前此之泯棼确有进步；然从其内容窥之，则紊乱如故，浮费如故。此无他，前清无会计法以定主筦财政之根本计画故也。今者民国统一，共和告成，设施国务，经纬万端，握其中枢者，厥惟财政，为盈为朒，国务之翕张系焉。中央政府乌可不有根本法律，以为施行之依据乎？顾财政之施行，必以整理为前提，预算为中权，监督为后劲。自整理以达预算，监督有必经之手续，即应有一定之法规。譬之车有轨轨，始可推行，日有指规，始可测影。此编订会计法之所以不容或缓也。兹谨拟就草案，次为八章，都凡三十六条。约举理由，盖有三焉：一、会计法不定，则整理无从着手也。夫财政计划恒随政策之方向为转移，而财政整理又视手续之疏密为难易。会计法者，规定整理手续之大体方法也。他姑勿论，即如截清年度一条，尤为整理手续之始基。苟不规定年度，则出纳两方无一定之结束，启混淆之弊病。我国旧时财政之紊乱纠葛即坐此弊。盖其于岁入随官吏之宽严为赢绌，于岁出视人情之厚薄为等差，即有一二款项为法令所规定，如丁漕之有奏销期限，廉俸之有给与时期，然乃单种之则例，而非具体之通规，故全国总计，仍牵连淆乱，莫可究诘。今当改造伊始，自宜原前事后师之意，先编会计法以为整理之张本。矧如划分税则，编制簿记，以及命令现金之区别，岁入岁出之范围，会计法在在与有密切关系，若不提出草案核定施行，则本部对于整理财政执行之手续无所依据。以言理由，此其一。二、会计法不定，则预算无从办理也。夫财政计划之见诸事实者曰预算。诚以预算为岁计之标准，质剂全局，贯彻政纲，胥于是赖。顾其编定必以会计法为根据，要不可枝枝节节而为之。查前清最近预算，入不敷出数达三千六百万两有奇。收支不能适合，弥缝已苦无术。今自军兴以来，用途益繁，支出之数不下亿万。所有田赋、漕粮、盐课、茶课、税捐等项向为入款之大宗者，今则无一可恃。即各行省有继续征收者，而机关林立，实成分划之形，事权纷歧，甚于前清之世。中央政府文电交驰，催令报解，迄无一应，财政状况行将陷于无法律之悲境。惟会计法立而后一切障碍可以祛除，全国总预算可以成立，财政之根本计划亦于焉就绪。若不将草案提出核定施行，则编制胥无标准。以言理由，此其二。三、会计法不定，则监督之权不能实行也。考泰西各国财政制度，大都分议定、执行、监督三权，国会握议定之权，财政部握执行之权，审计院握监督之权。分言之，则议定、执行与监督有间；合言之，则议定为事前之监督，执行为当事之监督，必三权并行，而财政之运用始臻完美。苟无前二者以为标准，则审计院亦不能举监督之实。至其所以能互相维系互为作用者，盖有会计法以立之则耳。我国施行财政职务时，由整理而达于预算之阶级，监督制度自当踵而行之。若不将会计法提出核定施行，则监督财政之权不能睹其实效，而总预算案势必归于破坏。以云理由，此其三。综厥三端，悉为定制之要旨，亦为行政之方针。谨将草案爰订成册，理合备文呈请鉴核，咨交参议院议决公布，俾资遵守。此呈。

陆军部请抚恤叶仰高等呈

为汇案呈请抚恤事。窃金陵倚山带江，四塞险阻，进攻之策，扼要为先。浙军远道赴援，以单薄之客兵，当披猖之强敌，枪林弹雨，血薄肉飞，鏖战七昼夜，于阴历十月初五、初六等日取马群孝陵卫，初十日克天堡城，敌势不支，潜师宵遁。逆虏之投诚，实慑于此。民国之成立，亦基于此。综计将士阵亡人数，天堡城之役，自浙军第一营管带叶仰高以次共亡二十九人；马群孝陵卫之役，自第一营管带赵膺及浙军游击队管带董国祥以次共阵亡三十七人。由该军司令长朱瑞分别汇案，吁恳转请优恤前来，经本部复核无异。除兵士五十九名应照章径由本部核给恤金外，可否仰邀鉴核，准将叶仰高、董国祥、赵膺三人照右都尉给恤，排长周云祥、胡金发、郑佐宸、仇溥照左军校例给恤，并分别正祀附祀，一律刊刻木主，依次列入浙江江南两省忠烈祠，上以表国家褒崇忠义之意，下以动各营观感奋发之心。理合具文呈请大总统核准批示祗遵，实为公便。此呈。

陆军部恳汇案优恤杨韵珂等并请分别祀各省忠烈祠呈

为汇案呈请优恤事。窃查东南光复之役，柏军长部下之力颇多；然以冒险进薄之故，我军亦迭被芟夷。如去年阴历九月十五日蚌埠之战，十月初六、初十等日马群天堡城之战，阳历元月二十八日三十里铺及二月初七日睢宁县高作之战，诸将士拼命血战，奋不顾身，忠义之诚，坚逾金石，迄今青磷白骨，行路悲伤。据该军长咨报，并请转恩优恤前来。除士兵照章应由本部酌核给恤外，所有管带以下各官佐，可否仰邀鉴察，准将第三团第三营营长杨韵珂、步兵第四团第二大队大队长江来甫、代理第二大队大队长方永昌、第七旅管带廖璞纯、第十八旅三十五团顾问官陈兴芸五员，照右都尉例给恤；① 第七旅队官朱广凤、李允觉、牛玉韶，军需长常振铎，庐州先锋队第一标一营队官刘文彬，三营队官王茂林、季光璜、沈保纲八员，照大军校例给恤；步兵第一团第十连第三排排长章恒龙，第二大队第三中队小队长魏树秀、颜俊生，第七旅排长王怀盛、徐兆丰、张迎龙，庐州先锋队第一标一营右队教练官姚金三、随员孙鸿宾八人，照右军校例给恤，并分别正祀附祀，一律列入江宁安徽各省忠烈祠，以为效命疆场者劝。为此呈请核夺，批示遵行。此呈。

第五十七号
四月四日星期四

目　录

令　示
内务部令巡警总监取缔旅馆规则文（附南京旅店营业取缔规则）（略）

---

① 第五十三号《大总统抚恤烈士李君白等令文》与《陆军部请恤江来甫烈士呈》中关于江来甫的抚恤，均作照左都尉例给恤，与此文作"右都尉"异。

教育部批元宁公立幼女学堂校长邓云鹏请拨借旗产吉善房屋作为校舍呈（略）

内务部批医〔中〕医研究会会员娄国华等请立案呈（略）

内务部批赤十字社补呈试行章程及职员清单呈（略）

纪　事

陆军部请补第四第五军长暨第二十二师长呈

实业部请补发王文泰侯士琯委任状呈（略）

南京邮政总局邮务总办遵照减收新闻纸半费呈（略）

内务部卫生司暂行职掌规则（略）

内务部土木局治事简章

内务部疆理局分科治事简章

纪　事

陆军部请补第四第五军长暨第二十二师长呈

为呈请事。窃维三军重寄，首在得人，兹查有姚雨平堪充第四军军长之任，朱瑞堪充第五军军长之任，林震堪充第二十二师长之任。值此整饬军务之际，理合将补任军师长各情，具文呈请大总统鉴核施行，实为公便。须至呈者。

内务部土木局治事简章

一、局分七科：材料科　路工科　屋工科　水工科　桥工科海工科　图案科

二、人员之分配：局长一　工监一　每科设长一　科员之数视每科事务繁简酌定　核算员一，录事员一

三、人员之职务：局长总理局内事务；工监襄理局内事务；科长专理科内事务；科员分任本科内各事务；核算员司本局出纳款项；录事员理局内记载。（下略）·

内务部疆理局分科治事简章

一、人员分配：局长一 工监一 核算员一 科长五 科员多寡视科务繁简酌定 录事员一

二、局分五科：

测绘科 定平水高低、计面积大小、证土地界址、探山水源流。

编审科 编辑国志、省志及府州县志。

印销科 印刷地图、地质图等。

采访科 查验地面地心财产。

书契科 品评地价、计画卖买契约。

三、人员职务：局长总理局内事务，工监襄理局内事务，科长专理科内事务，科员分任科内事务，核算员管理局内出纳款项，录事员理局内记载。（下略）

第五十八号

四月五日星期五

目　次

咨

参议院咨追认袁大总统宣布大赦令请查照文

令　示

教育部批前总统府庶务员李芳于琪请派出洋留学呈（略）

教育部批金陵法政女学校请予立案呈（略）

教育部批共和宣讲团达彩康等请在行政官厅分拨社所并饬南京知事府拨助经费呈（略）

教育部批高观潮等创设平民公学请立案呈（略）。

纪　事

内务部荐任各员辞职呈

内务部委任各员辞职呈

陆军部陆军卫生材料厂暂行规则（略）

队附卫生部员服务规则（略）

咨

参议院咨追认袁大总统宣布大赦令请查照文

三月初十日袁大总统宣布大赦一令，前准三月二十三日咨略开：查临时约法第四十条：临时大总统得宣布大赦、特赦、减刑复权，但大赦须经参议院之同意。又同法第五十六条：本约法自公布之日施行。袁大总统前项命令查系三月初十日所发布，在约法之前，须得本院之追认方能有效，合就咨请迅赐议决咨复等因。当经本院开会宣布交法律审查会审查。兹据审查报告，复于本月二十九日常会讨论，金以袁大总统大赦命令系三月初十日所发布，而约法则在三月十一日公布。中华民国既经成立，施行大赦，以示与民更始之意，自属可行，应即追认，以符约法第四十条同意之规定。除将议决情形电达袁大总统外，为特咨请大总统查照。此咨。

纪　事

内务部荐任各员辞职呈

内务部次长居正，参事田桐、于德坤、林长民、吴永珊，秘书长张大义，秘书张友栋、董嘉梁、马伯援、洪章、张皓、郑毅权；民治司长萧翼鲲，科长钟震川、钱崇固、易象、张家镇；警务司长孙润宇，科长沈复、朱家壁〔璧〕、熊开先、朱文焯；礼教司长杜关，科长林学衡、袁朝佐、杨光湛；土木司长史青，工监王庆莘，科长万葆元；疆理司长高鲁，工监程光鑫，科长李光驷；卫生司科长伍晟、赵世缙、赵燏黄、梁国栋；禁烟总理石瑛，科长朱侗、潘宗瑞等呈：窃正等前蒙总统不遗葑菲，委任今职。本不敢滥竽充数，只以彼时革命战争成败未决，当新旧绝续之际，正危疑震撼之秋，草野哲人既徘徊于歧路，清廷故吏复眷恋夫旧恩，高蹈争操，未肯效用。正等外怵敌焰，内痛疮痍，既造因发难于先，自不能不坚持力任于后。盖恐临时政府迟一日之组成，即国民前途多一日之危险，用是不揆愚蒙，遂承一时之乏。计自受任以来，互相鼓励，日夜兢兢，深惧陨越。今在国务总理已经发表，人材辈出，缺乏无虞，正等自愧樗庸，敢请解职以让贤能，俾本部事务得以重加整顿，无任屏营之至。此呈。

内务部委任各员辞职呈

南京统一，人材迭出，本部职员均愿退居草野，快睹新猷。除荐任各员已另具辞职书外，所有承政厅及各司委任各员亦全体辞职。即希大总统令唐总理遴员接替，免误新政而迟进行，实为公便。此呈。

辞职人名如左

一等科员：
杨名遂	许家恒	陆维李	张东苏	洪　铸
苏炳彪	李广成	孙景龙	陈廷飔	彭雅南
居文哲	陈玉润	潘　昉	赵　缭	江海宗
黄格鸥	吴德亮	金体选	张锦林	孙润畲
周　冕	杜鸿宾	王肇钊	谢容怀	万树芳
李　滦	向迪宗	黄大化	戴　堪	

二等科员：
钟　琦	赵　璧	饶光民	曾希孔	吴应燧
许　允	胡肇安	彭　廉	孙以瓖	史悠远
娄国华	周　农	吴彤华	毛士骐	瞿运钧

陈绍湘　伍树棻　周国瑞　程耀楚　聂国华
罗则逊　李汉藩　孙尔康　黄以镛　陈　聪
陶祥煦　徐成柱　高如兰

三等科员：卢士燮　郭受元　王观钊　陈孕寰　黄克缙
瞿镜蓉　茅　拔　朱世锟　黄　钧　汪　荣
杨晓春　倪树森

录　　事：夏职虞　钟铭勋　刘采齐　萧云汉　张肇奎
王肇黄　阮　鼎　杜德云